KB270885

신인사제도

내일을여는지식 경영경제 9

인적자원관리와 신인사제도

양창삼 지음

KSI 한국학술정보㈜

머리말

　노무관리나 인사관리라는 단어가 익숙한 시절에 인적자원관리는 새로운 것이었다. 이제 사람다운 삶을 만들어 주는구나 생각했다. 이것이 경영자의 도리일 터. 그러나 이러한 기대는 빗나가기 시작했다. 아직도 우리 사회는 옛날의 기계적인 사고에서 완전히 벗어나지 못하고 있다. 세상은 변하는데 우리 생각, 우리 관습이 바뀌지 않는 것은 무슨 이유일까. 그럼에도 불구하고 학자들은 계속 신인사제도를 만들어 내고 있다. 이 제도들이 기업이 가지고 있는 문제들을 보완하면서 새로운 사회를 만들어 갈 것이라 믿고 싶다. 이 꾸준한 작업을 통해 우리가 바라는 기업, 우리가 바라는 사회를 만들어 갈 수만 있다면 얼마든지 참을 수 있다.

　이번에 인적자원관리와 신인사제도를 책으로 내놓는다. 오래전 인적자원관리를 내놓았고, 틈틈이 조직관련 책에서 인적자원관리 문제를 다루기도 했다. 이 책은 그동안 나를 일깨웠던 지식과 생각, 그리고 여러 기업들을 자문하면서 얻은 경험들이 다소 녹아 있다. 이 내용들이 인간 중심의 경영을 위한 바탕에 또 하나의 초석이 되었으면 한다.

　현대는 조직의 재구축을 요구하고 있다. 그동안 기둥처럼 여겼던 분업이나 여러 관리 사상을 재검토하고 조직과 구성원의 관계를 다시 구축해야 할 시점에 있다. 재구축방향은 기계적이고 억압적인 관리시스템을 벗어나 구성원의 주도성, 자주성, 독립성을 높여 나가는 것이다. 이렇게 되면 수동적으로 기계의 부품처럼 작업에 종사해 왔던 상태에서 능동적으로 일하며 그 일에서 오히려 보람을 찾아 나가게 된다. 현대는 창조시대다.

이 시대는 인간의 끊임없는 창조성이 요구된다. 이 창조성이 끊임없이 발휘되려면 닫힌 체계의 사고로는 불가능하다.

인적자원관리는 인간을 관리하기 위한 것이 아니다. 노동력은 관리할 수 있다. 그러나 개성 있는 인간은 관리할 수 없다. 그래서 인적자원관리는 어렵다. 관리라는 단어를 붙이고 있기 때문이다. 이러한 상황에서 인적자원관리는 어느 곳에 자리 매김을 해야 할까. 그것은 하나다. 인간이 더 이상 갇히지 않고 그 개성을 활짝 꽃 피워 우리 기업과 사회에 이바지하도록 만드는 것이다.

인적자원관리는 조직실현이자 자아실현을 목표로 하고 있다. 기업조직의 목표가 나의 목표가 되고, 나의 목표가 조직의 목표가 될 수 있도록 하는 것이다. 이를 위해 인적자원관리가 해야 할 일은 사람을 바르게 뽑고, 공정하게 대우하며, 정직을 실현하는 가운데 자신의 잠재능력을 발휘할 수 있도록 기업환경을 만드는 것이다. 그 아래에는 인간존중, 능력본위, 공평주의가 깔려 있다. 이 책은 이러한 정신을 구현하고자 하는 뜻이 담겨 있다.

앞으로 한국의 인적자원관리도 비약적으로 발전하리라 믿는다. 이 발전과 함께 우리 기업과 사회도 한층 업그레이드되기를 바라 마지않는다.

2009년 봄
양창삼

contents | 차례

3　채용 및 배치관리 | 81

9 인간관계와 노사관계 | 305

10 글로벌시대와 인적자원전략 | 325

제 1 부
인적자원관리의 성격과 인사 철학

제1장 인적자원관리의 기본개념

최근의 경영 흐름을 보면 기업 간 성과 차이가 더욱 커지고 있다. 이것의 주요 원인을 살펴보면 경영환경과 조직운영 방식이 얼마나 적합하게 운영되고 있는가에 따라 달라지고 있음을 알 수 있다. 과거에는 구조나 시스템과 같은 하드 요인을 중시했지만 지금은 인적자원의 지식·열정·조직문화·리더십과 같은 소프트 요인에 의해 조직의 성패가 결정될 만큼 인사환경이 달라지고 있다. 따라서 개인의 창의와 자율존중, 능력 중시, 성과에 따른 보상, 공평한 기회 제공, 장기적 관점의 인사원칙을 준수하는 기업이 늘어나고 있다.

1. 인적자원관리란 무엇인가?

인적자원관리는 과거 인사관리처럼 직원을 선발하고 채용하며, 배치하고 임금을 지급하는 것과 같은 단순기능에 국한된 것이 아니다. 조직·직무·성과·역량 등 총체적 관리라는 특성이 있다.

인적자원관리는 사람의 가치를 제대로 알고 사람의 성장과 능력의 발휘를 지원해 주는 시스템이다. 사람은 관리나 통제의 대상이 되는 자원이 아니라 기업을 구성하는 중요한 요소이다. 사람이 갖는 천부의 권리와 존엄성이 강조되고, 이것이 인사시스템을 통해 제대로 발휘되면서 기업도 아울러 살리는 것이 바로 인적자원관리이다.

인적자원관리가 성공하려면 무엇보다 인적자원을 중시하고 존중해야 한다. 인적자원은 물적 자원과 다르다. 종업원 한 사람 한 사람이 세상에 단 하나밖에 없는 귀중한 존재이다. 직원들은 위대한 존재들이요 그들은 다이 아몬드 원석과 같다. 갈고닦기에 따라 얼마든지 빛을 발할 수 있다는 생각이 중요하다. 경영자는 이처럼 종업원이 재생하거나 대체할 수 없는 중요한 자원이라는 인식 아래 최고의 성과를 낼 수 있도록 배려해야 할 책임이 있다. 마쓰시다 고노스케는 사장과 직원 사이에는 기능적 차이가 존재하지만 사람은 진정 위대한 존재로 간주했다. 이런 자세에서 인사관리가 출발해야 한다.

최근 인적자원관리는 성과주의 인사시스템을 지향하고 있다. 성과창출을 위한 인적자원관리 기법이 중심과제로 대두되고 있다. 인원의 선발에서 보상·교육·퇴직에 이르기까지 성과를 바탕으로 하고 있다. 기업은 성과관리를 통해 회사의 사업목표 달성을 위한 개인별 능력을 제고하고 리더십을 강화함으로써 차세대 비즈니스 리더를 조기에 선발하고 체계적으로 육성할 필요가 있다.

인적자원관리자들은 다음과 같은 질문에 항상 유념해야 한다(Ulrich, 2003).

- 자기가 속한 조직에서 인적자원관리는 현재 어떤 상태에 있는가?
- 앞으로 인적자원관리는 어떻게 되어야 한다고 생각하는가?
- 지금부터는 무엇을 할 것인가?

동양의 인사관리인식

인사(人事)의 人은 사람이 옆으로 선 모습을 나타낸 것이다. 事는 장식 달린 붓을 손에 든 모양에서 유래한 것으로 기록하는 일을 맡은 사관을 뜻하다가 차츰 일만을 의미하게 되었다. 인사라는 말은 여러 가지로 쓰여 왔다.

인사라는 말을 맨 처음으로 사용한 사람은 맹자다. 그는 하지가 되도록 보리가 익지 않았다면 이는 땅의 비옥 정도, 기후조건, 그리고 농부가 한 일에 차이가 있었기 때문이라고 했다. '농부가 한 일'이 바로 인사의 첫 쓰임이다. 그 뒤로 사람이 마땅히 해야 할 일, 인정과 사리, 관리의 승진과 파면, 안부를 묻거나 예를 표함, 인간관계, 심지어 성욕 등 다양한 뜻으로 사용하게 되었다.

다산 정약용의 『흠흠신서』에 따르면 마누라와 누이가 치고받고 싸울 때 마누라가 백번 잘했더라도 마누라를 두들겨 패서 싸움을 그치게 하는 것이 도리이며 그때 본마음과는 달리 체면치레로 때리는 것을 인사라 한다고 적고 있다. 징벌관리도 인사에 해당되는 것은 사실이지만 인사는 이처럼 다양하다는 것을 알 수 있다.

---

2. 현대 인적자원관리의 접근법

1) 전략적 인적자원관리 접근

인적자원관리가 전략적 안목에서 진행되고 있다. 전략적 인적자원관리는 기업이 자체의 핵심역량을 향상시킴에 있어서 계획단계부터 통합적으로 사고하도록 하는 중요한 관리부분이다. 이를 위해 현대기업은 채용·육성·보상 등 인사 전 분야에 거쳐 비즈니스의 비전과 목표에 부합하는 적극적 인사전략을 수립 운영하고 있으며 채용에서 퇴직까지 전 사원의 체계적 계발지원을 통해 회사와의 윈-윈 전략을 추구하고 있다. 특히 글로벌 환경 아래서 최고의 경쟁력을 갖춘 창의적 인재를 확보 육성하여 비즈니스를 성공으로 이끄는 전략적 파트너로서의 역할을 강화해 나가고 있다.

성과를 내기 위해 우수한 핵심인력의 확보가 중시되면서 인재경영전략이 기업의 성패를 좌우할 정도가 되었다. 우리나라에서도 인재전쟁이 본격화되고 있다. 확보한 인재의 역량을 가시적인 성과와 연결시키기 위해서는 인사프로세스에 대한 혁신이 필요하게 되었다. 인사부서의 기능과 역할도 종래의 관리중심·보조업무·인사기술 차원의 기능에서 조직목표 또는 성과달성에 기여하는 전략적 인사부서로 개편되고 있으며, 전략과 인사의 원활한 연결을 위해 직무 및 인재평가 프로세스도 달라지고 있다.

전략적 인적자원관리를 위해서는 인사부서도 종래와 달리 전략적 인사부서로 전환되어야 한다. 인사부서부터 관리중심에서 벗어나야 조직이 성과중심으로 나갈 수 있다. 전략적 관리는 단지 '전략'이라는 단어를 사용한다고 되는 일이 아니다. 인사전략은 경영전략과 연계되어야 하며, 인재의 전략적 활용과도 연관된다. 인사부서가 전략적이 되려면 부서의 위상도 달라져야 한다. 인사담당 최고경영자 제도인 CHRO(Chief Human Resource Officer)가 도입되어 전략적 구상이 일상화될 필요가 있다.

2) 성과중심의 인적자원관리 접근

인적자원관리가 전반적으로 성과주의를 지향하고 있다. 이에 따라 인적자원관리의 시스템도 성과를 기반으로 구축되고 있다. 성과창출은 조직의 존재목적이며 인재의 확보와 유지 또한 성과창출을 위한 것이기 때문이다. 성과주의 인사도 성과를 많이 내는 것에 초점이 맞춰져 있다.

성과주의 인사는 좋은 인재의 확보에서 시작된다. 조직의 핵심인재는 성과를 창출해 내는 사람이다. GE의 웰치 회장도 재임 시 자신의 시간 중 70%를 우수인재를 확보하고 발굴하는 데 쏟았다. 문제는 그 인재들이 조직에서 성과를 높이기 위해서는 차별화된 가치를 제공하는 인사시스템(EVP: Employee Value Proposition)을 갖추는 것이 필요하다. 회사가 인재에게 부여하는 가치란 회사의 일원으로 일하면서 받게 되는 모든 것의 총합으로 일에 대한 만족감에서부터 보상·비전·리더십·동료에 이르기까지 다양하다.

성과를 내기 위한 기본 프로세스는 목표설정-중간 피드백(상하 간의 대화)-결과에 대한 평가-보상으로 이어진다. 성과 프로세스에서 가장 어려운 것이 평가이다. 중요한 것은 평가 자체가 잘못된 것이 아니라 목표설정이 잘못되었을 경우 어려워진다. 따라서 목표부터 성과주의적으로 세워야 한다.

성과주의 시스템을 만드는 것은 그리 어렵지 않다. 문제는 그 시스템의 취지에 맞게 운영할 수 있느냐 하는 데 있다. 구두로 또는 문서로 성과주의 시스템을 아무리 만들었다 해도 실질적으로 협조하지 않으면 안 되기 때문이다. 문제는 성과를 창출하는 것은 시스템이 아니라 결국 운영하는 사람들에게 있기 때문이다. 따라서 성과주의 인사시스템은 한 사람 한 사람의 마인드가 변화되었을 때 가능하다.

3) 역량강화를 위한 인적자원관리 접근

역량기반 인적자원관리 체계를 구축한다. 기업도 조직역량을 강화함으로써 인적자원관리를 보다 충실히 하려는 움직임이 높아지고 있다. 지금까지 역량은 개인·부서·조직 전체의 역량으로 살펴왔지만 최근에는 역량을 보다 다양한 차원에서 보고 접근하고 있다. 예를 들어 구조화관련 역량, 관계지향관련 역량, 합리성·전문성관련 역량, 혁신·창의성관련 역량 등으로 이해하려는 것이 그 보기이다.

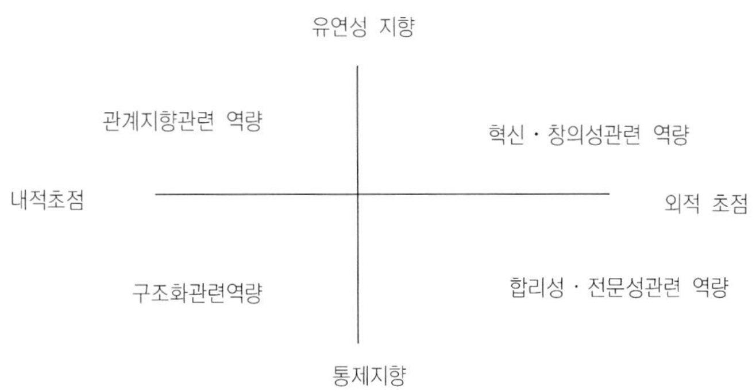

구조화관련 역량은 조직관리, 피드백, 보안의식, 업무정확성을 중시함에 비해 관계지향관련 역량은 협력과 조정, 인적 네트워크, 타인에 대한 이해를 중시한다. 합리성·전문성관련 역량은 성취지향성, 직업윤리, 전략적 사고, 업무 전문성, 정보수집, 분석적 사고, 수익안정성, 추진력, 개념적 사고를 중시함에 비해 혁신·창의성관련 역량은 고객지향성, 지식관리, 변화주도, 창의력과 혁신, 유연성, 즉각적 대처 능력, 자기 확신 등을 중시한다.

역량강화에 있어서 상황적 접근(contingency approach)보다 구성형태 접근(configurational approach)이 선호되고 있는 점도 특색이다. 구성형태 접근은 미시적이고 환원주의적 접근인 상황적 접근법과는 달리 거시적이고 통합적인 접근법으로 구성요소들이 교합적 그리고 비선형적 관계로 형성되는 것을 말한다. 이것은 구성형태가 개별기업에서 복수로 존재해야 할 경우가 많아짐에 따라 나타난 것이다. 이 접근은 환경이나 과업의 변화에 빠르게 전환할 수 있게 하며 조직의 역량을 키우기에 적합하다. 환경의 불확실성이 커지고 디지털 기반의 지식창출 조직에서 진가를 발휘한다. 이를 위해 인적자원관리는 전체시스템으로 구성형태를 지니는 것이 중요하다.

4) 비즈니스 컨버전스 경영 접근

최근 경영환경은 둘 또는 그 이상의 사업을 결합해 완전히 새로운 비즈니스 모델을 창출해 내는 융·복합화(convergence) 경영시대를 열어 가고 있다. 따라서 인적자원관리도 과거의 획일적 인사관리에서 탈피하여 융·복합화 환경하의 다양성과 복잡성·창의성을 효율적으로 관리하기 위한 인사제도로 거듭날 필요가 있다. 특히 사업별·개인별 인사제도의 차별적 운용, 보상차등, 개인별 경력계획 상담지원 등 맞춤형(customized) 인적자원관리를 강화한다.

인사부문도 다른 부문과의 관계를 재정립할 필요가 있다. 인사부문만의 역할로 그치는 것이 아니라 다른 부문과의 교류 내지 융합을 통해 보다 차원이 다른 의미의 기능을 수행함으로써 조직발전에 기여한다. 인사업무가 과거 인사영역만 고집하는 것은 조직발전에 한계가 있다.

컨버전스는 과거의 획일적 사고를 거부하고 다양한 아이디어의 접합을 요구한다. 사업 아이디어도 차별화된다. 이 같은 추세는 사람에 대한 의존도를 높여 준다. 아울러 인사담당자도 예전의 행정관리의 사고에서 벗어나 폭넓은 경영자적 사고를 가지고 있어야 한다.

5) 인사서비스 제공 접근

인사서비스 제공 접근(HR services delivery approach)은 온라인 중심의 인사서비스로서 현재의 인사서비스가 프로세스를 비효율적으로 판단하고 보다 효율적인 인사서비스를 제공할 수 있는 모델을 마련하고자 하는 접근방법이다. 이 접근은 서비스 채널·조직구조·프로세의 최적화·아웃소싱·정보기술의 응용 등을 조합하여 해당기업이 인사와 관련해 고객에게 인사서비스를 최적으로 제공하는 구체적인 방식을 말한다.

인사서비스에서는 사람, 프로세스, 기술을 중시한다. 사람은 기업에 적합한 인물을 유지하기 위해 필요한 조직구조·직무체계·성과관리·교육훈련·보상체계 등 인사제도를 정비하는 것을 말한다. 프로세스는 인사서비스가 제공되는 과정 및 온라인 채널의 효율성과 효과성을 높이는 데 관심을 둔다. 이것은 인사서비스의 질과 스피드, 투명성을 결정한다. 기술은 인사서비스가 제공되는 기술로, 최적의 인사를 위한 테크놀로지 믹스(HR technology mix)를 취한다. 웹을 이용한 온라인 서비스가 주를 이룬다. 이 세 가지를 잘 결합시키고자 하는 것이 바로 인사서비스 제공 접근이다.

3. 새로운 인적자원관리의 변화 방향

인적자원관리도 크게 변화되고 있다. 전통적인 관리방법과 새로운 방법을 중점적으로 비교하면 다음과 같다.

인적자원관리의 변화

중 점	전통적 관리방법	새로운 관리방법
대 상	노무자, 손, 기술, 직인	전 종업원, 인격, 인간
장 소	직장	생활전체(직장, 가정, 사회)
목 표	행위	인격(행위, 태도, 성격)
과 정	일시적	계획적, 조직적
방 법	일제지도	개별지도

1) 사람중심의 인적자원관리

노스캐롤라이나에 있는 컴퓨터 소프트웨어 회사 SAS연구소가 2002년 초 포천지가 뽑은 일하기 좋은 100대 미국 기업에서 3위를 차지했다. 이 회사는 헬스클럽과 건강검진센터, 700명 규모의 최고급 육아시설까지 갖추었다. 이 회사가 표방하는 경영모토 제1조는 일과 생활의 조화이다. 그런 회사의 배려 덕분에 직원의 연간 이직률은 4%에 불과하다. 동종업계 평균 20%의 5분의 1 수준이다. 이 때문에 회사도 한해 평균 5천만 달러의 비용을 절약하는 것으로 하버드대 연구 결과 밝혀졌다.

일하기 좋은 직장의 상위 랭킹을 차지한 기업들은 공통점이 있다. 바로 사람중심의 경영철학이다. 해고하려 들지 않고 종업원을 존중하는 기업이다. 1위를 차지한 증권회사 에드워드 존스는 2001년 증권업계의 공동침체에도 불구하고 단 1명의 직원도 자르지 않았다. 최근 설문조사에서 직원의 97% 가 '우리 경영진은 정직하다.'고 답했다. 5위를 차지한 시너버스 금융(카드업)도 설립 후 114년 동안 단 한 명의 해고자도 없는 회사로 유명하다. 다른 기업들이 경제침체를 내세워 직원들을 마구 해고한 것과는 달리 일하기 좋은 100대 기업 중 80개 기업은 해고가 없었거나 직원이 늘어났다.

그렇다고 경영실적이나 주가가 떨어진 것도 아니다. 오히려 동종 업계의 경쟁사들보다 월등히 높았다. 포천지는 낮은 이직률 덕분에 인사 관련 비용을 절감하는 것은 물론 신바람 나는 직장 분위기 때문에 생산성이 높아지기 때문이라고 분석했다(포천, 2002. 2. 4).

2) 신뢰와 도덕의 인적자원관리

인적자원관리는 신뢰와 도덕성에 바탕을 두어야 한다. 상사·제도·조직에 대한 신뢰는 최고의 결과를 가져다준다(confidence leads to the best results). 신인사제도에서 직원인사기록에 대해 본인 열람을 허용하고, 신원보증제도를 철폐하며, 2년이 경과한 징계 기록을 말소하는 것 등은 종업원을 보다 신뢰하려는 인간적 배려이다. 인사는 정직과 공평에 바탕을 두어야 한다. 깨끗한 기업, 깨끗한 사원, 공정한 거래, 공정한 임용·승진·보상은 기업 및 조직에 대한 신뢰의 바탕이 된다. 앞으로 도덕은 조직의 힘이 되며 이에 따라 기업의 이미지가 좌우된다. 기업에 불의와 불공정이 있을수록 조직의 미래는 어두워진다.

3) 감성적 인적자원관리

인적자원관리는 나만을 생각하는 인사에서 남을 생각하는 인사로 전환되고 있다. 이것은 약자를 키우고, 그들에게 용기를 주는 인사며 사회에 힘을 주는 인사이다. 이로써 사회를 건전하게 만드는 데 기여한다. 인사는 모든 분야에서 최고 유능자만 요구하는 것이 아니다. 최고 유능자는 기능만의 최고가 아니라 이웃을 생각할 줄 아는 사람이다. 단순한 기능인이 아니라 진정한 동료(fellow worker) 의식을 가져야 한다. 자기만 성공하기만 바라는 것이 아니라 남을 키우는 데 참여한다. 그들에게 용기를 주고 힘을 더한다. 이른바 능력 키우기(enablement), 용기 주기(encouragement), 힘 실어주기(empowerment)가 있어야 한다. 인적자원관리는 무엇보다 사람 사랑하고 이해하고 염려하는 관리가 되어야 한다. 이것이야말로 우리가 가장 기본으로 돌아가야 할 길(back to the basics)이다.

4) 메타인적자원관리

메타인적자원관리(meta-HRM)란 인사관리가 지금까지의 형이하학에서 형이상학으로 질적 전환을 하는 것을 말한다. 이것은 경영관리가 메타관리(meta management)에 대한 관심이 높아지면서 나타난 것으로, 어떤 학문영역이든지 현재를 뛰어넘는 메타(meta)적 사고가 필요하다. 메타인적자원관리는 무엇보다 철학이 있어야 한다. 테일러의 일류 인간 철학이나 드러커의 MBO철학은 대표적인 것이다. 그것은 현재의 고정관념을 깨고 보다 발전지향적인 변환(transforming)을 가져오는 것이어야 한다. 정신적 변환을 통해 물질적 변화를 유도한다. 관리가 일상적인 것이 아니라 비일상적이고 창조적인 환경을 유도하도록 변화되어야 한다.

메타인적자원관리는 현재보다 미래에 초점을 맞춘다. 따라서 이것은 과거회고적이 아니라 미래에 대한 환상을 갖게 한다. 이것은 창조성이 있는 비전이며 미래는 비전과 그 비전을 창조적으로 그려 내는(visualizing) 작업으로 이어지게 한다. 메타인사의 철학은 지적인 인식에 한정된 것이 아니다. 현실 속에서 살아 있는 인사가 되도록 하는 데 목적이 있다.

5) 적극적 인적자원관리

지금까지의 인사관리는 소극적이었다. 들어오고자 하는 사람은 많았기 때문에 밖으로 나가지 않아도 고자세를 유지하며 충분히 관리할 수 있었다. 그러나 이제는 아무리 사람이 많아도 능력이 있는 인물을 택해야 하기 때문에 적극적 인사로 탈바꿈하지 않으면 안 된다. 한 중소기업은 대기업을 선호하는 수험생들에게 이런 모집문구를 사용했다. "기업의 이익만이 여전히 최고의 가치로 인식되는 대기업의 문 앞에서 망설이고 있습니까?" 대기업에만 눈을 돌리고 있는 수험생들에 보다 도전적인 자세를 갖도록 한 것이다. 종업원에 대해서도 적극적이어야 한다. 그들을 더 이상 도구적 존재로 보기보다 적극적 동반자(partnership)로 간주하고, 용기를 주고 권한을 부여하며 자율적으로 일하도록 함으로써 개인뿐 아니라 집단, 조직 및 사회 전체에 힘을 부여하도록 한다.

6) 다양성과 맞춤인사

앞으로는 조직구성원들이 다양해짐에 따라 다양성 관리(diversity management)에 대한 성패가 조직성패로 이어질 가능성이 높아지고 있다. 현재 기업은 우수인재 확보 차원에서 글로벌 인재의 채용, 여성 경제활동 인구의 지속적인 증가, 노동시장의 유연화에 따른 경력사원의 기업 간 이동 활성화, 기성세대와 다른 가치관과 행동양식을 지닌 신세대의 부각 등으로 조직구성 인력이 갈수록 다양해지고 있다. 조직구성원이 다양하다는 것은 칼의 양면과 같다. 잘 활용하면 조직운영에서 시너지 효과를 거둘 수 있지만 그렇지 못할 경우 혼란만 가중시킬 수 있다.

다양화된 조직을 효과적으로 운영하기 위해서는 조직의 운영철학과 가치관을 일관성 있게 전달할 수 있는 인사제도를 마련해야 하고, 구성원 모두의 강점을 효과적으로 살릴 수 있도록 배치하고 육성해야 한다. 구성원의 잠재력을 충분히 발휘할 수 있도록 업무를 부여하고, 효과 있게 교육하는 일이 더욱 중시되고 있다.

최근 환경이 복합화되어 감에 따라 다양성·복잡성·창의성을 효율적으로 관리하기 위하여 인사제도 및 실행방안도 획일성을 탈피한다는 것이 불가피하다는 점을 인식하여 사업별·개인별 인사제도의 차별적 운영, 보상의 차등 강화, 개인별 경력계획 상담지원 등 맞춤인사가 늘어 가고 있다.

7) 미래지향 인적자원관리

기업이 안정적인 성장을 유지해 나가기 위해서는 차세대 리더 군에 대한 체계적인 양성과 경력관리, 철저한 검증관리를 통해 회사가 필요로 하는 경영리더를 지속적으로 양성하고 공급해 내는 내부 시스템이 구축되어야 한다. 그동안 우리 기업들은 천수답 식 인사를 해 왔다. 미래 경영자에 대한 체계적인 양성 없이 인사 시기가 되면 그 시점에서 살아남아 있는 경영자를 선발해 활용했기 때문이다. 이러한 짧은 안목으로는 기업의 미래를 장담할 수 없다.

제2장 인적자원관리의 기축사상

1. 인적자원관리 기본모형의 구축

인적자원관리가 지향하고 있는 기본모형은 개인존중, 능력본위, 공평주의를 바탕으로 하고 있으며 이 기본바탕 위에 인적자원관리에 필요한 주요 과정들이 전개되고 있다. 이것을 통해 달성되는 목표는 개인적으로는 자아실현이지만 조직적으로는 조직목표의 달성이기도 하다. 즉 개인의 성장과 조직의 발전이 서로 밀접하게 연관되어 있다. 개인과 조직이 서로 분리되어 뜻을 모을 수 없는 조직은 유기체적으로 발전할 수 없다. 인적자원관리는 기계적인 인간을 다루고 있는 것이 아니라 유기체적 인간을 상대하고 있다는 사실을 잊어서는 안 된다.

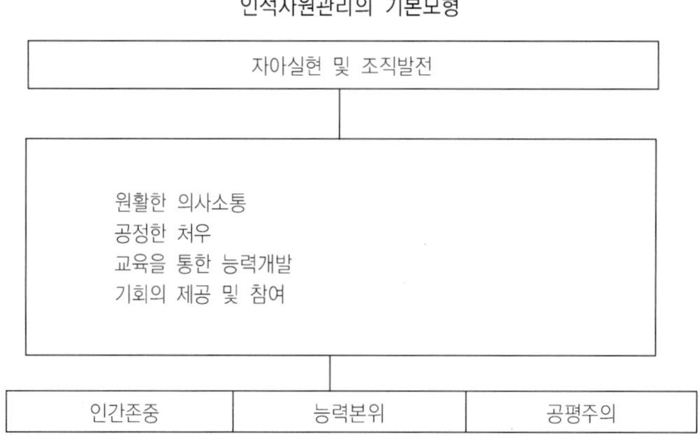

2. 인적자원관리의 기축사상

인적자원관리에는 지향점과 각종 원칙들이 존재한다. 다음은 그 보기들이다.

4R

Right People(적재)

Right Place(적소)

Right time(적시)

Right Things(적무)

3RP

교보생명은 인적자원관리의 목표를 가장 일하고 싶은 회사로 정하고 이를 달성하기 위해 3RP 원칙을 제시하였다.

Right People: 업계의 최고의 인재가 모인 회사가 된다. 이를 위해 최고의 인재를 발굴하는 것뿐 아니라 조직구성원을 업계 최고의 인재로 키워 나간다.

Right Place: 조직구성원 자신의 역량을 최대로 발휘할 수 있는 기회를 제공하는 회사가 된다. 개별구성원이 각자의 직무에서 최대의 성과를 내기 위해 자신이 갖고 있는 역량을 발휘할 수 있는 여건을 조성한다.

Right Price: 업계 최고의 보상수준을 제공하는 회사가 된다. 이를 위해 인건비 배분논리의 합리성을 확보한다.

SHIFT

S: 단순성(Simplicity): 어떤 제도나 프로그램을 만들 때 간단하고 단순하게 한다.

H: 조화(Harmony): 조화를 염두에 둔다.

I: 개인성(Individuality): 각 개인에 맞게 한다.

F: 유연성(Flexibility): 운영은 유연하게 한다.

T: 투명경영(Transparency management): 경영을 투명하게 한다.

CEOP

C: 변화(Change): 변화에 빨리 적응하고 대처할 수 있는 대응력과 민첩성이 뛰어나다.

E: 임파워먼트(Empowerment): 자율적이고 권한과 책임위임이 잘 이루어져 있다.

O: 개방성(Openness): 조직문화가 잘 형성되어 있어 상하좌우 간의 정보공유가 활발하고 개방적이다. 모든 제도나 시스템을 직원들에게 적용하고 운영할 때 반대의견이나 불만이 나올 수 있다. 그러므로 온라인 또는 오프라인으로 항상 대화의 문이 열려 있어야 한다.

P: 경영철학(Philosophy): 경영철학 및 경영목표가 위에서부터 아래까지 아주 명확하게 전달된다.

Core Personnel

기업의 인력개발 원칙은 전 직원을 대상으로 한 인력개발이다. 모두가 나름대로 성장 잠재력이 있으며, 전 직원을 개발함으로써 기업의 성장이 이루어진다는 것이다. 그러나 그 모두를 같은 시기에 똑같이 성장시킬 수 없기 때문에 핵심인력에 관심을 둘 뿐이다.

이러한 원칙은 인적자원관리가 어떤 방향으로 가야 하는가를 보여 준다. 원칙도 중요하다. 그러나 인적자원관리는 원칙에 따라 기계적으로 움직이는 것이 아니다. 그 안에는 조직이 지향하는 가치와 철학이 담겨 있어야 한다. 그것이 무엇인가 살펴보자.

1) 인간존중

머크(Merck)그룹은 "기업의 성공과 혁신은 사람으로부터 시작된다."는 인사 철학을 가지고 있다. GE 웰치의 사무실에는 "전략보다 사람이 우선한다."(People First, Strategy Second)는 격언이 붙어 있다. 인적자원관리는 바로 인간을 대상으로 한다는 점에서 다른 관리와 구별된다. 인적자원관리의 중심에는 언제나 인간이 자리 잡고 있으며 인간의 문제가 주제임을 인식하지 않으면 안 된다. 인적자원관리가 인간관리(people management)여야 한다는 것은 이 때문이다. 인간 관리는 인간을 인격체, 능력을 가진 중요한 존재로 인식하는 데서 출발한다. 경영자가 종업원을 부정적으로 인식할 때 종업원으로부터 질 높은 성과를 기대할 수 없으며 종업원도 기여할 수 없다. 인적자원관리는 인간을 긍정적으로 인식해야 하며 종업원이 창의를 충분히 발휘할 수 있도록 만들어 주어야 한다.

인간존중은 열린 시대에 요구되는 가장 기본적인 조직 요건이다. 조직은 인간존중의 이념을 중시하고 이것을 하나의 철학으로 정착시켜야 한다. 전략적 차원에서 볼 때 이것은 매우 중요한 위치를 차지하고 있다. 조직은 인간존중을 바탕으로 한 겸손한 조직, 개방적인 조직, 혁신적인 조직, 그리고 열성이 살아 있는 조직이 되도록 구조화할 필요가 있다. 이렇게 될 때 조직이 추구하고 있는 조직의 일체감이 향상되고 경영관리의 고도화 작업이 조직 속에 구현될 수 있다.

사람·물건·돈·정보를 경영의 4대 자원이라고 한다면 그 가운데 가장 중요한 것이 사람이다. 우수한 인재가 풍부한 회사가 잘 된다. 이것은 세계 기업사의 많은 성공사례가 말해 주는 진리이다. 주가가 높다는 것만으로 기업의 평가가 결정되는 것은 아니다. 인간을 중시하는 기업이 궁극적으로 좋은 평가를 받는다.

사우스웨스트 방식: 인간 중심의 토털 경영

항공회사 사우스웨스트에 대한 관심이 높아지고 있다. 미국 항공사만큼 치열한 경쟁을 하는 업계도 없을 것이다. 한때 세계의 하늘을 주름잡았던 이스턴 항공과 팬암은 몰락해서 역사의 뒤안길로 사라졌고, 현재 제1의 항공사인 유나이티드는 회사 재조직 절차를 밟고 있다. 그럼에도 사우스웨스트 항공사는 지난 31년간 계속 흑자를 냈으니 놀랄 만하다. 흑자의 비결은 과연 무엇인가? 물론 경비를 절약하기 위한 노력 등 회사가 취한 다양한 방식이 있지만 그 가운데 중심은 사람을 중시하는 데 있다. 인간 중심의 토털 경영이 승리를 거둔 것이다.

브랜다이스 대학의 조디 기텔 교수는 사우스웨스트 항공사의 성공 스토리를 분석해 사우스웨스트 항공사 방식(The Southwest Airlines Way)을 제시함으로써 항공업뿐 아니라 일반기업 경영에도 중요한 교훈을 주었다.

1971년 사우스웨스트 항공사가 텍사스의 댈러스, 휴스턴, 샌안토니오를 잇는 운항을 처음 시작했을 때 많은 사람들은 이 회사가 몇 년간 버티다가 문을 닫을 줄 알았다. 하지만 오늘날 사우스웨스트는 미국 30개 주(州)의 59개 공항에 취항하고 있으며 국내승객 운송마일에서 4위, 승객 숫자 면에서 3위를 차지하고 있다. 더 중요한 것은 사우스웨스트의 수익성이다. 오늘날 사우스웨스트 주식의 시가 총액은 90억 달러로 다른 항공사들의 그것을 다 합친 것보다 훨씬 크다. 사우스웨스트의 주식은 이른바 귀족 주(株)가 되었다.

사우스웨스트의 경영 비법은 무엇인가? 주요 항공사들이 강한 노조 때문에 경영에 애로를 겪은 것을 아는 사람들은 사우스웨스트에는 노조가 없는 것으로 생각한다. 그러나 사우스웨스트는 노조 가입률이 가장 높은 항공사이다. 사우스웨스트의 성공비결은 다른 데 있다.

사우스웨스트는 수익성이 좋은 500마일 이내의 항로를 겨냥하고 출범했다. 육상교통을 이용하는 승객을 유인할 수 있을 정도로 요금을 낮추기 위해선 항공기 운항의 효율성을 극대화해야만 했다. 사우스웨스트는 보잉 737기 한 가지 기종(機種)만 보유하고 있기 때문에 조종사 훈련에서 정비에 이르는 많은 비용을 절감할 수 있었다. 항공기가 착륙해서 다시 이륙하기까지의 시간을 최대한 줄여 수익성을 제고했다. 다른 항공사들이 거점 공항을 중심으로 한 허브(hub) 전략을 택한 데 비해 사우스웨스트는 직선 연결 전략을 택해 저가운임을 유지했다.

사우스웨스트의 창업자 허브 켈레허는 30년간 경영을 맡아 오면서 신뢰를 앞세운 경영을 했다. 아메리칸 등 다른 큰 항공사의 직원들은 조종사, 승무원, 지상 요원 등이 각기 자기 분야 일만 하고 항공기 운항 전반에 대해선 무관심했다. 하지만 사우스웨스트에선 직원들이 일체감을 갖고 있으며 또한 서로 협력하는 분위기가 조성돼 있다. 거의 모든 직원이 노조에 가입돼 있지만 경영진은 노조를 동반자로 보았다. 보잉 등 주요 거래처와의 관계도 신뢰를 바탕으로 했다. 가정과 직장을 엄격히 분리하는 보통 미국 기업과 달리 사우스웨스트는 직원의 가족을 회사의 가족으로 생각하는 인간경영을 했다.

사우스웨스트의 성공에 자극을 받아 유나이티드 셔틀, 콘티넨탈 라이트 등이 단거리 시장에 뛰어들었지만 사우스웨스트를 따라오지는 못했다. 사우스웨스트는 9·11 테러 후에 그 진가가 더욱 빛났다. 큰 항공사들은 운항편수를 줄이고 감원을 했지만 사우스웨스트는 단 한 명도 해고하지 않았다. 평소 보수적 경영을 한 탓에 부채비율이 낮고 현금 보유율이 높았기 때문에 예상치 못했던 어려운 여건을 견뎌 낸 것이다. 기텔이 지적하듯이 사우스웨스트의 경영방식은 올드 패션이지만 바로 그것이 훌륭한 결과를 가져온 것이다. 그는 이 같은 사우스웨스트 방식을 항공사뿐 아니라 모든 기업이 참조할 필요가 있다고 말한다. 웰치식의 구조조정만이 살길이라고 생각하는 기업인들에게 좋은 교훈이 될 것이다.

2) 가치창조와 가치공유

CJ는 창의·고려·존중·팀워크·정직·도전 등 6가지에 가치(6 values)를 둔다. 회사의 고유한 가치체계인 이 6개 가치의 실천도를 높이기 위해 각각의 가치를 모범적으로 수행한 베스트 프렉티스(Best Practice)를 발굴하여 전파한다.

현대 인적자원관리는 가치창조에 맞춰 있다. 가치창조는 재무적인 것보다 질적인 것에 초점이 맞춰지고 있다. 단순한 행정업무는 낮은 가치창조를 가져오고, 인력개발과 변화관리는 중간 정도의 가치창조를 가져오며, 관리자문·문화형성·전략적 인사관리는 높은 수준의 가치창조를 가져오는 것으로 평가하고 있다. 현재 기업은 조직가치 기반의 인사시스템을 정착시키고, 아울러 조직가치 기반의 계층별 리더십을 향상시키는 데 관심을 보이고 있다. 가치창조는 여러 측면에서 고찰될 수 있다.

- 업무와 조직 측면: 참여와 혁신
- 동료와 구성원: 신뢰와 존중
- 상사/조직책임자: 진실과 공정
- 사회와 고객: 봉사와 감동
- 공동체정신: 따뜻한 협력과 애정을 바탕으로 함께 발전하려는 공동체정신

가치는 창출도 중요하지만 함께 공유하는 것도 중요하다. 가치공유는 비전과 함께하는 동반자적 관계가 중요하다. 급격한 환경변화에 능동적으로 대응하기 위해 기업 내부역량의 근간이 되는 구성원과의 파트너십이 중요하다. 경영활동 및 성과에 대한 구성원과의 적극적 공유 활동을 통해 상호 공감대를 강화하고 회사와 구성원의 파트너십을 높여 나간다. 나아가 조직의 비전과 가치를 전달하는 사내 퍼실리테이터(facilitator) 활동이 매우 중요하다.

3) 능력주의

인적자원관리는 능력주의에 기초를 두어야 한다. 직무나 지위의 부여도 능력에 따라 이루어져야 하며 보상도 능력의 발휘 여부에 따라 주어져야 한다. 이러한 의미에서 우리나라의 기업은 인재의 선발에서부터 교육, 인재개발, 보상, 평가에 이르기까지 인사관리 제도를 대폭 개선하지 않으면 안 된다. 무능력한 사람일수록 조직정치에 관심이 높고 조직의 기강을 흐려 놓는다는 피터나 파킨슨의 지적을 외면해서는 안 된다(Peter and Hull, 1969: Parkinson, 1957).

4) 공평주의

경영자가 종업원을 공평하게 대하지 않거나 처우에 있어서 불공성이 발생할 때 조직은 심각한 위험에 직면하게 된다. 특히 한국인은 자존심이 강한 국민적 성향을 가지고 있어서 이 문제에 관한 한 어느 민족보다 민감하다. 경영자가 공정, 공평을 유지하려 할 때 조직은 균형 있게 발전할 수 있다. 조직은 제도적으로뿐 아니라 심리적으로도 형평이 조직 관리의 기본이 됨을 주지시킬 필요가 있다.

5) 창의와 혁신의 체질화

창의성(creativeness)은 고정관념을 거부하는 사고와 시각으로 끊임없이 새로운 것을 찾아내려는 선구자 정신이다. 종업원이 창의력을 발휘하도록 한다. 숨어 있는 창의력을 발휘할 수 있는 제도 확립과 분위기를 조성한다. 변화가 심한 경영환경에서 끊임없이 변화를 추구하는 기업만이 생존할 수 있다. 종업원도 변화에 능동적으로 대처한다. 창조와 변화만이 더 많은 희열과 자아실현의 가치를 높인다. 변화와 창조의 과정에서 모험적인 업무자극을 체험하고 책임을 두려워하거나 나태한 사고방식을 버리게 한다. 창조와 변화의 과정에는 언제나 실패와 좌절이 있기 마련이다. 이런 때일수록 다시 일어설 수 있도록 배려할 필요가 있다.

창조성은 상상력과 호기심으로 이루어져 있어 성과와 직접 연결시키기 어렵다. 따라서 창조성을 가진 잠재적 핵심역량을 효율성과 어떻게 연결시킬 것인가 하는 것이 문제가 된다. 결국 인사는 창조적 소수와 핵심인재를 확보하고 육성하는 쪽으로 나가고, 이 인력들을 효율성과 연결시키기 위해 네트워킹 관리방법을 찾게 된다.

창조나 혁신은 구호로만 해결되지 않는다. 그것은 체질의 변화를 요구하는 것이며 그러한 삶이 조직의 생존과 깊이 연결되어 있다는 깊은 자각이 필요하다. MIT대학의 서로우 교수는 21세기에는 유럽이 미국이나 일본을 훨씬 앞지를 것으로 예견했는데 그 이유 가운데 하나가 바로 미래변화에 대한 인식이 어느 민족보다 앞선다는 것이다(Thurow, 1992). 이것은 변화와 혁신에 대한 의식이 체질화되었음을 의미한다. 조직 성원이 미래의 변화에 대해 얼마만큼 자각하고 있으며 창조와 혁신이 필요한가를 깊이 인식(alert to future)하느냐에 따라 조직의 발전은 달라진다. 인적자원관리 담당자는 이것을 어느 누구보다 먼저 인식할 필요가 있다.

3. 인적자원관리의 기축변화와 종업원의 의식 변화

조직이 필요한 변화를 이뤄 내기 위해서는 직원들의 참여가 절대적으로 필요하다. 경영자는 전 직원이 커다란 꿈을 갖도록 이끌어 줘야 한다. 추구하는 비전이 무엇인지 알아야 적극적으로 참여할 수 있다. 리더가 어떤 비전을 갖고 제시하느냐에 따라 변화를 위한 조직원의 참여도와 의지가 결정된다.

1) 주인의식을 가지고 일하게 함

종업원이 주인의식을 가지고 일하는 것과 단지 월급을 받기 위해 어쩔 수 없이 일하는 것과는 다르다. 종업원이 회사의 주인이라고 인식하며 일하는 기업에서는 생기가 넘친다. 생기가 넘치는 기업은 살아 있는 기업이라는 점에서 죽어 있는 기업과 다르다.

2) 공정하고 공평한 업무처리

조직에서 공평성은 매우 중요하다. 사원을 채용하거나 취업규칙을 어겨 해고를 시켜야 할 경우 관계를 통해 청탁이 들어올 때가 많다. 이런 경우일수록 공정성이 요구된다. 인사고과, 업적평가 등을 공정하고 공평하게 해야 인사제도가 형식적으로 흐르지 않는다.

3) 자율성 강화

자율성(initiative)은 일의 효과를 스스로 판단하면서 자신의 책임 아래 업무를 주도해 나가는 주인정신을 말한다. 기업은 종업원 모두가 자율성을 생활화하도록 배려한다. 일은 내 본연의 임무로 간주하고, 성과에 대한 성취와 과오에 대한 엄격한 책임이 따르도록 한다. 자율적인 여건에서는 선의의 경쟁뿐 아니라 동료 간의 격려로 함께 발전한다. 지시만 받게 하지 말고 능동적으로 의사를 결정하게 하여 성취감을 높인다.

인사부서의 경우 전체적으로 개인의 책임과 개개인의 자발성을 충분히 발휘할 수 있는 인사운영체계를 구축하도록 한다. 제도에 앞서 자율성을 가진 마인드 세트(mind set)로 변화를 추구하는 것이 중요하다.

4) 보람을 갖고 일함

종업원들이 보람을 갖고 최선을 다할 수 있도록 한다. 최선의 효과는 일에 대한 의미와 보람에 있다.

4. 인사관리 제도의 개혁

전통적 인사관리에서 인센티브형 인사관리로 전환해야 한다. 종래 조직의 인사관리는 감점주의 위주였다. 그러나 이제부터는 능력실적주의에 의한 업적공헌도 평가주의로 전환될 필요가 있다.

업무다양화와 전문화를 통한 직능체계의 개혁이 필요하다. 관련 다각화와 업무 초전문화는 보다 높은 전문성과 함께 전문성에 따른 평가체계를 요구하게 된다. 새로운 사업이 계획되고 사업별로 전문화될 경우 각 개인은 이에 맞는 능력개발이 필요하다.

현재 여러 기업은 신인사제도를 실시하고 있다. 여기에는 성에 따른 고용의 차별을 제거하고 전문가를 길러 내는 여러 제도들이 포함되어 있다. 앞으로 이 제도의 폭과 질을 높여 개인의 능력이 충분히 개발되고 인적자원을 중시하는 제도로 보다 개선되어야 한다. 이를 위해서는 철저한 직무분석, 정확한 인사고과, 충실한 인사 데이터베이스의 구축 및 실질적인 활용, 경력개발 등 여러 기초적인 바탕이 기본적으로 중요하다.

앞으로의 인사관리는 변화에 민감하고 보다 적극적인 체계로 전환되어야 한다. 경영자원 가운데 가장 중요한 것은 인간자원이라는 사실을 깊이 인식하고 인재를 잘 관리할 수 있도록 조직을 설계하고 개발시켜야 한다. 인재를 양적으로만 관리하던 옛 관리방법을 과감히 버리고 인재를 질적으로 관리하는 체계로 바꾸어 나가야 한다. 이를 위해서는 개인별 능력을 체계 있게 파악할 뿐 아니라 적절한 능력개발 계획을 세우고 인재를 적재적성적소에 맞추어 배치·훈련함으로써 조직을 활력 있게 유지해 나가야 한다.

인사통제는 핵심역량을 뒷받침하기 위해 인사업무를 통제하는 중요한 조정기능을 맡는다.

제3장 인사 철학의 확립

우리는 흔히 "빌 게이츠가 미국이 아닌 다른 나라에서 태어났다면 오늘날 마이크로소프트가 있었을까?"라는 질문을 던진다. 그리고 대부분 미국이라는 나라가 자유분방하고 또 노력 여하에 의해 확실한 대가가 따르는 나라이기에 그런 천재가 클 수 있었다고 말한다. 이것은 미국이 가진 문화적 합의가 이뤄 낸 성과라는 것이다.

기업에서 이런 합의를 도출하고 확산시킬 수 있을까? 인적자원관리 측면에서 볼 때 그것은 인사 철학을 바로 확립하고, 그것을 조금씩 실천해 나가는 데 있다. 직원들의 새로운 아이디어가 사장되지 않고 창의력을 발휘할 수 있게 하며, 새로운 기술이나 제품을 개발할 수 있는 여건을 만드는 것이 회사 발전의 원동력이며, 이 동력을 키우는 환경, 곧 이런 인재를 키우는 환경을 만드는 것은 CEO가 해야 할 몫이다. 이런 의미에서 최고경영자의 인사 철학은 중요하다.

1. 인사 철학의 보기

인사 철학은 인간전략(people strategy)을 구현함에 있어서 기본적인 사고의 틀을 제공하고 우선적인 의사결정기준으로 일관되게 적용하는 원칙으로 작용한다. 인사 철학은 구성원에 대한 회사의 변함없는 약속이기도 하다.

1) HP Way

HP의 인사 철학은 HP Way로 집약된다. HP Way는 "모든 사람은 남녀를 불문하고 좋은 일, 창조적인 일을 하기 원하며, 적절한 환경이 주어진다면 누구든지 그런 일들을 해낼 수 있다."는 Y이론적 철학을 담고 있다. HP는 이러한 인사 철학을 바탕으로 최적의 인재를 채용하고 육성하며 구성원에게 최고의 근무환경을 제공하여 궁극적으로 최고의 성과를 창출하는 조직을 실현하고자 한다. HP는 채용에 있어서도 학교·학과·지역·성별 등의 차별을 극소화시키고 최적의 인재를, 최적의 시간에, 최적의 장소에 채용할 수 있도록 한다.

2) 맥켄지 컨설팅

맥켄지 컨설팅의 21세기 인재전략 리포트인 「인재전쟁」(The War for Talent)에서 우수한 기업의 두드러진 점은 우수한 인사관리 프로세스가 아니라 인재의 중요성을 굳게 믿는 최고경영자의 자세와 신념이라고 주장했다.

3) CJ 인사 철학

- 최고를 추구한다.
- 즐겁게 일한다.
- 인재가 성장한다.

2. 기업사명의 명확화

인사 철학을 보다 확고히 하려면 기업사명(company mission)을 명확하게 할 필요가 있다. 예를 들어 CJ의 비전과 사명은 '건강·즐거움·편리를 창조하는 제일 좋은 생활문화기업'이며, 이 사명에 따라 구성원이 반드시 갖추고 실천해야 할 구체적인 행동지침을 마련하고 있다. 기업사명은 기업의 기본목적·존재이유·특성·철학·이념·가치관·기업가 정신·이미지 등을 포괄하는 개념으로 기업전략의 중심적 위치를 차지하고 있다. 전략영역은 기업의 생산성 향상, 고객에 대한 서비스, 기술혁신, 시장점유율의 증대, 품질향상, 창의성, 팀 정신 등 다양하게 나타나고 있다. 조직에 있어서 기업사명은 정신을 구현하는 사업영역을 구체화하고 경쟁우위 확보방법이 투영되어야 한다.

3. 경영이념의 구축

인사 철학은 기업의 경영이념을 바탕으로 한다. 경영이념은 기업이 어떤 가치를 추구하고자 하는 것으로 21세기는 보다 새로운 가치와 새로운 사고를 요구하고 있다. 가치에 따라 사람이 달라지기 때문이다. 이랜드의 박성수 회장은 "봉급 때문에 일하는 사람은 샐러리맨(salary man)이고, 일 자체를 사랑하는 사람은 비즈니스맨(business man)이며, 그보다 하늘의 소명 때문에 일하는 사람은 콜링맨(calling man)이다. 그러나 자신이 받는 봉급 이상으로 많은 가치를 세상에 돌려주는 밸류맨(value man)이 되어야 한다."고 주장한다(박성수 외, 2004). 경영이념이나 인사 철학의 확립은 바로 세상에 좋은 가치를 주는 사람을 만드는 일이다.

만일 '21세기 새로운 정신에 입각한 경영이념을 구축한다.'고 가정할 때 경영이념과 연관된 인사는 새로운 인사서비스는 다음과 같이 구축될 수 있다. 아래는 그 보기이다.

21세기 새로운 정신의 경영이념의 구성

21세기 새로운 정신	
Modest(겸손함)	- 겸손
Open(개방적)	- 개방
Renovative(혁신적)	- 도전과 혁신
Energetic(열성적)	- 열정
- 더 좋은 - 더 많은 - 더 넓은	인사 서비스의 창조

'21세기 새로운 정신'으로 겸손·개방·혁신·열심을 표방한다고 가정하자. 이것은 조직이 앞으로 구현해야 할 정신을 함축적으로 나타내고 있다. 새로운 정신 그 자체가 진취적인 움직임을 표현하고 있어 조직이 동태적이

고 생동적이어야 함을 가리키고 있다.

1) 겸손

겸손은 동서고금을 막론하고 조직인이 가장 갖추고 있어야 할 덕목 가운데 하나이다. 그리스 철학에 있어서 겸손은 덕(arete)으로 간주해 왔으며 아리스토텔레스에 의하면 이 덕은 습관의 결과로 나타난다. 기독교·불교·유교 모두 겸손을 삶의 기본적인 태도로 강조하고 있다. 조직이 관료제화 되면서, 폐쇄적이고 권위주의화 되면서, 그리고 자기의 존재를 앞세우게 되면서 겸손은 실종되고 말았다. 겸손은 조직 내 성원들의 인간관계에서뿐 아니라 고객에 대해서도 크게 요청되고 있다. 겸손은 자기의 입장만 강조하는 것이 아니라 상대방의 입장에 서서 이해하는 태도를 길러 준다. 사람을 사랑하고 인간을 인간으로서 존중할 줄 아는 태도를 길러 주는 것이 바로 겸손이다. 커뮤니케이션의 활성화, 조직의 효과적인 리더십, 그리고 고객과의 질 높은 친밀성을 유지하기 위해서 겸손은 언제나 강조되어도 부족함이 없다. 겸손은 서비스 정신의 기본이며 개방사회 성원으로서 필수적으로 갖추어야 할 덕목이다. 벤치마킹도 겸손한 자세에서 출발한다.

2) 개방

개방은 다른 사람에 대해서뿐만 아니라 특히 환경의 변화에 대해 열린 마음을 가지고 능동적으로 살아가는 것을 말한다. 포퍼(K. Popper)에 따르면 폐쇄체계는 파시즘과 같은 권위주의 사회를 낳고 조직 및 사회의 생명력을 잃게 만듦에 비하여 개방체계는 조직과 사회를 생명력 있는 유기체로 만들고 성숙한 조직으로 발전하게 한다. 그가 폐쇄체계를 결정주의라 비판하고 개방체계적인 삶을 강조한 것은 이 때문이다. 조직은 자신에게 둘러쳐진 폐쇄라는 울타리를 벗어나 시야를 보다 넓혀야 한다. 조직은 다양한 환경 변화에 민감할 필요가 있으며 이제 하나의 조직이 아니라 세계의 기업으로 도약해야 한다.

3) 도전과 혁신

도전(challenging)은 높은 목표의식을 갖고 자신에게 주어진 것 이상의 성과를 달성하려는 열정과 실천의 개척자 정신을 말한다. 그리고 혁신은 조직의 미래를 좌우할 전환적 사고 체계를 의미한다. 혁신은 창조성과 미래에 대한 도전성을 함께 담고 있다. 혁신은 미래를 여는 열쇠이다. 핀숏(G. Pinchot)이 사내에서의 기업가정신(intrapreneurship)을 강조하고 드러커(P. Drucker)를 비롯한 여러 학자들이 이노베이션을 그토록 강조하는 것은 앞으로의 세대는 꾸준한 자기혁신과 개발을 통해서 이루어지는 시대임을 감지했기 때문이다. 새로운 시대는 새로운 사고를 요구한다. 끊임없이 변혁을 추구하는 정신은 미래에 대한 도전이자 무한한 가능성에 대한 도전이기도 하다. 혁신은 보다 앞선 사고를 요구할 뿐 아니라 자신을 변혁시킨다.

4) 열정

열정은 개인의 비전과 기업의 비전을 슬기롭게 조화시키는 열정이다. 열정은 조직을 활성화시키고 유기체적으로 만드는 힘이다. 열정은 조직을 살아 있게 하고 생동력 있게 만든다. 조직 성원이 미래에 대해 확고한 비전을 가지고 적극적으로 사고하고 행동할 때 조직은 달라진다. 조직이 보다 나아지고(better), 보다 완숙하고(fuller), 보다 위대한(greater) 상태로 나아가기 위해서는 조직목표와 함께 이러한 작업환경을 만드는 열정이 필요하다. 포스(L. Foss)는 이를 가리켜 Z이론적 경영(theory Z management) 또는 '진화'(evolving) 개념으로 설명하고 있다. 그가 오늘날 조직이 당면한 환경적 요인을 간파하고 보다 인간 지향적이며 능동적이며 미래지향적인 조직문화를 갖도록 설득하고 있는 것은 이러한 지향이 바람직한 방향이기 때문이다. 열정에는 조직의 이념을 실천하려는 강한 의지, 현재를 과감히 개선할 수 있는 용기, 그리고 미래에 대한 도전의식이 필요하다.

이 새로운 정신을 조직의 여러 서비스 영역에 바로 구현하여야 한다. 새 정신에 입각한 더 좋은, 더 많은, 그리고 더 넓은 서비스는 조직구성원에게

는 깊은 자긍심을 심어 주고 고객에게는 조직을 더욱 신뢰하고 사랑하게
만든다. 이 정신은 조직을 살릴 뿐 아니라 궁극적으로는 우리 사회를 살리
는 정신이기도 하다.

4. 경영이념과 장기 비전들 사이의 상응관계

조직의 경영이념은 조직이 추구하는 장기 비전과 유기적으로 연관되어야
한다. 조직의 장기 전략이 얼마만큼 성공을 거둘 수 있느냐 하는 것은 조직
구성원들이 얼마만큼 경영이념과 조직의 장기 비전을 의식하고 있으며 이
것을 실제화하느냐에 달려 있다.

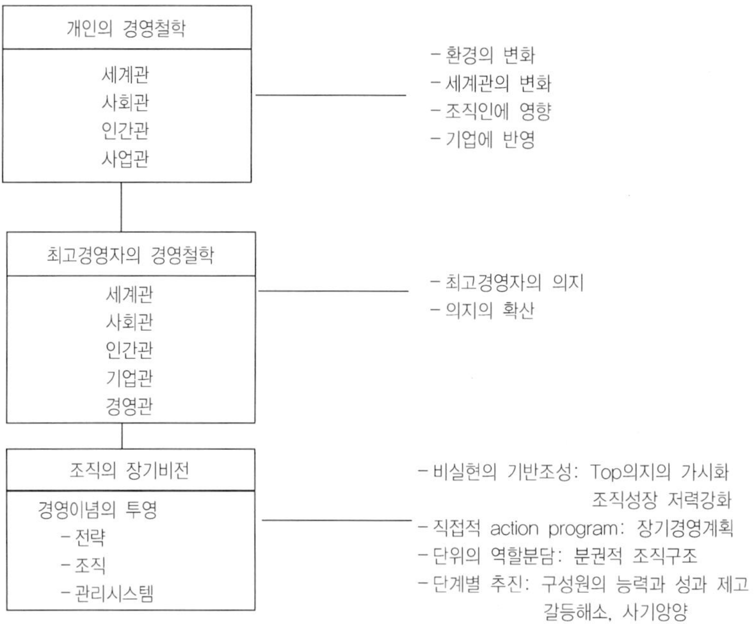

경영이념과 장기 비전들 사이의 상응관계

한 조직의 경영이념은 조직 구성원 각자의 경영철학이 집합된 것이다. 개
인은 사회생활을 통하여 관을 정립해 나아가며 자기의 속한 기업이 어떤

쪽으로 나아가야 바람직한가를 생각하게 된다. 그것이 최고경영자의 경영이념으로 구체화된다. 물론 최고경영층도 나름대로 관을 정립해 나가지만 그 이념이 구성원들의 생각을 종합하고 모두가 수긍할 수 있는 것일 경우 그 추진력은 대단한 것이 된다. 이러한 경영이념은 조직의 장기비전으로 나타나고 그 비전은 각부 활동으로 구체화된다. 이념이 실행계획으로 이어지는 것이다. 경영이념은 전략, 조직의 구조 및 관리의 여러 체계에 반영된다.

조직의 경영이념과 장기비전도 이러한 상응관계를 가지고 있다. 이 관계를 더욱 공고히 하기 위해서 우선 비전실현을 위한 기반을 조성할 필요가 있다. 기반조성은 최고경영자의 의지를 가시화하면서 조직의 성장저력을 강화시켜 나갈 때 더욱 튼튼해진다. 아울러 경영이념을 구체화시킬 수 있도록 적극적 행동(proaction)을 취해야 한다. 액션 프로그램을 만들 때 이 프로그램에 장기 발전계획이 반드시 포함되도록 하며 각 조직단위에 역할을 나누도록 함으로써 일의 수행이 분권적으로, 즉 자율적으로 이루어지도록 하는 것이 바람직하다. 조직이 분권적으로 구조되어야 하는 것은 이 때문이다. 일은 단계별로 추진하되 구성원의 능력과 성과를 고려하고 갈등을 줄이며 사기를 높일 수 있도록 해야 한다.

5. 최고경영자의 의지

조직의 장기발전은 무엇보다 최고경영자의 의지와 그것의 가시화에 달려 있다. 박정희 대통령은 우리나라 경제개발 계획을 보고 받는 자리에서 그것의 실현에 대해 매우 회의적이었으나 보고하는 장관이 "그것이 성공하느냐 마느냐 하는 것은 대통령의 의지에 달려 있다."는 진언을 듣고 확고한 의지를 세워 밀고 나감으로써 우리나라의 경제적 발판을 닦아 놓았다. 기업도 예외는 아니다.

- 실천하고 행동하는 조직인상 정착
- 조직 활성화
- 조직의 공익성 유지 및 효율성 제고
- 적극적으로 발로 뛰고 고객 속에 파고들어 평생고객 확보
- 기존상품보완 경쟁력확보
- 신종상품개발
- 고객편익을 위한 조직 개선
- 장기 안정적 재원조달
- 선진기법 도입 및 전문 인력 육성
- 세계기업으로서의 위상확립
- 성장 및 내실 다지는 경영전략수립 종합서비스 체제구축
- 고객에게는 가장 편리한 조직(best service), 직원에게는 가장 좋은 평생직장(best office)이 되는 최우수 조직
- 능동적인 업무수행자세: 프로근성, 부단한 자기계발
- 고도의 직업윤리
- 경영의 합리화, 내실화, 생산성 향상: 조직재정비, 인력효율화
- 기업문화의 정립 및 창달

최고경영자는 이 의지를 구현하기 위해 지금까지의 소극적이고 단편적인 경영방식에서 벗어나 불요불급한 조직을 재정비하고 인력효율화를 기하는 등 경영합리화를 도모해야 한다. 또한 실천 가능한 기업문화운동을 펴 질적으로 향상된 조직으로 발돋움하여 고객과 함께하는 조직상을 구현해야 한다. 선진기업으로 발전시키는 일, 전문기관으로서의 위상을 확고히 하는 일, 그리고 조직을 활성화하여 의욕과 창의력이 넘치는 직장 분위기를 만드는 일은 중요하다. 이를 위해 '계획은 세밀하게, 행동은 대담하게, 확인은 철저하게' 할 필요가 있다.

6. 인사 철학의 다지기 작업

1) 경영철학과 인사부서의 역할

인적자원관리 부서는 최고경영자의 경영철학과 경영방침을 전파하는 메신저 역할, 그리고 전략적 파트너로서의 역할을 수행한다. 회사의 비전과 전략을 전 사원에게 공유하고 최고경영자의 경영방향에 대해 교육하여 직

원 모두의 역량을 한 방향으로 정렬하여 시너지를 창출할 수 있도록 한다.

2) 비전과 공유가치의 확대

최고경영자가 아무리 훌륭한 비전을 가지고 있다 하더라도 그 비전을 조직 구성원이 공유하지 못하면 그 비전의 실제화는 어렵다. 조직이 필요한 변화를 이뤄 내기 위해서는 직원들의 참여가 절대적으로 필요하다. 경영자는 전 직원이 커다란 꿈을 갖도록 이끌어 줘야 한다. 추구하는 비전이 무엇인지 알아야 적극적으로 참여할 수 있다. 리더가 어떤 비전을 갖고 제시하느냐에 따라 변화를 위한 조직원의 참여도와 의지가 결정된다.

3) 조직의 안정과 변화의 선도

기업은 조직의 안정과 변화의 선도라는 두 개의 주요 조직철학을 가지고 있다. 이것은 대부분의 기업이 가지고 있는 철학이기도 하다. 문제는 이러한 현실과 이상을 어떻게 균형 있게, 그리고 조화롭게 만들어 갈 것인가 하는 점이다. 따라서 기업은 이 철학을 바탕으로 균형 있는 발전을 모색하게 될 것이고, 이에 필요한 대안을 찾기 위한 노력이 계속되어야 한다.

4) 삶의 질 향상

조직은 생산성과 이익창출을 위해 노력할 뿐 아니라 구성원의 삶의 질을 향상시킬 수 있는 방안을 모색해야 한다. 조직 전체의 생산성은 조직 구성원들이 자신의 업무에 만족하고 적극적인 삶을 영위할 수 있는 여건이 마련될 때 향상될 수 있다. 조직 구성원은 조직의 일부로서 단순한 역할과 임무를 수행하는 부속품이 아니라 충분한 가능성과 능력, 인간의 존엄성을 지닌 목적체로서의 개인으로 인식될 때 종업원 만족의 전제조건이 확립된다. 이러한 노력이 구성원의 삶의 질과 연결될 때 조직은 삶의 일부가 아니라 삶 그 자체가 된다.

5) 현지화된 인사제도

해외인사의 경우 인사원칙 및 철학은 공유하되 현지의 경영환경, 구성원들의 특성 및 의식 등을 고려하여 현지화된 인사제도를 운영하는 것이 바람직하다.

제 2 부
인사환경과 인적자원관리 전략

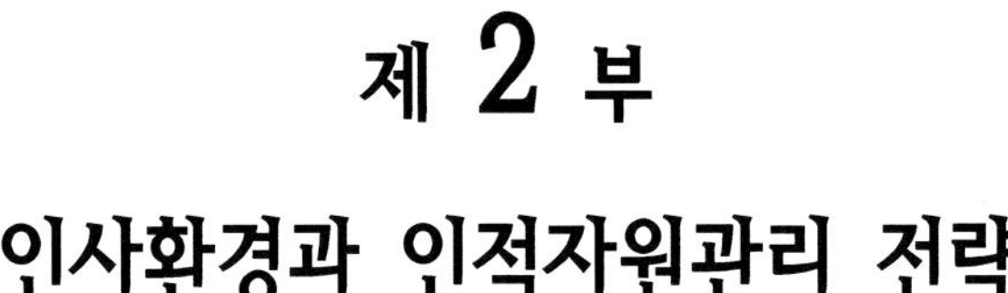

제4장 인사환경

1. 경영이념의 변화

기업이 새롭게 태어나야 한다는 것은 단순한 사고에서 나온 것이 아니다. 경영환경이 크게 변하고 있고, 이 흐름에 따라 변화되지 않으면 안 된다는 당위성 때문이다. 이것은 새로운 경영이념이 왜 발생할 수밖에 없는가를 설명해 주는 배경이 된다.

환경의 급속한 변화와 조직구성원 및 고객 욕구의 질적 변화는 경영의 틀마저 바꾸고 있다. 아래의 표는 일반적으로 경영이념이 어떻게 변화해 가고 있는가를 요약적으로 보여 주고 있다. 과거 한 세기를 풍미해 왔던 양 중심 시대에서 1990년대 질의 중요성이 도입되면서 양과 질 모두가 강조된 시기를 거쳐 2000년대를 살아가고 있는 지금은 질의 신전개기를 맞고 있다. 이것은 경영의 중요한 변화이며 조직은 이러한 변화를 바르게 인식하고 인사정책을 새롭게 정립하지 않으면 안 된다. 조직이 이 큰 변화를 외면할 때 생명력을 잃기 때문이다.

경영이념의 시대적 변화

이념차원	1900	1990	2000년 이후
양과 질	양 중심	질의 도입	질의 다양한 변화
합리성	이성, 논리 합리성	논리와 감성 혼재	고도의 감성 비합리성
자원	물적 자원	물적, 인적자원	높은 질의 인적자원
동질성	동질성, 균일성 공통성	동질 및 이질 혼재	높은 이질성, 다양성, 개성
개방성	폐쇄성, 권위주의	폐쇄 및 개방혼재 권위주의 + 민주주의	높은 개방성, 성숙한 민주주의
경영관리	직무중심	직무 + 인간	인간 중심

이념차원	1900	1990	2000년 이후
이익	자본, 이익논리	자본＋사회논리	사회논리
가치관	경제적 가치	경제적＋질적 가치	질적 가치(QWL)의 고도화
환경	안정, 확실	불확실성의 증가	높은 불확실성
생산	대량, 동질	소량, 이질	소량, 다질, 질의 고도화
세계체계	개인체계	지역 네트워크체계	지구적 네트워크체계

감성, 질, 다양성, 개성, 개방성, 지구적 네트워킹
인간 중심, QWL, 성숙, 불확실,

패러다임의 변화: 새로운 패러다임에 따른 신사고 및 의식개혁의 필요성 증가
새로운 패러다임에 대한 대응능력 향상: 유연성, 신속성, 적극성 필요
지구적 관점의 조직 재구축(restructuring)
점진적 도약: start early and start small

1) 양보다는 질

20세기는 폭발하는 수요의 증가로 양이 문제가 되었고 그것은 대량생산 방식으로 이어졌다. 지금도 양에 대한 관심이 없어진 것은 아니나 질에 대한 욕구가 분출되고 있는 실정이다. 21세기에는 양 그 자체보다는 질을 중시하고 질에 있어서도 다양성을 요구하는 시대로 나아가게 될 것으로 판단되고 있다.

2) 논리보다는 감성

과학의 발달과 산업화는 인간의 이성과 논리에 바탕을 두고 있다. 이성과 논리는 합리성에 근거한 체계를 형성하고 있다. 그러나 점차 이성보다는 감성을 중시하는 성향이 높아지고 있다. 감성은 합리성과 반대되는 비합리성에 근거하고 있다. 직무 지향적 관료제가 비판을 당하고 인간 중심적 경영으로 나아가는 것은 이 때문이다. 기계화, 산업화에 대한 비판이 강해질수록 감성에 대한 욕구는 높아진다. 새로운 시대는 고도의 과학성을 지향하고 있다. 따라서 감성에 대한 욕구도 강해지고 감성의 차원도 달라질 것으로 기대되고 있다. 소비자의 욕구가 보다 다양해지고 기업이 높은 차별화 정책으로 이에 대응하게 되는 것은 그 보기이다.

3) 물적 자원보다 중시되는 인적 자원

양이 중시되는 시기에는 자본, 재료 등 물적 자원이 무엇보다 중요했다. 그러나 경영은 바로 인간이 하는 것이고 인간을 어떻게 대우하느냐에 따라 경영성과가 다르다는 것을 인식하기 시작하면서 인적 자원의 중요성이 높아지게 되었다. 더욱이 인간의 창의성과 전문성이 중시되는 21세기에는 더 높은 질의 인적 자원을 필요로 하고 있다.

4) 동질성보다는 이질성

대량생산 사회에서는 동질성·균일성·통일성이 강조되었다. 그러나 소비자의 욕구가 다양해지면서 이질성의 욕구가 높아졌다. 남과 똑같은 옷을 입기보다는 다른 사람과는 다른 개성 있는 옷을 선호하게 된 것이다. 미래 사회는 이질성·다양성·개성을 더욱 강하게 요구되는 사회로 인식되고 있다.

5) 폐쇄보다는 개방

사회가 국제화되고 지구가 하나의 촌락개념으로 바꾸면서 우리 사회는 보다 높은 개방성을 띠고 있다. 동구와 소련의 붕괴는 폐쇄체계의 붕괴라는 점에서 많은 교훈을 주고 있으며 이러한 나라들이 추구하는 개방화 정책은 앞으로의 사회가 어떤 방향으로 나아가야 하는지를 실제적으로 가르쳐 주고 있다. 조직은 자기폐쇄적인 고리를 풀고 환경변화에 보다 민감할 필요가 있다. 조직의 개방화는 권위주의보다는 성숙한 민주주의를 요구한다.

6) 직무보다 인간

지금까지의 경영관리는 직무중심으로 이루어져 왔다. 과학적 관리 이후 직무와 그 성과는 경영자의 주요 관심사항이었다. 그러나 이러한 사고는 인간을 경시하거나 인간의 문제를 도외시하는 문제를 야기함으로써 인간존중이라는 새로운 차원의 경영체계를 필요로 하게 되었다. 그렇다고 직무가 경시되는 것은 아니다. 보다 차원 높은 인간 경영을 통하여 조직의 목표를 달성하고자 하는 것이다.

7) 이윤극대화보다 만족화

기업은 일차적으로 이윤극대화를 목적으로 하고 있지만 환경의 불확실성이 높아지고 기업의 윤리가 강조되면서 만족화(satisficing)의 경향을 띠고 있다. 이익에 있어서 투자된 자본에 대한 이윤극대화 논리보다 사회논리가 강한 것은 이러한 흐름을 반영하고 있다.

8) 경제적 가치보다 QWL

양과 수에 관심을 집중시키던 과거와는 달리 직장에서도 삶의 질이 중시되고 있다. 삶의 질의 문제는 산업화에 대한 반작용으로 나타나게 된 것이다. 철학과 문학이 문제로 삼아 오다가 경영에서도 QWL로 나타나게 되었다. QWL은 이제 하나의 조직철학으로 자리를 잡아가고 있으며 이에 대한 요구는 앞으로 더욱 강해질 전망이다.

9) 안정 환경보다 불확실성이 높은 환경

토플러(A. Toffler)나 내이스비트(J. Naisbitt) 등 여러 미래학자들에 따르면 앞으로의 환경은 높은 불확실성을 특징으로 가지고 있다. 이것은 때로 연속적 속성이 아닌 비연속적 속성, 곧 단절이라는 언어로 표현되고 있다. 지금까지 안이한 환경에서 성장해 온 조직은 거칠고 바람이 심한 환경 앞에서 생존을 위협받고 있다. 그러한 환경변화를 깊이 의식하고 대응해 나가는 조직은 살아남겠지만 그렇지 못할 경우 생존 자체마저 불투명해진다. 살아 있는 조직은 이러한 위협의 기회를 오히려 전환의 기회로 삼는다.

10) 대량 동질 생산보다 소량 다질 생산

대량생산 사회에서는 표준화된 제품일지라도 많이 만들어 내는 것이 가장 좋은 생산방식이었다. 모두가 같은 것을 쓰고 입어도 아무도 불평하지 않았다. 그만큼 먹고사는 것이 힘들었기 때문이었다. 그러나 지금은 다르다. 개성 있는 것을 원하고 남과 다른 것을 원한다. 소비자의 생활패턴이 크게 달라졌기 때문이다. 이러한 욕구체계의 변화는 소량이라도 질이 다양하고 또 질적 속성이 다른 것을 선호하는 생활로 바꾸어 놓고 있다. 생산이 다품종 소량생산 또는 다질 소량생산 방식으로 바뀌는 것은 이 때문이다. 은행에도 한 가지 서비스보다 다양한 서비스, 토털 서비스, 다른 은행보다 질적으로 다른 수준 높은 서비스를 요구하는 것은 이러한 흐름을 반영하고 있다.

11) 개인체계보다 지구적 네트워크체계

세계체계가 바꾸고 있다. 과거에는 제도적으로 인정을 받으면 홀로서기가 가능했다. 그러나 지금은 최소한 다른 체계와 연관을 맺어야 하고 그 관계는 점차 지구적 네트워크 관계로 발전하고 있다. 이것은 조직이 세계 속의 일원이면서 세계를 안고 있는 지구가족이 되어 가고 있음을 입증하는 것이다. 이것은 보다 앞선 기업이라면 세계를 대상으로 발돋움해야 한다는 것을 일깨워 주고 있다.

지금까지 경영이념이 시대적으로 어떻게 바뀌어 가고 있는가를 살펴보았다. 이러한 흐름들을 종합해 볼 때 21세기에는 감성·질·다양성·개성·개방성·지구적 네트워킹·인간 중심·QWL·성숙한 시민정신·환경의 불확실 등 여러 요소들이 강하게 부각될 것으로 판단된다.

이러한 흐름은 21세기의 패러다임이 종전과는 아주 다른 속성을 가지게 될 것을 예고하고 있다. 조직은 새로운 패러다임에 대한 신사고와 함께 전환적 의식개혁이 필요하다. 조직은 새로운 패러다임에 대한 대응능력을 길러야 하며 이를 위해서는 유연성·신속성·적극성이 필요하다. 조직의 인사전략도 이러한 패러다임에 대한 대응전략이 되어야 한다. 아울러 조직은 지구적 관점에서 조직을 재구성할 필요가 있다. 그리고 이러한 변화는 급진적이기보다는 점진적인 것이 바람직하다. 변화를 빨리 인식하되 개혁은 점진적으로 하는 것이다.

2. 조직 패러다임의 변화

경영환경의 변화는 이념의 변화는 물론 조직 패러다임마저 바꾼다. 조직에 있어서 주요 패러다임의 변화를 살펴보면 다음과 같다.

조직 패러다임의 변화

	1960~1980년대	1990년대	2000년 이후
경제사회	공업화기	고도성장기	전환기
정책	문제인식기	양적확대기	양질 서비스기
기업이념	인화단결,		고객지향의 경영
	성실봉사,		내실성장의 경영
	업무중심		인간 중심의 경영
	좁은 의미의 복지구현		넓은 의미의 복지구현
상징	성장 중심		성장성과 공공성의 균형
경영전략	전략불요시대 수동적, 수세적 전략		능동적, 창의적 전략지향
	소극적(방어적) 경영		적극적(공격적) 경영
관리관행	책임과 연공중심		능력과 연공의 조화
	절차중시의 순응적 행동방식		자율적, 창의적 가치의식
조직문화	전통적 관료제형 문화		자율, 진취적 문화
	집권적 조직구조		분권적 조직구조
조직구조			(지역별, 고객별, 기능별 사업별 본부제)
중점관리	직무중시		인력자원 중시
	서비스 향상		전문 인력교육, 개발
	고객증가		서비스 향상
	공급활성화		조직 활성화
재무	물적 자원 확보 위한 재무		종합재무＋복지사회구현
전산화	국지적 이용		MIS구축, Global ES화

1) 경제사회의 변화

정치·경제·사회·문화 측면에서 급진적이고 포괄적인 변화가 나타나고 있고, 이러한 변화에 얼마나 잘 적응하느냐가 기업의 장기적인 성장과 발전에 필수적인 조건이 되고 있다. 우리 경제사회는 크게 공업화 기반 조성기에서 고도 성장기를 거쳐 2000년대에 이르러 획기적인 전환기를 맞았다. 90년대 후반에 IMF외환위기를 거치면서 잠시 침체되기는 했다. 우리의 외부 경제 환경은 때로 전 세계적 경기둔화와 시장포화로 저성장이 지속될 것으로 예상되기도 하지만 세계적인 무한경쟁시대에 돌입하면서 경제발전에 대한 욕구는 더욱 강해지고 있다. 앞으로는 브릭스(BRIC's)의 강세가 예상된다. 브릭스는 브라질·러시아·인도·중국 등 이른바 떠오르는 경제의 별들을 지칭한다. 인터넷 시장경쟁도 본격화되고 있다.

2) 경영정책의 변화

우리나라의 경영정책은 여러 조직문제에 대한 심각한 인식에서 시작하여 시간이 지나면서 이 문제들을 해결하기 위한 양적인 노력을 확대시켰다. 그러나 아직도 해결되지 못한 문제들에 대한 양적인 노력과 함께 질적인 개선을 원하는 소비자의 욕구가 높아지면서 차원이 다른 정책과 서비스를 원하는 성향이 높아지고 있다. 앞으로의 경영방향은 새로운 도약을 위한 경영이 될 것이다. 서비스 향상과 함께 질적 성장을 도모하면서 조직의 활성화도 강화될 것이다.

3) 경영이념

과거 우리 기업의 경영이념은 대부분 인화단결·성실봉사·좁은 의미의 복지구현으로 집약되고 있다. 이러한 이념은 매우 포괄적이기는 하지만 진취적인 기상이 결여되어 있다. 21세기를 맞아 이러한 이념들은 고객지향의 경영·내실성장의 경영·인간존중의 경영 등 보다 새로운 차원의 이념으로 바꾸지 않으면 안 된다. 이를 위해 조직은 보다 근본적인 체질개선이 요구된다. 체질개선을 위해 앞서 언급한 겸손·개방·도전과 혁신·열정에 바탕을 둔 새로운 정신의 구현이 필요하다. 새로운 정신은 지금까지 주종을 이루어 왔던 애매모호한, 그래서 있으나 마나 한 경영이념이 아니라 보다 확대되고 체계화된 경영이념이 창출될 필요가 있다.

4) 상징

지금까지 조직의 상징은 대부분 단기 이미지 중심으로 이루어져 왔다. 조직이 우리나라 경제발전에 기여했다는 점은 무시할 수 없다. 그러나 조직은 대부분의 경우 쉽게 접근할 수 없는 기관으로 인식시키기에 충분했다. 이것은 일반 고객과 조직의 관계를 쉽게 접할 수 있는 관계가 아닌 제도적 관계로 이어 줌으로써 오히려 조직의 성장을 막고 있다. 따라서 조직은 앞으로 일반시민이 쉽게 접하고 이용할 수 있는 가까운 이웃으로서의 조직이 됨으로써 보다 차원이 다른 공공성을 확보하고 이를 바탕으로 성장하고 발전하는 조직이 되어야 한다.

5) 경영전략

경영전략 측면에서 볼 때 우리 기업은 소극적이고 방어적 전략을 유지해 왔다. 1960년대와 1970년대는 사실상 전략이 필요 없었으며 1980년대에는 수동적이고 수세적인 전략을 견지했다. 그러나 점차 보다 적극적이고 공격적인 전략으로 바꾸었다. 주변 환경과 국제환경의 변화는 보다 능동적이고 창의적인 전략 없이는 생존이 어렵다는 것을 일깨워 주고 있다.

6) 관리관행

지금까지의 조직의 관리관행은 책임과 연공중심, 절차를 중시하는 순응적 행동방식이 주종을 이루어 왔다. 이러한 관리관행은 조직 환경이 안정적이고 업무가 기계적이었을 때 효과를 거둘 수 있지만 그만큼 조직성원을 기계로 만들고 소외감을 심어 준다는 점에서 부작용이 크다. 더욱이 기업 환경이 보다 불확실해지고 경쟁이 심화되는 마당에서 이러한 관리관행을 계속 유지한다는 것은 조직을 위험상태에 빠뜨리는 결과를 낳는다. 따라서 지금까지의 안일한 관리관행을 수정하여 능력과 연공이 조화되며 자율적이고 창의가 존중되는 관행으로 바꾸어져야 한다.

7) 조직문화

우리 조직의 문화는 대부분 전통적 관료제형 문화를 이루고 있다. 이러한 문화적 속성은 조직의 관리관행에 뚜렷이 나타나 있다. 그러나 전반적으로 계급주의와 관료주의의 중요성은 점차 감소되고 내부의 사회적 네트워크와 시장통제의 중요성이 증가하고 있다. 따라서 앞으로의 조직문화는 보다 자율적이고 진취적인 문화, 혁신적인 문화, 개방적인 문화 등 21세기형에 맞는 조직문화의 정립이 바람직하다.

8) 조직구조

우리 기업은 대부분 집권적 조직구조를 가지고 있으며 앞으로는 분권적 조직구조 내지 열린 구조로 개편할 필요가 있다. 분권적 조직구조의 형태로는 대부분 사업부제, 특히 지역별·고객별·기능별·사업별 본부제를 두어 왔다. 그러나 무엇보다 중요한 것은 기계적 관료제성을 탈피하고 보다 전문성을 발휘할 수 있는 전문적 관료제, 프로젝트에 따른 팀제가 선호되고 있다. 앞으로는 전문성에 바탕을 둔 신축성 있고 유연한 애드호크라시(adhocracy)가 주류를 이룰 것이다.

9) 중점관리

우리 기업은 지금까지 직무를 중심으로 한 관리체계를 유지해 왔으며 관리목표를 서비스 향상·고객확보·자금 확보·조직의 활성화에 두었다. 물론 이러한 중점관리목표를 바꿀 수는 없지만 창의와 혁신에 바탕을 둔 인간 중심의 경영, 타의 추종을 불허하는 초전문성을 가진 인력관리, 고객 편에 선 서비스 정신, 조직이용의 활성화뿐 아니라 조직의 지속적인 개혁과 활성화에도 관심을 두어야 한다.

10) 재무

우리 기업은 대부분 조직의 물적 자원 확보를 위한 재무가 그 중심을 이루어 왔다. 그러나 앞으로는 물적 자원뿐 아니라 인적 자원을 중시하는 보다 종합적인 재무를 지향하는 쪽으로의 변화를 모색해야 하며 그러한 총체적인 업무조정을 통해 나는 이익을 복지사회를 구현하는 데 사용될 수 있도록 해야 한다.

11) 전산화

우리 기업은 완전한 온라인 컴퓨터시스템을 도입하기 전까지 매우 국지적 전산처리를 해 왔다. 이제는 MIS·SIS·글로벌 전산시스템에 입각한 전산체계를 구축할 필요가 있다. 또한 조직업무의 자동화, 무인화 시대를 대비하는 전산정책이 요구되고 있다.

3. 인사환경의 변화

앞으로 직장생활은 어떻게 변화될 것인가? 삶의 상당기간을 직장에서 보내야 하는 직장인이나 이들을 관리하고 보살펴 주어야 할 기업으로서는 당연한 관심이 아닐 수 없다. 피터스(S. Peters)는 21세기 직장에는 팀의 활성화, 텔레커뮤팅, 아웃소싱, 비정규직, 평생고용능력, 직원의 자기계발 기회의 확대 등 6가지에서 큰 변화가 있을 것으로 예측하고 있다. 이것은 인사환경에도 변화를 가져온다는 것을 의미한다.

1) 디지털 환경변화와 인사환경의 변화

디지털 기술혁명의 결과로 산업 및 경쟁영역의 붕괴현상이 심화되는 디지털 컨버전스의 추세와 향후 변화하는 환경도래에 따라 새로운 비즈니스 패러다임이 대두되고 있다. 내부적으로 새로운 성장엔진을 발굴하고 기존의 관리 인프라를 전반적으로 혁신할 필요성을 느끼고 있다.

2) 주 5일근무제의 확산

주 40시간 근로제가 실시됨에 따라 단축되는 근로시간에 비례한 새로운 휴가문화, 삶의 질 향상을 위한 회사와 조직구성원의 공통된 인식변화, 이러한 변화에 대응하고 생산성을 저하시키지 않으려는 회사차원의 변화 시도가 뒤따를 것이다.

3) 근로기준의 글로벌 스탠더드 강화

근로기준의 글로벌 스탠더드가 강화되고 있다. 노동환경과 무역을 연계시키려는 블루라운드(BR: blue round)는 대표적이다. 이것은 선진국과 개발도상국 사이에 첨예하게 대립되고 있는 여러 근로기준 문제를 다루어 왔으며, 특히 저임금이나 아동근로자, 죄수노동자를 이용해 값싼 제품을 만들어 수출하지 말라는 국제적 요구가 높아지는 것은 이 때문이다. BR는 국제사회가 규정하는 근로조건을 충족하지 못하는 국가가 만드는 상품에 대해 무역 제재 조치를 취할 수 있게 규정한 다자간 협상이다.

근로기준의 글로벌 스탠더드는 대부분 선진국이 정한 임금 수준·노동시간·노동조건을 뜻하므로 개발도상국에 엄청난 타격을 준다. 마라케시 각료회담에서는 죄수노동·아동근로·결사의 자유 및 단체교섭권과 같은 기본적인 인권부터 통상문제와 우선적으로 연결시킨다는 대원칙을 확인했다.

그러나 최저임금제·각국의 노동시간·노조의 정치활동 보장·복수노조 허용·공무원의 단결권까지 논의가 확대될 경우 한국 경제와 노동계에 파급될 효과는 엄청날 것이다.

우리나라도 점차 글로벌 스탠더드에 맞게 근로기준법을 개정하고 있다. 개정된 근로기준법 시행에 따라 경제, 사회 전반에 큰 변화가 일고, 노사관계 및 제도선진화를 위한 구체적 실행안 마련을 둘러싸고 노사정 간 갈등도 예상된다. 고용보장을 요구하는 노동계와 고용의 유연성 강화를 주장하는 경영계의 입장 차이를 좁히는 것도 큰 과제이다.

4) 환경을 고려한 인사정책의 강화

기업은 물론 대학에서 ISO 9002(품질), ISO 14001(환경), OHSAS 18001 (안전) 등의 취득이 늘어 가고 있다. 이것은 품질·환경·안전 등에서 국제적인 규격회사로 발전하고자 하는 염원을 담고 있다. 환경문제는 과거 인사문제와 거리를 두어 왔지만 지금은 경영철학 및 사무행정과 연관하여 매우 중요한 주제로 부각되고 있다.

환경과 연관된 국제적 라운드로 그린라운드(green round)가 있다. 그린라운드는 환경파괴 제품에 제재를 가하고자 하는 것으로 환경보호주의에서 나온 것이다. 오존층파괴, 지구온난화현상, 생물다양성 보전 및 유해물질의 국가 간 이동이 중요한 환경문제로 인식되면서 국제협약이 체결되는 등 그린라운드는 지금 매우 긴박하게 우리에게 다가오고 있다. 국제무역에 대한 다자간 협상인 우루과이 라운드(UR)가 타결된 이래 환경과 무역을 연결시키는 움직임이 구체적으로 진행되고 있는 것이다. 그린라운드는 자유무역의 확대는 환경파괴를 가속화시키는 문제가 있으므로 환경을 보호하면서 무역을 촉진하기 위한 국제적 협상이 필요한 데서 비롯된 것이다. 92년 유엔환경개발회의에서 채택된 리우선언에서도 "환경을 이유로 무역규제를 할 수 없다."고 천명한 바 있다. 그러므로 그린라운드는 통상의 장애물을 설치하는 것이 목적이 아니라 자유로운 통상을 보장하되 최소한 환경을 살리는 데 최선을 다하기 위해 국제적인 규제가 필요하다는 것임을 알 수 있다.

그린라운드를 환경관련무역규제들(environment-related trade measures)로 이해하는 것은 좁은 의미이다. 그린라운드는 환경을 저해하는 제품의 생산 및 판매를 국제적으로 규제함으로써 하나뿐인 지구를 보존하겠다는 의지가 담겨 있다. CFC 대체 냉장고의 개발, 절전 및 인체에 효능을 가져다주는 그린 기능을 가진 컴퓨터의 개발, 각종 바이오 식품의 개발은 이에 대한 대책에 속한다. 그린라운드는 단지 환경규제뿐만이 아니라 경제활동 전반에 거쳐 국제적인 규제를 할 것으로 예측되고 있다. 즉 상품의 생산방법과 공정에 대해서도 환경규제를 하겠다는 것이다. 그리고 국가 간의 환경기준 차이 등을 상계관세로 부과한다. 기업 활동 전반에 대한 환경보전 활동들을 무역규제에 포함시키는 내용이다. 이와 함께 국제표준화기구(ISO)는 환경관련 규격을 국제적으로 통일하여 제품과 이를 생산하는 기업에 대하여 인증을 해 주는 국제적 환경규격, 이른바 ISO 14000 시리즈를 제시하였다.

그린라운드는 환경에 대한 다자간 협상을 의미한다. 그린라운드는 우리가 상식적으로 알고 있는 무역규제가 아니고 자유무역을 확대하면서 과연 환경보전이 가능할 것인가에 초점이 맞춰지고 있으며, 다국적기업을 중심으로 하는 자유무역주의자들과 환경보호주의자들의 충돌이 핵심적인 내용이 될 것이다. 따라서 인사담당자도 이런 국제적 흐름을 이해하고, 부서의 기본적인 운영을 환경 친화적으로 만들 필요가 있다.

5) 학습 환경의 강화

학습은 워크플레이스의 변화를 뜻하며 이것이 궁극적으로 조직의 변화를 가져온다. 즉 구성원은 자신이 속해 있는 현장의 실질적인 이슈가 학습의 목표가 되며, 회사는 이슈를 해결하기 위해 현장에서의 학습과 실천이 이루어지도록 지원하고 촉진하는 다양하고 적합한 자원과 환경을 제공해 준다. 이에 따라 조직이 안고 있는 주요 이슈들을 해결함과 동시에 구성원 개개인의 역량개발이 이루어진다. 이것이 가능하게 되려면 자신의 개발 및 성장의 책임이 자신에게 있으며 리더는 자신의 개발뿐만 아니라 구성원 개개인의 성장을 촉진하고 지원하는 코칭 혹은 멘토로서의 역할을 한다는 학습문화가 중요하다.

6) 비정규직 근로자의 확산

앞으로 비정규직(interim workers)이 크게 증가한다. 이것은 기본적으로 기업이 비용을 절감하기 위한 목적이 크다. 드러커는 앞으로 기업이 성공적으로 존속하기 위해서는 비용을 최대한 절감하는 보수적인 정책을 사용해야 한다고 주장한다. 예나 지금이나 성공적인 기업가들은 거의 예외 없이 비용을 절감하기 위해 피나는 노력을 해 왔다. 최근 우리나라에서도 정규직의 수보다 비정규직의 수가 많아졌다고 해서 관심을 끌었다. 비정규직 근로자들의 아픔이 크지만 나름대로 주류에 합류하기 위한 노력을 배가하지 않으면 살아남을 수 없는 것이 현실이다. 앞으로 전문능력을 갖추지 않으면 계속 임시적인 조건적 근로자(contingent worker)밖에 될 수 없다.

비정규직 근로는 흔히 계약직 근로로 알려져 있다. 우리나라 근로기준법에 따르면 근로계약은 기간의 정함이 없는 것과 일정한 사업완료에 필요한 기간을 정한 것을 제외하고 그 기간은 1년을 넘지 못하게 되어 있다. 그러나 대법원의 판례에 따르면 1년을 초과하는 근로계약을 체결하였다 하더라도 그 계약기간의 정함 자체는 유효한 것으로 인정하고 있다. 따라서 사업의 종류나 업무성격에 관계없이 자유로운 계약기간 설정이 가능하며 당사자 사이의 근로관계는 특별한 사정이 없는 한 계약기간이 만료됨에 따라 해고예고나 해고수당 지급 없이 당연히 종료되는 것으로 보고 있다.

비정규직에게 직급과 명칭을 부여했다 해도 정규직과 동일한 대우를 해야 하는 것은 아니다. 하지만 회사 내에서 비정규 근로자에 대한 근로조건 등을 정규직과 다르게 운용하기 위해서는 반드시 이에 대한 근거규정이 있어야 한다. 사규는 원칙적으로 비정규 근로자를 포함한 전체 근로자에게 적용되는 것이므로 비정규 근로자를 적용대상으로 하는 별도의 사규를 두거나 비정규 근로자에게는 기존 사규의 적용을 배제한다는 예외조항을 두고 이에 근거하여 개별근로 계약으로 근로조건을 정해야 한다.

근로기준법에서 정하고 있는 연월차휴가·주휴일·퇴직금 등 법정근로조건은 비정규 근로자에게도 당연히 적용되어야 하지만 하계휴가·상여금 등 법정 외의 근로조건에 대해서는 그 적용을 달리할 수 있다. 비정규직도 기존노조의 조직대상에 해당되어 노조에 가입할 수 있는 권한이 있다. 그러나 기존노조가 여러 이유로 가입을 받아 주지 않고 있는 상황이다.

7) 인사기능 아웃소싱 확산

아웃소싱(outsourcing)은 국제적인 현상으로 자리 잡아 가고 있다. 한국이 보다 앞서 가기 위해서는 정부든 기업이든 능력 있는 외국인을 많이 활용해야 한다는 인식이 높아지고 있다. 아웃소싱의 대상은 인물보다 전문성이기 때문에 자기분야에서 전문능력을 키우는 것이 무엇보다 바람직하다.

가트너 그룹에 따르면 80% 미국 기업들이 최소한 한 가지 이상 인사부문 기능을 아웃소싱하고 있으며, 그 수는 급격히 증가하고 있다. 인사 관련 아웃소싱 산업은 급여 관련 단순 업무에서 보다 복잡한 비즈니스 프로세스까지 범위를 확장해 나가고 있다. 이러한 추세에 따라 아웃소싱 산업은 수십조 원에 이를 것으로 보았다. 아웃소싱 전문 업체 엑설트(Exult)는 천오백 명이 넘는 종업원이 근무하고 있고, 연간 순익은 4억 달러에 달한다. 이 회사는 석유판매회사인 BP의 인사업무에 대한 아웃소싱을 하고 있는데, 이로 인해 BP에 남은 인사기능은 종업원의 학습과 개발관련 기능뿐일 정도로 축소되고 있다. 이러한 현상은 기업이 신규채용 및 비용관리에 인색한 탓이다.

인사 관련 아웃소싱이 증가함으로써 인사관리부문 관리자가 크게 영향을 받고 있다. 인사부문 종사자 수가 줄어드는 것은 물론 인사담당자의 역할이 과거와는 달리 사내 컨설턴트 내지 비즈니스 리더로 전환되고 있어 그 분야에 대한 전문성을 요구받게 되었다. 특히 환경의 변화와 이에 대한 전문적인 통찰력, 변화관리, 조직역량 강화, 조직문제 진단과 해결, 커뮤니케이

선 문제에 관한 요구가 커지고 있다. 이에 따라 과거에는 낮은 수준의 관리에 머물렀던 인사담당자의 역할이 기업 내 중요한 리더로서 부각되면서 점차 높은 수준의 전문성을 요구하고 있다.

8) 일자리의 해외 이전

지금 미국의 Amex 고객이 카드사에 문의전화를 하면 목소리가 지구 반 바퀴를 돌아 인도에 있는 상담원이 전화를 받는다. 이 카드사가 전화상담 콜 센터를 인도로 옮겼기 때문이다. 유창한 영어로 응대하는 수화기 저쪽 상담원이 인도 사람인 것을 고객은 눈치 채지 못한다. 거리를 소멸시킨 디지털 통신혁명의 위력 때문이다.

지금 미국에서는 서비스와 사무·전문직 같은 화이트칼라의 일자리가 해외로 빠져나가고 있다. 컴퓨터 프로그래머나 회계·세무사, 기업인사·재무 파트 같은 사무·서비스직 일자리가 수십 만 개씩 미국을 빠져나가고 있다.

과거에는 일자리의 해외 이전 하면 생산직을 의미했다. 공동화란 제조업만의 문제였고, 서비스 일자리는 국경과 거리의 장벽 아래 안전한 것으로 여겨졌다. 그런 서비스·사무직의 보호막을 디지털 혁명이 단숨에 거둬 가 버렸다. 수만의 미국인이 인터넷을 통해 인도인 회계사에게 세무신고 일감을 맡긴다. 전문직인 회계사마저 인도와 경쟁을 하고 있는 것이다. 사장은 영국에 있는데 비서는 인도에 둔 경우도 있다. 비즈니스 프로세스의 일부를 뚝 떼어 내 해외로 옮기는 글로벌 아웃소싱이 일상화되면서 일자리는 자유자재로 국경을 넘나들고 있다. 어디에 있든 세계에서 가장 임금이 싸고 가장 경쟁력 있는 노동자와 직접 맞붙어야 하는 냉혹한 시대가 오고 있다(박정훈, 2004).

9) 변화하는 평생직장 개념

세계는 빠르게 변화하고 있다. 따라서 우리가 해야 할 일은 변화의 본질이 무엇인가를 확인하고 자신부터 변화시켜 가는 일이다. 과거 우리는 평생

직장의 개념에 익숙해 왔다. 그래서 "좋은 직장은 놓치지 마라.", "마흔 이후에는 직장을 바꾸지 마라."고 말해 왔다. 그러나 이제는 이러한 고정관념도 수정할 때가 되었다. 우리가 살아가고 있는 세상은 평생에 직업조차 몇 차례 바꿔야 할 만큼 변화가 심할 것으로 예측되고 있다. 따라서 직장이 몇 번이나 바뀌는 것은 더 말할 나위가 없다. 이런 의미에서 구본형은 IMF사태로 인해 실직한 사람들을 향해 어차피 변화로 가야 할 길을 먼저 가는 것이지 길을 잘못 든 것이 아니라고 말한다(구본형, 1998).

4. 인사환경의 변화와 인사부문 역할의 변화

경영 및 인사환경의 변화는 인사부문의 역할과 기능을 재정립하도록 하고 있다. 특히 철저한 서비스 마인드를 가지고 그에 맞는 기능과 역할을 해야 한다는 주문이 높아지고 있다. 인사담당자는 무엇보다 경영자적 마인드, 곧 선견지명을 갖춰야 하고, 일을 추진함에 있어서 강한 의지와 과감성이 필요하게 되었다. 인사담당자가 갖춰야 할 덕목으로 인내심·결단력·예측능력 등이 제시되는 것도 이 때문이다. 이제 인사담당자는 선수(先手)경영자로서의 역할이 부여된 것이다. 인사담당자는 기업적인 사고와 수행, 변화의 극복, 종업원의 잠재성을 인식하고 촉진하는 것 등 인사책임자에 대한 특별한 역할기대가 커지고 있다.

인사담당자의 역할은 대상에 따라 다르다. 최고경영층에게는 전략적 파트너로서 사업목표 달성에 필요한 인사전략을 논의하고 실행하여 적극적인 목표달성에 참여한다. 신규사업진출 및 시장에 대한 적극적인 마케팅 전략을 추진할 경우 필요한 인적자원의 역량 및 운영전략의 지원을 통해 전략적 비즈니스 파트너의 역할을 수행한다.

중간 관리층에게는 리더십개발, 구성원들의 직무만족과 조직관리 등을 위해 내부 컨설턴트의 역할을 수행한다. 문제해결에 있어서는 컨설팅의 관점에서 접근하여 보다 근본적인 원인을 해결하고 전망 있는 인사시스템을 설계 운영한다.

조직구성원들에게는 단순 인사행정의 지원에서 벗어나 성과 향상을 위해 필요한 능력을 효율적으로 개발하기 위한 개인별 최적의 솔루션을 제시할 수 있도록 종업원 개발자의 역할을 한다.

인사담당자의 역할이 변화함에 따라 조직단위장의 역할도 변하고 있다. 특히 성과주의 평가 및 보상시스템이 구축됨에 따라 각 조직단위의 장들의 역할이 달라지고 있다. 평가는 인사부서가 아니라 평가자와 평가대상자의 문제이고, 부하 직원에게 직무의 성과를 이해시키는 것도 상사의 몫이며 그 성과에 근거해 목표를 설정하게 하는 것도 상사의 몫이다. 따라서 현업 조직의 장들은 이전에 인사부서가 담당해야 했던 모든 인사기능을 직접 수행해야 한다. 반면 인사부서는 조직의 장들이 이러한 역할을 잘 수행해 나갈 수 있도록 적절히 지원하고 안내하는 카운슬링 기능을 담당하게 된다.

제5장 전략적 인적자원관리와 인사 분야 재설계

1. 전략적 인적자원관리의 개념

인적자원관리의 전략적 측면이 강화되고 있다. 얼리치(Ulrich)는 인사관리의 핵심역할을 조력자, 행정전문가, 전략적 인사관리와 변화과정을 위한 책임자로 차별화시켜 정의하고 있다. 이 가운데 조력자와 행정전문가로서의 역할이 감소되고 전략적 인사관리 및 변화관리 책임자로서의 역할이 강조되고 있다. 따라서 인적자원관리에 전략적 개념을 투입할 필요가 있다.

전략적 인적자원관리(strategic human resources management)란 인적자원관리에 전략적 개념을 투입하는 것을 말한다. 즉 기업의 외부환경요소를 분석하여 기업내부여건의 강점 및 약점을 파악하며 시장에서 경쟁적 우위를 점하는 과정에서 인적자원의 기능적 역할을 기업전략에 적응, 보조하는 것이다(이진규, 1991). 경영자는 조직의 미래전략에 적합하도록 현재 및 미래의 인력자원을 선발·평가·개발·보상하는 체계적이고 합리적인 인사시스템을 개발할 필요가 있다.

전략적 인적자원관리는 인적자원을 조직 내의 다른 물질적·정보적 차원들과 마찬가지로 기업전략목표를 달성하기 위한 장기적·전략적 차원에서 관리하는 것을 목표로 한다. 즉 이 제도는 조직의 전략적 사업계획을 수립·집행·평가하는 데서부터 조직의 목표달성·생산성향상·기술혁신 등 전략사업의 세부적 차원에 이르기까지 인적자원의 전략적 중요성을 충분히 인식하고 활용함으로써 인적자원의 개념을 단순한 관리적 차원에서 전략적 차원으로 끌어올리는 접근방법이다. 그러므로 이 방법은 전통적으로 최고경영자의 인사방침을 행정적으로 처리하는 인사행정(personnel administration)이나 인사업무를 모집·선발·개발·노무관리 등 전문기능별로 나누어 관리하는 인사관리(personnel management) 등 재래식 인사관리에서 탈피한 보다 앞선 기법임을 알 수 있다.

이 방법은 최근 경영학이 전략경영·전략적 마케팅 등 전략적 사고를 투입하여 전환을 모색하고자 한 여러 움직임과 관련이 있다. 특히 이 방법은 1980년대 이후 GE·HP 등 여러 미국 기업을 중심으로 실시되었다. 이 기업들은 인적자원을 다른 자원들과 함께 기업의 사업전략·경영목표를 수행하는 주요한 수단으로 활용하여 기업의 전략적 계획에 따라 적절하게 배치·개발·이용하도록 하였다. 다시 말하면 기업외부환경의 경제적·정치적·문화적 변화요소에 따라 기업의 전략과 기본임무를 설정하여 기업목표에 따른 적절한 인력관리 및 조직 관리를 시도한 것이다. 이 방법을 사용할 경우 경영에 있어서 사고의 전환과 함께 또 다른 관리적 선택을 필요로 한다.

전략적 인적자원관리를 보다 효과적으로 유지하기 위해서는 기업 주위를 에워싸고 있는 여러 환경변화 및 압력이 무엇이며 조직이 이에 대처할 수 있는 방법이 무엇인가를 합리적으로 구축해 나가지 않으면 안 된다. 환경변화에 있어서는 무엇보다 경제적·기술적·정치 및 사회적·문화적 환경에 주목해야 한다. 고유가경향·인플레이션조짐·제조 산업에서 서비스산업으로의 구조전환 등은 경제적 환경변화를 말하는 것이며, 컴퓨터 보급의 일반화·공장 및 사무실 자동화 등은 기술적 환경변화가 인적자원관리에 어떤 변화를 가져다줄 것인가를 말해 준다. 민주화에 따른 의식구조의 변화·인구구조의 변화·고학력시대의 도래 등은 정치 및 사회적 환경변화를, 그리고 고객의 취향변화·국제적 감각시대 등은 문화적 환경변화를 의미한다.

이러한 환경변화에 따라 조직 내에서는 조직의 사명이 달라지고 전략이 달라지며 조직구조가 달라지고 인적자원관리의 제도가 달라지는 것이 당연하다. 조직은 그 사명을 규정함에 있어서 환경 내에서의 존재이유·다른 경쟁기업과의 차별화·경쟁적 우위를 명시할 필요가 있다. 조직의 기본 사명과 목표가 설정된 후 그 목표를 달성하기 위해 효율적으로 자원을 배치하고 활용할 수 있는 전략을 세워야 한다. 나아가 조직사명과 전략을 수행하기 위해 조직구조를 적절하게 변화시킬 필요가 있다. 그리고 그 조직구조에 따라 종업원을 효율적으로 선발하고 개발하는 방법, 업무평가방법, 보상방법 등 여러 인적자원관리방법을 정비해 나가야 한다.

전략적 인적자원관리는 기본적으로 조직의 미래사업 전략과 부합되어야 한다. 이 관리방법에서 선호되고 있는 방법들은 다음과 같다.

- 사업전략에 부합되는 선발제도: 보기 - 상식테스트에서 기능테스트로의 선발제도의 변화
- 미래사업 전략과 부합되는 내부인력배치제도: 보기 - 영업 중심에서 연구개발 중심의 배치
- 사업전략과 부합되는 전문경영인 발굴: 보기 - 공인회계사 중심에서 혁신적 기업가중심의 경영자개발
- 사업전략과 부합되는 고과제도의 확립: 보기 - 영업 중심의 실적고과제도에서 연구개발 중심의 미래형 고과제도로의 전환
- 업적과 보상의 과학적 연계: 보기 - 목표관리
- 보상체계의 다양한 활용: 보기 - 외생적 및 내생적 보상 활용
- 단기적 업적보상에서 장기적 전략완수 보상으로의 전환: 보기 - 최고경영자의 장기업적 보너스

• 균형적 보상: 보기 - 현재업무 완수와 미래지향적 업무 보상
• 현재와 미래직무의 파악 및 예측: 보기 - 직무설계
• 경력개발계획의 수립
• 후계자양성제도: 보기 - 멘토제도

조직의 전략은 전략적 차원·관리적 차원·운영적 차원 등 세 차원에서 수행된다. 전략적 차원은 정책결정·전체목표의 설정·기업 환경과의 조화를 목표로 하고, 관리적 차원은 전략집행을 위한 자원의 분배, SBU 내 기술·자본·정보·인력자원을 결정하는 일을 담당하며, 운영적 차원은 조직의 일상 업무를 수행한다. 이러한 과정에서 인적자원의 역할과 기능이 유기적으로 연관된다.

전략적 인적자원관리는 이처럼 조직의 미래전략에 적합하도록 현재 및 미래의 인적자원을 선발·평가·개발·보상하는 체계적이고 합리적인 인사시스템이다. 즉 기업의 장기적 목표달성을 위해서 인적자원의 활용을 거시적·장기적·전략적 차원에서 관리·평가하는 접근방법이다. 이 방법은 급변하는 환경변화에 유연히 대처하는 기업의 전략적 수행의 한 기능적 분야로서 그 역할을 하고 있다. 그러나 이 제도의 단순한 도입만으로 성공을 거둘 수 있는 것은 아니며 인적자원관리에 대한 혁명적인 사고의 전환이 무엇보다 필요하다.[1]

2. 전략적 인사설계의 초점

1) 창의적 조직 메커니즘의 확보

조동성은 경영전략에 있어서 ser - M 모형을 제시하였다. 이것을 인사조직과 연관시키면 다음과 같다.

---

1) 이진규, '인적자원관리에 전략개념을 투입', 『현대경영』, 1991년 4월호, 18 - 22쪽.

- subject: 회장의 기업철학이 확고하게 자리 잡고 있는가?
- environment: 국내외 환경이 기업에 적합하게 변화하고 있는가?
- resource: 자금사정은 건전하고, 능력 있는 인사로 구성되어 있는가?
- Mechanism: 창의성, 도전성, 경쟁력 있는 조직구조로 전환되어 있는가?

그가 강조하는 부분은 메커니즘이다. 기업의 조직구조가 창의성, 도전성 그리고 경쟁력 있는 구조를 가지고 있는가 하는 것이다. 이러한 메커니즘을 확보하지 못할 경우 어떤 우수한 전략을 세운다 해도 효과를 발휘할 수 없기 때문이다. 따라서 ser-M 모형에 따른 조직 및 인사설계의 초점은 조직능력을 재정비하는 데 있다.

2) 기업가치 극대화 전략

기업 가치를 극대화할 수 있는 전략을 구사한다. 이를 위해 경영방침이 달라져야 한다. 무엇보다 기업가치 극대화를 위한 본질경영(essence management)이 이루어져야 한다. 종업원 및 이해관계자와는 신뢰경영이 이루어져야 하고, 기업경쟁력의 근본을 강화하는 인재경영의 틀을 확고히 다져야 한다.

3) 리더십의 확대와 개발

리더십은 최고경영자에게만 해당되는 것이 아니다. 임원 전체 및 그 이하 직급의 책임자들, 예를 들어 주요 변화 프로그램 담당자, 지역본부장 등을 모두 리더로 간주해야 한다. 최고경영자는 비전제시와 추진능력도 중요하지만 리더 그룹을 개발하여 이끌어 줄 수 있는 능력도 이에 못지않게 중요하다.

4) 인력의 자질향상과 우수 전문 인력 확보 및 양성

조직의 가치를 평가할 때 인력의 자질을 주요 평가기준의 하나로 꼽고 있다. 따라서 인력의 자질을 높게 유지할 필요가 있다. 내부 인재를 육성하되 내부 인재육성에 한계가 있을 경우 필요한 능력과 자질을 갖춘 인재를 과감히 외부에서 영입하는 것도 고려해야 한다.

조직의 미래는 우수한 전문 인력을 어떻게 확보하고 양성해 나가느냐에 따라 진로가 크게 달라진다. 대부분의 기업은 현업에 급급한 형편으로, 일반화(generalization)는 잘 되어 있지만 전문화(specialization)가 미흡한 실정이다. 따라서 인사부서는 전문 인력을 확보하는 문제, 그들을 훌륭한 조직인으로 유지시키는 문제, 그리고 기존 인력에 대한 교육을 강화하여 전문인으로 만드는 문제 등에 관심을 집중시키지 않으면 안 된다. 전문 인력은 상당기간의 수련과 경험을 필요로 하기 때문에 아예 처음부터 훈련된 전문인을 채용한다든지 그러한 자질이 뛰어난 인물을 선발할 필요가 있다. 따라서 채용방법부터 달라져야 한다. 전문지식을 습득할 수 있는 기회를 부여하는 것도 한 방법이다. 순환보직도 중요하지만 특정 분야에 3년 이상 근무하여 해당 분야의 지식을 습득할 수 있는 기회를 제공한다.

5) 인사제도의 공정성

인사제도가 공정하지 못할 때 지금까지 이루어 놓은 모든 성과들이 하루아침에 무너질 위험성이 높다. 조직 성원은 기업이 공정을 유지한다는 생각이 들 때 자기 직장에 대해 애착을 갖게 된다. 특히 우리나라 사람은 자존심이 강한데 조직에서 이 자존심을 가장 잘 유지시켜 주는 것이 바로 인정이요 이것은 인사의 공정성으로 나타난다. 보수나 승진에 관심이 많은 것은 이것을 대변해 주고 있다.

인사담당자는 인사제도의 공정성을 기하도록 노력해야 하고 공정하다는 것이 널리 인식되도록 해야 한다. 인사의 공정성을 유지하기 위한 여러 방안들이 마련되어야 하며 보상이 다양하여 선택폭도 넓어져야 한다. 능력과 성과를 바탕으로 하는 보상 및 승진제도나 카페테리어 복지 프로그램이 제시되는 것도 이러한 추세를 반영하고 있다.

6) 능력과 성과, 그리고 직업의 안정성

인사제도가 보다 균형을 이루려면 능력과 성과, 그리고 직업의 안정성이 고려되어야 한다. 현재 종신고용은 시장의 평가를 못 받는다. 인원을 절감하는 회사일수록 주식이 오른다. 고용환경의 유연성과 능력주의 인사정책이 크게 반영된 것 때문이다. 능력주의가 강화된다고 해서 종신고용제도를 폐기하는 것은 합당치 않다. 능력이 있는 사람을 유치하고, 그들에게 안정적인 일자리를 보장하는 것도 좋은 방법이기 때문이다.

일본 인사유형의 핵심은 종신고용에 있다. 지금은 능력주의 때문에 상당히 밀려나 있지만 일본인들은 종신고용을 나쁘게만 생각하지 않는다. 회사에 대한 충성심이 생기고 종업원을 심리적으로 안정시키기 때문이다. 오랫동안 지속되어 온 고도성장이 끝나면서 종신고용·연공서열을 유지하기 힘들어졌다 할지라도 기업은 언제나 성과와 능력, 그리고 직업의 안정적 보장이라는 기둥을 함께 사용할 때 보다 효율적인 운영이 가능하다.

7) 교육훈련의 강화

인사부서는 훌륭한 조직인을 만들기 위한 각종 교육 프로그램을 다양하게 개발하고 그 훈련을 강화할 필요가 있다. 지금까지의 교육훈련 프로그램은 매우 기계적이며 과정 위주의 교육을 실시해 왔다. 교육은 단순한 지식의 전달이 아니라 정신적으로 무장된 인물이 되기 위한 것이어야 하며 이를 위해 전문교육뿐 아니라 폭넓은 교양교육, 인성교육이 필요하다. 강사도 외부에만 의존할 것이 아니라 이러한 정신으로 무장된 사내 강사를 양성해야 한다.

교육방법도 획일적인 강의 위주가 아니라 생각을 나눌 수 있는 참여적 교육이 많아져야 한다. 앞으로의 교육은 기계적인 인간을 길러 내는 데 목적이 있는 것이 아니라 자율적으로 사고하고 판단할 수 있는 능동적이고 능력 있는 사람을 만들어 내는 데 목적이 있기 때문이다.

8) 능력 및 성과 제고

조직의 궁극적인 목적은 조직성원의 능력이 충분히 발휘되고 그 발휘를 통하여 성과를 높이는 데 있다. 아무리 조직 분위기가 좋아도 성과가 없다면 그 조직은 문제가 있다. 구조주도와 고려 모두의 차원을 높이는 리더십, (9, 9)형의 관리그리드 조직개발은 능력을 발휘할 수 있는 조직 분위기와 그에 따른 성과 모두를 통합하는 개념들이다. 조직은 이러한 개념들이 조직에서 살아나도록 인사정책을 세우고 적극적으로 추진해 나갈 필요가 있다.

9) 신인사제도의 개발과 적용

환경의 변화가 심해지면서 인적자원관리의 기법도 다양해지고 있다. 기업은 여러 측면에서 인적자원관리의 새로운 방법들을 개발하고 사용하기 때문이다. 이 방법들 가운데는 새로 만들어진 것도 있지만 기존의 것을 다시 사용하거나 자기 기업에 맞게 변형하여 사용하는 것도 있다. 기존의 것이 사용되는 것은 그 방법이 낡았다기보다는 그것을 사용함에 따른 유용성이 높기 때문이다.

10) 사회봉사활동의 강화

인사활동 중에 중요한 것은 기업의 대사회이미지를 높이는 일이다. 이를 위해 기업이 노력해야 할 부분이 바로 사회봉사활동의 강화이다. 불우이웃 및 소외계층에 대한 관심을 갖고 봉사활동을 선도한다. 사회봉사를 하는 것은 단지 기업의 이미지를 높이기 위한 것이 아니어야 한다. 기업이미지 향상은 자발적 봉사의 결과여야 바람직하다. 자원봉사활동에는 장애자 보호·빈민가 봉사활동·불우이웃돕기 마라톤대회·빈민의료봉사·지역도서관 건립·헌혈·장학금 기증·물품 기증·환경미화활동·일일교사제도·기타 봉사활동 등 다양하다.

3. 기능별 인사전략과 인사 재설계

인사 분야는 언제나 새롭게 설계되어야 한다. 조직이 변화 프로그램을 관리하고 프로그램 결과물을 소화 흡수하기 위해서는 무엇보다 인사관리분야에서 큰 변화가 일어나야 한다. 인사 분야를 재설계하는 노력이 결여된다면 성공을 기대할 수 없기 때문이다. 기업이 인사 재설계와 연계해 장기 발전 전략을 세움에 있어서 유념해야 할 기능별 인사전략은 다음과 같다.

1) 인적자원관리를 위한 정보관리

효과적인 인적자원관리를 위해 PIS(personnel information system)를 구축할 필요가 있다. PIS란 경영자가 합리적인 의사결정을 할 수 있도록 인사 데이터베이스를 구축하여 적시에 정보를 제공하는 데 목적이 있다. PIS 구축에 따른 인적자원관리 정보는 인적자원에 대한 확보, 유지, 개발에 관련된 계획 및 실시에 불가결한 요소가 되고 있다. PIS는 인적자원관리의 효율성과 효과성을 높이는 데 크게 기여한다.

2) 채용, 배치 및 승진

채용, 배치, 승진은 조직이념에 부합되고 능력과 성과가 공정하게 반영되도록 한다. 채용의 경우 휴먼 어세스먼트로 불리는 종합평가센타법(assessment center method)을 사용함으로써 선발상의 오류가 발생하지 않도록 한다. 배치는 적재적성적소의 원칙이 지켜지도록 하며 인재가 육성되도록 한다. 승진은 문화적 요소를 고려하여 연공주의와 능력주의가 조화되도록 한다.

3) 명확한 직무기술서와 인사고과

모든 조직원들의 각자 역할을 명확히 밝힌 직무기술서를 갖고 있어야 한다. 여기에는 담당 업무와 이를 통해 달성해야 할 목표 및 산출물이 명시되어야 한다. 조직은 이를 바탕으로 전문가 양성에 힘써야 한다.

인사고과는 단순한 인물 평가보다는 개인의 개발 기회를 극대화하고 조직의 일체감을 높이며 참여를 고취시키는 방향으로 전환되어야 한다. 고과에 대한 피드백을 통해 문제점을 해결하고 근로의욕을 증진시켜야 한다.

4) 보상

금전적 보상에서는 복리후생의 부문에 더욱 관심을 두어야 하며 비금전적 보상의 경우에는 창의성을 높이고 발전기회를 가져다줄 수 있는 직무와 직무환경을 조성하는 데 관심을 높여야 한다. 복리후생의 경우 개피테리어 복리후생 프로그램이 각광을 받고 있다.

5) 교육훈련개발

교육훈련은 단순한 기능 배양 훈련 차원에 목적을 두지 말고 직업의식을 심어 줌으로써 직업을 소명으로 인식하고 직무에 대해 전념하며 조직목표에 대한 커미트먼트를 높일 수 있도록 해야 한다. 이제 교육훈련은 양적인 것으로부터 질적인 것으로 전환되어야 한다. 그리고 미래의 조직에 맞는 의식을 갖고 기술을 배양하도록 한다.

6) 건전한 인사문화의 확립

건전한 인사문화를 확립한다. 좋은 회사와 평범한 회사를 구분 짓는 가장 큰 특징은 직원의 채용·평가·승진 등 인사문화에서 확연히 드러난다. 사람이 조직의 비교우위를 확보할 수 있는 유일한 분야라는 데 동의한다면 고위 경영진 상당수가 인사업무에 참여해야 한다. 인사담당 책임자가 모든 인사 관련 문제를 책임질 수 없기 때문이다.

7) 노사관계

노사관계는 노사가 서로 어느 한쪽을 지배해야 한다는 지배의식에서 탈피하여 상호작용하고 상부상조하는 협동관계로 정립되어야 한다. 노사협의회제도는 이를 위한 바람직한 제도이다. 노사관계는 상호신뢰, 상호이해, 상호협력에 바탕을 두어야 하며 임금문제 해결로 산업평화를 이룩한다는 단순한 차원을 넘어 직장에서의 삶의 질(QWL)을 높인다는 차원으로 승화되어야 한다.

8) 인적자원관리 조직과 그 하부 구조

인적자원관리 조직을 보다 강화하여 인사조직 담당 최고경영자를 두며 그 하위 부서로서 노사관리, 고용관리, 임금관리, 후생복지, 안전 및 건강관리, 교육훈련, 조직개발, 인력계획, 인사 관계 연구조사 등 각 기능에 따라 부서를 둘 필요가 있다.

4. 맞춤형 인사관리와 인사아웃소싱 전략

1) 맞춤형 인사관리

기업경영에서 각 분야에서의 다양성에 맞춤 마케팅, 맞춤 생산 등으로 대처하려는 맞춤 전략이 인사관리 부문에도 적용되고 있다.

채용의 경우 과거에는 특정 시기에 공채를 통해 자질, 태도, 능력 등 일반적인 요건을 평가해서 신입사원 중심의 범용 인재를 주로 선발했다면 지금은 직무별 수요에 따른 수시 채용제도 도입, 경력사원 채용확대 등이 이뤄지고 있다.

교육훈련의 경우에도 예전에는 회사가 일방적으로 교육내용 및 시기 방법 등을 설계했으나 최근에는 e - Learning 등을 도입함으로써 개별 구성원의 수요에 맞게 그 내용이나 방법을 획기적으로 변화시키고 있다.

신분 보상관리 역시 다양화되는 추세다. 기업들은 정규직 중심의 단일화된 관리에서 벗어나 직무 특성에 따라 계약직, 아웃소싱 인력을 적극 활용하고 있다. 그리고 근속연수와 직급 기준에 따른 일률적 보상에서 벗어나 연봉제 등을 도입해 성과에 따른 보상 차별화를 확대 실시하는 기업도 늘고 있다. 기업들은 보상 방법에서도 급여만이 아니라 교육기회 제공, 선택적 복리후생 제도의 도입 등 다양한 방안을 강구해 제시하고 있다. 선도적인 기업의 경우 종업원들이 스스로 보상 패키지를 설계하도록 하는 예가있을 정도이다.

이 밖에 직급이나 호칭도 단일 직급 호칭 체계에서 직무 특성에 따라 그체계를 차별화하는 등 맞춤형 인사관리를 적용하는 영역이 확대되고 있다. 시대 흐름에 비춰 볼 때 맞춤형 인사관리는 더욱 확산될 것으로 보인다(정일재, 2002).

2) 인사아웃소싱

상당수 기업이 인사관리 아웃소싱의 도입으로 비용의 절감효과를 보고 있고, 이것이 효율적인 인사업무를 가능하게 하고 궁극적으로 기업의 가치창조와 미래성장에 기여하는 것으로 전망하고 있다.

왜 인사에서도 아웃소싱이 필요한가? 그것은 현재 기업이 직면하고 있는 환경에 기인한다. 크게는 변화를 요구하고 있는 가운데 다음과 같은 현상이 두드러지게 나타나고 있기 때문이다.
- 기술발전과 같은 외생변수의 높은 역동성이 상대적으로 인적자원관리의 유연한 반응을 요구하고 있다.
- 점차적으로 도입되고 있는 분권화된 팀과 네트워크 구조가 인적자원관리의 개별화된 고객지향성을 요구하고 있다.
- 시장의 국제화를 통해 강화된 경쟁압력이 간접적으로 가치창출의 인적자원관리에 생산성 증대를 요구하며 엄격한 비용지향성을 기대한다.

비용절감이라는 아웃소싱의 장점 뒤에는 아웃소싱으로 인한 위험성도 내재되어 있다. 특히 지식과 학습능력의 손실, 아웃소싱 파트너에 대한 의존성 증가 등이 그것이다. 결국 노하우의 가치가 저하되면서 사업개발에 대한 능력을 잃어 기업의 '속 빔' 현상, 곧 공동화(hollowing－out) 현상이 초래되어 전략적으로 위험에 처하게 된다.

따라서 아웃소싱을 하되 이런 전략적 위험성을 피하기 위해 핵심역량에 영향을 미치는 인사업무는 아웃소싱에서 제외시킬 필요가 있다. 핵심역량과 관련되는 인사업무로 전략적 인사관리, 인력모집·선발·방출계획, 인사통제, 국제인사관리 사항들을 들 수 있다.

앞으로 인적자원관리는 인사전략방향에서 도출된 과제에 따라 크게 달라질 것이다. 특히 핵심인재 육성을 위한 제도를 구비하여 차별화된 인재육성 프로그램으로 미래를 대비하고 있다. 이것은 추후 핵심인재 선발과 육성, 배치에서 인적자원관리와 유기적으로 연계하여 성공적인 프로그램으로 구축해 나가고자 하는 것이다. 또한 산학연계 프로그램의 발굴과 지속적인 교육파견으로 리더십 역량과 직무역량을 동시에 강화할 수 있는 프로그램이 늘어날 것이다. 글로벌 경쟁력을 갖춘 리더와 전문가를 육성하기 위해 다양한 프로그램을 개발하고 제도화할 것이다.

5. eHRM과 지식경영

지난 십여 년간 많은 기업들이 전사적 자원관리(ERP)라는 틀 속에서 인사시스템을 적용해 왔다. 기업은 각 사업부문으로 위양하거나 IT 시스템화된 인사관리적인 기능과 인사전략 기능을 더욱 효과적으로 수행하고 관리하기 위해 현재 온라인으로 운영 중인 채용·평가·학습·인사서비스 등을 포함한 전 인사관리 영역을 인사전략 및 재무 등 다른 경영 인프라와 체계적으로 통합하고 재편하기 위해 ERP 시스템을 구축해 온 것이다. 또한 eHR이라는 이름으로 온라인 채용, 웹 기반 교육, 개인 베이스의 질의 응답식 인사행정 서비스 등을 도입하고 있다. 최근 많이 활용하고 있는 HR Shared Services, Web－delivered HR Service, HR Outsourcing, Employer/ Manager self－service 등이 그 보기이다. eHRM은 지식경영과도 연관된다.

1) HR ERP 시스템

체계적 인사관리를 위해 HR ERP 시스템을 구축하는 기업이 늘고 있다. 인사관리 기능과 인사전략 기능을 더욱 효과적으로 수행하고 관리하기 위해서는 온라인으로 운영 중인 채용・평가・학습・인사 서비스 등을 포함한 전 인사관리 영역을 인사전략 및 재무 등 다른 경영 인프라와 체계적으로 통합하고 재편하는 HR ERP 시스템이 필요하다.

이 시스템은 채용・이동・승진 등 인사영역의 상당부분이 각 사업부문 중심으로 이뤄지고 있다. 이로써 인사부서는 관리적 전문기능보다는 비즈니스 파트너나 변화관리자로서의 기능에 집중하는 역할로 변모하고 있다.

eHRM은 통합인사관리시스템으로서 직원 개개인의 인사・교육관련 다양한 정보가 비축되어 있으며, 개인의 역량평가 결과를 통해 타 부서 이동, 승진, 교육, 학습자료 등의 정보를 제공받을 수 있다.

인사부서는 인사・조직・교육관련 정보를 eHR 시스템을 통해 관리하고 있다. 즉 회사 주도의 개인역량 개발에서 개인맞춤형 자발적 역량개발 문화 조성을 위한 진일보한 체계를 구축하는 것이다. 인사정보의 정확성, 시의적절한 개선, 업무량 및 운영비용 감소라는 실질적 효과를 보고 있다.

비즈니스별 필요인력의 적기 충원을 위해 e－Recruiting 활용을 강화한다. 직무게시의 경우 상당수 기업이 웹 서비스를 이용하고 있고, 복리후생도 온라인 방식을 택하고 있다. 또한 시간적, 공간적 제약을 극복한 적시 교육체계 구축을 위해 e－Learning을 통한 학습체계를 갖추어 자체 개발과정과 사이버 아카데미과정 그리고 온라인 위탁과정 등을 도입하여 실시한다. 최적의 학습효과를 얻기 위해 혼합학습(Blended Learning)을 한다. 교육체계의 프로그램은 모두 교육 후 평가를 반드시 반영하도록 제도화되어 있다. 즉

eHR 시스템에서는 각 과정별로 교육평가에 대한 피드백을 확인하고 이를 통해 동일과정에 대한 정확한 니즈를 반영할 수 있다.

텔레커뮤팅(telecommuting)은 컴퓨터와 커뮤니케이션의 발달이 가져온 산물이다. e비즈니스, e오피스, e지식경영 등 모든 것이 인터넷으로 연결되어 있다. 근무지의 지정학적 위치가 별로 의미가 없어지고, 어디서든 업무를 효과적으로 처리할 수 있으면 되는 스피드경영 시대가 열리고 있다. 정부나 기업의 본사가 작아지는 것도 이런 추세와 맥락을 같이한다.

복잡하게 얽혀 있는 인사규정을 체계화하고 명확히 해 나가는 일 역시 신인사제도 도입을 위한 중요한 인프라 구축의 일환이다. 성과관리와 역량 관리 과정에서 쏟아져 나올 수많은 인사정보를 체계적으로 축적하고 관리해 나가기 위한 하드웨어 시스템 구축이 요구된다.

2) 지식경영

GM은 전 세계 58개국에 걸친 HR 베스트 프랙티스를 글로벌 HR 웹사이트를 통해 공유하고 있다. 효과적인 HR 베스트 프랙티스를 가진 기업들이 그렇지 않은 기업보다 높은 성과를 내고 있다.

기업은 적합한 인재를 확보하기 위해 기업 간 치열한 경쟁을 하고 있다. 이에 HR 담당자들은 해당 기업의 목표수행에 필요한 종업원의 재능을 확인하고 이를 위해 인재확보 및 유지를 위한 프로그램 개발에 중점을 두고 있다. 특히 전자테크놀로지를 통해 효과적으로 기업 내 지적 자산을 양산, 보유, 전달할 뿐 아니라 기업의 성과와 연관된 인재를 적재적소에 배치할 수 있어 이와 관련된 시스템을 신속하게 구축하고 있는 실정이다.

지식 랩(Knowledge Lab)은 직원들에게 언제, 어디서나, 누구에게든지 경영활동 및 자기계발에 필요한 자원을 제공해 준다. 인적·물적 커뮤니케이션이 이루어질 수 있도록 기업 내 온라인 자원센터는 물론 오프라인에서도 자원센터를 두어 서로 유기적인 네트워크를 구성하도록 한다.

제 3 부
채용 및 배치관리

제6장 채용 및 배치관리

1. 달라지는 고용 개념

대다수 졸업반 학생들이 취업을 하겠다고 하지만 취업의 관문을 뚫기란 그리 쉽지 않다. 지금은 단지 취업을 하겠다는 차원이 아니라 자신의 회사에 필요한 인재라는 것을 보여 주어야 하는 시대로 변하고 있다. 능력을 갖춘 인재임을 보여 주기 위해 사전준비도 많이 해야 하고, 계속 자신을 성숙시키는 노력이 필요하다.

'고용의 질서 파괴자'로 불리는 일본 최대 인력파견업체 파소나 그룹의 대표 난부 야스유키[南部靖之]는 고용시장의 구조 혁명을 주장한다. 고용시장이 재능을 사고파는 '재능시장' 개념으로 바뀔 때 비로소 실업문제가 해결의 실마리를 잡을 수 있다는 것이다. 그는 고실업사태가 빚어진 원인을 대량의 사내실업자를 끌어안고 있던 기업들이 여력을 잃고 일거에 방출시킨 결과로 본다. 덕분에 일본의 고용형태도 구미형으로 바뀌고 있다. 그런 의미에서 지금은 고용빅뱅의 원년이다. 고실업시대를 헤쳐 나가려면 '취직하겠다.'가 아니라 '나의 재능을 팔겠다.'는 개념으로 정신무장을 하는 것이다. 아무리 무능한 사람이라도 남보다 뛰어난 재능은 반드시 있기 때문이다.

기업들은 대학을 졸업하는 학생들과 대학에 대한 주문이 많다. 기술도 부족해 입사를 해도 6개월은 학습시간이 필요하다고 말한다. 그만큼 대학교육과 기업 사이는 교실과 현장 사이만큼이나 거리가 있다. 그래서 아예 대학에 이런 과목을 둬 달라고 주문하고, 그런 과목을 이수한 학생을 우선 채용하는 경향마저 있다. 그뿐 아니다. 현재 대기업이 대학졸업생에게 부족하다고 생각하는 공통사항은 다음과 같다.

지식(Knowledge)

- 기업의 본질, 목적 등에 대한 명확한 이해 부족
- 기업의 실제적인 운영 프로세스에 대한 무지
- 기업회계에 대한 지식 부족(실질적인 내용)
- 문서작성 능력 부족(실제 기업에서 사용하는 형태)
- 외국어 능력 부족(토익점수는 높으나 실용영어회화 능력은 떨어짐)
- 전공분야 대한 특화된 능력 부족

기술(Skill)

- 창의적 문제해결 능력(차별화된 아이디어나 서비스를 제공할 수 있는 사람)
- 전략적 사고(이론적, 개념적 지식보다는 실제 기업 현실에 적합한 것들을 바로 활용할 수 있는 능력)
- 커뮤니케이션 스킬(원만한 인간관계를 유지하고 외국 임원과 조화롭게 지내는 스킬)
- 프레젠테이션 스킬(회사업무 중 일상생활이 프레젠테이션의 연속임)
- 컴퓨터 활용 스킬

태도(Attitude)

- 도전정신 / 패기
- 모험을 피하지 않는 기업가정신
- 신뢰성 / 책임감
- 팀워크(조직에 대한 이해)
- 기본적인 직장예절
- 원만한 대인관계 능력

2. 다양한 모집방법

인재확보를 위해 다양한 방법을 사용하고 있다.

1) 채용관련 브랜딩

HP는 컴팩과 합병한 이후 그 시너지 효과를 바탕으로 하는 HP의 새로운 브랜딩 전략에 발맞추어 많은 인재들이 HP에 관심을 가질 수 있도록 하기 위해 채용차원의 브랜딩을 통해 회사에 대한 인지도와 기업이미지를 강화하였다.

2) 대학 리쿠르팅

대학 리쿠르팅(college recruiting)은 대학의 인재들을 확보하기 위해 각 대학과의 관계를 돈독히 하고, 대학 IT시설지원 및 job fair, career talk, 채용특강, IT클럽지원 등의 방식을 통해 대학 리쿠르팅을 한다.

3) 사원추천제도(사내추천제도)

사원추천제도(employee referral program) 또는 사내추천제도는 직원 추천으로 신입사원을 뽑는 것으로, 전 사원이 인재를 확보하는 데 참여하는 것을 말한다. 검증된 우수인재 확보 차원에서 사내추천제를 공개적으로 활용하는 기업들이 늘어나고 있다. 이 제도가 활발하게 진행되고 있는 것은 비용이나 노력에 비해 효과가 크기 때문이다. 실무에 바로 투입할 수 있을 뿐 아니라 결원이 생긴 해당부서에서 추천하기 때문에 자타가 공인하는 전문가가 대부분이다. 채용비용을 절약할 수 있는 것은 물론이다.

LG전자·대웅제약·한국휴렛패커드·안철수연구소·한솔제지·현대백화점 등 여러 기업들이 사원추천제를 실시하고 있다. 취업이 성사되면 추천한 사원에게 최대 100만 원 정도의 포상금도 준다. LG전자는 90년도 말부터 사내추천제를 운영하고 있다. 팬택 & 큐리텔은 경력자 중심으로 전 부문에 거쳐 선발하고 있고, 시스코의 경우 엔지니어, 영업 분야를 중심으로 선발하고 있다. 이 제도를 채택하고 있는 기업의 경우 대체로 전체 채용인원의 20~30%를 사내추천으로 뽑고 있다. 사내추천제는 전형과정이 공개채용보다 더 철저한 경우가 많아 구직자들은 동아리, 동문회, 업무와 관련된 협회 등을 통해 능동적으로 인맥관리를 할 필요가 있다.

4) 인턴십과 계약사원제도

회사에 관심이 있는 대학의 인재들에게 사전 업무경험을 통해 문화와 환경에 접근할 수 있는 기회를 제공한다. 인턴십 제도가 활기를 띠고 있다.

값싼 노동력을 확보하여 회사의 경비를 절감한다는 차원에서 이뤄지던 대학생들의 인턴십 제도가 인기 직종의 하나로 변화해 가고 있다. 특히 인턴십을 신청하는 학생들뿐 아니라 회사 측도 적극적으로 이 제도를 활용하고 있어 인턴십은 학생과 회사 측 모두에 인기를 끌고 있다.

인턴십은 학생들에게 사회생활을 경험하고 직장을 찾기 위한 유익한 수단이 되고 있다. 미시간주립대학에서 실시한 고용조사 통계자료에 따르면 인턴십 경험 여부는 직원 채용 시 학점이나 기타 취업조건보다 중요한 요건으로 작용하고 있는 것으로 나타났다. 루슨트 테크놀로지사의 경우 인턴들에게 리서치 프로젝트를 주고 그 결과를 이용하기도 하는데 프로젝트에 참가한 인턴의 65%를 졸업 전에 정식 채용하고 있다. 인턴들의 보수는 천차만별로 무보수에서부터 월 8,000달러까지 다양하며 전과는 달리 치솟고 있는 실정이다.

우리 기업의 경우 우수인력 확보와 선택된 인력의 충분한 활용을 위해 인턴제를 고안하여 점차 확산되는 추세를 보이고 있다. 대우그룹은 신입사원을 모두 인턴제로 선발하여 관심을 끌기도 하였다. 현대·럭키금성·포항제철·한국화약·기아 등 종전부터 인턴제를 실시해 오던 그룹들도 대상 인원을 늘리고 있다. 대한항공·이랜드 등도 인턴제를 도입하였다. 우리의 경우 여름방학을 이용하여 대학졸업 예정자들을 대상으로 2~3주간 실습을 하도록 하고 본인이 원할 경우 실습성적을 감안하여 정식사원으로 채용한다.

최근에는 기업 인턴제에 국경이 사라지고 있다. 글로벌 인턴사원이 확산되고 있는 것이다. 모토로라는 한국 대학생을 뽑아 본사에 근무하도록 했고, 루슨트 테크놀로지는 IT 전공 대학생에게 장학금을 주고 미국 견학과 함께 인턴십 기회를 부여하는 글로벌 과학 장학생 제도를 실시하고 있다. 삼성전자도 미국의 유학생과 이머징 마켓 국가 출신들을 인턴사원으로 선발하여 현지 요원으로 육성하고 있으며, LG전자는 한국을 비롯해 러시아, 인도네시아 등 각국 대학생들이 참여하는 글로벌 인턴십 프로그램을 운영하고 있다.

인턴제는 채용을 하는 쪽이나 입사를 원하는 쪽 모두에게 쌍방을 조건 없이 알아볼 수 있다는 이점을 갖고 있기 때문에 선호되고 있다. 회사 측에서 인턴십을 선호하는 이유는 젊은 인턴에게서 신선한 아이디어들이 나올 뿐 아니라 이들이 자신의 커리어 축적을 위해 열심히 일하기 때문이다.

인턴사원제는 기업뿐 아니라 직무의 적성을 파악하여 조직에 잘 적응하고자 하는 개인 모두에게 기회를 적절하게 제공해 준다는 점에서 무엇보다 중요하다. 우리나라는 인턴제를 기회의 잠정적 제공 또는 이직에 대한 대비 정도로 간주하는 경향이 높다. 이러한 단견적 사고는 조직 및 개인에 이롭지 못하다. 조직의 중요한 성원으로서 계속 직무에 잘 적응하고 효과를 거두며 조직을 통해 경력을 개발해 나갈 수 있도록 적극적인 배려가 필요하다.

이런 의미에서 현대상선이 실시하고 있는 인턴사원 후견인제도는 매우 바람직하다. 이 제도는 인턴사원이 실습을 마친 후에도 최종입사 때까지 직원들이 이들과 계속 긴밀한 관계를 맺도록 하는 것이다. 현대상선은 인턴사원이 방학기간 중에 받는 3주과정의 교육을 끝내면 직원을 1명씩 후견인으로 배정한다. 후견인이 되는 직원은 자신이 맡은 인턴사원에게 회사간행물과 사보를 송부하거나 정기적으로 만나 회사정보 등을 알려 주고 인간관계를 돈독히 하는 역할을 수행한다. 후견인은 인턴사원들과의 관계를 고려하여 학연이 있고, 나이차가 적은 사원 또는 대리급에서 선발한다. 회사 측도 과거 교육기간 후에는 특별한 관리를 하지 않던 관행에서 벗어나 졸업 때까지 사업 현장이나 계열사 공장방문 등 다양한 프로그램을 지속적으로 시행하기로 했다.

인턴십과 함께 계약사원 제도가 있다. 계약사원 제도는 한정된 특정분야에서 마음껏 기량을 발휘하고 싶다고 생각하고 있는 사람이나 특정분야에서 능력을 갖추고 있는 사람을 단기 고용하는 제도이다. 대개 고용기간 1년을 조건으로 모집채용하며 능력에 따라 급여를 결정한다.

5) e-Recruiting

e-Recruiting 활용이 강화되고 있다. 인터넷 홈페이지나 PC통신을 활용해 채용공고와 회사소개, 지원서 교부와 접수, 합격자 발표를 하며 영어 등

공채시험을 없애는 대신 토플 또는 토익 점수와 면접으로 선발하는 경향이 늘어 가고 있다. 실무능력과 경력도 모두 평가해 채용한다. 최첨단정보기재를 통한 이런 공격적 모집과 선발은 과거의 선발방법과는 판이하게 다르다. 이것은 최신정보망을 적극적으로 활용하고자 하는 경향도 있지만 전 세계를 대상으로 상시 인물을 뽑겠다는 의욕도 담겨 있다.

LG-EDS는 사내공개충원 때 사원이 열람할 수 있는 전자게시판에 부서, 자격조건, 근무환경 등을 자세히 적은 글을 올린 후 지원자를 공개모집하는 방식을 취한다. 전자우편으로 신청서를 낸 사원을 해당 부서장이 면접을 실시하고 합격이 결정되면 부서를 옮기게 된다. 기안이나 결재도 전자로 하고, 통신도 전자로 하며, 인사도 인사정보시스템(PIS)을 구축하여 활용함으로써 사이버인사시대가 열리고 있다. 사내교육도 인터넷이나 PC통신을 활용하고 있어 보이지 않는 교육, 곧 사이버교육으로 전환되고 있다. 근무환경의 변화에 따라 재택근무는 물론 인사관리의 평가도 이전의 '보는' 방식으로는 불가능해 직원 개개인의 일정관리 시스템에 시간대별로 자신의 활동을 입력해 사장부터 일반사원까지 모두가 공유할 수 있도록 하고 있다.

글로벌 기업들은 e-Recruiting을 통해 전 세계적으로 동일한 채용 도구를 구축하고 전 세계의 모든 인재들이 온라인을 통해 지원하도록 한다. 회사는 지원한 인재들의 데이터를 하나의 인재풀로 구축하여 채용이 발생할 때마다 채용담당자들과 관리자들이 필요한 검색조건을 가지고 바로 필요한 인재를 검색할 수 있도록 한다.

6) 상시채용

구미에서는 상시채용이 일상화되어 있어서 신인사제도라 말할 수 없지만 우리나라의 경우는 다르다. 최근 신입사원을 연중 수시로 채용하는 상시채용제도가 급속히 확산되고 있다. 이에 따라 그동안 상반기와 하반기 두 차례로 나눠 신입사원을 뽑아 온 공채제도가 점차 사라질 전망이다. 상시채용제도는 인력수요가 많고 이직률이 높은 업체들이 적극 도입하고 있으며 모집방법도 인터넷과 PC통신을 사용하고 있다.

CJ의 경우 해외주재원이나 외교관 자녀, 7년 이상 해외거주자들을 데이터 뱅크화해 필요할 때마다 인력을 충원하고 있다. 상당수 기업들이 인터넷을 통해 해외인재를 발굴하고 있으며 인재풀(pool) 제도를 활용해 회사의 인력충원계획과 지원자의 입사희망시기, 희망부서, 적성 등을 전산화해 언제라도 입사타진, 입사, 부서배치를 하기 때문에 인재풀에 등록된 지원자에게는 여러 차례 입사기회가 주어진다.

상시채용제도는 기업 입장에서 볼 때 필요한 인력을 적기에 확보할 수 있다는 게 최대의 장점이고, 구직자 입장에서도 자신의 희망에 따라 취업시기를 결정할 수 있다는 장점이 있어 도입 기업이 늘어 가고 있다. 기업들이 경기변동을 고려해 인력채용을 탄력적으로 할 수 있어 좋다. 그러나 상시채용제도는 채용정보에 대한 홍보가 제대로 되지 않을 가능성이 있고, 신입사원 연수교육의 수시 실시에 따른 인력관리 부담과 조기채용과다경쟁이 우려되며, 기존 취업자들의 이직률 상승 등 부작용도 우려돼 보완책이 있어야 한다.

7) 직위 공모제

본부 및 지사 직책에 대한 직위 공모제이다.

8) 사내직무게시제도

휴렛패커드의 경우 사내에 결원이 생기면 우선 사내에서 충원하는 사내직무게시(internal job posting)제도로 인원의 증가를 막는다. 자리가 비면 사내에 모집공고가 붙고, 사장부터 평사원까지 지원할 수 있다. 적성에 맞는 자리를 사내에서 발견할 수 있고, 담당업무가 없어졌을 경우 언제든 이동할 수 있는 조건이 갖춰진 것이다.

사내채용이 불가능할 때는 외부채용에 나선다. 사람을 고르는 것은 각 부서가 주도권을 쥔다. 우선 부서장이 1차로 면접, 2차로는 해당부서 직원들이 지원자들과 집단면접을 한다. 함께 일할 사람을 직접 고르기 때문에 인사담당 부문에서 한꺼번에 채용하는 것에 비해 실패가 적다.

9) 내부공개채용제도

최근 기업부서의 결원을 충원하거나 태스크포스 팀을 구성할 때 외부 인력 스카우트에 앞서 필요한 인력을 사내에서 공개적으로 채용하는 사내공개채용제도가 확산되고 있다. 사내충원제도는 기존조직에 결원이 생기거나 사업이 확장되면서 부서나 팀을 새로 구성할 때 필요한 인력을 사내에서 공개모집하는 것이다. 이 제도는 인력을 적성에 맞는 부서에 배치해 일에 몰두하도록 함으로써 자기계발은 물론 생산성을 높일 수 있는 기회가 된다. 지원자가 적을 경우 신규채용이나 경력자를 스카우트해 온다.

미국의 경우 이 제도는 전 영역에 걸쳐 일반화되어 있으나 우리나라의 경우 정보통신 기업이나 단기 전산프로젝트를 수행하기 위해 팀의 결성 및 해체가 빈번한 시스템통합(SI) 기업을 중심으로 확산되고 있다. 나우콤은 시스템용 소프트웨어에 대한 장기연구를 진행할 소프트웨어 프로세스 팀을 구성한 후 이에 필요한 엔지니어를 사내에서 공개 모집했다. 이 프로젝트를 담당한 책임자는 팀의 결성목적, 역할, 기간, 인원수, 지원 자격, 특전, 근무 조건 등을 자세히 적은 글을 전자게시판에 올리고 지원자를 공개모집했다. 한국 3M은 각 부서에서 인력수요가 생길 경우 먼저 회사 내부에서 충원을 한 후 나머지 결원에 대해 신입사원을 채용한다. 우선 인력수요가 있는 부서에서는 지원자의 자격요건이나 부서에서의 요구사항 등을 제시하고, 새로운 업무를 원하는 지원자는 심사를 거쳐 부서이동을 하게 된다. 이를 위해 부서장은 매년 근무평정에 사원의 타 부서 근무 적합성도 평가해야 하고 이를 부서이동 시 심사 자료로 활용한다.

동양그룹의 시스템통합업체인 동양 SHL은 리소스 풀 시스템(resource pool system)을 실시하고 있다. 이는 특정 전산프로젝트를 수주하고 책임자가 결정되면 이 책임자가 사내 다른 부서에서 필요한 인력을 마음대로 충원하는 제도이다. 책임자가 필요한 인원을 사내 게시판을 통해 공개모집하거나 직접 접촉해 선발한다.

10) 열린 채용

삼성은 사람이 가지고 있는 능력보다는 학력과 간판을 지나치게 숭상해 젊은이들의 꿈을 빼앗고 국가적으로 경쟁력을 떨어뜨리는 잘못된 관행을 제거하고 간판보다는 능력, 획일성보다는 개성을 중시하는 열린 채용을 실시하고 있다.

열린 채용이란 학력에 관계없이 능력과 자질만 갖추면 누구에게나 문이 열려 있는 채용을 말한다. 과거의 학력과 지식중심의 평가에서 과감히 탈피해 개인에게 잠재되어 있는 종합적 능력평가에 중점을 두는 것이다. 예를 들면 공채에서 대졸신입사원이라는 말 대신 3급 신입사원채용으로 바꾸고 고등학교 출신이라 할지라도 본인의 능력에 따라 3급에 도전할 수 있게 하였다. 또한 기존의 단편적인 지식평가 위주의 필기시험을 없애고 개인의 의사와 적성이 존중되고 다양한 인재특성이 정당한 평가를 받도록 했다. 국제화의 기본소양인 영어실력은 영어시험 대신 공인시험인 TOEIC이나 TOEFL 성적을 인정하고, 헌혈 및 사회봉사활동 등에 가산점을 주고 있다.

학력에 관계없이 누구나 지원하도록 한 채용방식의 변화는 학력과 학벌 중심의 사회풍토가 빚어낸 간판주의와 과외지옥의 고질적인 병폐를 극복하고 실력 위주 사회를 여는 계기를 마련하기 위해서다. 또 정부가 추진하고 있는 교육개혁의 현장적용과 실천을 돕기 위한 뜻도 있다.

소프트웨어, 산업디자인, 패션디자인, 광고이벤트, 영상분야 등 특수전문직의 경우는 일반 공채와 달리 적성검사, 실기평가, 면접만으로 선발한다. 인재의 전문성을 감안하여 해당분야에 대한 실무능력과 적성, 창의적 능력을 중점적으로 평가하며, 사내실무인력중심으로 면접평가를 실시한다. 영어능력은 별도로 요구하지 않는다.

채용방식도 회사 편의 중심의 획일적 방식에서 지원자 중심의 직군별 채용방식으로 바뀌었다. 지원자는 희망직군과 소그룹회사를 선택할 수 있다. 직군은 연구개발, 소프트웨어, 국내영업, 해외영업, 보험증권, 생산기술, 경영지원 등 7개이다. 지원자는 본인이 원하는 직군과 소그룹을 선택할 수 있고 소그룹 내에서는 3지망까지 회사를 선택할 수 있다.

3. 모집에서 보다 유의해야 할 부분

1) 응시자들에 대한 안내

직장을 구하려는 사람은 많고 일자리는 적다 보니 기업의 응시자들에 대한 배려가 소홀한 경우가 적지 않다. 기업이 원하는 조건의 응시자를 뽑는 데만 몰두할 뿐이지 응시자들에 대한 친절한 안내는 찾아보기 힘들다. 때로는 정도가 지나쳐 채용합격 통보를 한 후에 임용을 취소하는 사례도 있다.

국내회사에서는 합격, 불합격 여부를 통보해 주는 경우가 거의 없다. 면접시험에 올 사람들에게만 선별적으로 통보하는 식이다. 때문에 응시자들은 수시로 전화 등을 통해 진행상황을 알아볼 수밖에 없다. 그러나 외국회사는 채용진행상황이나 합격 여부를 이메일이나 국제우편을 통해 친절히 안내해 주어 대조적이다.

응시자가 때론 고객이 되어 그 회사를 평가하는 위치에 설 수 있다. 따라서 기업은 응시자들의 입장에서 응시과정과 결과 모두에 있어서 친절히 배려할 필요가 있다.

2) 응시자를 위한 사전 교육

응시자를 위한 사전교육도 중요하다. 이 교육은 기업에서 실시할 수도 있지만 다른 전문기관에서도 도움을 줄 수 있다. 대학문화그룹은 고학력 취업준비생의 선발과 교육, 취업의 전 과정을 담당하는 인재개발 전문프로그램으로서 '엘리트 뱅크'(elite bank)제도를 도입했다. 고급인력의 효율적 활용과 배분을 목적으로 하고 있는 이 제도는 단지 매체를 통한 구직 및 구인의 인력관리나 채용박람회 차원과는 달리 취업준비생들에게 기업이 필요로 하는 각종 마인드를 교육시켜 우수한 인재로 양성하는 한편 기업에 전원취업을 추천하는 인재개발 사업이다. 엘리트 뱅크는 기업들이 요구하는 인재상에 부합하는 어학과 컴퓨터, 국제적 마인드까지 겸비한 기업 실무형 인재를 양성해 기업의 요구조건을 충족시켜 주자는 데서 출발한 것이다.

4. 선발과 시험

1) 적성검사

한국IBM은 언제나 가장 입사하고 싶은 외국기업의 상위권에 있다. 한국IBM의 경쟁력은 우수한 인재보다 IBM에 어울리는 사람을 뽑아 IBM에 필요한 인재를 만드는 인사 시스템에 있다. 132개국에 진출한 IBM의 입사시험은 전 세계적으로 동일하다. 상식이나 영어시험을 치르는 대신 미국IBM본사에서 제출한 적성검사를 통해 신입사원을 뽑는다. 지원자의 두뇌발달성향과 기호를 알아보는 적성검사를 통해 IBM은 조직과 IT분야에 어울리는 인재를 선발한다.

현재 한국IBM의 직원은 2,100여 명이다. 한국IBM은 기업용 대형컴퓨터 판매에 그치지 않고 e비즈니스 컨설팅, 시스템구축, 운영, 관리를 모두 서비스하는 토털 솔루션 분야에 주력하고 있다. 한국IBM은 현재 대부분의 국내은행을 비롯하여 3,500여 기업을 고객으로 확보하고 있으며 매출 중 토털서비스 부문이 40%를 넘고 있다.

2) 인성시험

일본에서는 의사자격 국가시험 이전에 환자를 대하는 인성시험을 먼저 실시하기로 했다. 환자를 얼마나 존중하며 정성을 들이고 친근감이나 신뢰감으로 교감하고 있는가 여부를 테스트하는 것이다. 시범 실시해 본 결과 의대 졸업생 100명 중 5명꼴로 학과시험에서 높은 점수를 얻고도 인성시험에서 낙제했다고 한다. 의사와 환자 사이의 인간적 교감의 결여는 누적된 폐단으로 알려져 있어 시험의 실시를 긍정적으로 보고 있다.

무섭게 발달하고 있는 의술에서 전근대적으로 남아 있는 분야가 바로 인성분야이다. 무엇보다 대학에서의 체계적인 인성교육이 선행될 필요가 있다.

선경은 자체개발한 선경종합적성검사(Sunkyung Aptitude Test)를 통해 신입사원을 선발하고 있다. 선경이 바라는 인재는 패기, 적극적인 자세, 진취적인 기상을 갖춘 인재이다.

삼성은 단편적 지식위주의 평가방식인 필기시험을 치루지 않는 대신 삼성이 개발한 삼성직무적성검사(SSAT: Sam Sung Aptitude Test)제도를 도입하였다. 이 검사를 통해 응시자의 인성과 적성을 종합적으로 평가할 뿐 아니라 직무수행 시 어떠한 상황에서라도 대처하고 해결할 수 있는 기본자질과 능력을 평가한다.

종업원을 적재적소에 배치하기 위해 Performax 인성검사를 한다. 이것은 인성을 지배형(Dominant), 영향형(Influencer), 후원형(Supporter), 순응형(Compliant) 등 네 가지 기본유형으로 분류한다. 지배형은 전형적인 경영자 타입으로 결단을 빨리 내리고, 일상 업무에 쉽게 싫증을 느끼며, 세부적인 지시를 따르기 싫어한다. 영향형은 외향적이고, 다정하며, 재담이 있고, 성공한 사람들과 어울리기를 좋아한다. 후원형은 조직의 바퀴에 윤활유와 같은 역할을 한다. 그들은 충실하고, 아주 열심히 일하며, 협조적이고, 전적으로 신뢰할 만하다. 그러나 그들에게 흠이 있다면 창의력과 새로운 것을 시도하려는 동기가 부족하다는 점이다. 순응형은 대부분 완벽주의자로, 규칙에 부지런히 매달린다.

3) 작품시험법

엘리자베스 1세는 대신을 고를 때 이처럼 『햄릿』, 『맥베드』, 『리어왕』 등

인간의 극한상황을 극적으로 묘사한 셰익스피어의 작품을 읽게 하고 구두
시험으로 그 인간 됨됨이를 시험해 등용했다. 1980년대 GE의 한 사장 시
험은 셰익스피어의 작품 가운데『햄릿』,『리어왕』,『멕베드』3권을 주면서
그중 한 권을 선택하여 이를 읽고 리포트를 써내라는 것이었다. 경영학이며
인간관계론이며 미래론 같은 문제가 아니다. 이 시험이 노리는 것은 바로
인간이해이다. 작중 인물들이 상황에 따라 미묘하게 달리하는 마음을 어느
정도 이해하느냐로 사장의 능력을 가늠하려는 것이다.

　미국의 대기업 가운데는 시험을 쳐 사장을 공모하는 회사가 적지 않다.
그러나 GE나 GM 등의 미국 기업에서 고위관리자를 공모할 때 바로 엘리
자베스식으로 셰익스피어 작품을 읽히고 리포트를 제출하게끔 하여 인간
됨됨이로 고르는 풍조가 일고 있는 것은 최고경영자는 무엇보다 인간과 상
황에 대한 이해가 중요하기 때문이다.

4) 세진 컴퓨터랜드의 채용방법

　세진의 한상수 사장은 중학교 졸업 후 검정고시로 고등학교를 졸업하고
10년 동안 고시공부를 하다 컴퓨터 외판원으로 컴퓨터 업계에 진출하여 가
격파괴 전략으로 한때 돌풍을 일으켰던 인물이다. 지금 이 회사는 존재하지
않는다. 하지만 채용방법이 독특해 소개할 가치가 충분하다. 그는 직원을
뽑을 때 필기시험도 치르지 않고, 학력도 보지 않았다. 그 대신 지원자에게
12페이지짜리 입사원서를 적게 한다. 살아가면서 가장 후회스러웠던 일 3
가지와 그 이유, 존경하는 인물과 그 이유, 가장 친한 친구와 친하게 된 과
정 등을 적도록 한다. 이 원서를 찬찬히 읽다 보면 그 사람의 모습이 보인
다는 것이다.

5. 면접방법

1) 컴퓨터 면접

신입사원 면접에 '컴퓨터 면접'을 도입하는 기업들이 늘어 가고 있다. 컴퓨터 면접은 면접관이 임의로 질문을 하는 것이 아니라 컴퓨터 화면상에 정리된 피면접자의 정보를 보면서 컴퓨터가 스크린에 띄우는 질문을 피면접자에게 하도록 하는 방식이다. 컴퓨터는 답변이 미흡할 경우 면접관이 보충질문을 하도록 제시하고, 면접관이 답변에 대해 점수를 입력하면 총점이 현장에서 곧바로 집계된다. 이는 인상 평가에 의존하는 기존의 방식 대신 컴퓨터의 도움을 얻는 체계적이고 객관적이며 공정한 방법으로 인재를 뽑기 위한 것으로 보인다.

LG전자는 전자채용시스템(Digital Recruiting System)을 도입해 면접 과정 일체를 컴퓨터화했다. 면접관이 피면접자와 마주 앉아 컴퓨터를 켜면 피면접자가 입사지원서에 기입한 내용들이 체계적으로 분류·정리돼 한눈에 장·단점을 볼 수 있다. 면접관은 이어 컴퓨터의 지시대로 '상사가 곤란한 일을 시켰을 때' 등 직장에서 일어날 수 있는 여러 가상 상황에 대해 질문하고, 대답에 따라 적극성·창의성 등 3~4가지 평가항목에 점수를 입력한다. 점수가 미흡하면 컴퓨터는 자동적으로 보충질문을 내놓는다. 15분 동안의 면접이 끝나면 곧바로 단계별 점수가 합산돼 최종 합계가 스크린에 표시된다. LG전자는 올해 컴퓨터 면접으로 신입사원 1,000여 명을 채용했다. 해외인력을 채용할 경우는 인터넷 화상으로 피면접자를 보면서 하는 컴퓨터 면접이 실시된다. LG전자가 화상 컴퓨터 면접으로 뽑은 해외인력은 올해 100여 명에 이른다. 이전에는 처음 마주 앉은 피면접자의 정보가 정리되지 않아 무슨 질문을 할지 난감할 때가 많았다. 그러나 컴퓨터의 도움으로 효율적인 질문과 객관적인 점수화가 가능해졌다.

컴퓨터 면접을 실시한 삼성 에버랜드·제일제당 등도 진행방식은 비슷하다. 피면접자의 인적사항을 컴퓨터가 정리해서 보여 주고 단계별로 면접관에게 질문내용을 띄워 주는 온라인시스템이다. 에버랜드 측은 이 방식으로 신입사원을 채용했다. 면접관·피면접자 양측 모두 상호 불신이 사라져 만족스럽다. 피면접자의 경우 '지금까지 취직 안 하고 뭘 했느냐'는 식의 불필요한 감정적인 질문이 없어져 신뢰감이 들었다(이세민, 2002).

2) 블라인드 인터뷰

최근 여러 기업에서는 블라인드 인터뷰, 곧 무자료면접(BI: blind interview) 제도를 도입하여 시행하고 있다. 이 인터뷰의 성과가 좋다는 판정이 나와 이를 확대시키려는 기업이 늘고 있다. 블라인드 인터뷰는 면접에서 발생될 수 있는 각종 선입관을 배제하고 평가의 공정성을 높이기 위한 것이다. 이 방법은 신세대의 가치관을 비교적 이해할 수 있는 실무책임자가 직접 같이 근무할 후배를 가려내는 방식으로 적합하다는 판단을 받고 있다.

이 제도는 인사시스템의 계량화와 개별 인사관리 체계로의 발전에 있어서 중요한 변화를 보여 주고 있다. 이 제도는 두 차례의 면접에서 1차 면접을 과장, 차장 등 실무자들이 실시하는데 피면접자의 신분에 관한 어떤 자료도 가지고 있지 않은 상태에서 면접을 하게 된다. 오직 사람 됨됨이만 보고 평가를 내리기 위한 것이다. 이 같은 경향은 환경이 변하면서 여러 기업들에게 공통적으로 나타나고 있는데 이것은 기업들이 변하고 있다는 것을 보여 준다.

H그룹의 경우 면접을 하는 실무 과·차장들은 그룹이 자체 제작한 표준 질문서를 갖고 15∼20분간 대화식 면접을 실시한다. 표준 질문서는 지원동기, 가치관, 교우관계, 자기관리, 장래포부 등 20여 개 항목으로 구성되어 있다. 표준 질문서 답변내용은 일정한 기준 아래 평가되어 2차 면접의 기초 자료로 사용된다. 이 자료는 취업 후 각자 근무성적과 연계 분석되며 인사 데이터베이스로 활용된다. 임원들이 맡는 2차 면접에서는 주로 창의성과 적극성 등 바람직한 직장인으로서의 갖추어야 할 태도에 중점을 두고 있다.

블라인드 인터뷰의 특징은 (1) 일체의 선입관을 배제하기 위한 무자료 면접의 진행 (2) 면접 시 질문내용의 일관성을 위해 표준 질문서에 의한 면접 진행 (3) 여러 면접자가 여러 피면접자(多 대 多)를 평가함으로써 생긴 기존의 상대평가의 오류를 극복하기 위해 면접위원 3인, 피면접자 1인의 면접을 통한 절대평가 (4) 비교적 충분한 면접시간(1인당 면접시간은 약 20분) (5) 결과에 대한 검증을 통해 추후 부서배치 및 보충교육 등에 피드백 (6) 면접관 자체에 대한 평가제도 도입 등이다.

이를 실시한 H그룹의 경우 그룹의 기업문화에 적합한 신입사원의 선발과 더불어 지원자들에게 보다 정확한 기업의 모습을 보여 줌으로써 기업의 발전과 자신의 꿈을 이루고자 하는 젊은 인재를 발굴하고, 과장급 면접위원들에게는 신세대의 사고를 직접 접하고 평가함으로써 그들이 추후 입사해서 부딪치게 되는 세대 간 단절이라는 벽을 허물게 하는 데 기여하는 것으로 평가되고 있다.

3) 심층면접

면접의 비중이 높아지면서 심층면접 방법이 많이 채택되고 있다. 모 그룹은 면접자 1명당 부장급 면접위원 2명이 60~70분 동안 심층면접을 실시했다.

삼성전자는 심층면접을 바탕으로 한 신입사원 면접시험을 강화했다. 우선 면접시간이 현재의 60분에서 160분으로 대폭 늘어나고 면접 형태도 3인 1조에서 집단면접에서 개별면접 형태로 바꿨다. 삼성전자는 또 인성평가와 채용후보자의 전문지식을 평가하는 기술평가를 종합하는 2단계 평가에서 조직적응력 평가항목을 추가하여 3단계 평가로 세분화하였다. 삼성전자가 새로운 면접방식을 도입한 것은 디지털 시대에 걸맞은 창의적 인재를 채용하기 위한 것이다. 쉽게 말해 창의력이나 변화 주도력 등 학교성적표로는 제대로 측정하기 힘든 무형의 자질에 높은 점수를 주겠다는 뜻이다. 면접 때 나오는 토론 주제도 상당히 까다로워졌다. 학교에서 배운 지식을 묻는 전문지식 평가형, 주제 외에 실제 실무 현장에서 벌어지는 사례를 중심으로 한 케이스형 주제가 추가되었다. 삼성전자는 또 임원급 이상으로 구성하던 면접관을 실무 부서 부·과장까지 대폭 확대하여 같이 일할 사람들이 채용 후보자들을 직접 뽑도록 바꿨다. 삼성전자는 이런 신면접제도를 확정하고 각 대학과 인사담당직원들에게 통보했다. 면접방식이 너무 튀는 것 아니냐는 비판의 우려도 있지만 대학교육도 기업 요구에 맞게 바뀌어야 한다는 것을 보여 주고 있다.

4) 다차원 면접제

면접의 객관성과 공정성을 확보하기 위해 다차원 면접제도가 활용되고 있다. 1차 면접은 과-차장급의 실무자가 참여하여 수험생에 대한 일체의 자료 없이 대화식으로 진행하며, 2차 시험은 임원의 면접으로 치른다. D그룹의 경우 신입사원 모집에 사장단 면접을 폐지하는 이색적인 면접방식을 채택했다. 그룹은 신입사원 선발시험에서 사장단 면접을 없애는 대신 부장, 과장, 대리 등 젊은 실무자들로 하여금 록카페, 호프집, 노래방, 백화점 등에서 응시자들과 자연스레 어울리며 합격자를 뽑게 하는 다차원 면접제를 도입했다. 더욱 파격적인 것은 최종 합격자 결정권한을 이들 실무자들에게 줌으로써 회장이나 사장 등 임원진의 선발권을 원천적으로 배제한 점이다. 신세대 신입사원은 신세대 직원들이 뽑는다는 취지다.

다차원 면접제는 대리 1명, 과장 2명, 부장 1명 등 4명으로 구성되는 면접반을 몇 개조로 편성하여 면접한다. 면접방식에도 일정한 룰이 없다. 면접관과 응시자들은 면접 하루 전 미리 만나 면접시간, 장소, 복장, 준비물 등을 함께 정한다. 면접시간도 최대한 늘려 짧게는 4시간, 길게는 하루까지로 했다. 면접장소 또한 회사 밖이면 어디서든 가능하다.

5) 다면적 평가방식 요리 면접

다면적 평가방식 요리 면접은 샘표식품에서 실시하고 있다. 샘표식품은 1시간 30분 동안 창작요리를 만드는 요리면접을 즉석에서 실시해 응시자의 리더십·적극성·사회성을 관찰해 채용하고 있다.

샘표식품은 요리라는 소재를 면접으로 활용한 파격과 신선함으로 정형화된 기존의 대인면접과 차별화되고 있다. "요리를 알아야 주부(소비자)의 마음을 이해할 수 있다."는 말과 같이 요리면접은 인재채용에서부터 고객지향의 발상이 담겨 있다. 이를 통해 샘표가 원하는 인재상과 비전이 어떤 것인지 알게 함으로써 예비사원에 대한 간접교육 역할도 하고 있다. 이처럼 샘표의 임직원들은 요리를 통해 고객지향적인 마인드를 갖고 '우리 맛을 사랑하는 사람들'이라는 기업문화를 공유하도록 하고 있다.

샘표식품의 채용절차

서류전형: 기본적 자질 검토 – 기초 직무능력, 성실성 판단
개별면접: 1차 – 실무진 면접, 2차 – 부서장 면접, 3차 – 임원 및 CEO면접 　　　　　태도, 팀워크, 직무오너십(job ownership) 등 평가
요리면접: 팀별 요리 및 프레젠테이션 – 협동심, 창의성, 리더십, 표현력 등 평가

샘표식품의 면접은 크게 개별면접과 요리면접으로 나뉘며, 요리면접은 3차의 개별면접과 함께 실시되고 있다. 지원 부문별로 한 팀당 5~6명씩 나누어 요리면접을 진행한다. 각 팀별로 2시간 동안 요리를 만드는 과정과 만든 요리를 면접관들 앞에서 설명하는 요리 프레젠테이션 두 과정이 있다. 요리 만드는 과정을 통해 팀 내 조화도, 공동체 정신, 리더십, 창의성이 평가된다. 프레젠테이션을 통해 발표력, 표현력 등을 볼 수 있다. 특히 프레젠테이션 때 요리가 주는 다소 완화된 분위기를 이용해, 개별면접에서 미진한 부분을 질문하여 평가한다. 따라서 요리면접은 전체 면접평가에서 높은 비중을 차지하고 있다.

요리면접은 자아실현과 개성 등 추구욕이 남다른 젊은이들에게 호응을 얻고 있다. 요리면접은 단지 평가도구로서만 기능하지 않고, 요리와 음식이라는 커뮤니케이션 소재를 통해 직원들 사이에 공감대를 형성하고, 전문회사로서의 경쟁력을 높이는 데 도움을 주고 있다.

6) 행동관찰형 면접제

입사지원자의 전인적 능력평가를 위해 노래방·술집·사우나 등에서 면접시험을 치루는 행동관찰형 면접제가 도입되고 있다. 필기시험을 폐지하고 면접만으로 신입사원을 채용하는 기업 중 상당수가 기존의 틀에 박힌 사무실 면접 대신 회사 밖에서 술자리·스포츠·관광 등을 통해 행동을 관찰하는 것으로 이것은 기존 인사제도의 틀을 깨뜨리고자 하는 새 개념의 인사제도를 도입한 데 따른 것이다. 신호건설은 공원에서 면접관들과 응시자들이 함께 운동을 하면서 전인적 능력을 파악하는 스포츠면접을 한다. 신한은행은 카드놀이를 하면서 응시자들의 순발력과 인간성을 테스트하며 우방은 술자리 면접을 했다. 쌍용증권은 응시자들을 하루 동안 합숙시켜 팀워크·표현력·창의력·리더십·책임감·인간성 등 다양한 테스트를 했다.

7) 열린 면접제도

삼성은 열린 채용제도와 함께 열린 면접제도로 바꾸었다. 면접평가는 기본인품을 중점 평가하는 1단계와 문제해결능력, 활용성, 전문성을 측정하는 2단계로 구분했다. 1단계 면접에서는 삼성 내부인사뿐 아니라 대학교수 등 외부인사도 참여시켜 객관성을 높인다. 2단계 면접에서는 실무부서의 부장, 과장 등 중간간부들을 면접위원으로 구성한다. 또 직군별로 전문성이 높은 주제에 대해 응시자 자신이 의견을 개진하는 프레젠테이션 식 면접방식도 있다. 응시자가 직접 자신의 지식, 경험, 포부, 열정 등을 내보일 수 있는 기회를 주기 위한 것이다.

이러한 면접방식은 회사 내부시각뿐 아니라 다양한 관점에서 공정하게 신세대의 사고와 가치관을 제대로 평가하고, 적극적이고 창의적인 인재의 선발을 위해 자기 자신의 의사를 밝히게 한다는 점에서 새로운 방식의 면접이다. 한마디로 수동적인 면접에서 능동적인 면접으로 바뀌는 것이다. 기존의 면접위원들의 질문에만 답하는 일방적 면접이 아니라 응시자 스스로 전문성 있는 주제에 대하여 자신의 지식, 경험, 포부, 가치관 등을 밝히도록 하여 그 사람의 성장 가능성을 보자는 것이다.

8) 스트레스 면접

스트레스 면접이 대기업에서 활용되고 있다. 치열한 경쟁사회에서 보다 유연하고 침착한 인재를 뽑기 위해서다. 일본 중세의 무장 오다노부나가[織田信長]는 성난 목소리로 등용후보자를 불러들여 영문 모르게 화를 내고는 당장 나가라고 호통을 친다. 위축되어 뒷걸음질쳐 나가면 다음 후보자를 불러 똑같은 호통을 되풀이한다. 호통 맞고 물러가는 어간에 짐짓 떨어뜨려 놓은 휴지조각을 주워 갖고 나가는 침착성 있는 인재를 찾아내기 위해서다.

선조 때 정승 이준경(李浚慶)은 종씨 집안의 두 선비 가운데 하나를 판서로 기용하고자 사람됨을 시험하기 위해 기생방에 데리고 갔다. 거나하게 취해 오르는데 이 정승이 기생 손을 잡아끌며 "오늘밤 나와 잠자리를 같이 하지 않겠느냐."고 넌지시 물었다. 이 두 예비 판서가 공교롭게 서자였기로 미리 기생과 짜고 묻는 말이었다. 이에 기생은 각본대로 "잠자리를 같이하여 아기를 얻으면 앞에 앉은 두 대감과 같은 지체가 될 터인데 그 어찌 광영이 아니옵나이까?"했다. 천한 기생으로 하여금 예비 판서의 치부를 건드리게 하여 그에 대한 태도로 인물됨을 시험하려 함이었다. 그중 한 사람은 안절부절 못했고, 다른 한 사람은 태연자약했다. 후자가 발탁되었음은 말할 나위 없다.

9) RJP

RJP(realistic job previews)는 선발과정 초기나 채용제의를 하기 전 면접을 통해 지원자에게 아무런 편견 없이 앞으로 담당해야 할 직무가 어떠한 것이며 그 직무가 가지고 있는 부정적인 요소와 긍정적인 요소를 소상하게 밝혀 줌으로써 지원자로 하여금 지원하는 기업 및 직무에 대해 보다 바르고 정확하게 지각하도록 만들어 주는 방법이다. 전통적으로는 직무에 대한 정확한 정보 제시 없이 직무에 대한 기대감만 높이 불러일으켜 채용제의를 수락하고 입사했다가 사실상 기대에 대한 욕구를 충족시키지 못해 불만족이 쌓이고 이직률이 높았다. RJP를 실시할 경우 처음에 채용제의를 수락하는 정도가 떨어진다 해도 그 직무에 대해 바로 이해하고 입사했기 때문에 직무에 적응하고 어려움을 극복하며 만족하는 정도가 높은 것으로 나타나 있다(Wanous, 1980).

이 밖에도 여러 면접제도가 개발되고 있다. 그 가운데 위탁면접이 있다. C은행은 공채시험 1차 전형은 인력채용전문기관에, 1차 면접은 외부인사전문가에게 위탁하는 방식을 도입하였다.

6. 면접평가와 면접 준비요령

1) 면접평가

채용정보업체 인크루트가 기업인사담당자를 대상으로 한 조사에 따르면 면접비중이 50% 이상이라고 응답한 기업이 59%에 달해 채용 시 면접이 취업 성패를 좌우하는 것으로 알려지고 있다. 기업들이 면접비중을 높이는 가장 중요한 이유는 취업하자마자 금방 그만둘 사람을 골라내기 위해서다. 채용 후 6개월을 버티지 못하는 구직자들로 시간과 비용을 낭비하지 않기 위해 회사마다 면접을 까다롭게 하고 있는 실정이다.

면접평가표

평가요소	평가주안점	평점(만점 기준)
용모 및 태도	밝은 표정인가(첫인상)	10
	외견상 건강상태는?	10
	품위 있는 자세인가?	5
인성	신뢰감을 주고 있는가?	15
	겸양을 갖추었는가?	10
	감성이 풍부한가?	10
표현력	흡인력이 있는가?	10
	자신감이 있는가?	10
	언어구사력, 표준말 사용정도	10

평가요소	평가주안점	평점(만점 기준)
경력	직종에 적합한 경력이 있는가? 15	
	특출한 경력이 있는가?	10
가능성	일에 대한 열정이 보이는가?	15
	책임질 줄 알겠는가?	10
	지식과 정보가 풍부한가?	10
합계		150

출처: 인쿠르트, 2003

2) 면접 요령

최근 들어 취업과정에서 자기소개서의 비중이 커졌다. 서류심사, 필기시험, 면접이라는 전형과정이 무너지면서부터다. 이에 따라 구직자의 첫인상을 좌우할 이력서와 자기소개서를 치밀히 작성하는 것도 무시할 수 없는 과정이 되었다.

이력서와 자기소개서 작성 때 유의할 점은 다음과 같다.

- 가급적 검정색 펜을 사용한다.
- 오자나 탈자는 금물이다.
- 연락처는 전화번호뿐 아니라 휴대전화나 호출기까지 적는 것이 좋다.
- 거짓말은 절대 피한다.
- 자기 경력은 아르바이트 등 사소한 것까지 빼놓지 않는다.

이 같은 기본이 지켜진다면 '자신을 얼마나 알릴 것인가' 하는 점이 자기소개서의 성패를 가른다. 따라서 평소 시간이 있을 때 자기소개서나 이력서의 기본매뉴얼을 반드시 마련해 두는 것이 다음 기회를 위해서도 좋다. 매번 쓰는 것보다 하나를 변용하는 것이 편하다.

노동부는 웹사이트(www.molab.go.kr)에 자기소개서나 이력서 작성법을 돕는 코너를 마련했다.

최근 입사결정 때 면접비중이 크게 높아지고 면접이 당락을 좌우하는 경향도 높아지고 있다. 면접(interview)은 원래 사람의 '안으로 들어가'(inter),

'본다'(view)는 뜻을 가지고 있다.

면접 때 첫인상은 6초 내에 결정된다. 첫인상은 외모, 표정, 제스처가 80% 좌우한다. 여성의 경우 머리는 파마보다 깔끔하게 드라이를 한 생머리가 좋다. 그렇다고 너무 짧은 커트 머리는 남성적 분위기가 강해 면접 헤어스타일로는 곤란하다. 화장의 경우 또렷한 라인에 연한 색조가 좋고, 아이새도, 볼터치, 립스틱은 연한 색으로 선명한 윤곽선에 표정이 자연스레 살아나도록 하는 것이 좋다. 안경 벗은 맨 얼굴로 친화적인 느낌을 준다. 안경은 냉정해 보이므로 가급적 착용하지 않는다. 예전에는 치마정장을 입었지만 최근에는 지적이고 활동적인 바지정장을 선호하며, 쭉 뻗은 다리를 강조해 주는 스트레이트 팬츠가 선호된다. 검정이나 회색, 또는 감색의 컬러 의상이 좋다. 핸드백은 숄더백이 좋으며 크기가 너무 작거나 너무 큰 것은 알맞지 않는다.

인사면접을 치를 때 몸짓이 예상외로 중요하다. 손과 시선의 처리, 의자에 앉는 자세, 연봉 협상 방법에 조심할 필요가 있다(korea.internet.com). 심리학자 로렌스 스티벨은 면접관이 사용하는 말에 유의하라고 말한다. 면접관이 '빠른', '급속도로' 등의 활동적인 단어를 많이 사용하면, 손으로 큰 제스처를 취하는 등 적극적인 태도를 보이고, '일관성'이나 '신뢰' 등의 용어를 선호하면 손을 가만히 무릎에 올려놓는다. 포커의 달인 마이크 카로는 손으로 입술을 건드리거나 가리는 것은 거짓말을 하거나 과장하고 있음을 보여 주는 것이라고 지적했다. 따라서 인터뷰 중 손바닥을 보이거나 손을 가슴에 올려놓으면 정직함을 보여 줄 수 있다고 말했다. 조금이라도 손에 땀이 있을 때는 악수를 피하는 것이 상책이다. 땀에 젖은 손은 건강이 좋지 않거나 겁먹고 있다는 인상을 주기 때문이다.

딜로이트 컨설팅의 인터뷰 담당자 로렌 샤피로는 의자에 앉을 때 "거만하지 않으며, 인터뷰에 신경을 쓰고 있다는 것을 보여 줘야 한다."고 한다. 즉 의자 뒤에 기대앉은 자세는 과도한 자신감과 거만한 분위기를 나타내고, 너무 앞쪽으로 앉으면 갑자기 달려들 것 같은 공격적 인상을 준다. 그는 "일단 다리를 꼬고 앉았다면 끝까지 한 가지 자세를 유지하라"고 충고한다. 가급적 코를 만지지 않는다. 코를 만지는 것은 거짓말을 하고 있을 가능성이 높다. 거짓말을 하면 죄책감에 혈압이 올라 코의 조직을 이완시키고, 가려움을 유발해 손으로 긁게 된다. 제스처의 경우 아더 앤더슨의 인터뷰 담당자 조디 슈바르츠벨더는 '첨탑처럼 손끝을 모는 자세'가 적극성과 결단력을 보여 준다고 조언했다. 시선처리도 중요하다. 시선을 최대한 마주치게 한다.

대부분 응시자들은 인터뷰를 통과해 연봉협상 제의를 받으면 승리감에 젖어 실수할 가능성이 높다. 도박사 카로는 제의가 예상보다 높으면 무관심한 태도를 보이고, 연봉을 높이고 싶으면 단도직입적으로 접근하라고 말한다.

기업의 경우 이제는 학력보다는 창의력과 아이디어가 넘치는 에디슨형 인재 확보에 주력하고 있다. 따라서 이 점에 주목하지 않으면 안 된다. 기업이 원하는 인재가 IBM스타일에서 MS형으로 바뀌고 있다. IBM스타일이란 하버드·예일대 같은 명문대 출신 모범생 스타일을 말한다. 과거 미국 IBM에서 이런 스타일의 인재를 선호한 데서 유래했다. 반면 MS형은 학벌은 떨어져도 개성이 넘치는 인재를 말한다. 마이크로소프트가 이런 인재 선발원칙으로 성공을 거둔 바 있다.

면접은 무엇보다 질문에 집중할 필요가 있다. 정답이 뻔한 시사 상식문제는 더 이상 묻지 않는다. 위기대처능력, 순발력, 창의력 등을 평가해 우열을 가린다. 예를 들어 "3차 세계대전이 일어나 변호사 부부와 여대생·소설가·경찰·여배우·목사·프로축구선수·과학자 등 10명만 살아남았다. 이 중 7명만 과학자가 만든 캡슐로 들어갈 수 있는데 당신이 최고결정권자라면 누구를 선택하겠는가?"

다음은 예상 질문들이다. 국가관, 인간관, 사회관, 인생관, 봉사활동에 대한 태도, 지원동기, 인간관계, 의사결정 등 다양하다.

- 국가는 당신을 위해 왜 존재해야 하느냐?
- 불치의 병으로 투병 중인 친구가 삶을 포기하려고 한다면 어떻게 대처하겠습니까?
- 퇴학당한 비행 청소년들을 복학시키는 문제를 어떻게 생각합니까?
- 자신의 재산을 모두 장학기금으로 기부하는 사람은 왜 그렇게 한다고

생각합니까?

- 당신이 만약 개미라면?(베르베르의 소설 『개미』를 읽은 수험생이라면 신나게 대답할 것이다.
- 맞벌이 부부 중 한 명이 퇴직을 강요받는 현실에 대한 입장을 제시하라.
- 맹모삼천지교는 칭찬을 받는데 학부모들이 자녀교육을 위해 강남으로 이사 가는 것은 왜 비난받는가?
- 초자연적 현상을 믿는 것은 사회특성인가, 개인특성인가?
- 봉사활동은 자신의 삶에 어떤 의미가 있습니까?
- 자신의 입장에서 할 수 있는 최선의 봉사활동은 무엇이라고 생각합니까?
- 봉사활동을 통하여 얻을 수 있는 것이 무엇이라고 생각합니까?
- 지원하려는 가장 중요한 목적은 무엇입니까?
- 당신은 상사가 비합리적인 지시를 한다면 어떤 행동을 취할 것인가?
- 당신 여자 친구가 다른 남자를 만나는 것을 본다면 어떻게 하겠는가?
- 예고 없이 아프리카 등 오지로 당신을 부임시킬 경우 손가방 하나에 무엇을 가져가겠는가?
- 재벌의 경영권 승계는 전문경영인과 재벌 2세 중 어느 쪽이 바람직한가?
- 현재의 경제난국을 극복하기 위해 자신이 해야 할 일은 무엇인가?

면접에서 피면접자가 유의할 것은 무엇보다 핵심인재임을 강조한다. 기업들이 핵심 사업을 중심으로 내실경영을 추구하면서 채용에서도 꼭 필요한 핵심인재만 뽑겠다는 분위기가 강하다. 이것은 이러한 현상을 반영한다.

- 면접시간을 60분에서 160분으로 대폭 늘린다.
- 적성평가 위주의 면접에서 창의성, 도전정신, 문제해결 능력을 중시하는 면접으로 평가기준을 바꾼다.
- 10여 가지 핵심 평가 요소에 대해 대화를 통해 면접하는 방식을 취한다.

자신이 무엇보다 준비된 인재임을 강하게 어필해야 한다. 학점관리, 외국어 및 컴퓨터 등은 기본이다. 이 밖에 기업을 감동시킬 만한 준비를 해야 한다. 예를 들어 공신력 있는 적성검사 전문기관에서 개인적으로 적성검사를 받거나 직무교육과정 수료증 등을 첨부하는 것도 좋다. 경력직은 지원하는 기업과 연관되는 자신의 경력을 집중적으로 알려야 한다. 사업제안서나 기획안 등을 준비한다.

　말할 때는 결론부터 이야기한다. 부연 설명은 그 다음에 구체적으로 말한다. 서론이 길면 좋은 인상을 줄 수 없다. '예', '아니오'를 분명하게 한다. 질문의 요지를 정확하게 파악하는 것이 우선이다. 우유부단한 모습을 보이지 않는다. 미소를 잃지 않는다. 웃는 얼굴에 침 못 뱉는다. 또 면접관들은 신세대가 아님을 명심하고 의상이나 헤어스타일이 튀면 부정적인 이미지를 줄 수도 있다. 대답하는 패턴을 정한다. 예(발랄), 한마디로 말씀드리면(결론), 예를 들면(구체적인 예), 이상입니다(끝) 등의 멘트를 적절하게 활용한다. 유머를 잊지 않는다. 상황에 맞는 유머는 대화의 윤활유가 된다. 딱딱한 주제를 만나거나 격앙된 토론에 대비해 몇 가지 유머를 준비한다.

7. 경력사원 및 임직원 채용

1) 중도채용제도

　경영의 다각화나 업무의 다양화, 기술의 향상을 꾀하기 위해 그 분야에서의 경험·지식·노하우를 체득하고 있는 사람을 채용하는 방법이다. 어떤 특정 전문분야에 있어서 뛰어난 경험·지식·노하우를 체득하고 있는 사람을 중도채용하려고 하면 신규채용자의 초임보다 몇 배나 높은 급여를 지불할 필요가 있지만 결과적으로 볼 때 신규채용자에게 교육투자를 하여 전문가를 만드는 데 드는 비용에 비해 높은 것이 아니다. 더욱이 신규채용자가 교육을 받은 후 전문가가 된다는 보장도 없다. 그러므로 경영의 다각화와 업무의 다양화를 조금이라도 빨리 궤도에 올려놓기 위해서는 아무래도 중도채용에 의존할 수밖에 없다.

중도채용을 할 경우 즉시 전력을 얻을 수 있고, 필요에 따라 수시로 좋은 인재를 채용할 수 있으며, 여러 채용방법을 활용할 수 있고, 조직의 활성화를 꾀할 수 있으며, 꿋꿋하게 살아가는 사원에게 자극을 주는 장점이 있다.

2) 임직원추천제

네트워크나 소프트웨어, 정보통신, 데이터베이스 분야의 인재를 뽑는 것이 어려워지자 각종 방법이 동원되고 있다. 인터넷 홈페이지의 구직 메뉴를 검색해 경력사원을 찾는 사례는 물론이고 경력사원을 추천하는 것이 제도화되고 있다.

실리콘밸리에서는 우수한 인재를 스카우트해 오는 임직원에게 승용차를 주는 등 파격적인 인센티브제도가 일반적이다.

LG정보통신은 우수한 경력사원을 스카우트해 오면 주유상품권을 주는 인센티브제도를 운영했다. 인재를 뽑는 데 공헌한 직원에게 최대 55만 원 상당의 주유권을 주는 임직원추천제를 실시한 것이다.

직원추천을 받은 입사지원자가 서류전형에 합격하면 직원에게 무조건 5만 원어치의 주유권을 준다. 지원자가 최종합격할 경우 경력 5년 이상의 인재를 추천한 직원은 50만 원어치의 주유권을, 3～5년의 경력자를 추천한 직원은 30만 원어치의 주유권을 받는다.

3) 헤드헌팅

헤드헌팅(headhunt) 업계가 국내기업들의 잇따른 수시채용제 도입과 연봉제 확산, 외국기업의 활발한 국내진출 등으로 특수를 맞고 있다. 국내외 업체들도 잇따라 신규시장 진출을 하고 있다. 일명 '서치 펌'(search firm)으로 불리는 헤드헌팅업은 기업에서 필요로 하는 임원급 중역이나 전문 인력을 소개 추천하거나 컨설팅해 주는 것이 주 임무이다. 국내업체들은 의뢰기업으로부터 개인 연봉의 10～35%를 수수료로 받고 있다.

한국에 새로 진출하는 외국회사나 신규 사업에 뛰어드는 국내회사들에 필요한 인력을 알선해 주는 헤드헌팅산업이 주목을 받고 있다. 인재은행들도 헤드헌팅산업을 내세우고 있지만 전문성이나 인력확보에서 다소 차이가 있다. 현재 국내에서 헤드헌팅업을 하고 있는 기업은 보이든, 이마인터내셔널 등 얼마 되지 않는다. 국내 헤드헌트사의 주 고객은 외국회사들이다. 일본의 경우 40% 이상이 자국회사인 것과 비교하면 아직 발전의 여지가 있다.

400개의 기업을 고객사로 두고 있는 P&E컨설팅의 경우 국내업체가 고객사에서 차지하는 비중이 배로 늘었다. 국내기업의 경우 금융, 정보통신, 제약업체가 주종을 이루었으나 최근 환경, 리스크관리, 신기술분야의 전문 인력채용에 큰 관심을 보이고 있다.

국내진출 외국기업의 헤드헌팅 수요도 꾸준히 증가함에 따라 엠롭－콘페리 인터내셔널, 하이드릭 & 스르러글스 등 외국의 유명 헤드헌팅업체들도 직영사를 두고 있다. 일부 헤드헌팅 업체들은 주요 대기업에 월 1～2회 정기적으로 나가 관련 특강을 주재하거나 중견기업을 대상으로 인사제도 및 경영컨설팅을 하는 등 업무영역 다각화에 나서고 있다. 우리나라에는 헤드헌팅 회원사로 구성된 헤드헌팅업체 협의회(KESCA)가 있다.

헤드헌팅 산업에 종사하는 사람들은 스카우트라는 말을 싫어한다. 자신의 능력을 제대로 발휘하지 못하고 합당한 대우도 받지 못하고 있는 인재를 정말 필요로 하는 자리에 소개해 주는 것은 본인이나 회사, 크게는 사회 전체에 이익이라고 보기 때문이다. 이 산업에 따르면 전문 인력은 특정회사의 소유물이 아니라 사회 전체의 재산이다.

헤드헌팅사는 고객사가 필요한 인력을 요청해 오면 미리 확보하고 있는 명단과 해당업계를 2, 3개월 이상 면밀히 조사하여 1차로 20～30명을 뽑은 다음 2차 정밀검토를 거쳐 3～4명의 후보로 압축해 고객사와 연결시켜 주고, 고객사는 면접 등 여러 방식을 통해 필요한 사람을 택하게 된다. 2차 과정에서 후보로 선발되어야 본인이 알 수 있을 정도로 철저한 보안 속에 이루어진다. 헤드헌팅사는 고객사로부터 알선해 준 사람이 받게 되는 연봉의 25～30%를 수수료로 받을 뿐 개인으로부터는 일체 받지 않는 것을 원칙으로 하고 있다. 새로 시작하는 사업에서는 경험을 갖춘 능력 있는 인재

의 중요성은 절대적이다. 능력을 갖춘 사람이 회사의 운명을 바꿀 수 있을
만큼 인재의 비중이 커지고 있어 헤드헌팅산업은 날로 그 비중이 커질 것
으로 보인다.

8. 채용의 새로운 현상들

1) 채용제도의 변화와 새로운 현상들

현재 기업이 사원을 모집하는 방법은 다양하지만 크게 내부모집과 외부
모집으로 나눌 수 있다. 미국의 경우 기업 내 경쟁을 유발해 내부모집제도
가 확산되고 있음에 반해 우리나라의 경우 대체로 외부모집에 집중되고 있
다. 그러나 최근에는 내부모집에 대한 관심이 높아지고 있는 실정이다.

내부모집 방법으로는 기술목록이나 관리자목록을 이용하거나 내부추천제
도를 활용하는 방식이 주종을 이루다가 최근에는 직무게시를 통해 공석이
있음을 알리고 내부에서 자격이 있는 사람들로 하여금 공개적으로 응찰하
도록 하는 이른바 사내공개모집제도(job posting and bidding system)가 각광
을 받고 있다.

외부에서 사람을 모집할 경우 광고를 내어 공개모집을 하는 방법, 직업소
개소를 통하는 방법, 대학 등지에 전문모집요원을 파견하여 설명회를 갖거
나 면접을 하는 방법, 전문기관이나 전문잡지광고를 통해 전문 인력을 확보
하는 방법, 연고모집, 개별 또는 수시모집 등 여러 방법이 있다. 최근에는
채용박람회(job fair) 등 특별행사를 통해 모집하는 방법, 인턴사원제를 통해
모집하는 방법 등이 활용되고 있다. 대기업이라 할지라도 친척을 고용하는
연고자등용방법이 사라진 것은 아니나 그것은 충성심에 따른 정치적 고려가
앞서 있기 때문에 전체적으로 보아 그 비율은 점차 낮아지고 있다.

채용방법이 다양해지고 있는 것은 어느 한 방법만으로는 양질의 인원을
확보할 수 없기 때문이다. 아무리 객관성과 타당성이 높은 시험제도를 마련

한다 해도 선발되었어야 할 사람이 떨어지는 알파에러가 발생하기도 하고, 사실상 떨어져야 했을 사람이 선발이 되는 베타에러가 발생하기도 한다. 그래서 면접제도를 다양하게 구상하기도 하고, 심지어 보다 능력 있는 사원을 선발해야 한다는 요청이 커지면서 종합평가센터법(assessment center method)이 도입되기도 하였다. 일본에서 각광을 받으면서 human assessment center법으로 불리기도 하는 종합평가센터법은 인바스켓훈련, 문제해결을 위한 모의시뮬레이션, 역할연기, 사례연구 등 다양한 방법을 사용하고, 몇 시간으로 끝나는 것이 아니라 3～4일 계속하며, 한 사람이 평가하는 것이 아니라 여러 평가자, 심지어 동료들도 평가에 참여한다.

새로운 변화는 무엇일까. 공채의 시대는 지나갔다. 사업부별 책임자에게 인재선발의 전권을 주고, 대신 결과에 대한 책임을 엄격히 묻는다. 직속상관이 직접 뽑는 것이다. 인재를 뽑는데 임원들끼리 결정하지 않고 과장·대리 등 중간 간부들까지 참여시킨다. 그래야 '내가 무엇을 하고 있으며 이를 위해 어떤 사람을 뽑아야 하는지, 또 왜 떨어뜨려야 하는지'를 토론하면서 사람 보는 눈을 기르게 된다.

채용에 있어서 새로운 현상들을 살펴보면 다음과 같다.
- 경력 필드(CF: Career Field)별 채용 적용이 확대되고 있다.
- 전문가 분야 확정 및 해당 인력확보 방안을 마련하는 경향이 늘고 있다.
- 사업특성에 따른 채용방식의 차별화가 진행되고 있다.
- 문화적 차이를 위한 여성 및 외국인 인력의 채용이 확대되고 있다.
- 채용에 대한 아웃소싱이 늘고 있다.
- 차별조치가 적극적으로 시행되고 있다.

2) 채용 아웃소싱

인터넷 채용이 확산되면서 서류접수, 기초심사 등 채용업무를 아웃소싱하는 기업이 늘고 있다. 온라인상의 허수 지원이 많은 데다 취업난으로 구직자가 무더기로 몰리면서 채용업무 부담이 커지기 때문이다. 인력채용을 아웃소싱 하는 기업들은 학교·학과·경력·자격증·어학 등 자사 인재 선발 기준을 채용 전문 업체에 알려 주고, 지원자 중 자격을 갖춘 후보만 면접 대상자로 선발하고 있다.

알리안츠 제일생명이 이 제도를 도입한 이래 금융권·외국기업·정보기술 분야 기업들이 잇따라 채용업무를 아웃소싱하고 있다. 수시 채용 방식을 택하고 있는 한국썬마이크로시스템즈는 아예 전문 업체와 1년간 채용업무 대행계약을 맺었다. 채용전문업체가 평상시 지원자들의 원서를 관리하다가 회사의 요청이 있을 때 면접 후보자를 간추려 준다.

산업은행은 신입사원 20명을 공채할 때 무려 3,800여 장의 원서를 받았다. 인터넷으로 서류를 접수하면서 지원자가 폭주했다. 그러나 인사팀이 필기시험 대상자 250명을 걸러 내는 데는 나흘밖에 걸리지 않았다. 채용 전문 업체에 서류 접수와 기초 심사업무를 아웃소싱 했기 때문이다. 외환카드도 채용 과정 일부를 전문 업체에 맡겼다. 이력서 접수뿐 아니라 지원자의 인성과 적성 검사까지 아웃소싱 한 덕에 비용과 시간을 크게 줄였다. 아웃소싱을 하지 않았다면 인사팀 직원 몇이 서류심사에만 꼬박 1주일은 매달렸어야 했지만 아웃소싱 한 결과 업무부담은 크지 않았다.

3) 적극적 차별 시정조치

미국에서 시행되고 있는 적극적 차별 시정조치(affirmative action)가 확산되고 있으며, 이러한 흐름은 우리의 경우 남녀고용평등기업의 확대, 여성고용할당 등 다양하게 반영되고 있다.

4) 남녀고용평등기업

노동부는 남녀 고용평등 우수기업을 선정하여 인증서와 동판을 수여하고 있다. 노동부는 선발된 업체에 대해 관계부처 협의를 거쳐 금융기관 대출금리 인하, 근로자 장학생 선발 시 우대, 물품입찰 적격심사 때 가산점 부여 등의 혜택을 주고 있다.

- 한솔교육은 사회적으로 문제가 되고 있는 비정규직 여성 근로자 760명을 정규직으로 전환하고 성과·직무중심의 인력관리와 임금체계를 적용한 점이 높은 평가를 받았다.
- 삼성전자는 근로자 채용 때 지원 서류에 남녀 표시란을 없앴고, 여사원을 승진시키고 비정규직 여성근로자를 정규직과 동등하게 대우했다.
- 실리콘 웨이퍼를 생산하는 MEMC 코리아는 육아휴직 기간 중 통상임금을 지급한다.

여성 근로자의 평균 근속 연수가 6.6년으로 동종업체 3.6년에 비해 월등히 높고, 전체 직원 904명 가운데 76쌍인 152명이 사내 커플이다.

5) 평생 학습과 평생 고용능력

평생 고용능력(lifelong employ ability)을 갖추는 것은 모든 근로자의 필수요건이 되고 있다. 평생 고용능력이란 자기 자신의 직장생활에서 평생 보람 있는 직무(rewarding jobs)를 수행하며 생산성을 높일 수 있는 능력을 말한다. 시대는 변하고 있어서 어릴 때 그리고 청년기에 학교에서 배우고 훈련받은 것만으로는 직장생활하기에 적합하지 않다. 대학 졸업장만 가지면 통하는 철밥통 시대는 지났다는 말이다. 이것은 세상이 구조적으로 변한 데 기인한다. 사회구조의 계속적인 변화는 사람들로 하여금 최신 기술을 힘써 배우고, 나름대로의 직무역량을 키워 나가지 않으면 적응하기조차 어렵게 만들고 있다. 그래서 메켄지(P. McKenzie)나 울즈버그(G. Wurzburg)와 같은 인적자원 전문가들은 평생학습(lifelong learning)과 평생 고용능력을 키우지 않으면 안 된다고 주장한다.

이러한 추세에 맞춰 대학의 경우 평생교육기관이 확장되고, 디지털 매체를 통한 e교육이 확산되고 있다. 교육은 대학에만 한정되는 것이 아니다. 기업도 평생 학습기관으로서 역할을 충분히 할 수 있다. 기업이 대내외적으로 교육프로그램을 제공하고, 새로운 커리큘럼을 꾸준히 개발해 나가면 다른 기업뿐 아니라 대학에서도 그 프로그램을 질 좋은 교육의 도구로 활용할 수 있다. 모토롤라나 GE의 교육프로그램이 대학에서 각광을 받고 있는 것도 이 때문이다. 기업이 만든 ERP시스템을 대학이나 다른 여러 기업에서 적극 수용하는 것도 마찬가지다. 직장인은 물론 예비 직장인들 모두 평생 학습한다는 각오 아래 언제 어디서든 직무수행이 가능한 능력, 전문가로서의 핵심능력(core competence)을 꾸준히 갖추지 않으면 안 된다.

많은 사람들이 유능한 인재라고 판단하여 선발하지만 정작 그들이 내는 성과에 대해 실망하는 경우가 많다. 이것은 조직이 그 사람을 제대로 수용할 수 없는 분위기 때문에 역량을 제대로 발휘하지 못하는 경우도 있고, 그 조직의 가치관과 지향하는 바에 대한 충분한 공감을 갖지 못하여 자기를 제대로 불태울 수 없기 때문인 경우도 있다. 따라서 조직은 선발할 때부터 조직의 가치관과 지향하는 바에 공감하는 인물을 선발하고, 선발된 인물이 역량을 충분히 발휘할 수 있도록 해야 한다.

9. 채용관리에서 유의할 점들

1) 전문 인력의 고용

처음부터 조직에 필요한 전문 인력을 고용하는 정책으로 전환되어야 한다. 이를 위해서는 직무분석제도가 무엇보다 정착되어야 한다. 직무분석을 바탕으로 그 직무에 적합한 인물을 선발함으로써 조직의 능률과 함께 높은 성과를 기대할 수 있다. 일시에 대량으로 모집하고 대량으로 빠져나가는 악순환을 제거하고 전문 인력들이 각 전문영역에서 능력을 최대한도로 발휘할 수 있도록 선발제도를 개선해 나가야 한다.

2) 능력의 고려

선발 때 아직도 학연·지연·혈연에 얽매이는 것이 우리의 현실이다. 우리 사회는 정(情)을 중시한다. 그러나 그것이 인사의 공정성뿐 아니라 결국 조직의 능력을 떨어뜨린다.

워싱턴이 대통령이 됐을 때 한 정부요직에 후보자가 둘 나섰다. 하나는 워싱턴의 친구요 다른 하나는 그의 정적이었다. 워싱턴은 망설임 없이 정적에게 낙점을 했다. 그 이유를 다음과 말했다. "나도 친구를 쓰고 싶었다. 그와는 얘기도 잘 통하고 믿을 만하다. 그러나 그에게는 실무의 경력이 부족하다. 이 점에서는 정적 쪽이 뛰어나다. 대통령으로서 나라를 위한다면 개인의 감정이나 친분에 흔들려서는 안 된다." 훗날 링컨 대통령도 그의 정적을 장관으로 기용하는 용기를 보였다. 능력보다는 학연·지연·혈연에 얽매이는 우리에게 좋은 귀감이 아닐 수 없다.

10. 배치관리

1) 적재적소 배치

새타령에 동그랑땡 노래가 있다. 황새란 놈은 다리가 길어 우편군사로 돌리고 까치란 놈은 집을 잘 지으니 목수장이로 돌리며 딱따구리란 놈은 파기를 잘하니 나막신장이로 돌린다. 다람쥐란 놈은 잘 달리니 파발꾼으로 돌리고 꾀꼬리란 놈은 노래를 잘하니 기생방으로 돌리며 부엉이란 놈은 밤눈 밝으니 야경꾼으로 돌린다는 것이다. 세상사는 데 사람은 누구나 적재적소에 부합되는 소질을 가지고 있다. 경영자는 적재를 적소에 배치해야 할 책임이 있다.

2) 배치박람회

신입사원들은 회사에 어떤 부서가 있고 그 부서는 주로 어떤 업무를 하고 있는지 또한 자신을 필요로 하는 부서는 어떤 곳인지에 대한 정확한 정보를 갖고 있지 못한 것이 일반적인 현상이다. 때문에 대부분의 신입사원들은 일반적으로 알고 있는 부서, 예를 들어 기획실, 해외영업, 마케팅 등에 배치되기를 희망하지만 그 부서의 소요인원은 사실상 제한되어 있는 실정이다. 따라서 대부분의 많은 신입사원들은 본인이 희망하지 않은 부서에 배치되고 그로 인해 입사 초기부터 불만과 서운함을 안고 근무를 시작하게 된다. 기업에서는 이러한 문제를 해결하기 위해 신입사원을 대상으로 배치박람회(placement fair)를 실시하고 있다.

박람회의 보기를 들어 보자. H사의 경우 신입사원의 교육후반부(16주에서 17주 정도)에 하루를 택하여 체육관에 그 기업 20여 개 사업부마다 고유의 부스(booth)를 설치하고 상담요원 3명씩 배치한다. 신입사원들은 사전에 배포한 전 부서의 부서소개 책자를 보면서 본인이 관심 있는 부서가 속한 사업부의 부스에 찾아가 자세한 소개를 받고 궁금한 사항을 알아볼 수 있다. 또한 각 사업부에서는 소속 사업부의 정확한 신입사원 T/O나 자격요건 등을 소개하면서 상담을 통해 적합한 신입사원을 찾을 수 있게 된다.

이 제도를 실시한다 해서 수요와 공급이 항상 일치되는 것은 아니지만 어느 정도 문제점을 해소시킬 수 있으며 신입사원으로 하여금 회사 내 부서의 전반적인 이해에 상당한 도움을 주게 된다.

3) 단신부임지원제도

이 제도는 다른 사업장으로 발령을 받은 경우 자녀의 교육문제나 주택문제 등 여러 문제로 단신으로 부임하게 될 경우 단신부임자에게 정신적·경제적 부담을 덜어 주기 위해 회사가 별거수당의 지급, 일시귀가에 필요한 여비의 지급, 주택·기숙사의 알선 및 소개, 전기제품이나 가구의 대여, 가사보조인의 파견, 전화요금의 보조 등 여러 원조를 함으로써 보다 안정적인 생활을 하도록 하는 방법을 가리킨다. 원조책을 지나치게 충실하게 하면 단신부임을 조장한다든가 처자와 함께 동반 부임하는 경우와 균형을 잃을 경우도 있으므로 적절히 균형을 취할 필요가 있다.

4) 복식인사제도

복식인사제도란 기업그룹 전체적으로 그룹 내 기업의 인재를 횡단적·다각적으로 채용하는 제도이다. 이 제도는 그룹 내 기업이라면 두 개 회사에 걸친 근무나 아르바이트를 인정할 뿐 아니라 전직도 인정하여 개별기업의 틀을 벗어나 인재를 활용함과 아울러 근무의욕을 높이는 데 도움을 준다. 이 제도의 유형으로는 그룹 내의 둘 이상의 기업에서 근무하는 제도, 휴일이나 시간 외에 그룹 내의 다른 기업에서 아르바이트를 하는 제도, 그룹 내의 기업에 전출하여 일하는 제도, 그룹 내의 다른 기업으로 전직하는 제도 등이 있다. 이 제도는 사업의 다각화를 꾀하는 가운데 우수한 인재를 그룹 전체적으로 활용함과 아울러 의욕적인 사람에게 실력을 마음껏 발휘할 수 있는 기회를 주는 효과가 있다.

5) 전공파괴인사

K그룹이 부회장제를 도입하여 사장단을 대거 교체한 데 이어 본부장급 이상 임원의 보직을 교체하면서 자신의 전공분야와 다른 업무를 맡김으로써 파문을 일으켰다. K그룹의 이 같은 인사는 일종의 경영파괴이다. 이것은 기존에 자기가 맡아 왔던 업무 밖의 세계를 공부함으로써 타 부서의 이해를 높이고 업무협조를 극대화시킴은 물론 업무수행방식에 대한 발상전환을 가져오게 하는 데 도움을 준다. 물론 업무파악에 공백이 불가피하고 당분간 일사불란한 경영이 불가능하다는 문제점도 있다.

제7장 인턴사원제

조직의 인력은 자연적인 인력변동과 함께 조직의 확장, 새로운 기술의 도입 등 조직의 변화로 항상 변한다. 새로운 인력은 필요하지만 소요되는 인력을 내부적으로 충당하기 어려워 외부로부터의 인력조달에 의존하지 않을 수 없다. 그러나 외부의 노동시장도 변하고 있다. 특히 경제가 발전함에 따라 인력구조가 점차 고도화되고 새로운 기술 인력과 고급관리 인력을 가져야 할 단계에 이르게 되었다. 지금은 국제화, 개방화, 세계화로 인한 무한경쟁시대의 도래로 인사관도 바뀌었고 무엇보다 가속화될 기술경쟁 속에서 인재의 조기 확보 필요성이 확산되고 있다. 이에 따라 우리나라에서는 인턴사원제에 대한 관심이 날로 높아지고 있다. 우리나라가 인턴사원제를 채택한 지 20여 년이 넘고 있다. 앞으로 많은 기업들이 이 제도를 활용할 것으로 예측되고 있다. 이 글은 이러한 인턴사원제도의 문제점을 살펴봄으로써 이 제도가 보다 바람직하게 이 땅에 정착되도록 하는 데 뜻을 두고 있다.

모집은 조직이 필요로 하는 유능한 인력을 확보하는 일차적인 과정으로서 조직의 목적 달성에 기여할 수 있는 양질의 인력을 조직적으로 유인하는 과정이다. 여기서 유능한 인력이란 직무명세서에 기록된 인적 요건에 부합하는 능력과 기술을 가진 사람을 가리킨다. 모집은 인적자원계획이 완료된 후 그 계획에 따라 조직체에 관심을 가진 능력 있는 인물들에게 조직체에서 일할 기회를 부여하는 것을 말한다.

모집에는 크게 내부모집과 외부모집으로 나뉜다. 모집의 자원이 조직 외부에 있고 그 외부원천을 대상으로 하는 외부모집 가운데 우리나라에서 각광을 받고 있는 인턴사원제(internship)에 대해 살펴보기로 한다. 우리나라의 경우 이 제도는 1984년 LG그룹이 최초로 도입한 이래 사회각계의 찬반논란에도 불구하고 기업의 새로운 사원채용제도로 자리를 잡아가고 있다. 기업들이 신입사원을 선발할 때 가장 고민하는 것은 바로 필요한 우수인력을 얼마만큼 확보하느냐 하는 것이다. 선택된 인재가 회사에서 능력을 최대한 발휘하도록 붙들어 놓는 것이 쉽지 않다. 이 문제를 해결하기 위해 짜낸 아이디어가 바로 인턴사원제이다. 인턴사원제는 채용을 원하는 회사나 입사를 원하는 대학생 쌍방 모두에게 조건 없이 서로를 알아볼 수 있다는 장점이 있다. 따라서 이 제도가 현재 우리나라 기업에서 계속 확산되어 가고 있고, 앞으로도 시대에 앞선 기법으로 자리매김을 할 것으로 예측되고 있다.

1. 인턴사원제

최근 인턴사원 지원자 수가 급격하게 늘어 인턴사원제를 채택하고 있는 여러 회사들이 당황할 정도에 이르게 되었다. 인턴사원들은 정규직으로 채용된 뒤에도 자기 회사라는 애착심이 높아 앞으로도 이 제도를 계속 발전시킬 계획이라는 것이 인사담당 중역들의 생각이다. 인턴사원에 따른 모집방법은 아직 공채에 의한 모집보다 수적으로는 약하지만 그 비율은 상대적으로 높아지고 있다. 심지어 여러 은행에서도 인턴행원을 선발함으로써 공채 위주의 은행원 채용방식도 크게 바뀔 것으로 전망되고 있다.

일본의 노무라경제연구소는 21세기를 이른바 창조화라는 제4의 물결이 지배하는 사회가 될 것으로 보았다. 이것은 토플러가 주장하는 정보화 사회를 넘어 창조화 사회로의 이행을 의미하는 것으로 정보화 사회에서 정보의 가치와 역할이 차지하는 중요성을 한층 역설하는 상징적 표현이다. 이러한 시대에 인간은 창조적 활동의 주체로서 또한 기업경영자원의 중추로서 그 비중이 한층 커지게 된다. 이런 의미에서 창의성을 갖춘 각 분야의 전문가들을 확보하고 육성하는 것은 자원을 관리하고 운영하는 기업의 중요한 업무 가운데 하나이다. 인턴사원제는 무엇보다 우수인력 조기 확보와 그 이상의 비중 있는 목적 아래 채용문화에 변혁을 일으키는 제도로서 자리매김을 하고 있다.

기업들이 인턴사원제를 실시하고 있는 것은 우수한 학생을 사전에 확보할 수 있을 뿐 아니라 학생들로부터도 좋은 반응을 얻고 있기 때문이다. 인턴사원제란 무엇인가? 인턴(intern)이란 원래 의과대학을 졸업한 후 실습을 받는 수련의의 첫 1년 과정에 해당하는 자를 가리킨다. 이러한 형태에서 비롯된 인턴사원제는 기업들이 산학협력의 확립을 위해 대학재학 중인 4학년을 대상으로 방학 중 일정기간 현 업무부서에 배치하여 현장실습 기회를 제공한 뒤 특별한 하자가 없는 한 정식사원으로 채용하는 제도를 말한다. 인턴사원제를 수련과정 또는 현장실습과정이라 부르는 것은 이 때문이다. 이론

중심으로 배워 온 학생들에게 현장경험을 갖게 함으로써 문무를 겸하게 하는 이 제도는 실제 상황에 대한 적응능력을 높일 뿐 아니라 기업에 필요한 자질을 갖추게 한다는 점에서 매우 바람직한 제도이다. 이 제도는 현재 기업의 이미지를 높이는 동시에 대학의 우수인력을 확보하는 데 중요한 제도로서 자리를 잡아가고 있다.

인턴사원제란 기업 쪽에서 볼 때 미래의 인재를 실습을 통해 관찰하여 선발함으로 자질이 뛰어난 사원을 뽑는다는 점에서 이로우며, 인턴사원 쪽에서 볼 때 일할 회사의 분위기를 미리 체험하여 결정한다는 이점이 있다. 인턴사원은 정식채용에 앞서 우수인력을 미리 시험 근무케 하는 검증단계를 거치기 때문에 기업들은 대체로 환영하고 있고, 당사자들도 의미 있는 사전교육과정으로 보고 있다. 이 제도는 정식으로 채용되기 전 대학재학 중에 신입사원을 내정하는 것으로 인턴사원은 필기시험을 거치지 않고 대개 본인의 희망에 따라 인턴과정 중 성적을 기준으로 정식 채용된다. 취업자 입장에서는 직장이 미리 내정되는 데다 방학 중 아르바이트를 겸해서 회사 분위기를 익힐 수 있어 대학생들 사이에 점차 인기가 높아 지원자도 날로 늘어 가고 있다. 인턴사원들은 사실상 미리 회사 오리엔테이션을 받는 것과 같다. 인턴기간 동안 취업할 기업의 성격을 파악하고 취업하면 자기가 어떤 일을 하게 될 것인가를 미리 대략 숙지하게 되어 기업을 제대로 알지 못하고 꿈만 가지고 입사하여 기대와 현실의 차이에서 오는 괴리감으로 고민하다 결국 이직하는 경우와는 근본적으로 차이가 있다.

2. 한국의 인턴사원제도 역사

한국의 인턴사원제도는 LG그룹이 1984년에 국내에서는 최초로 전국대학생들을 대상으로 기업 인턴제를 도입하여 실시하였다. 엘지그룹이 436명의 인턴사원을 실습 채용한 이래 대기업들이 1980년대 후반부터 이 제도를 본격적으로 도입하기 시작했다. 당시에는 노사분규의 홍역을 앓은 기업들이 자사의 기업관에 적합한 인력들을 채용하기 위한 제도로 활용해 왔다. 그러나 1990년대로 접어들면서 전략학과 우수인력의 조기 확보, 인재의 적재적소배치, 산학협력 체제를 도모하고 기업이미지를 제고한다는 취지 아래 그 실습규모를 꾸준히 늘려 왔다. 이 제도는 도입시기부터 기대되었던 여러 가지 긍정적인 효과가 실제 조사 자료를 통하여 계속 입증됨으로써 인재를 선발하고 배치하는 주요수단으로 자리를 잡아가고 있다.

1984년 당시 대학생을 기업에서 일하게 한다는 점에서 지금의 인턴사원제도와 비슷한 대학생 실습제도가 이공계 대학교의 교과과정의 일부로서 시행되고 있었다. 엘지그룹에서는 이 제도를 좀 더 발전시켜 사원모집 방법의 일환으로서 일정기간 동안의 실습 후 채용을 확정하는 인턴사원제도를 도입하게 되었다(이동근, 18).

대학졸업예정자들을 대상으로 동·하계 두 차례에 걸쳐 실시하고 있는 인턴사원제의 초기 목적은 대학생과 일반인들에 대해 기업이미지를 높이는 동시에 대학의 우수인력들로 하여금 산업현장의 주요 시설들과 생산라인 등을 직접 견학하고 실습케 함으로써 장차 입사하고자 하는 회사의 업무내용이나 근무 분위기를 미리 익히도록 하는 데 있었다. 즉 기업의 입장에서는 일정기간 동안의 교육기간을 통하여 우수한 인력을 조기에 확보할 수 있고, 근무기간 동안의 근무태도를 종합적으로 판단하여 채용 여부를 결정할 수 있기 때문에 선발과정의 신뢰도를 높일 수 있고 또한 실제로 인턴사원으로 기업체에 근무하는 실습생들을 통하여 기업홍보 면에서도 기업의 이미지를 높일 수 있다는 장점이 있다.

한편 학생들의 경우 기업에 대한 부족한 정보와 적성에 맞지 않는 회사에 입사하여 이직을 하게 될 경우의 불안감을 해소하고 소정의 교육을 통해 자신의 적성과 맞는지의 여부를 판단할 수 있으며, 입사 시 부분적으로나마 특혜를 받을 수 있다는 점에서 인턴사원제도를 선호하고 있다.

1984년 LG그룹이 30여 명의 인턴사원을 모집한 이래 이 제도를 도입한 기업의 수는 해마다 늘어났고 채용인원도 계속 급증해 왔다. 인턴사원제가 본격적으로 도입된 시기는 1980년대 후반 노사분규의 홍역을 치른 대기업들이 유능한 사원채용의 한 방편으로 활용되면서부터였다. 1990년대로 접어들면서 많은 기업들이 대학 간의 산학협력 체제를 도모하고 기업이미지를 높인다는 취지로 이 제도를 도입했다.

3. 인턴사원제의 의의

인턴사원제도를 실시하고 있는 기업들은 우수인력의 조기 확보, 산학연계를 통한 필요인력의 적재적소배치, 기업이미지와 홍보 등을 꼽고 있다. 인턴사원제의 의의를 살펴보면 다음과 같다.

1) 우수인력 조기 확보

우수인력을 미리 확보하려는 전략은 최근 심각한 인력난을 보이고 있는 전자, 기계, 화학 등 기술직분야에서 더욱 두드러지고 있다. 기업마다 이들이 찾아오기를 기다리는 데 그치지 않고 직접 찾아 나선다. 사원들을 내세워 출신학교를 찾아가 후배들에게 기업 PR을 하고 모셔 오기도 한다. 졸업반 학생들을 대상으로 기업설명회 및 공장견학도 시켜 주며 졸업 후 입사를 호소하기도 한다. 이런 가운데 기업에서 인턴사원제도를 선호하고 있는 것은 우수한 사원을 사전에 확보하자는 의도가 강하다. 대우에서 실시하고 있는 인턴사원제도는 이러한 의도가 있음을 솔직하게 밝히고 있다(박창욱, 17). 인턴사원제도의 발전을 보면 초기에는 첨단산업인 두뇌산업이 미래의 유망산업으로 떠오르자 국내기업들은 세칭 명문대 이공계의 인재 조기 확보에 나서게 되었다. 지금은 인문사회계에도 적용되고 있지만 우수인력은 첨단이공계에 많이 치중되어 있는 실정이다. 기업이 우수인력을 조기에 확보하자는 의도는 단기적인 효과를 노리기 위한 것이다.

2) 적응 기회제공

인턴사원제도는 인턴실습이라는 기회를 제공하고, 이 실습경험을 통하여 입사 여부와 아울러 희망업무를 선택하도록 하는 기회부여 성격을 띠고 있다. 인턴실습자는 짧은 기간에 다양한 부서에 대한 경험뿐 아니라 기업문화를 피부로 느끼고 체험함으로써 입사 여부를 판단할 수 있는 기회를 제공받게 된다. 아울러 기업의 인사부서에서는 실습경험부서의 의견을 참고하여 배치함으로써 조직의 적응도를 한층 더 높이고자 한다. 인턴실습은 선임된 지도사원과 동일한 업무를 경험하도록 하는 것을 주 내용으로 하고 향후 본인에게 부과될 업무의 질적인 면과 양적인 면을 충분히 고려하고 판단하여 희망업무와 희망부서를 선택하도록 함으로써 직장에서의 적응도를 보다 높일 수 있다. 인턴사원제는 취업준비생에게 기업에서 하는 일을 미리 경험케 함으로써 기업업무가 자신의 적성과 맞는지의 여부를 사전에 파악할 수 있고, 입사 시 부분적으로나마 특혜를 받을 수 있는 등 여러 가지로 도움을 준다. 약 3주의 실습결과를 토대로 개개인의 자질과 능력과 적성을 파악하여 채용을 결정하게 되므로 취업희망자와 회사 간의 요구조건을 다양하게 충족시킬 수 있으며 이러한 기회를 통하여 입사하게 된 사원은 회사에 대한 긍지나 업무수행능력, 업무만족도 등이 향상될 뿐 아니라 기업문화에 적응력이 강한 것으로 분석되고 있다.

3) 공채시험제도의 결점보완 및 상호이익

우리나라 기업은 지금까지 주로 필기 및 면접시험에 의한 공개채용제도에 의존해 왔다. 그룹차원에서 일률적인 단 한 번의 시험을 통해서 각 계열사로 배분하는 방식의 공채제도로는 조직이나 업무에 대한 적응능력을 알아내거나 적극성, 창조성 변화에 적응하는 능력 등 미래사회가 필요로 하는 인재를 뽑을 수 없다. 그러나 인턴사원제도는 지적능력의 일부분만을 검증하는 데 그치는 필기 및 면접시험보다는 어느 정도 시간을 둔 관찰과 객관적 평가를 통해 채용대상자의 능력, 자질, 적성, 인성, 가치관, 스타일 등을 종합적으로 파악하고 필요한 인력을 채용할 수 있다. 즉 채용선발에 필요한 평가자료 면에서 종래의 채용제도에 비해 보다 폭넓은 객관적 자료를 얻을 수 있다. 인턴사원제는 입사지원서에 나타나는 출신대학, 전공, 학점 및 자기소개서 기재내용 정도에 그치지 않고 현장실습근무를 통하여 우수성판단의 기준이나 시각을 실제근무차원에서 볼 수 있는 새로운 평가 자료를 얻게 되는 것이다. 이것은 과거 시험제도의 결점을 보완하는 효과가 아주 높다. 지식 위주의 난 사람보다 인격을 갖춘 된 사람을 선발하는 데 있어서 이 제도가 가지고 있는 유용성은 크다(서영주, 101). 아울러 이 제도는 입사를 원하는 학생들에게도 기업을 알아볼 수 있는 좋은 기회가 된다. 인턴사원제는 이처럼 회사나 입사를 원하는 학생 모두 서로를 조건 없이 알아볼 수 있는 이점이 있다(문명숙, 37).

4) 인재의 중요성 인식 및 능력개발

인턴사원제는 미래 인재의 중요성을 인식하고 현장실습기회의 제공을 통해 그들의 능력을 개발해 주고자 하는 의도가 담겨 있다. 이 제도는 기업입장으로서도 소정의 교육을 통하여 인턴사원들을 부서 내에 배치하여 기업 및 조직 환경에 적응할 수 있는 능력을 배양한 후 이들을 적재적소에 배치하는 등 미래사원의 능력개발을 도모할 수 있다는 점에서 유익하다. 매년 대다수의 기업들이 막대한 비용을 들여가면서 인턴사원제를 도입하고 이 제도를 실시해 온 기존기업들이 그 규모를 늘려 나가는 것은 인재의 중요성이 웬만한 기업에까지 깊이 인식되었음을 보여 주고 있다. 상당수 기업들은 이러한 제도가 대학에 국한될 것이 아니라 고등학교에도 적용되어야 한다고 생각하고 있는데 이것은 인재를 발굴하고 개발하는 데 기업이 실질적으로 도움을 주어야 한다는 데서 나온 것이다.

5) 이직률 저하

인턴사원제도는 사원들의 이직률을 낮추는 데도 목적이 있다. 이 제도를 택하고 있는 대부분의 기업은 입사 1년을 기준으로 볼 때 공채 등의 방법으로 입사한 사원들의 이직률은 평균 10%에 달하지만 인턴사원의 이직률은 불과 3~4%에 불과해 소속감이 강하고 근무에도 의욕적이라고 평가하고 있다. 이것은 기업에서도 왜 인턴사원제에 관심이 있을 수밖에 없는가를 보여 준다.

6) 기업홍보 및 이미지제고

기업의 인사담당자들은 인턴사원제가 인재확보와 기업홍보라는 일석이조의 효과를 거두고 있는 것으로 평가하고 있다. 특히 이 제도는 인턴사원을 통하여 학교나 사회에 기업을 널리 알리고 이를 통하여 우수인재의 지원을 유도한다는 특징을 가지고 있다. 인턴실습을 마친 실습생들을 통해 기업홍보를 할 수 있고, 이에 따라 기업이미지가 높아지는 효과가 있기 때문이다. 인턴사원이 기업에 채용이 되고 안 되고를 떠나 그들 한 사람 한 사람이 그 기업을 홍보할 수 있는 요원이 될 수 있다는 것은 매우 중요하다. 이것은 인턴사원제도가 단지 채용목적보다 미래고객을 홍보요원으로 만들 수 있다는 전략적인 유용성이 큼을 보여 준다. 따라서 기업은 정말로 알찬 현장교육이 될 수 있도록 해야 한다. 교육 및 실습내용의 부실은 그 기업에 나쁜 이미지를 심어 줄 수 있기 때문이다.

4. 인턴사원제의 실시방법

1) 전형방법

인턴사원제는 각 기업마다 조금씩 운용방식이 다르다. 인턴사원제의 전형방법은 공개채용, 추천제, 공개채용과 추천을 병행한 혼합형 등 세 가지로 나뉜다. 전형의 방법도 다양하여 회사별로 분류하기조차 어려운 실정이나 대부분의 기업이 추천서를 통해 인턴사원을 모집하고 있는 것으로 나타났다. 대우의 경우 인턴사원의 선발은 대개 각 계열사 모집 분야별로 모집정원의 배수를 대학 전 학년, 곧 1학년에서 3학년까지의 3개년 성적순에 따라 걸러 낸다. 서류전형으로 선발된 인원을 다시 면접전형을 통해 인턴사원으로 선정한다. 인턴사원선발에 있어서 필기시험을 보는 기업은 거의 없다. 인턴사원 모집에 있어서 필기시험이 없다는 점이 지원자들로 하여금 이 제도에 대한 매력을 갖게 한다. 우선 지원자들에게 시험에 대한 부담을 주지 않을 뿐 아니라 시대에 앞선 채용방식이라는 인상을 심어 주기 때문이다.

응시자격은 군필 또는 면제자로서 대부분 이공계와 상경계열에 재학 중인 대학 4년생을 대상으로 그 범위가 제한되어 있다. 이 계열들은 인기가 높아 사실상 인턴으로 추천을 하지 않아도 취업이 가능한 학과의 학생들이기도 하다. 출생자별로 연령제한사항을 통과하고 해당연도 8월 졸업예정자와 이듬해 2월 졸업예정자 가운데 평균학점 B이상의 자격을 갖추면 응시가 가능하다. 대부분의 기업들은 추천, 서류전형, 실습, 면접, 채용 등의 절차를 밟고 있다. 전형절차는 기업의 소정양식에 따른 지원서와 학과장 추천서, 그리고 전 학년 성적증명서 등을 제출받아 추천, 서류면접, 면접의 과정을 거치는 선발패턴이 주종을 이루고 있는 것이다. 일부 기업들을 제외하고 인턴사원을 모집하는 대부분의 회사들은 고유양식의 추천서를 특정대학으로 보내 '귀 대학 ○○학과 성적우수생 ○명을 추천해 달라'는 식으로 명문대학 인기학과의 우수학생들을 대상으로 추천을 받는다. 기업에서 추천서를 발급하는 대상대학은 계열사별, 업종별로 차이가 있다. 인근에 공장이나 계열사가 있는 경우 그 지방대학생들을 인턴사원으로 뽑을 때도 있다. 이렇게 추천을 받아 응시한 학생들은 평균 50%가량의 합격률을 보장받은 채 해당기업에 안전하게 응시할 수 있는 반면 그렇지 못한 학생들에게는 각 기업의 공채시험 때 엄청난 경쟁률에 도전해야 한다. 인턴실습과정을 거치면 공개채용 시 특전을 부여하거나 특별채용형식으로 선발하기 때문이다.

최근에 국내 대기업들은 인턴사원의 선발과 실습, 그리고 발령까지를 산하 계열사로 전담시키는 추세를 보이고 있다. 동아제약의 경우처럼 특수전문직 인턴사원제를 실시하는 전문화 추세도 확대되고 있다.

2) 모집 시기

　기업들이 사용해 오고 있는 인턴사원제의 일반적인 운영관행을 보면 하계 인턴사원제의 경우 5～6월, 동계 인턴사원제의 경우 11～12월 중에 인턴사원을 모집하여 2～4주 동안 실습교육을 시키고 있다. 인턴사원의 모집시기는 기업별로 다소 차이가 있다. 어떤 그룹의 경우 5～6월 중에 인턴사원공개모집을 실시하며 그밖에 대부분 기업들도 5월 초순경에 선발을 실시한다. 학과장이나 단과대학장 등의 추천을 받아 인턴사원을 선발하는 그룹의 경우 이 시기에 해당대학 모집학과의 학과장이나 단과대학장 앞으로 추천서 양식이나 추천공문을 발송한다. 반면에 일부 또는 전면 공채의 방식을 취하는 기업은 4월 말부터 5월 초까지 일간신문, 취업전문잡지, 주요 대학신문 등에 모집공고를 내거나 대학 게시판에 안내광고를 붙이기도 한다. 지금까지 학과장 추천을 받은 학생만 지원할 수 있는 기업이 인턴사원 전면공채기업보다 압도적으로 많았으나 대부분의 기업이 추천 선발방식을 채택할 전망이 높아 가고 있다. 지원서 교부 및 접수는 대부분 5월 중으로 끝나게 되며, 6월에는 서류전형과 면접이 진행된다.

3) 실습

　인턴사원실습은 보통 여름 또는 겨울방학 기간 중에 2～4주 정도 있게 된다. 처음 1주는 회사소개, 공장견학 등 집체교육이며 나머지는 현업부서에 배치되어 지도사원의 지도 아래 업무를 수행한다. 지도사원과 팀장들은 해당 인턴사원에 대해 근무평점을 매기고, 인사부는 이를 토대로 실습이 끝나면 종합평점을 산출하여 채용에 반영하는 데 특별한 결격사유가 없는 한 정식사원으로 입사하게 된다. 실습수료자에게는 소정의 실습비가 지급된다.

4) 평가방법

　한 조직의 구성원을 선발하는 데 있어서 평가기준과 평가방법은 매우 중요한 의미를 가진다. 특히 요즘같이 취업지망생이 많고 자리가 부족한 실정에서는 더욱 그렇다. 왜냐하면 여러 가지 평가요인 중 어떤 요소를 중점적으로 보느냐에 따라 그 회사의 성격이나 문화가 결정되기 때문이다. 이런 맥락에서 현재 기업들은 나름대로의 특성을 살리기 위해 여러 가지 평가방법을 연구하고 있다. 평가는 지원자들의 서류, 면접, 그리고 실습과정을 거치는 동안 기업이 필요하다고 생각되는 평가요소에 따라 지원자를 평가하여 최종선발에 이용하고 있다.

5) 입사 시 특전부여

무엇보다 관심을 끄는 것은 인턴사원 실습 후 회사지원 시 주어지는 특전이다. 인턴사원 실습을 마친 학생들이 하반기 신입사원 공채에 응할 경우 필기시험 면제 또는 가산점 부여, 그리고 입사 후 수습기간 단축 등의 혜택을 받게 되는 것이 일반적인 경향이다. 또한 지방대학 재학생 등 비연고지 실습생들에게는 숙식도 제공한다. 일부 기업은 실습성적 우수자에게 2학기 장학금을 지급하는 경우도 있다. 인턴사원이 정식사원으로 채용되는 비율은 회사마다 다르나 대우는 85~90%, 두산은 약 80%, 이랜드는 50%이다. 신입사원채용 내정자들에게 2학기 학비지원금 명목으로 30~40만원을 지급하는 기업도 있다.

5. 기업별 인턴사원제도의 실제

경쟁적으로 우수인재 확보에 나서게 되는 것은 자본주의 기업운영상 당연하며 인턴사원제는 인력정책상 매우 효율적인 제도라는 것이 기업들의 일반적인 생각이다. 50대 그룹기업의 대졸자 채용현황을 살펴보면 공개채용과 추천에 의한 채용이 계속 감소하고 있는 반면 인턴사원에 의한 채용은 꾸준히 증가하고 있는 추세이다. 우리나라의 경우 약 백여 개 기업이 인턴사원제도를 도입하여 실시하고 있다. 최근의 경기침체 현상 때도 신입사원 채용규모는 전반적으로 줄어들었음에도 불구하고 인턴사원 채용은 비교적 늘어나는 추세를 보인 바 있다.

인턴사원제를 실시하고 있는 기업들은 대개 실습기간 중 학생들의 희망, 전공 등을 고려하여 본사나 지방사업장에 일반사원과 똑같이 배치하여 근무하도록 하고 있다. 실습내용은 회사소개와 홍보, 현업부서에서의 실습이 50 대 50의 비중으로 이루어지는 게 보통이다. 각 기업의 실시내용을 보다 자세히 살펴보면 다음과 같다.

1) LG그룹

LG그룹이 1984년에 국내 최초로 인턴사원제도를 도입하게 된 데는 나름대로 이유가 있었다. 대졸자들의 기업에 대한 부족한 정보와 낮은 인지율로 취업희망자들이 적성에 맞지 않는 곳에 입사하여 취업 후 정착률을 저하시키는 계기가 되었고 이에 기업에서는 일시적 채용을 통한 소정의 교육을 통해 평생고용을 보장, 채용에 대한 부담을 덜기 위한 방법을 모색하게 되었다. 따라서 그룹차원에서 실시해 왔던 이공계 실습제도를 확대하여 1984년 여름방학 때부터 인턴사원제도를 실시하게 된 것이다. 이렇게 전환 실시된 인턴사원제는 취업준비생과 기업 양쪽에 도움을 주었다.

실습기간 인턴사원을 평가하는 방법은 먼저 인턴사원 스스로가 자신을 평가한 평가표를 토대로 1차 평가자와 2차 평가자가 근무능력평가표를 작성한다. 이 평가에 따라 최종 결정이 이루어진다. 평가방법의 다양성을 꾀하기 위해 필요시점에 평가항목별로 평가하도록 되어 있으며 과제발표를 통해서 자질평가를 하고 근무태도를 평가한다. 평가항목은 크게 인턴사원의 능력과 태도를 본다. 능력 면에서는 기본소양, 기획력, 창의력, 이해판단력, 표현력 등 다섯 가지를 주안점으로 본다. 기본소양을 평가하는 것은 업무수행에 필요한 기초지식 및 어학능력이며, 기획력은 예리한 분석력과 계획력으로 일을 구체화하는 정도를, 창의력에는 업무개선을 위해 새로운 아이디어를 창출하는 능력을, 이해 판단력은 지시에 대한 요점파악능력 및 의사결정능력을, 그리고 표현력에는 의사전달능력과 상대방을 설득시키는 능력을 본다. 태도 면에서는 책임감, 적극성, 성실성, 협조성, 자기계발적인 태도를 평가항목으로 한다.

인턴실습기간은 모두 3주로 인턴실습기간에 과제성 현장실습이 실시된다. 일 주는 그룹에서 총괄하는 집합교육이 실시되고, 이 주는 각 사별로 진행되는 현장실습이다. 5박 6일 동안 진행되는 집합교육에서는 인턴사원 간의 일체감을 조성할 수 있는 교육에 대한 강의와 직장인으로서 갖추어야 할 그룹 비전에 대한 강의프로그램을 중점으로 하며 이어 1일 공장견학시간이 주어진다. 각 CU(사업문화단위)별에서 자율적으로 펼쳐지는 현장실습은 인턴사원 각자가 희망하는 입사 시 배치가능한 부서로 배치되면서 시작된다. 담당지도사원은 학교선배, 지역출신사원, 애사심이 강한 사원을 기준으로 하여 선정되며 CU인사주관으로 교육이 실시된다. 현장실습기간 인턴배치부서의 일일 업무계획서를 작성하고 제출해야 하며 현업부서의 OJT 및 과제를 수행한다. 이때 과제선정은 인턴사원 및 지도사원 협의에 따라 선정되며 부서업무와 관련된 것으로 주어진다. 과제형태의 한 보기로 설문조사와 분석업무개선 등이 있다. 주어진 과제는 실습 종료 전 부서별로 발표 및 피드백이 있고 과제에 따른 포상도 주어진다.

2) 대우그룹

대우그룹은 서류전형 및 면접전형 결과 합격된 인원에 대하여 하기방학을 이용한 3~4주간의 실습근무를 실시한다. 이 기간을 통하여 대우인이 되기 위한 기본적인 자질 및 소양의 적정성 여부에 대한 평가를 받게 된다. 실습근무방법은 4주 동안 1주씩 세 부서를 순환하며 근무하는 방식을 택하고 있다. 매주 효율적인 실습과 개별지도를 위해 해당부서자의 관리책임 아래 지도사원을 선임 운영하도록 하며 매일 인턴사원일지를 작성하여 해당부서장의 결제를 받도록 한다. 특히 매주 일요일에는 회사 및 그룹에 대한 폭넓은 이해를 돕기 위해 오리엔테이션과정을 운영하여 회사의 제반제도,

조직 및 부서업무, 역사 등을 소개한다.

주간단위 실습을 마치고 해당부서장에 의해 주간단위의 평가를 받게 된다. 이러한 주간단위의 평가결과는 실습 후 채용 여부에 대한 종합평가 시 큰 영향을 미치게 된다. 일일 인턴근무기록표, 인턴사원근무평가표, 인턴근무종합평가서 등이 작성 평가된다. 또한 실습이 끝나는 마지막 주에는 간담회와 설문조사를 실시하여 인턴사원 자신들의 실습기간을 돌아보고 정리하게 된다. 간담회와 설문조사를 통해 근무기간 중의 고충 및 문제점을 청취하고 정식근무에 대한 본인의견을 듣게 된다. 인턴사원도 자신의 근무소감과 자기 평가서를 제출하게 되는데 이를 근거로 근무성적 여부와 적응력 유무를 판단하여 신입사원 채용의 기초 평가 자료로 활용하게 된다. 그 내용을 수렴하여 보다 효율적이고 합리적인 실습이 되도록 하고 있다.

대우는 지원자들이 서류, 면접, 실습과정을 거치는 동안 대우인이 되기 위해 필요하다고 생각되는 몇 가지 평가요소를 중점적으로 살핀다. 대우정신, 애사심, 근무의욕, 성실성, 인간관계, 업무수행능력, 이해판단력, 건강 등은 그 보기이다. 우선 서류전형의 경우 본인이 직접 작성한 입사지원서를 중심으로 평가한다. 지원자의 작성방법보다는 내용의 충실도와 성실성을 위주로 평가한다. 이 밖에 전공, 건강, 성장과정, 희망업무, 가족사항 등을 종합적으로 검토하여 전공별 서열에 의거하여 평가한다. 서류전형을 통과한 지원자에 대해서는 면접전형을 실시하게 된다. 대개 5명의 면접위원으로 진행되며 4명의 지원자가 동시에 면접에 임하게 된다. 면접위원들은 지원자의 기본자질, 태도, 직장의식을 중심으로 평가하게 된다. 이것은 앞으로 조직생활에 잘 적응하고 적극적으로 생활할 수 있는지 그 여부를 판단할 수 있는 중요한 요소이다. 이 외에 전문지식이나 상식, 목표의식 등을 함께 살펴본다. 면접전형을 통과한 지원자에 대해서는 마지막으로 실습 과정을 통해 최종평가가 내려진다. 현장실습프로그램에서의 해당부서장의 평가와 여러 평가를 종합적으로 살펴 채용 여부를 결정한다. 대우는 피상적인 학교나 전공위주가 아닌 상사맨으로서의 자질과 의욕을 기본적으로 갖추고 있는지를 중시한다.

3) 이랜드

이랜드는 1991년부터 인턴사원제를 도입하여 실시하고 있다. 이랜드는 다른 회사와는 다른 기업문화를 가지고 있어서 회사성격에 맞는 인원을 선발하고 장래를 준비하는 학생들에게 교육적 차원에서 회사의 경영이념을 알릴 필요가 있다고 판단하여 인턴사원 제도를 도입하였다(박지수, 34). 이랜드는 여러 가지 점에서 특색이 있다. 인문사회계, 이공계, 디자인계통에서 인턴사원을 선발하고 있으며 인문사회계의 비율이 다른 계열보다 높다. 서울소재 대학뿐 아니라 지방대학생도 상당비율 선발하고 있을 뿐 아니라 여학생 선발비율도 아주 높다. 교육프로그램도 독특하다. 그 내용은 이랜드정신, 경영학강의, 예절 및 봉사교육, 채플, 회사추천도서 시험, MT 등으로 짜여 있으며 근무실습은 없다. 채용기준에 합당하다고 판단되는 실습생을 정식직원으로 발령한다. 교육기간 수료 후 급료가 지급되며 성적 우수자에게는 해외연수의 기회도 부여된다(박규철, 46~47).

4) 삼성그룹

삼성그룹은 1987년부터 전자, 전기, 기계 등 주로 이공계열을 중심으로 인턴사원제를 실시해 왔으나 지금은 그룹 전체적인 차원에서 확대시켜 나가고 있다. 삼성그룹 역시 선발방법이나 실습근무 방법은 대우 및 엘지와 별반 차이가 없으며 인턴사원의 자기개발을 위해 외국어 학습비를 전액 지원해 주는 방법을 사용하고 있다. 또 소정의 실습과정을 마친 인턴사원은 공채 시 의무적으로 응시해야 한다는 단서가 붙어 있는 것이 다른 그룹과 다르다.

6. 사후관리 프로그램

인턴사원을 희망하는 대학생들이 인턴사원제와 관련해 가장 궁금한 것

가운데 하나가 실습기간 중 처우 및 사후관리내역이다. 이것은 취업하기를 희망하는 입장에서 사후관리가 중요하다는 것을 보여 주는 것이며 아울러 기업의 입장에서는 채용 내정자가 이미 확보된 인력이 중도에 탈락하지 않도록 할 필요가 있다는 것을 보여 준다. 사후관리는 이미 확보된 인력의 유출을 방지한다는 소극적인 면도 있지만 기업에서 직접 실무에서 필요한 능력이나 지식을 습득할 수 있도록 안내한다는 적극적인 면도 있다. 이 점에 대해 인턴사원들의 관심과 호응도가 높으므로 기업은 보다 좋은 프로그램을 체계적으로 마련하여 채용 확정자가 자기능력을 개발할 수 있는 기회를 마련해 주는 것이 바람직하다. 이것은 입사 전 교육이라는 점을 인식할 필요가 있다.

기업의 사후관리 프로그램

회사명	사후관리 내용
LG	외국어교육, 전산교육, 사보발송, 성적우수자포상, LG경기관람, 공장견학, 인턴사원경조사참여, 정기소집
대우	어학교육, 전산교육, 운전교육, 공장견학, 등반 및 자연보호활동, 사보발송, 장학금지급
이랜드	해외연수, 어학교육, 장학금지급, 신문스크랩, 필독서교육, 월 1회 소집교육, MT, 사보발송, 경조사선물 및 카드발송
두산	정기소집, 현장업무실습 및 연구과제발표, 학비보조, 사보발송, 사내행사참여, 어학교육비, 무역실무교육
동양나이론	정기소집, 어학교육, 사내서클 및 교양강좌참가, 사보발송, 추석기념품지급, 공장견학

실습기간 중 처우 및 사후관리프로그램은 기업마다 다양하다. 대체로 실습이 끝나면 자사제품이나 각종 기념품을 주고 성적우수자에게는 포상과 아울러 장학금도 지급한다. 채용이 확정된 인턴사원들은 예비사원으로서 여러 가지 혜택을 받게 된다. 이랜드의 경우 교육이수자 중 10% 이내에 드는 성적우수자에게는 해외연수기회의 특전을 부여하기도 한다. 또한 정기간행물을 발송하고 간담회 등 월 1회 정기소집을 해 회사에 대한 계속적인 접촉으로 유대를 강화한다. 이와 함께 예비사원들을 위한 각종 교육비를 지원하기도 한다. 실습이 끝날 무렵 대부분의 기업들이 토익(TOEIC)시험을 치

른다. 이 성적을 토대로 외국어교육을 받게 된다. 세계화시대에 대비해 영어는 기본이고 제2외국어는 필수일 정도로 외국어교육에 만전을 기한다. 영어우수자에게는 일본어 등 제2외국어 교육을 실시하고 토익성적이 우수하지 않은 학생의 경우에는 영어교육비를 지원받는다. 또한 사무자동화시대에 발맞춰 필요한 모든 서류는 컴퓨터를 이용해 작성할 수 있도록 전산교육도 아울러 시키고 있다. PC전반에 대한 기본지식 습득을 목적으로 전산교육을 받는다. 이 외에도 운전교육, 실무위주의 전문가교육 등 다양한 프로그램으로 사후관리를 하고 있다.

7. 인턴사원 채용에 따른 기업의 효과

1) 이직률의 감소

신입사원 전원을 인턴사원으로 선발하고 있는 대우의 경우 과거 일반채용을 할 때 신입사원의 입사 1년 내 퇴직률이 전반적으로 15% 정도였던 것이 인턴사원채용제도로 전환하고 난 후에는 5~6% 정도로 감소되었다(박창욱, 17). 전자, 자동차 등 주요 5개 계열사를 대상으로 인턴사원 도입 이후 입사 1년 미만 대졸사원 이직률을 조사한 결과 도입 전인 1989년의 11.3%에 비해 1993년에는 5.0%로 절반 이하로 떨어졌다. 이에 대해 그룹 관계자는 대졸자들의 대기업 취업경향이 과거의 기업위주에서 최근 업종위주로 바뀌고 있는 데다 취업난이 심화되고 있는 현상 또한 신입사원의 이직률을 낮추는 데 기여한 것은 사실이라고 말하고 있다.

2) 조기정착

어떤 제도나 방법보다는 본인이 직접 일하는 부서에서 보다 인간적이고 매력적인 조직 관리와 인사관리가 가장 중요하고 그것이 바로 신입사원으로 하여금 조직에 조기에 정착할 수 있도록 하는 첩경이 된다. 인턴사원제는 어느 다른 제도보다 취업 전에 기업을 이해하고 앞으로 무엇을 하게 될 것인가에 대한 구체적인 청사진을 제공해 준다. 따라서 취업 후에도 어떤 기업관이나 업무내용의 차이 때문에 방황하는 일이 적어진다. 조기에 입사를 결정함으로써 심리적 안정감을 확보하고 업무에 임하는 자세도 다르게 만든다. 인턴사원제도가 신입사원을 조기에 정착시켜 업무에 적극적으로 임할 수 있게 하는 것도 이 때문이다. 각 기업 인사담당자들은 인턴사원제의 채택은 지금까지 성공적이라고 자평하고 있다. 그들은 인턴사원을 거쳐 입사한 사원들은 업무적응능력이 빠르고 회사실정에 대한 이해가 깊어 퇴직률이 비교적 낮고 안정적이라고 말한다(문명숙, 37).

8. 인턴사원제의 문제

인턴사원 쪽에서 볼 때 이 제도는 회사에 대한 실상을 조금이라도 파악하는 데 도움이 되고, 회사에서 필요로 하는 부분을 익힐 수 있는 기회가 되며, 몰랐던 자신의 적성을 파악하는 데 도움을 준다. 회사 측은 실습기간을 통해 미래의 인재를 관찰할 수 있고, 인재를 미리 안정적으로 확보할 수 있으며, 이직률이 낮아서 좋다. 3~4주간의 교육비용과 지도사원투입 등 소요경비도 많이 드는 것이 단점으로 지적되고 있으나 단점보다는 장점이 훨씬 많다는 평가를 받고 있다. 그렇다고 인턴사원제가 문제가 없는 것은 아니다. 문제되는 점을 몇 가지 생각해 보면 다음과 같다.

1) 취업기회균등상의 문제

기업들은 대부분 이 제도를 우수사원 확보에 초점을 맞추고 있어 이를 위해 일류대학 졸업자들을 중심으로 인턴사원을 모집하고 있다. 이 때문에 정보력이 뒤떨어지는 지방대 졸업생이나 여러 여건으로 취업시기가 미뤄진 상당수 지망생들의 취업문이 더욱 좁아지고 있다. 학과의 경우도 여건이 좋지 않기는 마찬가지이다. 이공계열이 대부분이고 약간의 인문사회계열이 포함되어 있을 뿐이다. 물론 경기불황 등의 이유를 들어 많은 인원을 수용하지 못한다는 기업들의 답변도 일리가 있지만 고학력 취업난이 날로 증가하고 있는 현실을 감안할 때 일부대학과 특정학과 학생들만을 대상으로 하는 이 제도는 취업기회의 균등이라는 측면에서 바람직하지 못하다는 지적도 있다.

대졸인력공급은 해마다 늘어만 가는데 기업의 인력관리는 소수 정예화되는 현실이다. 이에 따라 기업에서 사원을 채용하는 과정에서도 대학을 등급화하여 대학에 대한 차별이 추천이나 인턴사원제에서 분명히 드러나 있다. 기업에서 발송한 추천의뢰 공문에 인문계열이 배제된 극소수 추천인원을 명기한 것도 문제이다. 현재 우리나라 산업구조와 기업의 인식구성상 이공계열의 인력이 크게 부족한 것은 사실이지만 그렇다고 해서 이공계를 선호하는 것은 근시안적인 해결책이 아닐 수 없다. 원활한 인력수급을 위해 기업 스스로가 보다 장기적이면서 근본적인 대책을 마련하는 노력이 필요하다.

또한 인턴사원제가 확산될 경우 구직난을 겪고 있는 여학생, 지방대학생, 취업재수생 등 취업의 취약계층이 공정경쟁의 기회를 더 박탈당할 수 있다. 인턴사원제는 학생들의 산업경험과 자신의 직업으로 생각해 볼 수 있는 자기능력개발이라는 점에서 높이 살 수 있으나 재학생들에 대한 선별수요로 인해 대다수 학생들에게 기회를 주지 못하는 상황이 발생하는 것은 심각한 문제이다. 기회의 공정성이라는 차원만을 생각하더라도 문호는 넓어져야 한다. 기업은 공개채용과 인턴사원제를 도입하여 우수인력을 유치하기 위해 요란하지만 고급인력인 대졸여성은 지금까지 채용시즌에 항상 겉돌기만 하는 현실이다. 인턴사원에 여대생이 포함되어 있기도 하지만 수나 규모 면에서 남성과 비교가 되지 않을 정도이다. 지방대생이나 비명문대생들의 경우는 더 심하다. 그들은 이른바 망국병인 일류주의의 희생양들이다. 그들이 차별적인 인턴사원제도에 멍들어 다시 소외 내지 패배감에 싸인다면 국가나 사회적으로 손실일 뿐 아니라 교육적인 차원에서도 그르다. 교육투자에 대한 효과를 바로 거두지 못하는 것은 국가적 손실이며 대졸자들의 실업은 국가경쟁력의 악화는 물론 개인의 불안과 사회불안을 가져오는 요인이 된다는 점에서 바람직하지 못하다. 따라서 인턴사원제를 실시하는 기업은 다수 학생들에게 평등하게 그 기회나 적용 폭을 넓히는 방향으로 제도를 개선해 나가야 할 것이며 지방대생들에게는 현지지사나 지점에서 현지 채용할 수 있도록 하는 것이 국가의 균형발전을 위해서도 바람직하다.

나아가 이 제도는 대학졸업 예정자뿐만 아니라 전문대, 실업계고교, 각종 취업학원생들까지 대상을 확대하고 인턴근무기회를 넓힘으로써 인턴사원제도의 사회교육 기능을 강화해야 한다.

2) 대학의 학문탐구 순수성의 퇴색

대학을 가리켜 유니버시티(university)라 한다. 이 단어는 전체, 우주, 사회의 뜻을 가진 universitas에서 나온 것이다. 우리는 여기에서 대학이 인간계와 자연계를 통틀어 지배하는 어떤 보편적인 질서에 바탕을 두고 있음을 인식할 수 있다. 보편질서의 추구라는 원리가 대학의 기본이념이었다. 대학이 진리탐구를 하는 것은 진리가 객관적 현실에 보편적으로 적용되어 인류사를 발전 지향적으로 이끌어 갈 수 있다고 생각하기 때문이다. 그러나 상당수 대학생들은 기업의 경쟁적이고 기회주의적 속성이 이러한 대학의 순수한 이념을 퇴색시키고 있다고 생각한다. 특히 대학이 취업을 위한 도구적 역할로 전락한 것을 그 보기로 들고 있다. 인턴사원제가 보편원리에서 벗어난 차별적 원리에 따라 인원을 선발하고 대학을 하나의 취업을 위한 도구적 존재로 전락시켜 나간다면 대학 본래의 기능을 현저하게 퇴락시킨다는 우려 또한 높아지고 있다. 따라서 기업들은 대학의 순수성과 보편적 원칙이 계속 유지되도록 하는 데 도움을 줄 수 있는 선에서 인턴사원 제도를 개선시켜 나가야 할 것이다.

인턴사원제는 이밖에 우수인력을 미리 유치하려는 기업의 무분별한 욕심으로 인하여 지방대생과 여대생을 취업전선에서 소외시키는 역효과를 낳았고, 취업시즌을 앞당겨 구직자들에게 혼란을 주고 있으며, 재학생들을 일찍 취업전선으로 내몰아 상아탑 면학분위기를 흐리게 하고 있고, 일부 채용 내정자들로 하여금 입사가 확정된 것으로 오해하게 하여 남은 학교생활을 불성실하게 보내게 한다는 비판을 받고 있다. 이런 점들에 대한 개선과 보완도 절실한 실정이다.

3) 고정관념 조장

인턴사원제가 명문과 비명문, 수도권대학과 지방대학, 인기과와 비인기과, 남학생과 여학생 등의 차별적 인식을 조장해 왔다는 것은 앞서 지적한 바 있다. 인턴사원제는 이외에도 여러 점에서 이 사회에 차별적 고정관념을 양산하고 있다. 그 보기 가운데 하나가 바로 인턴사원이 늘어남에 따라 공채의 대부분을 차지했던 ROTC 등 전역장교 채용인원이 갈수록 감소추세를 나타내고 있다는 점이다. 전역장교 인기가 하락하는 것은 그동안 개인보다 전체, 논리보다 의리, 그리고 실력보다 인간 됨됨이를 중시하던 대기업의 인재채용 방침이 변하고 있기 때문이다. 그 대신 국제화 시대를 맞아 유연한 사고와 개인 능력이 강조되면서 군 냄새가 강한 장교출신 선호도가 낮아진 것이다. 기업체 인사담당자들은 전역 장교가 가지고 있는 여러 장점에도 불구하고 권위주의적이고, 어학 등 전문지식이 부족하며, 사고가 경직되어 있다고 생각하고 있다. 인사담당자의 이러한 인지태도는 어느 정도 이해가 가지만 다른 한편으로는 전역장교에 대한 고정관념 및 인지적 편견을 자아낸다는 점에서 바람직하지 못하다. 그들은 이미 지휘경험을 습득한 유능한 인재들이며 어려운 상황에 적응하고, 강한 리더십을 가지고 있어 이들에 대한 고려가 충분히 있어야 한다.

4) 노조 측의 비판적 인식

인턴사원제도가 우리나라에서 각광을 받게 된 이유 가운데 하나는 극심한 노사분규로 경영자 측이 보다 기업의 목적에 부응하고 순종적인 인물을 미리 살펴보고 선발하려는 의도가 담겨 있었다. 이것은 구미 등에서 가지고

있는 인턴사원제의 본래 의도와는 상당히 거리가 있다. 따라서 인턴사원제
가 기업들의 노사대책 차원에서 확대되어 입사 후 노사분규를 일으킬 가능
성이 있는지의 여부를 확인하기 위한 대책이 아니냐는 비판이 있기도 하다.

5) 기업선전을 위한 도구화

일부 기업의 과욕과 무성의는 이 제도를 회사선전의 도구로 전락시키고
있다는 지적도 있다. 인턴사원 실습을 마친 대학생들은 실제 알맹이 없는
교육체제의 허술함을 지적하기도 한다. 일부 회사에서는 현장실습을 도외시
하고 전체수습기간을 자사 홍보 및 교육시간에 할애함으로써 실제 체험을
기대했던 학생들을 실망시키기도 했다. 이 문제는 준비 없는 기업의 문제이
지 전체의 문제는 아니다. 기업 쪽에서의 불만이 없는 것도 아니다. 인턴사
원 제도를 단순히 아르바이트 정도로 생각하고 진지하게 업무에 임하지 않
는 학생들의 의식도 문제로 지적되고 있다.

9. 제도보완의 필요성

인턴사원제를 보다 효과적이고 발전적인 방향으로 유지 발전시켜 나가기
위해 다음과 같은 몇 가지 제언을 하고자 한다.
첫째, 기업은 단순히 채용 측면에서 인턴사원을 채용하려고 할 것이 아니
라 보다 거시적인 안목에서 장차 고객유치 및 인재육성 차원에서 장기투자
를 위한 인턴 제도를 활용해 나가는 비중을 높여 나가야 한다. 기업은 대학
이 현장에서 활용될 수 없는 이론만을 가르친다고 불만을 하고 있지만 기
업에 대해 대학이 가지고 있는 불만도 아주 높다. 대다수의 기업은 정작 자
기들이 필요한 인력을 대학으로부터 가져가는 데 관심을 가지고 있지 대학
과 학생을 키우는 데는 관심이 없다는 점이다. 기업은 학생을 선별적으로
모집해 가면서도 뽑아 가는 것만도 감사하게 생각하라는 투로 대학을 대한

다. 앞으로 기업은 대학에 대해 보다 긍정적이고 적극적인 자세를 가지지 않으면 안 된다. 뽑아 쓸 만큼 기업도 대학에 기여해야 한다. 대학에 투자도 하고 연구기금, 장학금, 발전기금을 내어 대학이 기업과 사회에 부응할 수 있는 교육을 할 수 있도록 해야 한다. 기업은 대학에 이렇게 투자한 것이 손해가 아니라 결국 기업과 사회에 환원된다는 것을 인식해야 한다. 인턴사원제도 이러한 인식 아래 실시되고 개선되어야 한다.

둘째, 보다 의미 있고 성숙한 인턴 제도가 도입, 정착되어야 한다. 한국 기업에서 실시하고 있는 인턴사원제도는 없는 것보다 나은 정도의 매우 미숙한 상태에 머무르고 있다. 인턴학생들의 현장경험시기를 동계나 하계로 국한하는 것을 개선하여 연중 내내 실시하도록 해야 한다. 인턴사원제도가 이론적인 학문연구에 부가하여 실제 현장의 체험을 통하여 깊이 있는 실상황 적응능력을 배양한다는 데 목적을 둔 것이라면 시기에 관계없이 실시되어야 마땅하다. 학교와 학생 그리고 기업 간의 인턴사원교류협정을 체결하여 학점인정 및 교과과정의 연결성이 이루어질 때 이 제도는 바람직하게 정착되었다고 볼 수 있다.

미국의 경우 대학생들에게 현장경험을 쌓고 취업기회를 넓히기 위해 산학협동의 차원에서 기업이나 정부기관 등을 대상으로 인턴십 제도를 실시하고 있다. 코압제도(coop system)라 불리는 이것은 졸업반이나 졸업생에 한정된 우리나라의 인턴사원제도와는 달리 저학년에서부터 몇 학기 동안 현장실습기회를 제공하고 현장의 업무평점을 학점으로 연결시키며 졸업하면 공석의 자리에 응찰하여 정식으로 사원이 될 수 있도록 하는 제도이다. 대학에서는 코압담당 교수가 직접 기업현장을 방문하여 학생이 어떻게 일하고 있는가, 문제점은 없는가를 파악하는 등 학교와 기업을 실질적으로 연결시킨다. 코압스튜던트(coop student)는 학생신분이기 때문에 풀타임은 아니지만 파트타임으로 급료를 받고 일하게 된다. 이러한 제도는 몇 주간으로 끝나는 우리의 인턴사원제도와는 근본적으로 다르다. 앞으로 경험이 없는 학생들에게 현장경험을 주기적으로 제공하고 이것이 나중의 취업에도 영향을 줄 수 있는 제도로 승화시켜 나가야 할 것이다. 현재의 인턴사원제도가 좋은 것으로 평가되고 있기는 하지만 평소 산학 관계가 별로 없다가 갑자기 졸업반 학생을 대상으로 벌어지는 방학 동안의 열풍은 가급적 자제하고 기회제공, 학습, 경험, 감독, 평가가 체계적으로 이루어져 학생을 보다 성숙한 예비사원으로 만들 수 있는 산학협동 체계가 하루 빨리 이루어져야 한다. 그때야 비로소 참다운 의미의 인턴십제도가 이 땅에 정착되었다고 말할 수 있을 것이다. 이랜드의 박지수 인사팀장도 산학연계 측면에서 교직이수자의 교생실습제도처럼 정례적으로 단과대학 또는 학과단위로 학점부여가 가능한 인턴십제도가 정착될 수 있도록 기업과 대학 간의 적극적인 노력이 필요하다고 주장하였다(박지수, 35).

여러 대학에서는 기업에서 현장실습을 할 경우 학점부여 또는 졸업논문 면제 혜택을 주기도 한다. 졸업논문 제출이 대부분 요식행위에 불과하고 대학생들의 취업 등 사회진출에 현장실습 경험이 갈수록 요구된다는 판단에 따른 것이다. 이때 인턴근무는 학사일정의 연장이므로 급료를 받을 수 없으며 해당 회사는 실습 종료 시 합격, 불합격 여부를 학교 측에 통보하면 된다. 이러한 제도는 미국의 코압제도는 아니지만 현장경험을 중시했다는 점에서 새로운 접근에 속한다. 그러나 이 제도마저 졸업논문 면제를 위한 요식이 될 우려가 있어 기업과 학교, 그리고 정부가 함께 이 땅에서 가장 실제적이고 바람직한 인턴십제도가 무엇인가를 심각하게 생각하고 그 방안을 구체적으로 내놓아야 할 것이다.

셋째, 기업은 공채주의에 입각하여 인턴사원에 응시할 수 있는 기회를 차별 없이 전국적인 고객을 상대로 대폭 확대시켜 기회를 균등하게 제공하고 필요한 적격학생을 여러모로 관찰하고 선발해 나가야 한다. 이 제도가 성공하기 위해서는 특정대학 출신자나 우수한 학생들을 다른 기업보다 많이 확보하려는 목적에서 국내기업의 정기공채 전에 실시하는 입도선매(立稻先賣)식의 채용제도로 인식되어 운용된다면 기업과 학생 양자 모두가 소기의 목적을 달성하기 어렵다. 이 채용방식을 막기 위해서는 인턴사원을 희망하는 모든 학생들에게 공채를 보게 하는 방안도 구체적으로 고려해 볼 필요가 있다. 정부도 현재의 인턴사원제도가 고용차별 구조로 나아가 공정한 취업

구조에 장애가 되고 있음을 인정하고 이것의 시정을 각 기업에 요구하고 공개선발을 하도록 촉구하고 있는 실정이나 고용문제는 기업의 고유권한이 어서 개선이 어려운 실정이라고 실토하고 있다(박승운, 1994). 그러나 기업이 기업시민으로서 책임을 다하고자 한다면 응시기회를 확대하고 공정하게 하는 등 보다 변혁적인 자세를 취할 필요가 있다. 기업이 앞장서 명문과 비명문, 남성과 여성, 수도권과 지방 등 여러 차이를 과감히 없애는 모습을 보일 때 사회는 달라질 것이다. 기업의 이러한 변혁적 태도가 사회를 변혁시킬 뿐 아니라 기업에 대한 편견 된 고객의 이미지를 쇄신할 수 있음은 물론 각종 이해관계자의 네트워크 속에서 표적시장의 착실한 확대를 부가적으로 가져올 수 있다. 따라서 기존의 제한적인 운용에서 과감히 탈피해 이를 전국적으로 확대 운용하여 기업의 사회적인 책임수행은 물론 고객관리가 효과적으로 운용될 수 있어야 한다.

넷째, 인턴사원교육 및 실습내용을 보다 쌍방적으로 바꿔야 한다. 현재 우리나라 인턴사원 교육내용은 대부분 일방적이다. 현재 이에 대한 비판이 높아지고 있다. 따라서 개성화, 창조화 시대에 부응하는 의미에서 일방적 프로그램이 아닌 쌍방적 프로그램으로의 전환이 필요하다. 인턴사원이 실습 근무와는 별도로 직접 근무기간 중에 연구테마를 선정하여 선배사원과 함께 연구하여 리포트를 제출하는 것도 하나의 방법이다.

이상에서 살펴보았듯이 우리나라의 인턴사원제는 기업의 신입사원 채용 패턴으로 확고하게 뿌리내릴 전망이다. 이 제도를 실시하고 있는 기업들은 매년 적용범위를 확대시켜 나가려 하고 있고, 지금까지 이 제도를 도입하지 않은 기업들도 가세할 전망이다. 현재 대다수의 인사담당자들은 인턴사원제가 단점보다 장점이 더 많은 제도이며 문제점만 개선하고 보완하면 좋은 제도로 키울 수 있다고 말한다. 그러나 일부 기업에서는 인력관리 문제 등 여러 사내사정과 인턴사원제의 부정적 요인으로 채용규모를 축소하려는 현상마저 나타나고 있다.

인턴사원제는 학생들 입장에서 볼 때 자신이 근무할 가능성이 있는 직장에서 미리 업무경험을 해 봄으로써 자신의 적성에 적합한지 그 여부를 점검해 볼 수 있다. 기업 쪽으로서는 단순한 필기시험이나 성적증명서, 학교, 학과만으로 판단하기보다 실제 활용해 봄으로써 근무태도나 성격을 파악할 기회를 갖게 된다. 인턴사원제는 산학협동, 적재적소의 배치 기회 확대, 조직적응시간단축, 우수인력 조기 확보, 진로선택에의 유리, 기업이미지 홍보 효과 등 여러 가지 장점들을 가지고 있다. 기업의 실무자들에 따르면 인턴 사원출신 신입사원들은 회사에 대한 자부감이 높고 기업분위기와 업무에 적응하는 능력이 빠르며 이직률 또한 낮다. 조기에 취업이 확정된 인턴사원 출신 신입사원들은 입사 전에 회사에서 제공하는 어학이나 컴퓨터 등의 훈련을 받는 등 실제로 회사생활에 필요한 다양한 학습기회를 얻을 수 있다.

인턴사원제는 실습과정 동안 인사담당자가 개인의 업무능력이나 기업관, 직업관 등을 비교적 정확히 판단할 수 있어 기업으로서는 매우 유용한 제도이다. 더욱이 첨단과학을 전공한 두뇌를 기업이 미리 위탁 교육시키는 셈이 되어 이들의 능력이 잠시나마 사장되는 공백기를 없앨 수 있다는 장점도 있다(박규철, 47). 산학협동이 강조되는 상황에서 인턴사원제는 기업이 학교와 학생에 대해 기업의 이미지를 드높일 수 있다는 점에서 매우 유용하다. 그러나 현재 기업체에서 실시되고 있는 인턴제도는 인력채용의 한 방법으로서만 활용되는 측면이 더 강하기 때문에 본래 이론위주의 학문연구에서 보다 더 실제적으로 실무경험을 터득할 수 있도록 하자는 인턴의 근본목적 및 취지에서 벗어난 상태라는 점에서 크게 우려되지 않을 수 없다. 따라서 몇몇 대기업에서 시작했던 인턴사원제가 조기에 확산되는 것도 중요하지만 이에 못지않게 인턴사원제도의 목적과 철학을 근본적으로 이해하고 이를 수용하는 차원에서 확산될 필요가 있다. 그렇지 않을 경우 우수인력을 다른 기업보다 조기에 경쟁적으로 확보하려는 차별적이고 악의적인 의도가 더 강하게 작용하여 인턴사원제도의 근본목적을 흔들 위험이 있다. 나아가 기업은 인턴사원제를 통한 신입사원채용에 대해 여러모로 부정적인 견해를 가진 사람들이 있음도 유의해야 한다. 이 사람들은 인턴사원선발이 기회균등의 원칙에 위배되는 비공개추천채용의 형태로 행해지고 있다는 점을 지적하고 있어 공채주의에 입각하여 추천서 없이도 전형을 하는 방법을 모색할 필요가 있다(박승운, 1994).

이제 우리나라 기업도 소아적인 견지에서 벗어나 보다 대아적인 견지에서 기업운영이 요구된다. 인턴십 제도가 바로 정착되려면 기업은 우수한 인재를 뽑아 사용만 하려는 소극적인 태도보다 아직 우수한 인재가 아닌 보통사람이나 경험이 없어 취업기회가 주어지기 어려운 사람들에게 기회와 경험을 제공하고 능력을 키워 주는 적극적인 태도로 변해야 한다. 아울러 대학은 기왕에 자리를 잡아가고 있는 우리나라의 인턴사원제도가 효과적으로 운용될 수 있도록 학생과 기업을 잘 연계시켜 줄 수 있는 체제로의 전환과 제도를 마련함으로써 공정하고 효과적인 사원모집이 될 수 있도록 기업에 적극적으로 도움을 줄 필요가 있다. 기업과 대학은 인턴사원제 이외에도 모든 사회성원이 만족하고 공평하다고 생각되는 모집 및 선발제도를 꾸준히 연구 개발해 나가야 할 것이다.

장기적으로 인턴사원제도의 확산추세는 한풀 꺾일 것으로 예상되기도 한다. 이 제도는 본래 산학 간의 협력강화, 우수인재의 조기 발굴 및 육성, 기업이미지홍보, 기업의 인재상에 부합하는 신입사원 채용 등의 취지에서 시작되었으나 현실적으로는 구인난을 겪고 있는 첨단공학 분야의 인력을 경쟁사에 비해 한발 앞서 확보하려는 데 있었다. 그런데 첨단공학 분야의 인력난이 점차 해소될 것이라는 전망이 있기 때문이다. 여론도 인턴제의 확산을 전폭적으로 지지하고 있지만은 않다. 이런 추세에 따라 이 제도가 폐지되거나 일부 직종에 국한시켜 축소실시되리라는 전망이 조심스럽게 일고 있다(이종구, 17). 그러나 대대수의 기업에서는 이 제도로 인재확보와 기업홍보에 도움을 받고 있고, 채용에 따른 객관적 자료획득 및 평가가 가능하다는 등 긍정적인 평가를 하고 있어 문제점을 개선하고 보완하면서 계속 발전시켜 나갈 것으로 보인다. 우리는 인턴사원제도에 대한 올바른 인식을 갖고 보다 긍정적인 차원에서 이를 활성화해 나가야 할 것이다.

제 4 부
직무관리

제8장 직무설계

　월스트리트 저널과 NBC방송이 성인 2,025명을 대상으로 한 공동여론조사에 따르면 21세기 미국인들은 70대에도 일하고(87%), 남녀가 같은 임금을 받으며(63%), 주 4일 일하게 될 것으로 보았다. 이것은 앞으로 직장이 어떻게 달라질 수 있는가를 보여 준다.

1. 일과 존재의 의미

　철학자 마르셀(G. Marcel)은 사람이 매력이 있기 위해서는 존재로 가득차야 한다고 주장했다. 존재로 가득 차야 한다는 것은 가치 있는 일과 자기사명을 위해 전력을 다해야 한다는 것을 가르친다. 연애하는 사람은 부끄러움이나 체면을 잊고 사랑하는 사람을 열렬히 사랑한다. 마찬가지로 하는 일이 옳고 바르며 가치가 있다고 생각되면 물불을 가리지 않고 열심히 일하게 된다. 그 일에 자기의 모든 것을 건다. 사람은 이 점에서 동물과 다르다.

　어떤 사람은 왜 기쁘게 일하는가? 정보산업계에서 일하는 많은 사람들은 자신의 일을 마치 취미처럼 생각하며 즐겁게 일한다. 주말에도 일하는 직원도 있다. 열심히 일하지 않으면 해고당할까 봐 두려워서가 결코 아니다. 진정으로 일을 즐기기 때문이다. 그들은 테이블에 얹어 줄 팁을 벌기 위해서가 아니라 뭔가 특별한 것에 기여한다고 느끼기 때문에 열심히 일하는 조직을 만들기 위해 공동체 의식을 활용한다. 이것은 직장이 자기 자신보다 중요한 어떤 일에 참여하고 싶어 하는 인간의 욕구를 충족시켜 줄 때에만 가능하다. 정보산업계의 경영자들은 기업의 정의를 바꿈으로써 그곳에 속해 있다고 느끼는 사람들의 헌신과 충성이라는 별도의 이익을 얻어 내고 있다.

2. 일의 부하와 심리적 부담감

일 모두가 의미 있고 즐거운 것은 아니다. 의미 있고 기쁜 일이라 해도 일에 대한 부담이 너무 크거나 지나치면 문제가 발생하기 쉽다. 포브스(R. Forbes)는 일을 맡게 되면 심리적인 신호들이 발사된다고 주장한다. 일에 대한 부담이 너무 많아도 문제가 발생하지만 너무 적어도 문제가 발생한다. 따라서 가장 최적의 상태를 유지할 수 있는 부담이 좋다. 최적부담은 생산적인 의미의 스트레스 상태를 가져다주지만 과하부담이나 과적부담의 경우 비생산적인 스트레스 상태에 놓이게 된다. 이 경우 바람직하지 못한 행동들이 나타난다.

일의 부담 정도와 심리 상태의 변화

과하부담	최적부담	과적 부담
• 권태	• 유쾌	• 불면증
• 일에 대한 지나친 제한	• 높은 자극	• 흥분
• 변덕, 중단된 수면	• 정신적 각성	• 사고
• 흥분	• 높은 에너지	• 알코올 중독
• 자극의 감소	• 문제에 대한 현실적 분석	• 결근
• 알코올 중독	• 기억과 회상의 증가	• 식욕부진
• 사고	• 날카로운 지각력	• 무관심
• 결근	• 압박에 대해서도 평온유지	• 부자연스런 관계
• 식욕부진		• 그릇된 판단
• 무기력		• 실수증가
• 소극성		• 명료성 결핍
• 게으름		• 우유부단
		• 의기소침
		• 잠재성 상실
		• 희미한 기억회상

비생산적 행동양태는 매우 다양하다. 의사결정이 어렵고, 모든 일에서 도피하려는 공상이나 환상을 하게 되며, 술과 담배가 늘어 간다. 매사에 걱정이 많고, 신경과민으로 진정제를 지나치게 복용하게 되며, 적개심과 울화 등으로 갑자기 감정을 폭발하며, 가족 및 친구를 불신한다. 종종 약속시간

이나 마감일을 잊는다. 불필요한 감정이나 생각이 꼬리를 물고 일어나며 엉뚱한 행동을 하게 된다. 따라서 경영자는 종업원들의 심리상태를 잘 파악하여 관리할 필요가 있다.

3. 직무 무력화 현상

직무의 무력화(job impoverishment)는 각 직종에서 꼭 해야 할 일 본연의 업무 외에 잡다한 다른 업무에 시간을 빼앗김으로써 그 직종에 충실하지 못하게 만드는 것을 말한다. 이 개념을 제시한 드러커는 다음을 그 보기로 들고 있다(Drucker, 2000).

- 오늘날 간호사는 기본적으로 환자를 돌보는 일에 근무시간의 절반만을 할애하고 있다. 나머지 절반은 간호사로서의 기능과 지식을 요구하지 않는 보험처리 업무, 의료비청구 업무, 의료사고에 따른 소송관계 업무 등에 관련된 서류처리 업무에 시달리고 있다. 이런 상황인데도 간호사가 부족하다고 말한다.
- 강의와 연구, 그리고 학생지도에 시간을 바쳐야 할 대학교수들도 각종 위원회나 회의에 점점 더 많은 시간을 빼앗기고 있다. 이런데도 교수가 부족하다고 말한다.
- 백화점 점원들도 컴퓨터를 다루는 일에 많은 시간을 빼앗기고 있어 고객을 응대할 시간이 줄어들고 있다. 현장 판매책임자들도 각종 보고서를 작성하느라 고객을 위한 시간을 줄이고 있다.
- 엔지니어들도 작업장에서 한창 바쁘게 일해야 할 시간에 회의실 의자에 앉아 있다.

직무 무력화는 직무충실화가 아니다. 근로자의 의욕과 사기를 떨어뜨리고 생산성을 파괴한다. 간호사들은 환자를 간호하는 일을 제대로 수행하지 못하는 것에 대해 불만이다. 그들은 자신이 하는 일에 비해 보수가 너무 낮다고 말한다. 이에 반해 병원 관리자들은 간호사들이 실제 하고 있는 일이 특별한 훈련이 필요 없는 사무적인 일이라며 보수가 너무 높다고 말한다.

이 문제를 해결하기 위해서는 각 직능별로 제 할 일을 찾아 주는 것이다. 간호사들이 하는 서류처리 업무는 사무직 직원에게 넘긴다. 전화를 받고 병실을 정리하는 일도 직원에게 맡긴다. 간호사들이 본연의 업무, 곧 환자를 돌보는 일에 전념하도록 하는 것이다. 그렇게 되면 병원의 의료 서비스도 좋아지고, 간호사가 부족하다는 말도 나오지 않게 된다. 백화점 판매원이 하는 일은 고객서비스이다. 그들이 서류 등 잡다한 일에 매달리기보다 고객서비스에 집중하면 판매고는 높아지기 마련이다.

4. 부문 간 로테이션

부문 간 로테이션이란 타 부문의 업무를 실제로 체험하게 하여 시야를 확대하고 부문 간 커뮤니케이션을 활성화하는 방법을 말한다. 사무실 사원에게 생산부문·현장부문 ·영업활동을 체험케 하는 것, 연구원에게 공장이나 영업활동을 체험토록 하는 것, 생산부문 사원에게 영업활동을 체험토록 하는 것은 그 보기에 속한다. 파견기간은 경우에 따라 다르나 비교적 한가한 시즌에 실시하는 것이 좋다. 이 제도는 사원 한 사람을 오랫동안 파견하는 것보다 기간을 짧아도 많은 사원을 파견하여 기능한 한 많은 사원이 경험하는 것이 바람직하다. 이렇게 함으로써 부문 간의 심리적인 갈등을 약화시키고 전사적인 일체감과 연대감을 형성하도록 한다.

5. 유연사회와 직무의 유연설계

21세기가 어떻게 전개될 것인가에 대해 많은 관심을 나타내고 있다. 지금까지 여러 주장들이 있어 왔지만 21세기는 플렉시사회(flexisociety)와 모빌사회(mobile society)가 될 것이라는 것에 의견이 모아지고 있다. 이러한 사회변화에 대한 예견은 우리의 기존 고정관념을 깨뜨릴 뿐 아니라 그대로 조직의 변화와 이어지기 때문에 조직을 관리하는 경영자가 특히 관심을 두지 않으면 안 될 부분이다.

1) 플렉시사회: 플렉시타임과 플렉시플레이스

플렉시사회라는 단어는 신축성(flexibility)과 사회(society)를 결합시킨 것으로 신축성이 있는 유연한 사회를 가리킨다. 21세기는 거의 모든 영역에서 신축성이 예견되고 있다. 직업의 경우 종래에는 한 가지 직업을 택한 다음 죽을 때까지 그 직업에 종사하는 것이 보편적이었다면 앞으로는 생애의 과정에서 여러 가지의 직업으로 변모가 예상되며 이러한 경향은 심지어 생애의 한 과정에서도 여러 직업을 가지는 경향으로 나타날 수 있다는 것이다.

지금 우리는 한 분야에서 최고의 전문가가 되기 위해 노력한다. 그러나 앞으로는 20대, 30대 등 십 년 주기로 자기의 직업이 달라질 수 있다. 즉 20대에서는 회사원 생활을 하다가 30대에는 교수, 40대에는 변호사, 50대에는 저술가 등으로 활약한다. 심지어 같은 시기에도 여러 직업을 가질 수 있다. 일찍이 마르크스는 "각 사람은 일정한 전문적 활동영역을 가지는 것이 아니라 그가 원하는 부문에서 일할 수 있다. 각 사람은 기분에 따라 오늘은 이 일을 하고 내일은 저 일을 하며 수렵가나 어부나 목동이나 비평가가 되지 않아도 아침에는 사냥을 하고 오후에는 고기를 낚으며 저녁에는 가축을 먹이고 식후에는 비평을 할 수 있는" 사회를 상상했는데 이것이 가능해질 전망이다. 이것을 가리켜 플렉시잡(flexijob)이라 한다.

이것이 확산되면 한 사람을 여러 기업이 활용하는 방안도 있게 된다. 하버드 대학을 비롯한 여러 대학에서처럼 한 교수가 한 과에만 소속된 것이 아니라 여러 과에 소속되어 활동하는 것과 같다. 직업에 있어서 이러한 유연성은 생애계획 및 경력계획에도 유연성을 도입해야 한다는 것을 가르쳐 준다.

출퇴근의 성격도 크게 달라질 전망이다. 출퇴근의 경우 이미 자율출퇴근제, 곧 플렉시타임(flexitime)이 도입되었다. 삼성이 한때 7시에 출근해서 4시에 퇴근하는 조기출퇴근제를 실시했다 해서 주목을 끌었지만 이것은 모두가 그 시간을 지켜야 하기 때문에 엄밀한 의미에서 플렉시타임이 아니다. 플렉시타임은 출퇴근하는 시간대가 다르다. 한 직장 안에서도 일찍 출근해서 일찍 퇴근하는 사람, 정시 출퇴근하는 사람, 늦게 출근해서 늦게 퇴근하는 사람 등 여러 가지가 있어야 플렉시타임이라 할 수 있다.

LG전자, LG화학 등 LG에서는 플렉시타임을 채택하고 있다. LG그룹은 양 주력업체의 운영현황을 보아 가며 이 제도를 전 계열사에 확산시킬 예정이다. LG직원들은 누구나 자유롭게 하루 8시간 근무를 원칙으로 하되 오전 10시부터 오후 4시까지는 필수근무시간(core time)으로 지정하여 전 직원들이 누구나 근무해야 한다. 다만 매일 자유롭게 출퇴근시간을 정하는 것은 아니고 매 분기마다 자신의 출퇴근시간을 자율적으로 정해 놓고 지켜야 한다. 그러나 임원이나 팀장들은 적용대상에서 제외된다.

앞으로 국제화가 더 진전되면 세계의 모든 사람이 함께 자고 함께 깨어 일하는 것이 아니기 때문에 교대를 해서라도 24시간 근무를 해야 하는 시기가 도래할 것으로 예측되고 있다. 이때에는 출근시간의 신축성이 더 커져야 하므로 플렉시타임에 대한 요구는 더 많아질 것으로 보인다.

또한 근무지의 신축성이 요구되는 플렉시플레이스(flexiplace)도 무시할 수 없다. 컴퓨터 및 정보통신의 발달로 근무지가 꼭 사무실이어야 한다는 인식도 무너지게 된다. 일하는 곳이 자택일 수 있고, 거리일 수 있고, 상대회사일 수 있고, 혼자서 일하기 위해 마련한 스튜디오일 수도 있다. 플렉시플레이스의 경우 모바일 오피스(mobile office)가 유행이다. IBM의 플렉시무브(fleximove)나 한국썬의 플렉서블 오피스(flexible office) 등이 이에 속한다. 직원들은 개인 책상과 PC가 없다. 회사에 출근하면 예약 시스템에 접속해 그날그날 자신의 자리를 정한다. 비용과 사무공간을 절약하려는 아이디어에서 나온 것이다. 비벗포인트라는 업체는 호텔과 비슷한 비즈니스센터 임대업을 한다. 아셈타워 30층에 77개의 조그만 방을 빌려 한 달 단위로 빌려 준다. 각 방마다 PC, 팩스, 프린트 등을 갖춰 놓았다. 국내 진출을 앞둔 외국기업에 인기가 높다.

플렉시사회는 직장뿐 아니라 교육의 방식, 주거, 인간관계 등 여러 방면에서 지금까지 우리가 지키고 있는 생각과 관습에 일대전환을 요구하고 있다.

2) 모바일사회

모바일사회는 이동성이 큰 사회를 가리킨다. 이 사회는 활동적일 뿐 아니라 변화마저 큰 사회일 것으로 예견되고 있다. 앞서 언급한 플렉시사회도 모바일사회의 한 형태에 속한다.

다니엘 벨(D. Bell)은 21세기에는 일자리를 찾아 인구가 대이동을 하는 시대가 될 것이라고 하였다. 이것은 미래사회가 모바일사회가 된다는 것을 말하는 것인데 국제화가 진전될수록 인구이동은 자연적인 현상이 될 것이다. 지금까지 우리는 한국 사람이면 한국에서 뿌리를 내리고 죽을 때까지 이곳을 떠나지 않는 것이 마땅하다고 생각했다.

그러나 미래사회는 사람을 한 곳에 정착시키지 않을 심산이다. 하나님이 아브라함에게 "네 본토 친척 아비 집을 떠나라." 명령하신 것처럼 21세기가 우리를 향해 이제 그만 자리에서 일어나라고 말하는 것이다. 떠나야 할 곳은 일할 곳이 있는 곳이다. 그곳은 한 지역에 국한된 것이 아니라 세계 곳곳이다.

사람만 떠나는 것이 아니라 기업도 떠난다. 글로벌 경영시대에는 본사도 해외로 이주한다. 사람이나 기업이 철저히 국제화되는 것이다. 이렇게 되면 국적이 의미가 없어지고 본사라는 말도 의미가 없게 된다. 모빌사회에서 각광을 받을 지역은 지금까지 사람들이 자꾸만 모여드는 나라의 도시들이 아니라 개발이 필요한 오지일 가능성도 높다. 세계가 한 지붕 아래 있고 세계 모든 사람이 한 핏줄임을 확인할 날이 머지않다.

플렉시사회나 모바일사회는 정체된 사회가 아니다. 움직이는 사회이자 변화의 정도가 아주 높은 사회이다. 우리나라나 기업이 이제 국제화에 눈을 떠야 한다고 말하는 것도 이러한 세계의 변화에 뒤질 수 없다는 생각이 들었기 때문이다. 세계가 변화를 위해 뛰어가고 있는데 우리는 이제야 그들이 뛰어가는 모습을 보고 변화의 필요성을 깨닫게 된 것이다. 우리 기업도 긴 잠에서 깨어나야 한다. 그리고 더 큰 도약을 위해 준비해야 한다. 이를 위해 우리가 먼저 정체에서 동체로 체질개선을 하지 않으면 안 된다.

3) 소호형

작은 사무실이나 집에서 소자본, 소규모로 창업을 하는 소호(SOHO: small office home office)가 각광을 받고 있다. 소호는 개인적으로도 사업을 하지만 집단적으로도 사업을 전개한다. 집단적인 경우에는 전문 영역별로 클럽형식의 단체를 구성하는 것이 일반적이다. 능력을 갖추고 있으면서도 일감을 잘 찾지 못하는 경우가 많아 보다 안정적인 수입을 올리기 위해 클럽을 조직하는 것이다. 분야별 소호클럽에 가입하면 일감뿐 아니라 소호비즈니스를 시작하는 데 필요한 세금, 회계 등의 업무도 지원받는다.

예를 들어 디자인 소호클럽은 프리랜서나 소호차원으로 영업하는 디자이너들로 구성되어 있다. 이 클럽은 각종 로고제작업을 하는 로고뱅크사에서 디자이너들을 위해 만든 정보공동체이다. 로고뱅크는 디자이너들이 취약한 마케팅과 디자인 기획업무에 관한 업무를 일괄 지원하기 위해 만들었다. 디자인 소호클럽은 공동으로 일을 수주하고 각자의 사정에 따라 일감을 나눠 갖는 방식으로 활동한다.

우리나라에서는 소규모 창업자 지원과 권익을 보호하기 위한 소호연합회도 있다. 연합회는 전국의 소호업체를 분야, 업종, 인원별 등으로 총망라하여 조사하고 동종소호업자끼리의 동업이나 새로 소호비즈니스에 뛰어들려는 소호창업 희망자들에 대한 지원업무도 한다.

다음은 창업컨설팅 전문 컴테크에서 제시한 소호의 가장 큰 실패요인들이다. 이런 점들을 하나씩 제거해 나가면 소호경영에 도움이 된다.

- 무사태평 창업이다. 일단 시작만 하면 '어떻게 되겠지'라며 덤벼든 뒤 방황하다 침몰한다.

- 취미, 경력, 능력 등의 부문에서 자기와 연관관계가 없는 분야를 창업하면 백발백중 실패한다.
- 금전출납부, 비즈니스용 통장 등을 마련하지 않고 자금집행을 주먹구구식으로 하며 고객관리도 허술하다.
- 서비스는 적당히 하면서 PC통신과 같은 값싼 송신수단을 무시하는 등 컴퓨터를 전혀 사용하지 않는다.
- 추천장, 언론기관 기사, 상장 등 공인받는 것을 꺼려한다.
- 마케팅공부는 완전히 중단하며 가족들의 협조를 무시한다.

6. 시간설계

1) 주 5일 근무제: 5～40시스템

미국인들은 금요일만 되면 TGIF(Thank God It's Friday)라고 말한다. 이 말은 5일 40시간 근무제가 시작되면서 나온 말이다. 미국은 1930년 이후부터 주 5일 근무제, 곧 5～40제를 실시해 왔다.

우리도 주 5일 근무제 실시로 인해 주 5일 근무시대에 맞는 자기계발 프로그램 또는 주말 역량강화 프로그램이 도입되고 있다. 주말 역량강화 프로그램은 주 5일 근무제 도입으로 직원의 입장에서는 더 많은 여가시간이 주어지는 반면 회사의 입장에서는 그만큼 근무시간이 감소함으로써 타격도 함께 가해질 수 있다는 인식 아래 임직원과 회사에게 모두 윈-윈 할 수 있는 제도이다. 회사는 직원들의 기본능력 향상을 업무 외 시간에 도모할 수 있고, 임직원은 회사의 지원을 바탕으로 보다 더 알찬 여가생활을 할 수 있다.

삼성화재는 임직원 주말 역량강화 프로그램을 운영하면서 크게 국제화능력, 전문능력, 독서경영, 생산성향상 등 4가지에 초점을 맞추고 있다.

국제화능력을 강화하기 위해 외부학원과 연계해 토요토익과정을 전국적으로 개설하고, 토요중국어과정, 영어프레젠테이션 대회, 영어 우수학습자

사례를 공유한다.

전문역량을 강화하기 위해서 손해사정인 및 보험계리인 등 각종 금융자격대비반을 설치하고 자율학습 및 사이버교육을 실시한다.

독서경영은 일상적으로 책을 접하고 정신적 자산을 증대시킬 수 있는 계기를 마련해 주는 것이다. 독서경영을 활성화하기 위해 외부 온라인 업체와 연결하여 임직원을 대상으로 도서요약본 서비스를 제공하고, 사이버 독서클럽을 개설하여 책에 대한 정보 및 감상을 공유하도록 하며, 화제의 책 저자를 초청해 특강을 한다.

생산성 향상의 경우 임직원들의 올바른 기업관과 가치공유 프로그램을 통해 윤리경영을 실천함으로써 장기적인 생산성 향상을 도모하도록 한다. 이를 통해 토요휴무가 생산성 향상과 무관하지 않음을 가르쳐 준다.

2) 4~40제

1956년 닉슨 대통령은 일주일에 4일만 근무하는 이른바 4~40 근무제를 선거공약으로 내걸기도 했다.

독일경제가 침체국면에 들어서고 고용여건이 악화됨에 따라 노동계를 중심으로 주 4일 근무제를 도입해야 한다는 주장이 제기된 바 있다. 독일노조총연맹(DGB)은 지난 94년 자동차 메이커인 폴크스바겐이 주 4일 근무제를 시행함으로써 2만~3만 명이 일자리를 유지할 수 있었다고 밝히고, 노동시간 단축을 통한 일자리 나누기 방식이 효과가 있을 것이라며 이 제도시행을 촉구했다.

그러나 노조 측의 주 4일 근무제 도입 주장에 대해 재계와 보수야당들은 반대 입장을 표명하고 있다. 재계를 대변하는 독일산업연맹(BDI)의 경우 노동시간 단축은 실업문제를 해결하기 위한 올바른 방식이 아니라고 지적하고 있고, 독일사용자협회(BDA)의 경우 기업들은 주 35시간 근무제로 인한 후유증을 아직도 겪고 있다고 강조했다.

야당인 기민당은 독일 노동자들은 이미 세계에서 가장 짧은 법정 노동시간을 갖고 있다면서 노조 측의 주 4일 근무제 도입 주장은 터무니없는 요구라고 말한다.

3) 주 35시간 근로제

프랑스 국회는 주 35시간 근로제를 통과시켰다. 마르틴 오브리 당시 고용 장관의 이름을 따서 '오브리 법안'으로 불리는 이 근로시간 감축법은 1997년 집권한 리오넬 조스팽 사회당 정부의 핵심 선거공약이기도 했다. 현재 주당 39시간으로 되어 있는 법정 근로시간을 종업원 20명 이상 기업은 2000년 1월부터, 그 외 기업은 2002년 1월부터 주 35시간으로 조정한다는 것이 그 골자다. 앞서 5만 2천 명 이상의 종업원을 가진 대기업들은 이미 근로시간을 주당 35시간으로 축소 조정했다.

주 35시간 근로제는 개인당 근로시간을 줄여 부족한 일자리를 여러 사람이 나눠 갖자는 데 목적이 있다. 노동시간을 줄이면 20명이 할 일을 22명이 하게 되어 2명을 더 고용할 수 있게 된다. 오브리 장관은 그 효과로 45만에서 75만까지 신규고용 창출을 낙관했고, 칸 경제장관도 25만 정도로 신중하게 추산했다. 정부는 이를 위해 기업에 보조금과 각종 인센티브를 준다.

현재 미국인보다 41일이나 더 적게 일하고 있는 프랑스 근로자들은 앞으로 1년 12개월 중 5개월은 휴가를 즐기게 되는 셈이다. 글로벌 경쟁체제에서 휴가를 많이 갖는 것은 자살행위와 마찬가지라는 생각도 들겠지만 노동계약을 통해 노동시간을 계속 줄여 온 프랑스는 98년도에 약 3%의 경제성장률을 유지했을 뿐 아니라 실업률도 지난 7년간 최저인 11%로 떨어뜨리는 성적을 올려 비판의 목소리를 잠재우고 있다. 그러나 현재 프랑스 경제가 나아진 것은 느슨한 유로화 통화정책과 일부 기업에서 도입한 미국식 자본주의 때문이며 임금이 오를 대로 오른 프랑스에서 이 조치가 성공하려면 생산성이 기업의 추가비용을 흡수할 수 있을 정도로 상승해야지 그렇지 않으면 기업들이 시장지배력을 잃고 쇠락하게 되어 장기적으로는 실업률이 더 높아질 것이라는 비판도 있다. 나아가 36년 전의 인민전선 정책과 비슷한 이번 노동시간 단축은 이미 실패한 것으로 검증된 '피난처의 경제학'을 무덤에서 다시 끄집어내는 것이라고 말하기도 한다.

하지만 현재 지식인 사회에서는 대체로 이 제도를 환영하고 있다. 작가 피에르 상소는 정처 없이 거닐고 꿈꾸고 뭔가를 기다리고 사물을 찬찬히 들여다볼 수 있는 인간의 기본권이 더욱 확대되어야 한다고 주장한다. 시라크 대통령도 쉰다는 것은 중요한 비즈니스이며 여가의 질이 우리의 존재를 지배한다고 말한다.

노동시간 단축에 대한 반대도 만만치 않다. 프랑스 저임금 노동자는 근로시간 단축에 반대하고 있다. 기업들이 35시간 노동을 지키기 위해 퇴근 후 집에서 일하게 하는 등 편법을 사용해 사회생활과 가정생활이 더 피폐해지고 있다는 것이다.

4) 집중근무제

SK상사는 오전 2시간 동안 담당업무에만 전념하는 집중근무 시간제를 실시하고 있다. 매일 오전 9시 30분부터 11시 30분까지 2시간 동안 실시하는 이 집중근무 시간에는 업무와 관계없는 사내방문, 사적인 전화, 외출, 잡담, 커피 등이 일체 금지된다. 회의도 하지 않고 담배도 피울 수 없다. 오직 자신이 맡은 업무에만 열중해야 한다.

이 제도는 상사 비상대책위원회가 질적 비용절감과 의식전환을 위한 행동지침의 하나로 도입한 것이다. 이것은 직원들에게 근무기강을 확립하고 시간개념을 철저히 인식시키는 데 의의가 있다.

5) 변형근로제

변형근로제는 탄력적 근로시간제, 선택적 근로시간제 등 여러 유형이 있다.

선택적 근로시간제를 택한 경우 근무시간대를 합리적으로 조정해 운영함으로써 팀 인력 운영의 효율성과 업무의 질적 향상을 기할 수 있다. 개인적으로는 여가활동과 자기계발 활동에 많은 시간을 할애할 수 있다.

변형근로시간제가 정착되려면 도입에 앞서 철저한 사전계획과 해당 적용 업무 구분을 명확히 설정해야만 본래 취지에 맞게 효과적으로 운영될 수 있다.

변형근로제

	탄력적 근로시간제	선택적 근로시간제
운영절차	- 회사와 근로자 대표 간 서면합의 - 월 소정 근로시간 범위 내에서 일자별 근로시간 사전 일괄작성 (월간 가동계획 수립)	- (좌동) - 월 소정 근로시간 범위 내에서 일자별 근로시간 매일 설정
근로시간	- 1개월 이내 단위시간을 평균하여 주 44시간 이내 근로 - 1주 56시간, 1일 12시간 범위 내 근로(일자별 작업물량 예측가능업)	- (좌동) - 특정주, 특정일 근로시간 제한 없음 (일자별 작업물량이 불규칙적으로 변동하는 업무)

7. 창의적 근무환경

창의적 근무환경 조성을 위해 자율복장제, 토요휴무제, 장기근속자 대상의 리프레시 휴가제, 제안제도 등을 운영한다.

실리콘밸리 등 미국 내 첨단사업관련 기업에서 공통으로 발견되는 캐주얼 복장 등 자유스러운 기업문화는 생산성과 창의력, 격식보다는 결과를 최우선시하는 미국식 실용주의의 집약된 표현이라는 지적도 있다. 그러나 이 자유스런 분위기가 자칫 통제 불능으로 이어질 수 있다는 우려도 있다.

이러한 제도적·물리적 근무환경 외에 구성원이 담당업무의 성과를 높이는 데 중요한 영향을 미치는 의욕, 부서장의 관리역량, 패기, 가정, 건강 등 정서적·심리적 요소에 관심을 둘 필요가 있다. 각 부서장들에게 소속 구성원의 정서적·심리적 요소에 대한 관리를 필수적인 것으로 설정하여 부서장의 관리역량을 드높이도록 지원한다.

제9장 직무분석과 직무평가

1. 직무분석

　선진국에서는 각자의 역할과 책임을 엄격한 직무분석을 통해 명문화해 누가 시키지 않아도 자신이 맡은 일을 효율적으로 수행하도록 하고 있다. 따라서 스스로 전문가가 되든지 아니면 전문가의 도움을 받으려고 노력한다. 직무분석은 아래 그림과 같이 모든 인적자원관리의 기초가 된다.

직무분석과 다른 인적 자원기능과의 관계

　직무분석을 하고 있지만 그에 대한 효과는 매우 미지수인 상태이다. 직무 중심의 인사제도가 활성화되지 않아 직무를 분석해 놓고서도 그것을 어디에 활용할지 알 수 없는 상태이다. 따라서 직무기반의 인사제도가 확립되고 이것을 강력하게 추진할 필요가 있다.

　직무기반의 인사제도가 시행되려면 직무분석 및 평가를 통해 직무급을 운영하고자 하는가, 직무를 채용 단위로 설정하고자 하는가, 직무를 연결한 직무경로를 구성하고자 하는가 하는 여러 질문에 긍정적이어야 한다.

　직무분석의 경우 그 목적을 명확히 하지 않고서는 그 효과를 기대할 수 없다. 직무분석의 결과를 인원효율화에 활용할 것인가, 직무분류를 통한 직무기반의 보상정책을 운영할 것인가, 경력개발에 활용할 것인가 하는 점들이 사전에 검토되어야 한다.

　직무분석을 위해서는 직무분석에 관련해 전문성을 확보하는 것이 중요하다. 직무를 분석하는 사람들이 각 분석 대상 업무에 대한 전문성을 가지는 것이다. 직무를 분석하는 인력들은 직무분석 기법에 대해 통달하고, 분석대상의 업무가 어떤 전략적인 방향 아래 수행되어야 하는지 어떤 프로세스로 흘러가야 하는지 전문성을 가지고 분석할 필요가 있다. 그리고 직무분석의 결과물이 실제 그 업무를 혁신하는 아이디어로 연계되어야 한다.

HP는 직원의 역할, 책임 등 200여 가지로 분류해서 정리한 직무기술서를 사용한다. 또 개개인에게는 담당고객, 수주량을 구체적으로 정한 포지션 플래닝(position planning)을 적용한다. 모든 자리가 정밀기계처럼 돌아가도록 한 것이다. 특히 직무분석은 전 세계 HP 어느 조직에도 공통되도록 미국서 개발해 전 세계에 인터넷을 통해 공급한다.

미래 직무분석의 방향은 전략성에 있다. 즉 전략적 혁신의 관점에서 직무분석이 수행되어야 한다. 직무분석가는 기업의 전략적 방향이 무엇이며 이를 달성하기 위해 해당직무는 어떻게 혁신되어야 하는가를 살피고 그에 대한 답을 찾아내야 한다. 직무분석이 비즈니스 리엔지니어링이 되어야 한다.

나아가 직무분석이 다른 인사 프로그램들과 연계되어야 한다. 직무분석의 활용가치를 높이기 위해 직무분석의 결과를 채용, 보상, 교육 등에서 어떻게 활용할지 살피고 그런 다음 직무분석이 이루어지고 새로운 직무가 설계되어야 한다. 직무분석가는 비즈니스 전략가이자 주제관련 전문가가 되어야 한다. 직무분석은 과거처럼 인사부서에서만 수행하는 업무파악 수준의 과제가 아니라 해당 업무를 어떻게 전략적인 방향으로 혁신할 것이며 그 혁신적 방향으로 인력을 끌고 가기 위해 어떤 인사정책이 요구되는지 살펴야 한다.

2. 직무평가

직무평가에 있어서 평가 척도는 기둥과 같다. 따라서 그 척도에 대해 깊이 있는 검토가 요구된다. 다음은 기본적으로 인정되는 평가 척도들이다.

1) 직무만족

직무만족을 측정함에 있어서 봉급, 작업조건, 감독, 지위, 안전 등 직무외 재적인 것도 중요하지만 보다 중요한 것은 성취감, 인정, 도전감, 책임감, 성장 및 발전 가능성, 발전감 등을 줄 수 있는 직무내적 요소라는 것을 인식하고 이런 쪽으로 직무를 설계하고 조직성원을 능동적인 성원으로 성숙시킬 필요가 있다. 초전문화와 정예화를 추구함에 있어서 최고경영층은 성원의 직무만족에 대해 보다 차원 높은 관심을 가져야 한다.

2) 직무성과

직무성과는 조직의 효율성과 유효성을 측정하는 데 중요한 단위가 된다. 직무성과에 대한 측정은 목표달성접근법, 체계접근법, 전략적 환경요소접근법, 경쟁적 가치접근법 등 여러 방법들이 있는데 조직의 경우 기존방식인 목표달성접근법보다는 체계접근법이나 전략적 환경요소접근법 등 보다 환경을 의식한 방법을 사용하여 직무성과를 측정할 필요가 있다.

3) 이직률

현재 조직성원이 가지고 있는 조직의 미래에 대한 불안감과 조직의 관료형 문화는 자발적 이직 성향과 결코 무관하지 않다. 그러나 경영의 슬림화 및 다운사이징 추세는 자발적 이직보다는 비자발적 이직을 발생시킬 가능성을 높여 주고 있다. 이직요인은 개인요인도 있지만 직무내용, 작업환경, 그리고 조직전체에 관련된 요인들이 있으므로 이직요인을 철저히 규명할 필요가 있다.

4) 결근율

결근율은 이직률과 함께 조직성원의 사기와 문제점을 파악하는 데 도움이 된다. 결근이나 이직은 개인적인 차원일 경우라도 그것이 조직에 대한 불만 및 문제와 연관될 수 있음에 유의해야 한다.

5) 동기부여 및 기타

동기부여는 조직에 있어서 중요한 평가척도가 되고 있다. 동기부여의 방향이 저차원적 욕구에 치중되어 있는지 고차원적 욕구에 치중되어 있는지를 파악하여 보다 고차원적 욕구를 지향하도록 조직을 구조화할 필요가 있다.

제 5 부
인사고과와 성과관리

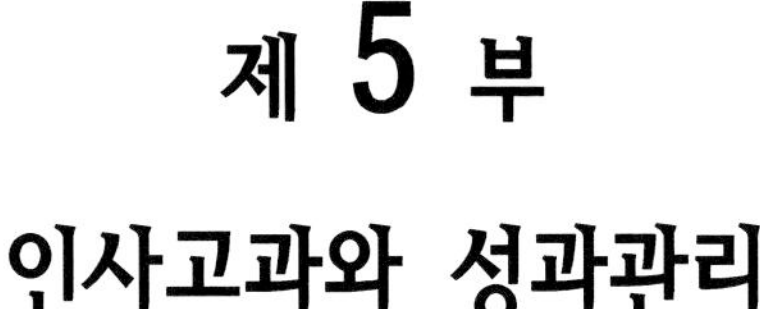

제10장 인사고과

　21세기 외국강국을 목표로 발 벗고 나선 일본은 총리실 주관으로 학계, 언론계, 대기업 등 33명의 민간 전문가들로 '21세기 일본의 목표위원회'를 만들었다. 이 위원회가 작성한 '외무성 개혁요강'에 따르면 50여 개의 본부 및 재외 공관 직책에 대한 직위공모제 실시, 부하 외교관이 상사를 평가하는 다면 평가제 도입 같은 개혁방안을 정부에 건의했다. 태국 정부도 최근 직위공모제와 다면 인사 평가 등을 도입해 외교 조직에 대수술을 가하고 있다.

　평가체계는 조직문화에 가장 적합하고 시장 환경에 유연하게 대응할 수 있도록 구성하는 것을 목표로 한다. 평가시스템은 공정하고 누구에게나 투명하게 만들어져야 한다. 개인의 능력과 성과를 철저히 반영할 수 있어야 하며, 조직 전체 시스템 및 프로세스에 적응할 수 있는 요소를 갖추고 있어야 한다.

　평가의 시작은 모든 구성원들이 평가기간 초기 시스템 내에 있는 자기평가서의 업적목표 및 역량의 비전을 계획, 설정하는 것으로부터 시작한다. 이러한 목표나 계획은 구성원 임의로 이루어지는 것이 아니라 평가자들의 토론 및 합의에 의해 이루어진다.

　기업은 기본적으로 직무중심의 성과지향형 인사제도를 구축하고 있다. 성과와 역량중심의 평가체제의 구축이다. 이를 위해 전사공통의 핵심역량, 계층별 핵심역량, 직군별 핵심역량으로 구분하여 각각의 다양한 요소 중 부서와 직군별 특성에 따라 선별적으로 항목별 가중치를 적용하여 실시한다. 업적평가는 회사의 목표와 개인의 목표를 MBO 관리제도에 의해 일치시키는 작업으로 개인의 조직기여도를 중점적으로 평가한다.

1. 웰치의 인사 철학

GE의 웰치 회장은 철저한 사원평가와 분명한 보상을 인사 철학으로 삼고 있다. 그는 "양손에 비료와 물을 들고 꽃을 가꾸되 아름다운 정원이 되지 못하면 잘라 버리는 것, 그것이 경영이다."라고 말할 정도로 보상과 퇴출의 선이 분명하다.

웰치는 금융, 방송, 가전제품, 의료기기 등 모두 12개 부문에 걸친 미국의 대표적 기업 GE를 각 부문에서 모두 1, 2위로 끌어올린 경영의 귀재이다. 그는 철저한 신상필벌의 계기를 초창기 사원 때 경험에서 찾았다. 신입사원 시절 연말에 똑같이 1,000달러씩 임금이 인상됐을 때 그는 '이 회사는 내가 있을 곳이 못 된다.'고 생각하고 그만 두고자 했다. 하지만 당시 상사가 만류했고 그 후 이런 일률적 인상조치는 없었다. 따라서 그는 사원들에게 "스스로 희생자라는 느낌이 들면 손을 들어 분명히 의사를 밝히라."고 말한다. 끝내 희생자라는 느낌을 지우지 못하면 GE를 떠나되 회사로선 항상 이런 식으로 직원을 놓치는 관리자도 솎아 내려고 시도한다.

그는 하루 일과의 절반 이상을 8만 5천 명에 달하는 관리, 전문직군에 대한 인사관리에 쏟고 있다. 1(최고)~5(최저)등급 중 3등급(50%)이 가장 많은 곡선형 평가체제를 통해 1등급(10%)과 2등급(15%)에게는 스톡옵션이 주어진다. 하지만 4등급(15%)은 주의 요망대상이고, 5등급(10%)은 다시는 보고 싶지 않은 사원들로 가차 없이 해고된다.

그의 인사 철학은 다음과 같다.

- 희생자라는 생각을 가진 사원은 회사를 떠나라
- 최우수 사원은 진급시키고 최악의 사원은 퇴출시켜라
- 포물선형으로 사원들의 등급을 매겨라
- 사원들에게 다양한 아이디어를 내놓게 하라
- 업무성적에 대해서는 표창과 보너스로 보상하라

2. 메리트시스템

우리의 임용이나 승진에는 연공서열제도가 우세였지만 앞으로는 메리트시스템(merit system)으로 확산되고 있다. 건전한 메리트시스템으로 나가기 위해서는 그것에 대해 불건전하게 영향을 주는 다른 시스템에 대한 연구가 필요하다.

미국에서는 엽관제(獵官制)라 불리는 스포일시스템(spoils system)이 있었다. 이것은 선거에서 이긴 정당이 당파적 정실에 따라 공직을 임명하는 정치적 관행을 말한다. 오늘 일부 벤처조직도 이 시스템으로 갈 확률이 높다. 먼저 누구와 함께 시작했느냐에 따라 대우가 달라지기 때문이다. 이 제도를 처음 시작한 것은 토마스 제퍼슨이었다. 그는 대통령에 취임하자 공직들이 자신이나 자기 당에 적대적인 사람들로 채워져 있는 것을 발견하고 그의 지지 세력으로 바꾸었다. 7대 대통령 잭슨은 연방정부가 뉴잉글랜드 및 남부지주들의 이해를 대표하는 사람들에 의해 지배되고 있는 것이 못마땅해 대통령이 임명할 수 있는 612개의 공직 중 252개를 교체했다. 스포일시스템이란 당시 잭슨의 인사정책을 지지한 마시 상원의원이 “전리품(spoils)은 승자의 손에”라는 구절에서 유래되었다. 이 말은 로마시대에 유행했던 말이었다. 링컨 대통령은 1,639개의 공직 가운데 1,457개를 갈아 치워 역대 대통령 가운데 최대의 기록을 세웠다.

그러나 이 관습은 20대 대통령 가필드가 염관운동에 실패한 불만자의 손에 암살됨으로써 반성이 일게 되었다. 이 사건으로 인해 1883년에 팬들턴법이 통과되어 전문직 능력으로 공직을 임용하는 이른바 메리트시스템(merit system)으로 전환되었다.

일반적으로 엽관제는 집권정당이 선거공약을 실천하는 데 효율적이고 당파적 기율을 강화하여 정당을 활성화하는 데 효과적임을 강조해 왔다. 고정된 관료제의 특권의식을 막는다는 민주주의적 의의도 가지고 있었다. “나는 공직자들이 경험에 의해 얻는 것보다 그 공직에 오래 있음으로써 잃는 것이 더 많다고 생각한다."고 한 잭슨 대통령의 말은 이것을 입증한다. 그러나 이 정실임용은 차츰 금권과 결합하면서 부패를 낳기 시작했고, 직책수행능력과는 상관없이 임명됨으로써 행정의 능률을 떨어뜨림은 물론 공직자의 당파성을 조장하는 폐해를 낳았다. 오늘의 벤처조직이 능력 및 성과보다 정실을 따질 때 이러한 부패고리에서 벗어날 수 없다. 따라서 이러한 유혹으로부터 과감히 벗어날 수 있어야 한다.

3. 팀 평가제

팀 평가 내지 본부단위의 평가는 팀 목표 및 미션달성을 평가하는 것을 말한다. D전자는 팀제를 활성화하기 위해 팀의 일상 업무 및 혁신과제를 각각 50 대 50의 비율로 선정해 목표대비 달성도에 따라 4단계로 평가등급을 부여하여 보너스를 차등 지급한다.

4. MAP

MAP(management assessment program)은 부하가 상사를 평가하는 제도이다. '다른 사람을 평가하는 사람은 역으로 자신도 그 사람들에 의해 평가받는다.'는 것을 원칙으로 실시하는 상향평가이다. 상향평가는 대내 업무능력, 외부 비즈니스 역량, 매니지먼트 역량 등을 포괄하고 있다. 대내 업무능력에는 업무지식과 전문성, 책임의식, 업무계획 및 우선순위 결정 능력을 따진다. 외부 비즈니스 역량에는 비즈니스 통찰력과 변화 대처능력을 본다. 그리고 매니지먼트 역량에는 인재관리, 직원의 능력개발, 팀워크 및 협동성을 평가한다.

5. 자기평가시스템

부하에 대한 상사의 평가가 아무리 객관적으로 평가되었다 하더라도 부하의 입장에서 보면 항상 불평불만이 남게 된다. 사람은 누구나 자신을 좋게 평가하려는 자기애를 가지고 있기 때문이다. 자기평가시스템은 인사고과에 따른 불평불만을 적게 하려는 방법으로 상사가 비밀리에 일방적으로 부하를 평가하는 것이 아니라 먼저 부하들 각자에게 자기 자신의 성적과 능력, 근무태도를 회사가 직종별로 마련한 평가표의 평가항목에 따라 평가하게 하고 그 평가를 근거로 상사가 부하를 평가하여 고과에 반영하는 방법이다. 상사는 부하가 자기의 능력을 과소 또는 과대평가하는 경우 그것을 솔직하게 지적하여 앞으로의 능력개발의 방향을 제시한다.

자기평가는 업적과 역량을 두 축으로 하는 평가이다. 따라서 자기평가는 개인 업적평가와 개인 역량평가 두 가지 항목으로 운영된다.

개인 업적평가는 목표 대비성과를 중심으로 이루어진다. 목표 대비성과 지표에는 프로젝트의 완성도, 난이도, 스피드, 달성하기 위한 코워크(co – work) 수준 등을 포괄하는 정성적 평가와, 매출과 비용지표와 서비스지표(페이지뷰, 서비스 질 향상지표, 클릭 수) 및 아이디어와 제안 수 등을 모두 포괄하는 정량적 평가로 나누어진다.

개인 역량평가는 네트워크형 수평문화, 역량, 리더십, 기타 항목으로 나뉘어져 각각에 대해 평가를 받는다.

네트워크형 수평문화는 자신의 업무와 관련된 팀 및 담당자들과 수시로 정보를 공유하고 토론하여 가장 합리적인 의사결정을 내리는 것으로 이를 위해 사고, 커뮤니케이션, 의사결정, 실행, 책임에 있어서 얼마나 적극적이고 창의적이며 유연하고 열려 있는 마인드를 가지고 있는가를 평가한다.

역량의 경우 성공적인 또는 모범적인 성과를 달성하기 위해 지식, 기술, 사고방식, 마인드 셋, 태도를 보유하고 있고 이를 개발하기 위해 노력하는가를 평가한다. 이에 대한 평가항목은 현재의 미션과 업무를 성공적으로 달성하기 위해 충분한 역량을 보유하고 있고 이를 업무에 적극 활용하고 있는지 그리고 미래의 미션과 업무를 성공적으로 달성하기 위한 충분한 역량을 획득하기 위해 노력하고 개발하는지 평가한다.

리더십은 업무를 맡고 있는 당사자가 회사 및 업무에 대해 얼마만큼 커미트먼트를 가지고 있는지, 목표창출 능력 및 달성능력은 어느 정도인지, 관리능력을 포함한 매니지먼트 능력은 어느 정도인지를 평가한다.

6. 다면평가제

공기업은 물론 민간기업 사이에서도 다면(多面)평가 제도를 운영해 상당한 성과를 올리고 있다. 360도 평가제 또는 전 방위 평가제라고도 불리는 다면평가제는 연봉제 확산에 따라 공정하고 객관적인 인사 평가를 위해 상사는 물론 동료·부하·고객 등으로부터 모두 인사 평가를 받는 것을 가리킨다. 다면평가제는 전 방위 평가제 또는 360도 평가제라 불리기도 한다. 외국의 경우 GE·IBM·존슨&존슨 등 포천 1,000대 기업의 90% 정도가 일부 또는 전체적으로 다면평가제를 도입하고 있다.

다면평가는 선진기업에서 일반화되어 있는 평가도구로 평가자와, 상사, 동료, 부하, 내·외부 고객 등 가장 가까이서 접촉하는 사람들이 피평가자에 대한 능력·지식·행동유형 등을 평가하고 피평가자는 이 평가결과를 피드백 받아 자신이 갖고 있는 장점과 부족한 부분을 이해하여 스스로 발전계획을 세우는 360도 피드백제도이다.

이 제도는 후배, 동료, 상사가 모두 5점 만점씩을 기준으로 평점을 매겨 능력을 측정하는 인사고과방법이다. 임원승진이나 리더십을 평가하기 위해 도입된 다면평가방식이 승진 인사자료로서만 사용될 것이 아니라 사원 재교육 등 여러 인사제도에도 도입될 전망이 높다. 이 밖에 인사고과에 목표관리를 도입해 측정 가능한 결과로서 직원들의 활동을 평가하기도 한다. 전방위평가는 동료평가 및 상향평가를 기반으로 한다.

기업에서 평가제도는 크게 업적평가, 역량평가, 조직평가, 다면평가, 고객만족도평가 등 다양하게 전개되고 있다. 업적평가는 정량적으로 측정된 결과가 평가기준이 되므로 객관적인 결과의 공정성을 기할 수 있다. 반면 역량평가는 개개인의 행동유형에 따른 수준이 평가의 측정기준이 되므로 부득이 평가자의 주관적 판단이 개입될 수밖에 없다. 이러한 개개인의 각기 다른 판단기준은 평가결과에 부정적인 영향을 주게 된다. 역량평가에서 나타날 수 있는 평가자의 주관적인 관점과 행동을 바라보는 판단기준, 공정성 등의 문제점을 보완하고 역량에 대한 활용 및 평가결과의 수용성을 높이고자 다면평가를 도입하게 된다.

다면평가제가 확대되고 있는 것은 연봉제 완전 실시를 앞두고 인사고과 평가를 정확히 하고, 느슨한 근무분위기를 크게 개선하고자 하는 데 뜻을 두고 있다. 이로써 상사도 부하 직원을 두려워하는 태도가 늘어 가고, 상사뿐 아니라 팀원들로부터 인정을 받으려는 움직임이 커지고 있다.

평가자의 선별은 피평가자가 소속된 조직 내에서 무작위로 선정하는 방식과 피평가자가 소속한 조직 밖에서 평가자를 선정하는 방식으로 나뉜다. 즉 피평가자는 회사에서 선정한 조직 내 평가자와 자신이 선정한 조직 외 평가자에게 평가를 받게 되는 것이다.

평가는 대개 연 1회 실시하며 사내에 네트워크로 구축되어 있는 그룹웨어 시스템을 활용한다. 평가 종류는 자신이 평가항목별로 스스로를 체크하는 자기 평가방식인 본인평가와, 팀원들이 팀장을 대상으로 상향평가를 하는 상사평가, 팀장을 제외한 팀원 간의 수평 평가방식인 동료평가로 구분된다. 또한 평가자는 자신을 제외한 모든 직원들과 고객으로 구성된 평가자 풀로부터 평가를 진행하게 된다. 이때 평가항목은 일반용 질문지와 리더용 질문지로 구분된다.

다면평가 항목은 공통, 일반(직무), 리더십 역량 등 다양하게 구성하여 보다 객관적 평가가 가능하도록 하고 있다. 역량은 크게 조직의 성공, 개인의 성과 향상에 필요한 행동특성이 되는 능력(competencies)과 특정한 행동을 유발하는 내적 특성인 인성특성(personality characteristics)이다. 두 부문에 적절한 비중을 두고 상사, 동료, 고객에서 얻을 수 있는 다각적인 관점의 결과를 반영한다.

능력에는 관찰과 측정이 가능한 사업 감각, 고객에 대한 이해, 협력, 리더십 등과 같이 업무성과에 직접 영향을 미치는 구체적인 행동유형이다. 관찰할 행동유형에 따라 여러 평가범주로 구분되고, 각 범주별로 세부항목의 질문형태가 주어진다. 항목별 행동유형은 여러 단계 척도로 측정해 중심화 경향을 방지하고 변별력을 높이도록 하는 것이 좋다.

인성특성은 측정 및 개발이 어렵지만 간접적으로 업무의 성과 및 동기유발에 영향을 미치는 것으로 자신감, 스트레스내성, 활력 등이 있다. 평가자가 평가항목에 대해 관찰되지 않았거나 측정하기 곤란한 항목이 있을 경우 해당 항목을 평가에서 제외할 수 있도록 하고, 이 경우는 전체 결과산정에 포함시키지 않는다.

평가자로부터 취합된 결과는 인사팀을 통해 분석되고, 이 결과는 피평가자 개개인에게 도표와 그래프를 활용한 다양한 분석 자료와 함께 제공된다. 평가결과는 피평가자 자신, 회사, 조직 내외, 성별, 부문별 등 다양한 형태의 정보단위 그룹으로 나뉘어 쉽게 판별할 수 있도록 한다. 아울러 가장 우수한 항목과 가장 부족한 항목, 그리고 자신과 평가자와의 결과에 대한 갭이 큰 항목 등으로 제시된다.

특히 갭 분석(gap analysis)은 피평가자가 우수하다고 판단하여 소홀히 할 수 있는 항목에 대해 평가자와의 관점의 차이를 보여 줌으로써 자신의 판단이 잘못되었다는 인식을 갖고 보다 적극적으로 보완할 수 있는 기회를 준다. 반대로 피평가자는 부족하다고 생각하여 개발을 위해 많은 노력을 하고 있지만 평가자의 관점에서 우수하다고 판단될 경우 보다 부족한 부분에 역량개발을 할 수 있도록 해 준다는 점에서 바람직하다.

평가결과를 피드백 받은 개인은 부족한 항목에 대한 개발계획을 수립하여 제출토록 한다. 이렇게 제출된 개발계획은 다음 해 역량평가 시 실행 및 달성 여부를 체크하여 성과평가에 반영한다. 회사도 다면평가 결과를 바탕으로 경영교육프로그램을 설계하여 구성원으로 하여금 부족한 핵심역량을 높이도록 하는 것이 바람직하다.

이렇게 얻은 평가결과는 상하좌우 커뮤니케이션의 활성화 및 상호신뢰 확보를 통해 조직역량을 향상시키고 리더십 향상은 물론 미래 리더의 선발 기초자료 및 조직리더의 배치전환을 위한 자료로 활용한다. 다면평가는 역량평가에서 개발까지 보다 합리적인 접근을 위해 운영되고 있는 만큼 피드백을 통한 자기계발, 리더십 및 행동스타일의 변화를 위해 널리 사용되고 있다. 구성원들로부터 평가 분석된 역량은 경력개발계획과 선발, 배치, 승진에 활용되어 회사의 전체적인 전략적 인력운용의 자료가 되고 있다.

한국중공업은 상하직급은 물론 같은 직급 간에도 서로 업무수행능력을 평가하는 전 방위평가제를 도입했다. 이 제도는 상사가 부하직원을, 부하직원이 상사를 평가하는 것 외에 동료직급 간에도 상호 평가하도록 한 것이다. 그동안 상사가 부하직원을, 부하직원이 상사를 평가하는 다면평가제를 도입한 기업은 있었지만 동료직급 간에 서로 평가하는 제도를 도입한 경우는 많지 않았다.

전경련이 경제단체 중 처음으로 인사고과 때 상사와 동료에 대한 평가를 포함시켰다. 지금까지 상사가 부하직원을 평가하는 하향식 인사고과만 해왔으나 상사 및 동료의 능력과 태도에 대한 평가를 추가하고, 스스로에 대해서도 직무만족과 능력개발목표 등을 평가한 자기신고서를 함께 제출토록 했다. 평가대상 상사는 직속 팀장으로, 임원은 일단 제외시켰다. 또 팀장들은 같은 본부 내 팀장들에 대해, 직원들은 같은 팀 내 직원들에 대해 각각 평가를 해야 한다.

국내 기업의 경우 포스코가 사무직은 과장급 이상, 생산직은 현장주임 이상을 대상으로 ERP(전사적 자원관리) 다면평가제를 실시하고 있다. 평가 대상자가 소속한 부서는 물론 인근 부서 직원 등 최대 10명이 한 명의 대상자를 평가한다. 평가자 중에는 피(被)평가자의 부하나 동료가 절반이 넘어야 한다. 회사 측은 평가의 객관성을 높이기 위해 최고·최저 점수를 제외한 나머지 평가자의 점수를 평균해 최종 점수를 산출한다. 다면평가제의 평가요소는 기초역량(변화 주도·창의력·프로의식·고객 지향·기업 윤리의식),

리더십역량(업무 추진력·팀워크 활성화·부하지도 육성·공정 평가), 기타 (비즈니스매너·자기 계발) 등 3개 부문, 10개 항목이다.

　LG전자도 90년대 중반부터 임원들의 리더십을 평가할 때 다면평가를 실시하고 있다. 다만 평가 결과는 승진 인사와 관련된 참고 자료로만 활용되며, 인사고과와 직접 연결되지는 않는다. 다면평가제를 부장 이상 모든 임원에 대해 실시하고 있는 SK그룹은 한발 더 나아가 평가 결과를 직접 인사고과에 반영하고 있다. 다만 평가 항목별로 세부적인 기준을 정해 자칫 과대평가되거나 과소평가되는 현상을 막도록 했다. 이 밖에도 두산, 효성, 동양, 신세계, 하나은행 등이 부분적으로 다면평가제를 운영 중이다.

　공기업에서도 다면평가제 운영이 더욱 활발하다. KOTRA는 전 직원 연봉제와 함께 다면평가제를 도입했다. 공기업 경영 혁신 평가에서 줄곧 하위권을 맴돌던 KOTRA가 평가에서 상위권으로 뛰어오른 비결 중 하나로 다면평가제가 지적되고 있다.

　한국전력은 평가 결과를 승격(陞格) 심사에 활용, 일정 점수 미만의 평가를 받을 경우 승격 심사 대상에서 제외시키고 있다. 평가자별 가중치는 상사 50%, 동료 30%, 부하 직원 20%다. 하지만 90년대 초반 다면평가제를 시험 도입했던 삼성그룹은 창의력이 있고 튀는 인재를 뽑기에는 어렵다는 이유로 전면 도입을 유보하고 있다(최홍섭, 2003).

　다면평가는 훈련되지 않은 평가자로부터 받은 개인적인 평가결과이므로 신뢰성이 결핍되어 있다는 점이다. 따라서 단순한 시각적 판단이 아니라 조직의 니즈를 검증하고 평가할 수 있는 능력을 함께 배양시켜 평가가 보다 객관적이고 신뢰성을 높일 필요가 있다.

　다면평가는 구성원들로부터 긍정적인 인식을 받지 못하고 있다는 점이다. 무엇보다 능력 있는 사람보다 인간관계가 좋은 사람이 점수를 받을 수 있고, 평가자의 익명성이 보장되지 않아 솔직한 평가가 어려우며, 서로 눈치 보는 분위기를 만들어 조직문화를 저해한다. 평가를 잘 받기 위해 사전에 담합을 하거나 조작이 가능하다. 잘 모르는 평가자가 참여하여 잘못된 평가 결과를 낳는다. 응답자마다 평가기준이 다르기 때문에 형평성이 떨어진다.

기업은 이러한 의구심을 불식시키기 위해 평가의 공정성을 유지하고, 피평가자가 피드백 자료를 효율적으로 사용할 수 있도록 해야 한다.

다면평가는 평가자가 많은 만큼 프로세스상의 공수가 많이 들고 복수관찰자의 니즈를 모두 반영해야 하기 때문에 평가진행과 운용에 많은 노력이 투입되지만 그 결과는 어떤 평가결과 못지않게 구성원들에게 큰 영향을 주고 있어 정확한 평가만 이루어진다면 효용성이 크다.

기업은 다면평가제가 올바로 정착될 수 있도록 하고, 공정성과 객관성 유지에 노력해야 한다. 다면평가제의 단점을 인식하고 평가자 훈련을 지속하는 한편, 평가결과가 개인의 자기계발과 조직개발에 유용하게 사용될 수 있도록 해야 한다.

학벌이 좋고 학점이 높으면 근무성적도 좋은가?

학벌이나 학점이 좋다고 해서 근무성적까지 좋은 것은 아니라는 결과가 나왔다. 삼성전자 인재개발연구소가 96년 이후 입사한 사원 2,318명의 최근 3년간 인사고과를 조사한 결과, 100점 만점에 서울대·연세대·고려대 등 세칭 일류대학 출신은 67.7점, 중위권대학 출신은 66.6점, 기타대학 출신은 66.7점, 해외대학 출신은 67.5점을 각각 기록한 것으로 나타났다. 학벌과 근무성적 간에 별다른 관계가 없다는 말이다.

또 삼성전자가 96년에 입사한 836명만을 대상으로 별도 조사한 결과 대학시절 학점이 높았던 직원 중 입사 후 근무성적도 높은 경우는 4%에 불과했다. 대신 회사 측이 기초지적능력 및 실무능력을 알기 위해 별도로 준비하여 치르는 직무적성검사(SSAT) 성적이 높았던 사람이 근무성적도 높은 경우는 18%에 달했다.

삼성전자로서는 학벌이나 학점보다도 회사가 독자적으로 마련한 평가기준을 더 신뢰할 수밖에 없다는 얘기다. 삼성전자의 경우 학점관리에만 치중하면서 인성함양이나 대인관계, 과외활동, 조직력 배양을 소홀히 하는 인재를 원하지 않는다.

삼성전자의 최근 6년간 입사한 사원들의 학교별 분포를 보면 핵심우수대학 출신은 4.8%, 우수대학 21%, 중위권대학 58.6%, 기타대학 13.7%, 그리고 해외대학 1.4%로 나타났다.

---

7. 기타 평가제

평가제도는 다양하게 개발되고 있다. 그 가운데 PPC&E(performance planning counselling & evaluation)와 A&C(appraisal and counseling) program이 있다. 전자는 성과를 높이기 위해 계획하고 자문하며 평가하는 작업을 통합된 형식으로 하는 것을 말하고, 후자는 평가와 자문을 전 사원을 대상으로 수시 실시한다. 목표관리에 따라 업적을 평가하며 그 결과를 승진 및 급여에 반영한다.

이 외에도 어세스먼트 센터(Assessment Center) 제도가 널리 인정을 받고 있다. 이 방법은 하나의 방법을 고집하지 않고 다양한 방법을 사용한다. 기간도 충분히 가진다. 차세대 경영자 양성을 위한 사전선발과정을 통해 어세스먼트가 가능하도록 설계하기도 한다.

제11장 성과관리

1. 성과관리의 단계

평가의 공정성과 평가제도의 합리성에 대한 구성원의 니즈에 부합하고, 인재의 구분과 인재육성의 합리적 수단의 제공, 사업전략과 연계된 성과발휘 유도, 필요역량 육성을 위해 성과관리 체계를 구축하여 시행한다. 성과관리의 원칙은 성과관리를 통해 구성원들의 역량개발 제고 및 사업목표의 달성에 있다.

기업들은 차세대 비즈니스 리더를 체계적으로 육성하기 위해 성과관리를 도입하여 운영하고 있다. 대부분 성과관리는 일률적인 인사시스템으로 운영되기도 하고, 각 지역 특성에 맞추어 설계된 시스템으로 운영하기도 한다. 후자의 경우 원칙만 공유할 뿐 현지상황을 고려하여 다르게 운영한다.

성과관리의 프로세스는 조직목표 설정, 개인목표 설정, 역량항목 설정, 중간점검, 정기평가, 평가결과 피드백 등의 단계를 거친다. 성과관리의 경우 목표설정(plan) - 중간면담(do) - 인사평가(see) 과정을 거친다.

1) 목표설정 및 목표합의

목표설정은 구성원들의 행동방향에 대한 지침을 제공하는 등 전사 목표

달성을 위해 하나의 방향으로 나가도록 유도하는 활동이다. 목표를 설정할 때 평가자와 피평가자 모두 각자에게 부여된 역할을 제대로 이해하고 수행하는 것이 중요하다.

개인별 목표를 확정하는 계획단계에서는 평가자와 피평가자가 면담을 통해 목표에 대한 합의를 이룬다. 목표합의는 다음 연도 사업목표를 설정하는 과정에서 이루어진다. 이를 통해 회사, 사업부문, 개인의 목표가 자연스럽게 이어진다.

목표는 크게 성과(performance)와 능력(competence)으로 구성된다. 성과의 경우 비즈니스 및 관리중심의 목표를 설정하고, 추가로 혁신 및 개인의 발전에 해당되는 목표를 설정한다. 능력의 경우 해당직무 수행에 필요한 역량을 중심으로 현 포지션에서 발전해야 할 필요성이 있는 역량 및 미래 비즈니스 리더가 되기 위해 필요한 역량을 중심으로 목표를 설정한다. 이것은 성과관리를 통해 개인의 발전이 자연스럽게 이루어질 수 있게 한 것이다.

성과와 능력은 평가항목으로 개인의 역할과 책임을 고려하여 가중치를 차등 운영한다. 차등은 평가자와 상의하고 업무특성을 고려하여 탄력적으로 운영하는 것이 좋다. 평가결과는 등급으로 구분한다. 이러한 과정을 통해 목표설정 단계에서부터 철저한 준비와 예측이 가능하다. 실행단계에서는 개인 및 조직의 목표달성을 위해 요구되는 지식·스킬·능력을 발휘하고 주기적인 코칭과 피드백이 이루어진다.

2) 중간면담

중간면담은 목표설정과 성과평가 사이에 중간점검을 하는 것을 말한다. 이때 설정된 목표수준과 현재 달성수준을 점검하여 피평가자가 목표를 달성할 수 있도록 지원한다. 평가자가 일상관찰을 통해 피평가자의 성과 및 달성과정을 지속적으로 기록해 두는 것이 중요하다.

3) 성과평가

인사평가는 크게 성과평가, 역량평가, 그리고 자기신고로 나누어 운영한다. 성과평가는 사업의 전략과 정합성을 갖는 성과지표를 도출하여 구성원의 목표와 연계하여 관리한다. 역량평가는 개인의 보유역량을 인성·관리·리더십·직무역량 등 여러 차원에서 점검하여 육성 및 배치 등 인사시스템의 기초 자료로 활용한다. 자기신고는 개인의 희망과 적성을 직무배치에 반영하기 위해 사용한다. 성과평가와 역량평가는 연 1, 2회 실시하며 각 평가결과를 7:3 정도의 비율로 종합한 평가점수를 근거로 개인별 연봉등급을 결정한다.

평가단계는 설정된 목표대비 성과의 수준을 평가하는 과정으로 평가자와 피평가자 사이의 평가수준 차이에 대해 온라인 및 오프라인상의 평가 피드백을 통해 갈등의 소지를 미연에 방지한다. 중간평가와 최종 성과평가로 한다.

중간평가는 중간과정에서 전 피평가자를 대상으로 실시한다. 이를 통해 합의한 성과관리 지표에 대한 진행사항과 문제가 있다면 이를 해결하기 위한 솔루션에 대해 논의하여 그 결과를 피드백 한다.

성과평가는 2인 이상의 고과자가 평가하며 해당직급의 특성을 고려하여 상사 한 명이 하는 경우도 있다. 두 명이 고과를 하는 경우 1차 고과자와 2차 고과자의 평가결과에 반영치(가중치)를 둘 수 있다. 이때 차등은 해당 직무의 역할 및 책임을 고려하여 정한다. 평가항목에 따라 가중치를 달리할 수도 있다. 개인성과의 최종평가는 고과자들의 가중치 및 평가항목의 가중치를 고려하여 이루어진다.

2. HP의 고성과 워크플레이스

HP는 각 사원이 자신의 역량을 최대한 발휘하여 회사에 기여할 수 있도록 필요한 모든 환경을 제공하고 그에 대한 보상을 충분히 하는 것에 초점을 맞춰 평가 및 보상을 하고 있다. HP는 이런 일련의 프로세스를 '고성과

워크플레이스'(High Performance Workplace)라 한다. 이것은 개인목표설정과 조직목표와의 목표일치(cascading), 모니터링과 피드백, 성과평가, 보상 및 인정이라는 고리로 이어져 있다.

- 사원 개개인이 달성할 목표를 설정한다. 이때 회사의 전체적인 전략 및 목표와 일치하도록 한다. 이것을 목표일치(cascading)라 한다.
- 지속적으로 사원의 성과를 모니터링하고 적절한 조언과 피드백을 제공한다.
- 직원 자신이 자기성과를 평가하고 그 내용은 매니저와의 면담을 통해 상의, 토론한다.
- 회사는 직원의 노력과 이룩한 성과에 대해 충분히 보상을 한다.

이때 중요한 것이 사원의 성과를 어떻게 평가하고 보상할 것이냐 하는 것이다. 평가제도는 크게 '성과계획 및 평가'(Performance plan and review)라고 하는 개인의 목표관리에 의한 절대평가와 '평가'(Rating)라고 하는 상대평가로 이루어져 있다.

전자를 통해 상사는 사원 개개인의 개발계획에 대해 지속적으로 상의하고, 목표달성 여부와 회사 및 부서에 대한 기여도를 평가한다. 이 개인평가를 바탕으로 자신의 동료와 상대평가를 하며, 상대평가의 결과는 개인의 급여와 승진에 결정적인 영향을 준다. 보상은 총 보상 개념을 적용한다. 경영자는 이 평가결과에 기초하여 각 직원에 대한 적절한 보상을 결정한다.

3. 한솔교육의 MBO에 의한 평가제도

한솔교육은 MBO에 의한 평가 제도를 운영하고 있다. 매년 말 전사 목표수립에 따라 부문 및 본부 단위의 하위조직으로 목표를 배분하고 다음 해 연초 전사 목표달성을 위한 팀 및 개인별 목표수립이 이루어진다. 목표수립 및 목표관리는 상위목표(조직)와 하위목표(개인)의 관계를 명확히 하는 목표의 시스템화로써 일과 일을 통합시켜 주며, 스스로가 자기업무를 계획하고 통제함으로써 사람과 일을 통합시켜 준다. 또한 목표설정에서 평가까지 조직 상하 간의 활발한 커뮤니케이션이 일어나므로 결국 사람과 사람을 통합시키는 기능을 가져온다. 목표수립은 조직의 비전과 전략을 달성하기 위해 상위조직에서 하위조직으로 일치되며 평가는 계획과 평가가 일치하는 성과보상 체계를 구축하고 있다.

한솔교육은 연 2회 평가를 하고 있다. 성과평가 및 역량평가를 실시하고 있다. 성과평가와 역량평가의 반영비율은 7:3이다. 팀장 이상 현장관리자에 대해서는 리더십 평가를 실시하고 있다. 리더십 평가는 상향 및 하향 리더십을 동시에 실시하고 평가결과는 최고경영자가 직접 대상자에게 피드백하여 조직 관리에 중요한 자료로 활용하고 있다. 성과주의 인사제도를 위해 5등급 평가 제도인 총점배분제를 시행하고 있다. 이 제도는 평가자에게 보다 유연성을 가지면서 고성과자와 저성과자를 구분하기 위한 것이다. 팀으로 평가그룹을 구분하고 평가그룹에 속한 구성원 수에 총 배분 가능한 총점을 산정하고, 그 총점에 5~10%의 별도의 가점을 부여하여 신축적으로 운영한다.

4. 역량강화와 역량평가

1) 역량강화

성과를 지향하되 역량중심과 현장중심으로 성과를 극대화한다. 현장중심의 경영성과 향상을 도모하는 육성체계와 학습체계를 구축하기 위해 전문성 강화를 위한 역량중심의 로드맵을 제시하여 전 사원이 각 직무단위에서 성과중심의 체계적인 지원을 받을 수 있도록 한다.

역량모델은 크게 기본역량, 리더십역량, 직무역량 등으로 구분되며 이는 인사평가와 연계되어 역량평가 항목으로 적용되기도 한다. 기본역량은 자기

희생, 엠파워먼트, 후원적 돌봄 등 리더 역할을 수행하는 임원과 팀장이 리더로서 갖추어야 할 역량은 물론 고객지향, 혁신, 신뢰형성 등 기업의 핵심가치를 공유하는 것도 포함된다. 리더십 역량은 전략적 과업수행 중심의 전략적 리더십(strategic leadership)과 운영적 과업수행 중심의 운영 리더십(operational leadership)으로 나눈다. 이에 따라 리더는 지식역량, 책임경영, 미래를 읽는 역량, 프런티어정신, 혁신주도, 책임의식, 자기계발, 성과지향역량을 높인다. 직무역량은 비즈니스, 고객, 성과를 배려하여 각 직군별 역량을 높인다.

2) 역량평가

역량평가는 그 결과를 개개인의 육성과 경력관리 차원에서 활용하기 위해 평가한다. 개인별 해당 직무에 따른 직무역량과 공통의 인성, 관리, 리더십 역량을 평가하여 코칭에 활용한다.

역량평가에 있어서 중요한 가치는 정확성이다. 역량평가 방법에는 상사평가, 자기평가, 주변(동료, 부하)평가, 과거 성과에 의한 역량추정 등이 있다. 각 평가방법이 그 정확성을 담보할 수 없기 때문에 어느 하나에 절대적으로 의존할 수는 없다.

기업은 상사의 역량평가 결과를 보상이나 승진 결정 시 활용해 왔다. 그러나 역량평가 결과를 보상 또는 선발을 위한 어느 하나의 역량평가 결과만을 직접 반영하지 않는 추세이다. 에세스먼트 센터 제도가 각광을 받는 것도 이런 흐름과 연관되어 있다. 에세스먼트 센터에는 특정 개인에 대한 소중한 정보가 생성되어 있으며 체계적인 역량관리가 가능하다.

역량평가제도의 핵심은 개인에 대한 역량정보를 다양한 원천을 통해 수집, 지속적으로 관리해 나가는 체계를 구축하는 것이다.

이러한 개인별 평가 외에도 회사, 사업본부, 사업부 등 조직단위에서 이룬 성과에 대해 엄정한 평가가 이루어지며 이 결과는 각각의 보상 프로그램과 연관을 가지고 운용한다.

3) 종합평가 및 활용

종합평가는 성과평가와 역량평가 결과를 대부분 7:3의 비율로 반영한 결과를 산출한다. 성과관리의 결과는 연봉조정, 성과급 지급, 승진, 개인 육성에 활용된다. 종합평가 결과를 토대로 상대배분을 통해 개인별 연봉등급을 정한다. 개인별 연봉등급은 매년 조정되는 기본연봉 수준을 결정하고 진급심의를 위한 기초 자료로 활용된다.

연봉조정의 경우 대부분 개인의 성과를 토대로 이루어지고 있다. 그러나 개인성과뿐 아니라 소속 사업부 및 그룹의 성과까지 고려하여 평가등급을 판단하고, 그 결과를 토대로 시장에서의 직무가치를 반영하여 연봉을 조정한다. 즉 목표합의도 조직의 목표와 개인의 목표가 연결되도록 설정하며, 그 결과인 성과에 대해서도 조직의 성과와 개인의 성과를 반영하여 연봉을 조정한다.

직무시장에서의 직무가치를 반영한다. 이런 경우 최종 평가등급이 같다 할지라도 개인의 직무가치에 따른 시장에서의 연봉수준을 고려하여 상대적으로 차이가 날 수 있다. 이는 개인·회사·그룹의 성과는 물론 시장에서의 직무가치를 총체적으로 반영하여 연봉조정이 이루어지기 때문이다.

성과급의 경우도 연봉조정과 같은 원칙을 가지고 있다. 하지만 개인 및 조직의 성과반영분이 어떤가에 따라 달라진다. 특히 목표달성 정도에 따라 성과급 지급률이 달라질 수 있다. 성과급의 경우 목표설정의 정확성·객관성을 보장하기 위해 목표에 비해 높은 성과를 올렸을 경우 월급이 상향 조정된다.

성과주의가 본격적으로 시행되면서 조직에서의 큰 변화는 직원들로 하여금 의식적으로 위기의식을 갖게 해 전문성과 경쟁력이 없으면 살아남을 수 없다는 풍토가 정착되었다. 또한 형식적으로 흘렀던 일련의 평가과정들이 프로세스에 따라 이루어지는 등 평가에 대한 조직원들의 인식이 달라지고 있다.

끝으로, 성과가 좋지 않다고 무조건 징계 등의 마이너스 강화를 할 것이 아니라 성과와 역량을 제대로 갖추기 위한 교육 프로그램을 마련할 필요가 있다. 평가 및 보상시스템이 플러스적 동기부여 방안이 되기 위해서는 그 활용 또한 제대로 설계되어야 한다.

제 6 부
승진, 보상 및 휴가관리

제12장 승진관리

1. 승진과 승진포인트제

승진은 승급, 승격, 직책승진, 발탁승진 모두를 포함하고 있다. 승급은 동일 직급 내에서 임금상승단계를 말하며, 승격은 자격(역할)상의 상승변화를 말한다.

- 체류연수 등 일정자격을 갖추어 승진 대상자로 선정이 되면 엄격한 심사요건에 따라 최종 승진자를 결정하게 된다.
- 연속적으로 우수성과를 내거나 포상자에 대해서는 가점을 부여하고 현장영업을 중시하여 현장근무자에 대해서는 우대한다.
- 징계사항이 있거나 사내 필수교육 미이수자에 대해서는 감점조치를 한다.
- 리더십 평가결과가 있는 대상자에 대해서는 일정점수 이상 또는 이하인 자격에 대해 가점과 감점을 부여하고, 심사동점자에 대해서는 동점자 처리 기준을 따로 정해 순위를 정한다.

직책승진은 별도로 정기 인사발령 시 필요에 따라 이루어지며 일반적인 승진기준과는 다른 기준을 가지고 있다.

승진(직급상승) 결정을 체계화하고 투명하게 하기 위해 승진포인트제를 운영한다. 이 제조는 과거 일정기간의 성과평가와 역량평가 결과를 누적 점수화하여 승진자를 결정하는 방식이다. 승진포인트제는 평가 자체의 문제도 있지만 개념적으로도 문제가 있다. 즉 승진 후보자가 높은 기대를 할 만한 자질을 갖추고 있는지를 판단해야 하는데 승진포인트제만으로는 이를 충족시킬 수 없다.

승진에 있어서도 바람직한 임원상이 제시될 필요가 있다. 그에 따라 목표의식이 달라지기 때문이다. 기업이 살기 위해서는 기업을 앞에서 이끌어 나가는 임원들이 보다 활기 있게 움직이는 모습을 보여 주어야 한다. 이를 위해서는 벤치마킹할 임원상을 제시할 필요가 있다. 신입사원이 임원이 될 때 갖추어야 할 덕목과 인간형을 제시한다. 벤치마킹할 임원상이 있어야 직원에 대한 평가 기준이 생기고, 그에 따라 사람도 뽑을 수 있다. GE의 바람직한 임원상은 4E형 인간이다. 열정(Energy), 결단력(Edge), 실행력(Execution), 다른 사람을 감동시키고 동기를 유발시키는 능력(Energize)을 갖춘 사람이다.

2. 승진과 피터의 원리

무능력에 대한 명쾌한 분석으로 '피터의 원리'가 있다. 인간의 능력은 사람마다 다르다. 그런데 사람은 능력과 관계없이 승진하고 싶어 한다는 점에서 비극이 시작된다. 승진은 현재의 맡은 일을 잘한 것에 대한 보상의 성격이 크며, 따라서 위로 올라갈수록 일을 더 잘할 가능성은 희박해진다. 결국 조직원들은 자신의 무능력을 입증할 수 있는 수준까지 승진하려는 경향을 보이게 된다. 이것이 피터의 원칙이다.

"저 사람은 저런 능력으로 어떻게 그런 위치까지 올라갔을까?"

"저 사람 예전에는 괜찮아 보였는데 승진한 뒤에는 왜 저래"

"아 임원이 되고 나니 정말 피곤해 죽겠네."

나를 위해서 지휘하는 상사에 대해, 아니면 반대로 남을 지휘하는 위치에 선 자신을 향해 사람들은 리더십이나 능력을 회의하는 질문을 던지곤 한다. 그런데 그런 질문이 집중되는 대상은 조직의 말단에 있는 부하들이 아니라 리더들이다.

사람들은 한두 차례 승진을 하면서 자신의 능력을 발휘한다. 얼마 후 극소수를 제외한 대부분은 유능한 단계에서 무능한 단계로 이행한다. 조직에는 아래와 같은 무능력자로 채워진다.

• 자신의 지위에서 해야 할 의사결정을 못하는 사람

- 무능력과 게으름을 동일시하여 열심히 일하지 않았다고 자책하는 사람
- 생각하기를 포기하고 시키는 대로만 하는 사람
- 승진이 유능한 사람에 대한 당연한 보상이라고 믿는 사람
- 숫자나 도표에 지나치게 집착하는 사람
- 개인의 노력이 학벌이나 연줄보다 승진에 유리하다고 믿는 사람

왜 그럴까? 그것은 조직이 무능하기 때문이다. 문제는 이런 성향으로 인해 조직원들이 끊임없이 자기 파괴적인 도전의식에 휩싸이게 된다는 데 있다. 리더보다는 현장에서 뛰는 데 적합한 사람이 일을 잘한 덕에 승진했다면 이 승진은 궁극적으로 그의 인생을 불행하게 할 가능성이 높다. 무능력 상태에 도달하기 전에 승진을 멈추는 것이 개인의 삶의 질을 고려할 때 가장 바람직한 것이다. 다양한 사례를 통해 스스로 능력의 한계 상태를 진단하는 것이 바람직하다(피터 외, 2002). 무능해지기 싫으면 차라리 승진을 뿌리쳐라. 이것도 대단한 용기가 필요하다. 아직은 유능할 때 생의 창조적 에너지를 분출시킬 수 있는 길을 택한다. 그리고 능력을 충분히 발휘할 수 있는 수준의 성공에서 만족할 필요가 있다.

피터의 원리는 자신을 무능력하게 만들고 마는 끝없는 승진보다는 모두가 능력을 충분히 발휘할 수 있는 조직을 만들고, 무능력 증후군에 빠지기 전에 개인의 건강한 행복을 찾는 길을 제시한다. 따라서 피터의 권고를 따르는 조직이야말로 초경쟁에서 이기는 조직일지 모른다. 피터의 권고는 끝없는 경쟁에 내몰리고 있는 직장인들이 잠시 생각해 볼 만한 일이다.

정부 모 부처의 국장급 인사에서 누가 봐도 고개를 갸우뚱할 만한 일이 벌어졌다. 보직이 바뀐 지 불과 한 달밖에 안 된 A국장이 예상을 뒤엎고 외부로 파견발령을 받았다. 여기까지는 화제가 되지 못할 수도 있다. 문제는 이번 발령이 A국장으로서는 최근 23개월 동안 국장급으로만 무려 일곱 번째 보직발령이라는 점이다.

그는 1994년 초 해외근무에서 귀국한 뒤 평균 3개월마다 한 번씩 어지럽게 자리를 옮겨야만 했다. 자세한 속사정이야 알 수 없지만 그의 수난은 이른바 실세 동료들 틈바구니 속에서 인사철 때마다 이리저리 휘둘렸던 데서 비롯된 것이라는 것이 주변의 말이다.

정부의 두 부처가 일거에 통합된 후 갖가지 내홍이 그치지 않았다. 국장급 인사에 거물 정치인이 동원되고, 실세그룹에서 이런저런 압력이 그치지 않는다. 보기를 들어 이 부처에는 별도정원이라는 이름으로 150명이 근무 중이다. 산하연구소에 국장, 과장들이 줄줄이 파견되어 있고, 국제기관과 외국정부에 파견되어 있는 간부들이 많다. 다른 정부부처에도 산하연구소에 파견된 인력이 적지 않고, 때로는 공무원들도 연구소나 관련기관에서 장기적인 정책을 구상하는 기간이 필요하다. 하지만 이 부처는 그 숫자가 너무 많다는 데 있고, 계속 늘어만 갈 뿐 줄지는 않으며, 바로 이 때문에 파행적인 인사가 끊이지 않고 있다는 것이다.

인사철마다 본부에서 심의관이나 국장직함을 가진 보직을 둘러싸고 쟁탈전이 심각해지고 있다. 국장이나 과장급으로 승진하면 외부에서 몇 년을 떠돌다가 복귀하느냐가 주요 관심사가 되었다. 국제기구에 나가 있는 유능한 신참도 임기가 끝난 이후에도 해외에서 더 떠돌아다녀야만 한다.

정부 관료들은 민간기업의 과감한 인사정책을 전혀 배우지 못하고 있다. 인력과잉이면 축소한다는 평범한 원칙을 지키지 않고 있다. 어려운 시험에 합격한 인재라는 명분 때문에 과잉인력을 축소하지 않는다면 그것은 바로 국민세금만 축내는 일이다(강효상, 1996).

---

3. 핵심인재와 승진

성과보상체계의 인사시스템으로 전환되면서 조직구성원의 유형을 크게 핵심인재, 우수인재, 보통 인재, 그리고 퇴출인재 등 4단계로 구분하여 각각의 유형에 따라 차별화된 보상은 물론 승진, 해고 및 퇴출의 자료로 삼고 있다.

핵심인재는 핵심 R&D인력의 중심을 차지하고 있고, 이러한 인물을 장기적으로 확보하도록 하며, 차별적 보상을 확실하게 한다. 전체 인력의 10%에 해당한다. 우수인재는 우수 R&D인력과 핵심 비R&D인력에 해당하며 전체인력의 40%에 해당한다. 이들에 대해 경쟁력 있게 보상한다. 보통 인재는 전체인력의 40%로 두고 본다. 그리고 퇴출인재 전체의 10%에 해당하며 그중 5%는 상시 퇴출시킨다. 승진에 있어서 핵심인재는 최우선 고려대상이며 그 다음 우수인재이다.

4. 발탁승진제도

고성과자들의 패스트 트랙(fast track)을 위하여 별도의 발탁승진제도를 두고 있다. 발탁승진은 승급, 승격기준과는 관계없이 개인역량이 인정되는 개인에 대해 업무성과 우수자로 임원의 추천을 받을 때 인사위원회 위원들이 결정한다.

현재 표준 승격연차를 전면 또는 부분적으로 폐기하고 대리급부터 발탁인사를 하는 기업들이 늘어 가고 있다. 이 제도의 목적은 인사적체를 효율적으로 관리하고, 경영혁신에 주도적 역할을 담당할 우수인력을 양성하는 데 있다. 발탁인사제는 능력을 중시하는 것에서 비롯된 것으로 승진에 있어서 근무연한 기준을 파괴했다는 점에서 특이하다. 이로써 지금까지 승진을 하려면 3~4년의 직급 연차를 채워야 했던 표준 승격연차 제도가 파괴되고 있다.

SK그룹의 특별승진제도는 과거처럼 직급이 올라가는 승진뿐 아니라 직급 내에서 연차가 올라가는 특별 승호(昇號)를 포함하고 있다. 자기평가 및 상사평가 결과가 우수하고 동료·부하·유관부서·인력개발실의 평가가 우수해야 승진대상이 된다.

대상그룹도 한 직급에서 2년 이상 되면 얼마든지 발탁승진이 가능한 최단 승격연한제를 도입했다. 이로써 과장이 차장을 거치지 않고 부장으로 발탁되기도 했다. 동원산업도 인사고과가 아주 높은 경우 2년 만에 승진시키는 특별승진제도를 도입하였다. 금호그룹도 대리 2년차부터 차장급까지를 대상으로 우수자의 표준연차를 1~2년씩 줄여 주는 패스트 트랙코스 제도를 실시하고 있다. 대우전자의 경우 기준평가점수만 취득하면 과장까지는 인원정수(TO)에 관계없이 자동으로 승진할 수 있도록 하는 절대평가제를 적용하는 한편 직급별 승진체류연한을 줄여 사원에서 부장까지 빠르면 11년 만에도 승진할 수 있도록 했다.

발탁제도와 연관해 대발탁제도, 임원조기발굴제 등이 활용되고 있다. 대발탁제도는 사원에서 과장으로, 대리에서 차장으로 곧바로 승진할 수 있는 제도이다. 삼성물산은 수익중시의 조직문화를 유도하기 위해 해당 직급에 일정연한을 근무해야 하는 직급연한제도를 없애고, 대신 고과점수제를 통한 대발탁제도를 도입하였다. 삼성물산은 또 호봉제를 전면 폐지하고 차장급 이상을 대상으로 적용해 온 연봉제를 대리급 이상으로 확대하였다. 동일 직급 간 연봉차이를 20%에서 40~50% 수준까지 넓혔다.

임원 조기 발굴 교육제, 차세대임원제, 최고경영자 조기 발굴제(EMD)는 초급 간부 중 임원이 될 만한 재목을 조기 발탁해 경영자로 키우는 것을 말한다. 이것은 연공서열형 승진구조를 파괴해 유능한 인재를 최단기간에 최고경영자로 키운다는 일종의 패스트 트랙제(fast track)이다. 선발된 후보들은 기존승진체계보다 빠른 고속승진 과정을 밟게 되며 경력관리를 위해 관리·영업·생산부문을 필수적으로 순환하고 본사·공장·해외근무를 의무적으로 하도록 한다. 해외 경영학석사과정도 거치게 한다.

5. 직속상사 인사책임제도

럭키개발은 직속상사가 부하직원의 인사를 책임지는 신인사제도를 채택했다. 과장, 차장, 부장급으로 구성된 사원인재개발위원회가 대리급 이하 직원들의 채용, 승진, 전보 등 인사를 담당하는 것이 새 제도의 핵심내용이다.

럭키개발의 신인사제도는 자기신고서 작성, 소속부서 직속상사 면담, 이동예정부서 직속상사 면담, 사원인재개발위원 면담 등 4단계로 시행된다. 사원들이 직속상사들과의 활발한 면담을 통해 자신의 주장을 펼 수 있고, 사원인재개발위원들의 합의에 따라 인사가 결정된다. 이로 인해 이 제도는 인사에 따르는 잡음을 최소화할 수 있다는 것을 장점으로 꼽고 있다. 또한 사원들에게는 자신이 희망하는 부서로 이동할 수 있는 기회가 주어지므로 근로의욕이 높아지고 있다.

6. 인재등록제도

　인재등록제도는 항상 부하와 접촉하고 있는 부장 및 과장에게 승진·승격자를 추천하게 하고 그 가운데서 등용될 자를 결정하여 조직을 활성화시키고자 하는 방법이다. 이 방법에 따르면 담당 관리자가 부하의 능력을 관찰·평가하고 승진후보자를 최고경영자나 인사부에 추천하며 최고경영자나 인사부는 이 후보자를 점검하여 결정한 후 발령을 냄으로써 인재를 개발하고 사내 활성화에 도움을 주도록 한다. 과장급이 추천한 인재가 정말로 적합한가의 여부에 대해서는 상위관리직이 다시 한 번 폭넓은 관점에서 점검한다. 만약 과장의 의견과 부장의 의견이 다른 경우에는 의견을 조정하여 최고경영자에게 자세하게 보고하도록 되어 있다. 이처럼 각 레벨의 점검을 경유하므로 최고경영자의 손에는 추천하기에 가장 적합한 인재의 명단이 제출된다.

7. 챌린지제도

　챌린지제도는 의욕 있는 사원에게 그만한 자리를 마련해 주고 그 능력을 충분히 발휘하도록 만들어 주는 제도이다. 근속 연수를 감안하여 승진자를 발령하는 것과는 달리 자기신고제에 따라 자기가 승진·승격하고 싶다고 적극적으로 의사표시를 한 사람에 대해 최고경영자나 인사부에서 그 역량·실적·인격 등을 평가하여 그 적격성을 가리고 시험적으로 승진·승격시킨 업무에 종사하도록 한다. 시험 기간 중에 업적과 행동을 평가하여 승진·승격의 가부를 정식으로 결정한다. 시험기간은 주로 1년이며 1년 후 재심사에서 실적을 인정받으면 그대로 새 자격의 위치를 차지하지만 인정을 받지 못하면 원래의 자격으로 돌아간다.

8. 관리직 임기제

관리직 임기제는 종신고용에 따른 사고방식의 보수화·경직화, 새로운 시스템이나 목표에 대한 비적극적 의욕 등의 문제를 개선하기 위한 제도이다. 이것은 2년 또는 3년 등 구체적으로 관리직의 임기를 정하고 만기가 되면 임기 중의 업적을 엄격하게 평가하여 재임용할 것인가 또는 상위직으로 승진시킬 것인가 아니면 하위직으로 강등시킬 것인가를 결정하는 제도이다. 일본에서는 중견급 기업을 중심으로 조직 활성화를 위해 이 제도를 도입하는 기업이 증가하고 있다.

제13장 보상관리

1. 보상과 임금

노동자 해방을 위해 자본론을 집필한 마르크스의 집에는 평생 임금 한 번 못 받고 노동력을 착취당한 가정부가 있었다(존슨, 1999). 공정해야 할 그가 일에 대한 대가를 지불하는 데 실패한 것은 가정경영에서 실패했음을 보여 준다.

평가는 공정하고 평등하되 보상은 철저히 차별을 두는 제도가 확산되고 있다. 능력만큼 평가받고 성과만큼 보상받고 싶은 욕구가 확산됨에 따라 개인별 평가를 연봉에 따른 차별적 보상으로 연계한 과감한 보상체계가 확산되고 있다. 이러한 보상 체계는 인재 개인별 시장가치를 반영하는 기본연봉과 개인별 단기업적에 따라 지급되는 개별성과급, 집단성과에 따라 결정되는 이익분배제 등으로 구성된다. 우수한 인력의 경우 개별 성과급과 집단성과급 외에 스톡옵션을 통해 파격적인 보상이 이뤄지고 있다. 금전적 보상 못지않게 비금전적 보상도 중시되고 있다.

한솔교육은 급변하는 외부환경과 공정하고 합리적인 평가보상제도에 대한 직원들의 요구 및 연봉제 도입이라는 시대적 상황에 따라 연봉제 인사제도인 메리티브 시스템(Meritive System)을 도입하였다. 이 시스템은 책임경영형 조직구축, 직무성과 중심의 합리적 평가와 평가 결과에 따라 유연한 보상체계수립, 탄력적 인력운영을 통한 현장중심의 인적자원관리가 기본 방향이다.

임금인상의 요인은 승진, 베이스 업(base–up), 변동성과급 등이 있다. 이 중 승진과 베이스 업은 개인별로 누적적 임금으로 가져가고, 변동성과급은 당해 개인별 평가에 따라 달라진다.

왜 샐러리인가?

봉급을 받는 사람을 샐러리맨(salary man)이라 하고, 봉급을 샐러리(salary)라 한다. 이것은 소금을 의미하는 라틴어 '살'(sal)에서 나온 말이다. 어원이 같은 말로 soldier(병사)와 salad(샐러드)가 있다. 로마 정부는 소금값을 올려 그 수입을 군비로 썼고 병사들은 종종 급료를 소금으로 받았다. 야채를 소금에 절이면 야채의 쓴맛이 없어진다는 믿음은 '소금에 절인'(salted)이라는 단어로부터 샐러드를 파생시켰다.

소금의 수요는 미지의 대양과 긴 사막을 가로지르는 무역로를 만들었고 소금 때문에 전쟁이 벌어지기도 했다. 유럽 제일의 통상국 베네치아는 염전확보와 소금무역 통제로 부를 쌓았다. 베네치아 명문가의 아들 마르코 폴로가 비슷한 시기에 중국을 다녀왔다.

신대륙 아메리카에는 소금 전쟁의 역사가 있다. 북아메리카 인디언, 잉카, 아스테카, 마야문명 등에서 통치권은 곧 소금의 지배권을 의미했다. 영국이 북아메리카 식민지를 통제하는 데 이용했던 수단도 소금이었다. 미국 독립전쟁은 바로 소금 독립전쟁이나 마찬가지였다.

프랑스에서 높은 염세는 혁명의 주요 요인 가운데 하나가 되었다. 지역마다 염세율이 달랐던 프랑스에서는 소금 밀수가 성행했고 이를 막는 과정에서 폭동이 빈발했다. 소금 폭동은 혁명에 불을 붙인 격이었다.

광산에서 캐낸 돌소금은 합스부르크 등 중부유럽경제활동의 원천이 되었다. 1929년경만 해도 소금이 낙타가 끄는 수레에 실려 러시아 우랄 산맥 남쪽으로 운반되기도 했다.

세상에서 가장 짠 바다 사해. 유대국가 이스라엘의 건설은 이 사해의 경제성에 주목한 시오니스트에 의해 시작되었다. 유대인들은 금요일 밤마다 빵을 소금에 찍어 먹는다. 빵은 신의 선물이고 소금에 찍어 먹는 행위는 신과 백성 간의 계약의 상징이다.

수천 년간 소금으로 중국인을 먹여 살린 쓰촨(四川)은 근대화와 함께 변화를 겪었다. 소금의 값어치가 떨어졌지만 사천요리에서 소금은 여전히 위력을 발휘하고 있다. 현대의 소금은 염전이 버려지듯 잊히고 있지만 우리의 체액은 예나 지금이나 0.9%의 소금물이다. 그리고 과거 전쟁의 용사가 산업의 전사로 바뀌어 봉급을 타고 있다(쿨란스키, 2003).

---

2. 보상의 기준

1) 성과와 연결

현재 주요 인사원칙 가운데 성과에 따른 보상이 가장 주목을 받고 있다. 성과에 따른 보상은 동기부여의 핵심이 되고 있으며, 실현된 성과는 공정하게 평가하고 개인과 조직별 기여도에 따라 보상한다. 보상과 공적 인정은 목표수행성과 및 달성과 직접 연계되어야 한다. 목표를 달성했을 때 주어질 혜택이 무엇인지 직원들에게 명확히 전달한다. 보상 및 인정이 목표와 연계될 때 목표의식을 명확히 고취할 수 있다.

GE의 웰치는 또 직원들에게 갖가지 방안을 내놓도록 하고 이에 필요한 인력, 자금지원을 요청하도록 하면 수만 가지 아이디어가 쏟아지며 이 중 자신이 가장 마음에 드는 것을 고른다. 반대로 업무목표를 사원들에게 정하게 하면 되도록 낮은 수치를 제시하며 이를 합리화하려고 애쓰게 마련이다.

업무성적에 대해서는 표창과 보너스로 보상한다. 그러나 보상은 정신과 지갑 양면에서 이뤄져야 하며 돈과 표창장 중 어느 한쪽만으로는 불충분하다. GE의 각 부문 최고 간부진에 대한 보상은 업적과 회사 전체의 실적으로 이뤄진다. 업적이 우수해도 GE 전체 경영 실적이 저조하면 그 해 보상은 없다. 타이태닉호가 침몰할 경우 딸린 구명보트들이 해안에 도달할 가능성이 없기 때문이다.

2) 기업특성 고려

성과주의 보상제도가 잘 정착되려면 우선 기업이 처해 있는 환경이나 경영방침, 조직문화 등을 보다 신중하게 검토한 후 도입하는 것이 바람직하다.

3) 구성원의 참여 및 합의

성과주의 보상 제도를 도입하는 경우 그 목적과 내용, 그리고 방법 등을 구성원들에게 충분히 홍보해야 한다. 성과주의의 기본원칙에 대해 구성원들이 긍정적으로 받아들이고 서로 신뢰하는 분위기를 만들어야 한다.

이를 위해 보상방법의 기획에 직원들을 참여시킨다. 보상방법 및 공적 인정 방식 개발의 훌륭한 원천은 조직 구성원들이다. 그들로부터 직접 아이디어를 얻거나 직접 개발하도록 하면 동기를 유지하는 데 도움이 된다. 그들은 수행성과의 대가로 무엇을 바라는지 잘 알고 있으며 보다 창의적인 아이디어를 낼 수 있기 때문이다.

4) 명확한 평가기준과 공정성

성과주의 보상제도는 개인의 성과를 임금인상과 연계하여 동기를 부여하고 조직의 성과를 높이는 것이므로 개별 구성원들의 성과에 대한 공정하고 객관적인 평가가 뒷받침되어야 한다. 따라서 평가지표는 최대한 정량화·객관화되어야 한다. 이때 지표는 단순히 평가를 잘 받을 수 있는 것이 아니라 실제 기업이 추구하는 전략목표와 연계된 것이어야 한다. 또한 매출 및 이익과 같은 단기 성과에만 초점을 두는 재무지표뿐 아니라 조직의 미래성과를 좌우하는 고객, 서비스, 구성원 역량과 같은 비재무적 지표도 적극 활용해야 한다.

구성원 모두를 만족시킬 수 있는 평가제도는 불가능하다. 하지만 평가가 객관적으로 공정하고, 피평가자가 납득할 수 있어야 한다. 종전처럼 승진대상자를 우대하거나 연장자를 관대하게 평가하는 일 등이 자주 발견되면 성과주의 제도에 대한 불신감이 커지게 된다.

보상 및 인정을 받을 수 있는 기회는 모두에게 공평해야 한다. 어떤 보상이든 공정성이 우선적으로 고려되어야 한다. 성과＝보상이라는 기본원칙을 구성원 모두가 공감하기 위해서는 공정하고 객관적인 성과측정 모델을 지속적으로 업그레이드하고 공개주의 원칙 아래 투명한 인사관리를 추진해야 한다.

공정한 성과보상의 시작은 그 성과를 인정하고 평가할 수 있는 훌륭한 시스템이 갖추어져 있어야 한다. 특히 성과측정에 대한 가이드라인이나 구성원이 공감하는 평가시스템을 갖추고 있지 않으면 안 된다. 그리고 평가결과를 철저히 보상이나 승진에 반영하고 공정한 평가문화를 확립할 수 있도록 해야 한다.

5) 차별성

성과에 따라 보상을 어느 정도 차별화할 것인가를 결정하는 것은 매우 민감한 사항이다. 차별화 금액이 너무 크면 구성원들은 보상 자체에 집착하여 성과주의 보상제도의 본래 의도가 퇴색된다. 반면 금액이 너무 적은 경우 실행의 효과가 없다. 따라서 기업의 특성 및 구성원의 성향 등을 고려하여 구성원들이 차별성을 느끼고 바람직한 방향으로 나갈 수 있는 선에서 금액을 정하는 것이 좋다.

R&D같이 성과창출의 기간이 길고 실패 가능성이 높은 부문에 대해서는 평가에 의한 보상 차별화 정도를 크게 하는 데 신중해야 한다. 평가에 의한 보상 차이가 큰 경우 창의적이고 도전으로 업무를 수행하기보다 위험을 피하려 할 가능성이 높기 때문이다.

도입 초기부터 개인 간 보상 격차를 크게 해 성과주의를 조기에 뿌리내려야겠다는 생각은 바람직하지 않다. 구성원 특성 및 상황을 고려해 점진적으로 접근하는 것이 바람직하다.

6) 창의성

성과주의 보상제도는 상하 간 위계질서가 강한 조직보다 개인의 창의력과 개인주의적 성향을 존중하는 기업문화에 적합하다. 개인의 능력과 생활을 존중하는 기업문화가 뒷받침되지 않으면 성과주의 보상제도에 대한 불만이 높아질 수밖에 없다. IBM은 창조적으로 업무를 수행하는 기술자 및 과학자들을 펠로우로 선정하여 임원 수준의 급여를 지급하고 최소 5년 동안 전폭적인 지원 아래 자신이 원하는 프로젝트를 수행하도록 하고 있다.

아울러 성과주의 보상으로 제일 먼저 사라질 수 있는 것이 창의력과 도전의식일 수 있다는 점도 잊어서는 안 된다. 따라서 혁신을 중시하는 기업은 대규모의 차별적 보상 제도를 도입하는 데 신중해야 한다.

현금보상은 한 가지 옵션에 불과하다. 적은 비용으로 효과적인 인센티브 효과를 얻기 위해서는 창의력이 요구된다. 여러 가지 보상체계와 공적 인정 방법을 고려하고 필요한 경우 개발해야 한다. 경쟁사의 보상방식도 좋은 아이디어원이 될 수 있다.

7) 노력반영

보상은 목표달성에 요구되는 노력에 상응해야 한다. 즉 보상이나 공적 인정의 규모는 목표달성에 요구되는 노력의 크기에 비례해야 한다. 더 많은 노력을 요하는 실적에 대해서는 그에 해당하는 보상이 주어져야 한다.

8) 적시성

적기에 보상을 실시한다. 보상이나 공적 인정을 받기 위해 해당자가 기다려야 한다면 그 효과는 반감된다. 보상 시기는 목표달성의 시기와 가까울수록 좋다.

3. 성과주의 보상제도로의 변화

최근 우리 기업의 보상관리의 특징은 성과주의 인사시스템으로 크게 전환한 것이다. 이때 주요 변화내용을 보면 연공서열식의 호봉제 폐지 및 성과급 도입, 다양한 인센티브제도 도입, 직급체계의 단순화 등을 들 수 있다. 성과주의 보상이란 개인이나 조직의 성과와 연계하여 차별적으로 보상을 하는 것을 말한다. 이 보상제도는 경영혁신의 도구로서도 사용되고 있다.

연봉제는 성과주의 보상제도의 대명사로, 이 제도를 활용하는 기업의 비율이 계속 증가하고 있다. 2003년 1월 기준으로 100명 이상 근로자를 고용한 4,570개 사업장을 대상으로 조사한 결과에 따르면 1996년 1.6%에 불과하던 연봉제 도입비율이 2003년에는 37.5%까지 증가하였고, 특히 5,000인 이상의 대규모 사업장의 경우 도입비율이 82.4%에 달하고 있다. 이것은 우리나라의 보상제도가 기존의 연공주의에서 구성원의 동기부여와 성과창출 및 우수인재를 확보하고 유지하는 쪽으로 변하고 있음을 보여 준다.

연봉제를 도입한다는 것은 기존의 연공급 임금체계를 변경하는 것이기 때문에 취업규칙의 관련규정을 변경해야 한다. 취업규칙의 작성 및 변경 시 기재해야 할 사항은 연봉액 및 그 대상기간, 소정근로일수, 근로시간, 연봉의 지급방법과 지급일, 상여금 및 제 수당의 취급, 시간 외 근로 등의 할증임금의 처리방법, 근태의 취급방법, 퇴직금 관련사항 등 전체 근로자에게 적용되는 공통적 사항이다. 사업 내 특정 근로자에 대해 연봉제를 도입하고자 하는 경우에는 기존의 취업규칙 중 일부 조항에 단서를 붙여 연봉제 적용대상 근로자에게만 적용한다는 규정을 두는 방법과 연봉제 대상근로자에게 적용할 별도의 취업규칙을 제정하는 방법이 있다.

한국오라클사가 연공서열식 직급을 철폐한 이유

연공서열식 보수체계가 직무위주 체계로 바뀌어야 한다는 주장이 높아져 많은 기업이 연봉제를 채택하였다. 특히 IMF시대 후 많이 늘었다. 그러나 우리의 연봉제는 순수능력·직무위주의 연봉제가 아니라 연공서열식 연봉제가 주종을 이루고 있다. 따라서 연봉제 실시에 따른 문제점이 드러나고 있다.

이런 가운데 한국오라클사가 연공서열식 직급을 철폐하여 주목을 끌었다. 보다 의미 있는 연봉제를 실시하기 위한 것이다. 한국오라클사는 직원들의 모든 직급을 없애는 인사안을 단행했다. 전무 - 상무 - 이사 - 부장 - 과장 - 대리 등 연공서열식 직급을 완전히 없애 버린 것이다. 대신 사장 - 본부장 - 실장 - 팀장 등 4가지 직책으로 분류하고 이를 호칭하고 있다. 단 상법상 필요한 대표이사는 그대로 유지했다. 이는 직급제도가 개인의 능력을 객관적으로 평가하는 데 방해가 되기 때문이다. 이 회사는 개인의 능력을 철저히 점검한 뒤 완전 연봉제를 실시하기로 했다. 이것은 준비 없는 연봉제 실시는 부작용이 크다는 것을 말해 준다.

한국오라클사는 직원들의 모든 직급을 없애는 인사안을 단행했다. 전무 - 상무 - 이사 - 부장 - 과장 - 대리 등 연공서열식 직급을 완전히 없애버린 것이다. 대신 사장 - 본부장 - 실장 - 팀장 등 4가지 직책으로 분류하고 이를 호칭하고 있다. 단 상법상 필요한 대표이사는 그대로 유지했다. 이는 직급제도가 개인의 능력을 객관적으로 평가하는 데 방해가 되기 때문이다. 이 회사는 개인의 능력을 철저히 점검한 뒤 완전 연봉제를 실시하기로 했다.

지금은 기존에 수립된 연봉제의 틀에 조직구성원들이 실제로 수행하는 역할의 가치와 활용, 평가·보상을 연계하는 직무성과급제도 성격의 신인사제도를 구축하는 경향이 늘어 가고 있다. 이러한 변화를 통해 우수인재들에 대한 보상의 차별화가 심화되고, BSC 관점과 역량모델에 바탕을 둔 평가를 실시하게 되었다.

성과에 따른 보상이라 할지라도 방식은 회사마다 다르다. 사우스웨스트항공사의 경우 전체사원의 89%는 호봉에 의한 연공급 제도를 시행하고 있으나 강력한 기본급 삭감형 이익분배제도, 높은 조직몰입 그리고 강한 기업문화를 통해 미국 항공업계 최고의 고객서비스와 순이익을 올리고 있다. 지난 30년간 한 해도 적자를 기록하지 않아 성공적 성과주의의 극치로 인정을 받고 있다.

이랜드는 변동인건비 성격의 성과연봉시스템(성과연봉제)을 가지고 있다. 이것은 사업부의 수익구조 틀 아래서 적정 인건비율과 성과급 재원을 도출해 내는 시스템으로 매출과 이익의 실적 범위 내에서 인건비를 관리하고 성과급이 지급되는 제도이다. 매출이 클 경우 지급 가능한 절대 인건비가 증가하지만 매출이 부진할 경우 인건비가 자동으로 감소하게 된다. 이익이 많을 경우 성과급 재원이 늘어나고, 이익이 적을 경우 성과급 재원이 줄어들게 된다. 이것은 보상제도 자체가 회사의 성격에 따라 탄력적으로 움직이며 성과보상을 통해 동기부여는 물론 과다보상의 위험성을 조절한다. 이 제도는 회사의 시기별 전략과 연계하여 설계하고, 보상시스템 자체를 핵심적인 전략도구로 활용한다.

그렇다고 유수 기업들이 성과에 따른 보상을 따르는 것은 아니다. 도요타자동차와 캐논 등 일본 기업의 경우 미국식 성과주의보다 일본식 집단주의에 기초한 급여제도를 유지하고 있으며, 심지어 종신고용원칙도 그대로 고수하고 있으면서 뛰어난 경영성과를 보이고 있다.

4. 성과체계

성과주의 보상제도는 제도 설계 시 이 프로그램이 기업이 추구하는 목표 달성에 필요한 우수인재를 확보하고 유지하는 데 도움이 되는지, 조직문화를 바람직한 방향으로 바꿀 수 있는지, 일과성이 아니라 지속적으로 실행할 수 있는지 등을 고려하여 도입해야 한다. 이를 위해 필요한 것이 바로 성과계획, 성과관리, 성과평가를 주축으로 한 성과체계의 확립이다.

1) 성과계획

성과체계는 크게 성과계획, 성과관리, 성과평가 등 3단계로 이루어진다. 1단계는 성과를 계획하는 단계이다. 이 단계에서는 조직성과를 극대화하기 위해 하부목표, 즉 사업부의 목표와 팀 목표를 설정하고 이후 구성원들의 성과를 정의하며 계획한다. 또한 직무분석 및 직무역할, 책임, 권한이 부여되는 단계이다. 각 단위의 책임자는 구성원들에게 코칭을 해야 한다.

2) 성과관리

성과계획이 끝나면 성과에 대한 실행 및 관리가 이루어진다. 효율적인 성과를 도출하기 위해 조직과 구성원은 수시로 커뮤니케이션과 피드백을 주고받으며 목표 및 성과 대비 점검을 통해 적절한 목표수정도 함께 실시한다.

3) 성과평가

마지막으로 성과에 대한 평가가 이루어진다. 1단계에서 설정한 목표 및 계획에 대비하여 얼마만큼의 성과가 산출되었는지 비교하고 구체적으로 평점이 매겨진다. 이런 평가를 통해 최종 리뷰가 이루어지고 그 다음 해 또는 다음 기간의 성과계획에 반영한다.

성과에 따른 보상에는 개인차원의 성과, 팀 단위의 성과, 조직(전사) 단위의 성과로 나눌 수 있다. 구성원들에게 주어지는 보상종류에는 연봉제를 통한 성과연동 프로그램과 스톡옵션 프로그램, 개인 업적 인센티브제도, 포상제도 등이 있다.

5. 금전적 보상과 비금전적 보상

1) 금전적 보상

성과보상체계는 금전적·비금전적 보상으로 나뉜다. 금전적 보상체계는 크게 기본연봉으로 대표되는 고정급여와 각종 인센티브, 경영성과급, 복리후생 등의 변동급여로 구분된다.

가장 대표적인 것이 기본급 누적 형태의 연봉제이다. 기본연봉은 누적급 형태의 구조를 가지고 있어 당해 연도 연봉은 직급별·연봉 등급별 인상률을 반영한 금액을 전년도 연봉에 누적하여 결정하게 된다. 누적형 연봉은 개인별 성과에 따른 누적으로 성과주의를 심화하는 특징이 있고 지속적인 고성과자에게 높은 수준의 보상을 실현하는 장점을 가진다. 이로 인해 일부 고성과자의 경우 임원이 아니면서도 임원급 연봉과 같은 수준의 보상을 받기도 한다. 기본급 중심으로 차별화를 할 경우 특수 직무를 제외하고는 평가등급을 기준으로 차별적으로 임금인상률을 적용한다.

변동급여에 있어서 인센티브는 성과우수자에 대한 수시보상제도이다. 인센티브는 차등 지급하되, 특별히 탁월한 성과를 낸 경우 별도의 보상을 하기도 한다.

인센티브는 크게 단기 인센티브와 장기 인센티브로 나뉜다. 단기 인센티브는 1년 이하의 개인 및 조직성과에 따라 차별적으로 지급되는 보상이다. 단기 인센티브는 EVA, 경상이익 등의 달성도에 이익분배형식으로 지급되는 성과급, 우수사원에 대한 즉시보상 및 조직분위기 활성화를 위해 활용되는 Spot Award, 영업사원 등에게 성과에 따라 지급되는 장려금 등 다양하다. 단기 인센티브는 상황에 따른 탄력적 운영이 가능하고, 특히 고성과자에 대한 커다란 차별적 보상이 가능한 장점이 있다.

장기 인센티브는 1년 이상의 장기성과에 따라 장기적·전략적 차원에서 활용하는 보상이다. 핵심인재의 유지와 구성원들의 오너십 및 커미트먼트를 고취하는 데 활용된다. 선진기업에서는 경영진의 장기성과 제고 마인드 함양 차원에서 고정급보다는 장기성과에 연동한 성과급 비중을 높여 가는 추세이다. 그 비중이 전체 보상 중 약 60~70% 수준이다. 현금으로 지급되지만 주식으로도 많이 지급된다. 주식형으로는 스톡옵션(stock option)이나 스톡그랜트(stock grant)가 대표적이다. 이는 주주와 경영진의 보상을 주가와 연계함으로써 경영자와 주주의 이익을 동시에 극대화하는 데 의의가 있다.

스톡옵션제도는 성과급에서 장기적 인센티브 형태로 지급되는 주식형태의 보상이다. 직원들에게 자사 주식을 일정가격에 살 수 있는 권리를 주는 것으로, 적절한 시점에 주식을 팔아 차액을 남기는 것이다. 스톡옵션을 직원들에게 주는 것은 경영실적에 대한 보상이기도 하다. 스톡옵션은 80년대 이후 미국에서 널리 도입되어 많은 백만장자를 탄생시켰고, 우리나라에도 벤처 붐이 일기 시작한 97년부터 많은 기업들이 도입하여 시행 중이다.

스톡옵션제도는 구성원들에게 동일목적을 지향하도록 해 주고 핵심인재의 확보 및 유지가 가능하며 기업 측면에서도 초기 비용부담이 적다는 장점을 가지고 있다. 스톡옵션의 부여 대상은 유한양행처럼 전체 직원을 대상으로 할 수 있고, 삼성전자처럼 경영성과에 큰 영향을 미칠 수 있는 경영층을 대상으로 선정할 수 있다. 대부분 기업들은 후자를 선택하고 있다. LG는 핵심인재를 확보하기 위해 우수인재를 대상으로 스톡옵션제를 도입했다.

이 제도는 기업의 성장과 그에 따라 상응하는 보상을 받을 수 있고, 일정기간 이후 주식소유를 통해 안정적 우호 지분 확보의 기회를 가질 수 있다는 점에서 매우 효과적일 수 있다. 최근 마이크로소프트 등 일부기업들이 주식시장의 침체로 인한 인센티브 기능의 저하 등을 이유로 스톡옵션 제도를 폐지하고 있지만 우수인력에게 높은 금전보상을 해 주기 어려운 벤처기업의 경우 이 제도는 매력적인 보상수단이 되고 있다.

스톡옵션, 문제없는가?

스톡옵션에 적신호가 켜지고 있다. 시행과정에서 부작용이 많이 나타나 미국에서는 이를 폐지해야 한다는 여론이 일고 있다. CEO들이 경영실적에 연계된 스톡옵션을 받기 위해 회계장부를 조작하는 일까지 발생하고 있기 때문이다. 도산한 엔론, 글로벌크로싱 CEO들은 파산 직전, 거짓 경영실적을 발표해 주가를 높여 놓은 뒤 스톡옵션을 행사해 1~2억 달러의 거액을 챙겨 미국을 떠들썩하게 만들었다. 이 같은 스캔들 이후 마이크로소프트 등은 스톡옵션 제도의 폐지를 선언했다.

스톡옵션은 경영진에게 인센티브를 줌으로써 책임경영을 정착시키는 긍정적 측면이 있는 반면, 지나친 스톡옵션 제공은 불로소득을 안겨 주기 때문에 사람들 사이에 위화감을 확산시킨다는 지적도 있다. 이 때문에 코카콜라 같은 대기업들은 스톡옵션 이익의 일정부분을 의무적으로 사회단체에 기부하도록 하는 회사내규를 만들어 놓고 있다(송양민, 2004).

LG전자는 디지털인센티브(DI: Digital Incentive) 제도를 실시하고 있다. DI는 LG전자의 특화된 성과보상 인센티브로 매년 조직성과에 따라 일정 규모의 재원을 조직별로 배정하고 배정된 재원 범위 내에서 조직책임자 주관 아래 운영한다. DI가 개인단위 사무직 대상의 인센티브라면 경영성과급은 사무직과 기능직 모두를 대상으로 하는 이익분배제도(profit sharing)이다.

경영성과급의 재원은 보통 전사 EVA 금액에서 할당되며 공통재원과 차등재원으로 구분된다. 총 재원 가운데 일부가 차등재원으로 활용되며, 사업별 성과에 따라 탁월한 성과를 낸 조직구성원에게 추가로 지급되고 있다. 현재 성과에 따른 차별화 수준을 확대하는 경향이 높아지고 있다.

복리후생은 개인별 해당 항목별 발생 시 지급한다. 도서관, 운동시설, 식당, 화장실 등 제반 시설을 고급화하여 사원들의 자부심을 높인다.

부문이냐 전체냐

IBM은 과거 경영진에게 개별 사업단위의 성과를 근거로 보너스로 지급하였다. 즉 회사 전사 경영성과가 좋지 않더라도 자기 부문의 성과만 좋으면 높은 보상을 받을 수 있었다. 그러나 IBM의 루이스 거스너(L. Gerstner) 전 회장은 이러한 보상체계가 자기중심적 문화를 형성한다고 판단하여 90년대 중반 모든 경영진이 받는 연간 보너스를 회사 전체 실적에 연동시켰다. 즉 서비스그룹이나 하드웨어그룹의 총책임자에게는 자신이 맡은 사업단위의 성과가 아니라 IBM 전체실적에 따라 보너스를 지급하였다. 다음 단계의 경영진은 IBM의 전체 실적에 따라 성과급의 60%가 결정되고, 나머지 40%만 소속 사업단위의 실적에 따라 정해졌다. 그 밑으로도 이 체계의 비율을 줄여 가며 적용하였다. 결국 보상 제도를 변경함으로써 거스너 회장은 모든 구성원들에게 동료들과 협심하여 열심히 일하는 것이 각자에게 이익이 된다는 메시지를 명확하게 전달할 수 있었다(김범열, 2003: 38).

---

2) 비금전적 보상

금전적 보상 이외 구성원을 동기 부여하는 수단으로 비금전적 보상(내재적 보상) 또한 중요하다. 금전적 보상이 구성원들을 동기부여하고 우수인재를 확보·유지하는 데 중요하지만 그것이 전부가 되어서는 안 된다. 비금전적 보상의 예는 다음과 같다.

- 직무상의 성취감과 자율성 부여를 통한 동기부여
- 최고경영자의 관심과 배려
- 언어적 인정, 상장·상패, 축하행사, 감사서신, 부부동반 식사초대 등의 사회적 강화
- 상품권, 잡지구독권, 시계, 모자 등의 유형적 선물
- 의사결정 권한위임, 정보공유 기호, 선호하는 업무수행 기회, 자율적 예산, 해외연수, 교육기회 제공 등 업무관련 인정
- 구성원의 스킬 개발, 경력개발 기회의 제공, 고성과자의 니즈이해 및 인정
- 회사와 가정생활의 균형을 위한 노력

폭스보로의 바나나 금배지 유래

창업한 지 얼마 안 되었을 무렵, 폭스보로(Foxboro)는 신제품개발에 회사의 사활을 걸고 있었다. 어느 날 밤늦게 한 엔지니어가 제품의 프로토 타입(proto type)을 가지고 사장실로 뛰어들어 왔다. 사장은 그 프로토 타입이 이제까지의 문제점을 해결할 수 있는 제품이라는 것을 알고 너무나 기뻐한 나머지 어떻게든 보답하려고 하였다. 그는 책상서랍을 열고 무엇인가를 꺼내 엔지니어에게 주면서 "이것을 가지게."라고 말했다. 그것은 바나나 한 개였다.
그때 보상으로 줄 수 있는 것은 한 개의 바나나가 전부였던 것이다. 그것은 열심히 일한 직원이 피땀 흘려 일한 성과에 대해 말로 형언할 수 없는 보상이었던 것이다. 그 이후부터 폭스보로에서는 뛰어난 연구 성과를 찬양하기 위해 최고의 보상으로 '금으로 만든 작은 바나나' 배지를 주게 되었다고 한다(Peters).

비금전적 보상은 R&D연구원과 같은 전문직 구성원들에게 더욱 중요하다. 전문직 구성원들은 자기분야에 대해 강한 자부심을 갖고 있기 때문에 일 자체의 완성 및 성취감을 중요시한다. 3M은 탁월한 신제품을 개발한 연구원에게 'Golden Steps Award'를, 탁월한 공헌을 한 연구원에게 'Carlton Award'를 주어 우수성과자를 인정하고 존경을 표시하고 있다.

6. 개인성과급과 집단성과급

성과주의 보상제도의 설계에 있어서 중요한 것은 무엇을 기준으로 지급할 것인가 하는 것이다. 즉 전사, 부문, 팀, 개인의 성과를 평가하는 기준을 설정하고 평가결과를 어떻게 보상과 연계하느냐를 결정하는 것이다. 평가단위가 기업 전체성과를 기준으로 할 경우 평가기준이 보다 명확하고 관리가 용이하고, 팀워크 및 시너지를 높일 수 있다는 장점이 있다. 반면 개인을 중심으로 평가하는 경우 프리 라이더를 방지할 수 있고 고성과자에 대해 차별적 보상을 강화할 수 있다. 일반적으로 기업들은 조직성과와 개인성과를 적절하게 배합하여 보상과 연계하는 방안을 선호하고 있다. 또한 조직성과 및 개인성과의 평가결과는 단지 인센티브에, 개인성과 및 역량평가 결과는 기본급 인상에 반영비중을 높이는 경향을 보이고 있다.

성과주의 보상제도는 급여 관리의 중요한 두 차원인 급여수준(pay level)과 급여구성(pay mix) 중 급여구성 부분에 성과급의 요소를 강화하는 데 초점이 맞춰져 있다. 성과급은 크게 개인성과급과 집단성과급으로 구분된다.

1) 개인성과급

개인성과급은 생산직에서 사용하는 도수제(piece rate)와 영업직에서 사용하는 커미션(commissions) 그리고 관리직에서 사용하는 메리트 급여제도(merit pay) 등이 있다. 도수제와 커미션은 어느 정도 정확한 평가가 가능하여 과거에도 널리 사용해 왔지만 최근 더욱 정교해지면서 정확성과 사용정도가 높아지고 있다. 문제는 관리직에게 적용되는 메리트 급여제도이다. 이른바 연봉제이다.

개인성과 연봉제는 크게 고정연봉과 성과연봉이 있다. 고정연봉은 인재가치와 직무가치에 따라 직위별로 브로드 밴딩(broad banding)하여 개인별 차등연봉이 적용된다. 브로드 밴딩은 직위별로 몇 개의 밴드를 두고, 한 밴드에 몇 개 등급으로 구성한다. 밴드의 등급은 지식 레벨에 따른 인재가치 및 기여도, 리더십 범위를 고려한 직무가치를 조합하여 구성한다.

성과연봉은 성과협약의 결과에 따라 지급되며 정률식과 정액식이 있다. 정률식은 최대성과 연봉률에 성과협약의 평가점수를 곱하여 성과연봉을 정하며, 정액식은 최대성과 연봉액에 평가점수를 곱하여 성과연봉을 산출한다. 정률식에 있어서 최대 성과연봉률은 고정연봉의 크기에 따라 개인별로 결정되며, 정액식은 개인평가에 연동하여 개인별로 부여된다.

개인성과 급여제도는 평가의 어려움으로 인해 현재 많은 문제를 낳고 있다. 현재 많이 채택하고 있는 단계별 평가등급이 현실적으로 무리가 있어 평가결과에 대한 불만이 높아지면서 회사에 대한 불만으로 이어지고, 사원 간의 경쟁을 유발시켜 성과향상과 조직문화에도 부정적 영향을 주고 있다. 관리직 사원의 평가차등이 어렵고 자칫 불만을 야기하기 때문에 미국 기업들마저 성과급제도의 초점을 개인성과급보다 집단성과급에 두고 있다.

2) 집단성과급

대표적인 집단성과급으로 이익분배제도(profit sharing)와 성과분배제도(gain sharing)가 있다. 이익분배제도는 기업의 재무성과를 바탕으로 성과를 평가하여 그 이익을 조직구성원 전체가 함께 나누는 제도이며, 성과분배제도는 주로 공장차원의 생산성 향상을 유도하기 위한 제도이다.

이익분배제도는 기업의 재무성과를 기초로 성과평가를 하므로 평가의 정확성이 뛰어나다는 장점이 있으나 사원 개인의 노력과 기업 성과 간의 연결 정도가 미약하여 동기부여가 어렵다는 단점이 있다. 그러나 전 구성원이 기업성과에 책임을 진다는 점에서 조직구성원의 수용성이 높은 편이다.

이익분배제도는 미국 대기업의 70% 정도가 도입하고 있다. 우리나라가 이 제도를 활용하려면 기본급여를 일정 부분 삭감하고 나머지는 이익분배를 통해 보전받는 형태로 운영하는 이른바 기본급 삭감형 이익분배제도로 운영하는 것이 바람직한 것으로 평가되고 있다.

7. 총 보상 개념의 확산

총 보상(total rewards) 개념은 직원 개개인이 받는 월 급여, 성과급 등 현금성의 보상뿐 아니라 카페테리아 플랜 등 각종 복리후생제도와 적절하게 제공, 유지되는 근무환경 그리고 성과에 대한 인정과 스스로의 만족을 종합적으로 인식케 하는 개념이다.

HP는 총 보상 개념에 따라 보상을 한다. 즉 급여뿐만 아니라 각종 변동급 제도, 스톡옵션이나 주식구매 프로그램과 같은 equity제도, 각종 포상제도 등을 활용하여 사원과 회사가 달성한 성과에 대해 충분히 보상한다. 이러한 보상제도는 다른 경쟁사와 비교하여 경쟁력을 유지함으로써 유능한 인재를 유치하고 보유하도록 하고 있다.

8. 성과 평가방법과 성과주의

성과의 평가방법은 매년 초에 체결하는 성과협약서로 이루어진다. 성과협약서상의 성과평가 지표는 크게 성과, 지식, 인재육성, 경영자 평가로 구성되어 있다.

성과는 사업부, 팀, 개인성과지표로 구분되며 지식은 지식활동 평가(지식점수)와 지식수준 평가(지식이력서, 등록지식의 질)로 이루어져 있다. 인재육성은 육성 활동과 육성된 인재를 평가하는 지표로 구성되어 있다. 성과와 지식은 지표상으로는 나누어져 있지만 지식지표와 성과지표는 비례관계여서 지표의 결과는 동일하게 나타날 수 있다.

성과평가지표는 전략과 업무의 특성을 고려하여 정밀하게 검토되어야 하며 회사의 성과와 개인의 성장이 이루어지는 형태로 설계되어야 한다. 이런 점에서 BSC는 중요한 평가도구이다.

대우일렉트로닉스의 경우 집단 목표관리(MBO) 방법인 DEMOS(Daewoo Electronics Management by Objective System)를 집단성과급에 적용하고 있

다. DEMOS는 조직별, 제품아이템별 평가를 실시하는 조직(집단)단위 성과
급제도로, 전 조직에 대한 정확한 업무분장과 책임소재를 규명하고 조직별
로 관리되어야 할 지표를 설정함으로써 조직의 효율성과 생산성을 높이는
데 목적이 있다. DEMOS의 가장 큰 전제는 회사경영목표의 달성에 있다.
조직평가의 핵심단위는 제품부문이다. DEMOS는 조직의 업적을 평가하여
그 결과에 따라 성과급을 지급하는 것을 내용으로 하며, 목표설정과 목표평
가 단계, 시행 및 중간점검 단계, 평가 및 평가활용 단계로 구분된다. 산출
된 최종 평가결과에 따라 해당조직의 평가등급을 부여한다. 평가등급은 성
과급의 기준으로 사용하며 전사 조직의 효율성을 높이는 방안으로도 사용
하고 있다.

이 밖에도 교보생명은 역량성과급을 택하고 있다. 이것은 이전의 많은 보
상항목을 통폐합하여 단순화하고, 호봉표가 아닌 pay box로 기본급(역량급)
인상률을 결정하는 선진화된 보상제도이다. 기업은 보상수단에 대한 다양화
를 추구함과 동시에 각각의 보상 프로그램 간의 연계성을 강화하여 구성원
들의 다양한 니즈를 충족시키는 노력이 요구된다.

성과평가제도는 무엇보다 객관성을 유지해야 한다. 문제는 성과지표의 계
량화가 객관성을 확보할 수 없다는 점이다. 객관성이란 간주관성(inter-
subjectivity)을 의미한다. 간주관성은 평가자의 주관과 평가대상자의 주관이
통하여 상사의 평가결과에 대해 평가대상자가 긍정적으로 수용하는 상황을
말한다. 성과평가가 보다 객관성을 확보하기 위해 다음 사항에 유의한다.

(1) 개인이 수행하고 있는 직무가 어떤 성과를 창출해야 하는지 명확하게
규명하고 공식화되어야 한다. 이를 성과책임(accountability)이라 한다.

(2) 성과책임에 근거한 성과목표 합의가 평가자와 평가대상자 간에 상당
한 시간과 노력이 투입되어야 한다.

(3) 평가자는 합의된 성과목표가 제대로 달성되어 가고 있는지를 철저하게
모니터링하여 코칭해야 하며, 평가대상자가 자율성을 가지고 성과목표
를 달성할 수 있는 업무환경을 조성해 주어야 한다. 이러한 과정을 거
친 다음 축적된 정보를 참고하여 사실에 근거한 평가를 해야 한다.

몇 년간 지속적으로 발전되어 온 성과보상시스템이 조직구성원의 성과마인드를 높이고 조직 내 건전한 긴장감을 제공하여 궁극적으로 회사 성과의 극대화를 이루는 데 기여했지만 이에 따른 부작용도 적지 않다. 다음은 성과주의 보상제도의 문제점이다.

(1) 성과에 따른 보상은 처벌과 동일하다는 점이다. 보상 그 자체는 바람직한 것일 수 있다. 하지만 그 보상이 어떤 행위 또는 성과의 조건으로 주어질 경우 구성원들은 기업이 자신을 조정하고 통제한다는 느낌을 갖게 된다.

(2) 구성원들로 하여금 보상을 더 받기 위해 경쟁하도록 하는 것은 구성원 간의 협력과 조직 시너지를 깨뜨린다. 구성원들이 제한된 보상금액을 놓고 경쟁하게 될 때 서로를 장애물로 여기기 쉽다. 성과주의 보상이 잘못 운영되는 경우 자신들의 적이 외부의 경쟁기업이 아니라 함께 일하는 내부 구성원이라 느껴 기업에 치명적인 문제를 일으킬 수 있다.

(3) 성과에 대한 보상을 강조하게 되면 구성원들이 업무의 본질보다 보상에만 신경을 쓸 수 있다. 시어즈의 자동차 수리부서는 정비기사들의 정비실적에 따라 인센티브를 제공하는 시스템을 도입하였다. 이에 따라 정비기사들은 고객들에게 불필요한 수리를 강요해 기업 이미지를 크게 훼손시켰다. 성과에 대한 보상을 강조할수록 일에 몰두하려고 하는 동기유발 유인을 오히려 손상시킬 수 있다는 점에 유의할 필요가 있다.

(4) 성과주의를 지나치게 강조하면서 개인 간·조직 간 이기주의가 만연하고 단기업적주의가 팽배함으로써 장기적 안목의 투자나 노력이 상대적으로 부족해진 것이 문제이다.

(5) 조직 내 신뢰감 형성 부족과 회사에 대한 로열티 저하로 전직의 기회가 많은 우수한 젊은 인재의 유출이 높아지고 있는 것은 기업의 지속적인 성과창출에 걸림돌이 되고 있다.

물질적 유인만으로 구성원들의 커미트먼트를 높일 수는 없다. 구성원으로부터 계속적으로 강한 커미트먼트를 유발하기 위해서는 성과보상체계를 인간의 심리적 측면까지 연장하는 것이 중요하다.

- 목적달성을 위한 명확한 비전과 핵심가치의 제시
- 구성원들의 성과 및 공헌에 대한 충분한 평가와 인정
- 그들의 영향력을 증대시키는 참여기회의 확대
- 강한 공동체의식과 일체감을 형성하는 신뢰
- 성공을 가능하게 하는 자기능력개발의 촉진
- 개인의 동기를 조직의 목표와 일치시키는 설득 커뮤니케이션
- 신뢰관계를 구축하고 모든 구성원이 즐겁게 일할 수 있는 기업분위기

성과주의는 기본적으로 물질적 보상에 의존하는 방법이다. 이에 따른 한계를 극복하기 위해 조직구성원의 동기부여를 위한 다양한 방안이 모색될 필요가 있다. 특히 차등 보상과 같은 금전적 요인만으로는 한계가 있기 때문에 일을 통한 동기부여 방안 마련에 보다 관심을 가지는 것이 중요하다.

일의 가치를 높이는 일이 그 방법의 하나다. 일의 가치란 도전적인 직무나 배움이 가능한 업무 등을 말한다. 여러 조사에 따르면 금전적 보상은 일의 가치나 가정 및 가족과 같은 비금전적 요인을 더 중시하는 경향이 높아지고 있다. 따라서 급여 경쟁력 확보 및 차등 보상도 중요하지만 구성원들이 일을 통한 성장비전과 성취감을 느끼고 부가가치가 높은 업무에 집중할 수 있도록 일하는 방식이나 일의 질적인 측면에서 개선한다.

이를 위해서는 업무의 효율화, 조직구조, 리더십 등에서 다양한 변화 노

력이 요구된다. 부가가치가 낮은 업무를 최소화하고 권한과 책임의 위임을
통해 불필요한 간섭이나 통제를 축소하며 일의 가치를 고려한 적절한 업무
분장이 필요하다.

9. 기술사다리 인센티브 시스템과 임금피크제

1) 기술사다리 인센티브 시스템

한국텍사스인스투르먼트(TI)는 연구원들을 미국에 연수 보내고, 매년 매
출액의 10%가 넘는 200~250만 달러의 막대한 연구개발비를 쏟아부어 한
국전자제품에 맞는 반도체를 집중 개발하는 등 연구개발비에 투자를 많이
한다. 이 회사는 기술사다리(technical ladder)라는 파격적인 연구원 인센티브
제도를 가지고 있다. 이 제도는 기술개발 능력이 뛰어나거나 국제학술논문
을 자주 발표한 연구원은 직급에 상관없이 마치 사다리를 타듯 특진을 시
키고 두툼한 보너스를 준다.

2) 임금피크제

임금피크제(salary peak system)는 일정연령까지는 임금이 상승하다가 이후
에는 차츰 임금이 줄어드는 급여체계이다. 즉 생산성이 최고에 이르는 연령
대까지는 높은 보수를 지급하고 업무수행능력이 떨어지는 일정 연령 이상
에서는 연공적인 호봉승급을 정지하거나 보수를 삭감하는 제도이다. 일본의
경우 근로자의 근속연수가 일정기간이 지나면 임금이 최고액에 달하도록
하고 이후부터 매년 일정 비율씩 감소하도록 임금체계를 설계하고 있다. 일
본에서는 이 제도를 정년연장이나 정년 이후 계속 고용제도와 함께 운영하
는 경우가 많다. 임금피크제는 인사적체를 해소하기 위한 새로운 방안이 요
구되고, 명예퇴직의 어려움에 따라 대체제도가 필요해졌기 때문이다.

단순히 임금만 차감하는 것이 아니라 신분을 전환하여 새로운 직무를 부

여하고 임금은 부여된 직무에 합당한 수준으로 지급하기도 한다. 이 경우 직무 분담제(work sharing)라 부르기도 한다.

임금피크제의 특징은 크게 직군전환제와 임금커브제로 요약된다. 일정연령에 도달하면 임금은 줄이고 직책은 반납하되, 정년은 보장해 주는 대신 임금은 변경된 직무에 합당하게 조정하는 것이다. 직군전환제(position change)란 일반직원으로서의 직책을 모두 내어놓고 전문적인 업무를 수행하는 별정직원인 업무지원직으로 직군을 전환하는 것을 말한다. 그리고 임금커브제(wage curve)란 특정연령부터 점차적으로 임금을 감소시켜 나가는 것을 말한다. 나이가 많을수록 임금이 높아지는 연공서열형을 배제하고 생산성에 맞는 임금을 지급한다. 1차 연도에는 임금피크제 전 임금의 75%, 2차 연도에는 55%, 3차 연도에는 35%로 하향조정하여 전체적으로 60% 수준으로 조정하는 것이 그 예다.

임금피크제는 명예퇴직으로 인한 고용불안을 해소하고, 정년을 보장함으로써 사회적 신분을 유지하도록 하며, 재취업이 어려운 상황에서 정년까지 일을 해 퇴직 후 연금을 받을 때까지 공백 기간을 최소화함으로써 노후생활의 안정을 가져오는 효과가 있다.

10. 보다 나은 보상관리를 위한 제언들

1) 기업에 맞는 보상시스템의 개발과 적용

앞으로 기업은 시장과 경쟁 환경, 사업의 성장단계에 따라 각 회사에 맞는 보상시스템을 선택하여 사용해야 하며, 한번 택한 보상시스템을 너무 고정시키지 말고 시기별 전략에 따라 변화해야 한다. 특히 지식경영과 인재전쟁의 시대에 적합한 시스템을 도입하여야 하며, 직원들의 총체적 EVP(Employee Value Proposition)를 포괄하는 시스템이 되어야 한다.

2) 사내공청회를 통한 의견수렴

사내공청회를 통해 수시로 평가 및 성과보상시스템을 설명한다. 공청회에서는 어떠한 평가 콘텐츠들이 존재하고 어떤 절차로 진행되며 어떻게 활용하여 보상시스템에 연계되는지 설명할 뿐 아니라 직원들의 의견을 수렴하는 기회로 만든다.

3) 차별적 보상시스템의 개발

1994년의 명예퇴직 이래 일련의 구조조정과 IMF 이후의 고용불안, 능력과 실적에 따른 보상체계, 승진율 하락, 민영화 등으로 인해 지금까지의 노사 간 심리적 계약(psychological contract)이 파기되고 있다는 느낌이 부쩍 늘어났다. 이제 회사를 단지 생활의 방편으로, 혹은 회사가 베푼 만큼 일하겠다는 근로자가 발생할 수 있는 환경이 조성된 것이다.

기존의 무조건적 고몰입 만능주의에서 과감히 탈피해야 한다. 무조건적 고몰입 특성을 보여 주고 있는 근로자 중 상당수가 변화에 대한 수용을 거부하고 있다는 연구가 있으며, 창의성 및 자율성 결여 등 조직몰입의 부정적 영향력은 21세기를 눈앞에 둔 기업 및 근로자의 모습과 정면으로 배치되고 있다.

보상체계도 달라져야 한다. 상이한 기능을 수행하는 생산직과 기술직, 사무관리직, 연구직 근로자들에게 획일적인 몰입형태를 강요해서는 안 된다. 가령 생산직 근로자들에게는 근속에 따른 기술 및 경험 축적 위주의 보상을, 그리고 연구직 근로자들에게는 능력과 실적에 따른 차별적 보상을 강구해야 한다.

FGI(Focus Group Interview)를 통해 직무 간 특성을 발견하여 반영한다. 인터넷이라는 비즈니스의 특성은 개발자, 기획자, 운영자, 마케터, 온라인 영업전문가, 다자이너, 쇼핑CM(Category Manager), CSR(Customer Satisfaction Relatives) 등 다양한 직무전문가들을 만들어 내고 있다. 이들에게 모두 동일한 시스템을 적용할 수 없기 때문에 각각의 특성에 맞는 평가 및 보상시스템이 설계되어야 한다. 이를 위해 수시로 인터뷰 및 커뮤니케이션을 통해 공감대를 형성할 필요가 있다.

제14장 복리후생제도

복리후생제도(fringe benefit system), 이제 이것은 기업 선호도의 주요 기준이 되고 있을 만큼 관심이 높아지고 있다. 어떤 것은 기업이 제도로서 골고루 주어지기도 하고, 어떤 것은 개인에 따라 선택적이기도 한다. 중요한 것은 기업들이 직원들의 복지와 사기앙양을 위한 각종 제도를 신설하거나 추진하고 있어 주목을 받고 있다는 점이다.

1. 생애복지제도

'입사에서 무덤까지', K사는 입사에서 퇴직할 때까지 임직원의 모든 복지를 책임지는 생애복지제도 시스템을 가지고 있다. 이 기업의 생애복지 시스템은 주거안정, 교육 및 의료, 레저생활, 노후보장 등 4개 부문으로 나눠져 있다. 일단 기업에 입사한 사람은 무덤에 묻힐 때까지 의식주를 회사가 책임진다는 것이 기본인식이다.

K사는 이 가운데서도 사원이 가장 관심을 두고 있는 내 집 마련부터 해결하기로 했다. 즉 전 사원에게 내 집을 마련해 준다는 구상이다. 이를 위해 한정된 숫자이기는 하지만 기숙사, 임대아파트, 분양아파트를 이미 사원에게 공급했다. 이 수를 계속 늘려 나갈 방침이다. 이에 따라 타운이 형성될 전망이다. 독신으로 입사한 사원들이 신혼을 거쳐 성숙기, 완숙기, 노후생활로 연결되는 점을 고려하여 주거문화도 기숙사에서 임대아파트, 분양아파트로 나이에 맞는 주택문화를 유지할 수 있도록 배려할 방침이다.

교육복지제도로는 우선 공장 부근의 초등학교 등을 집중지원하고 이어 학원을 설립하여 유치원과 초등학교를 운영하며 이어 중·고등학교와 대학까지 건설할 계획이다. 의료혜택으로 공장에 인접한 지역에 종합병원을 건설한다는 계획을 확정했다. 또 동해안, 중부권, 남해안, 제주권 등 전국에 콘도와 온천, 야영장, 가족호텔 등이 들어서는 휴양소를 개발하고 해외에도 휴양거점을 마련한다. 이 기업은 앞으로 실버산업을 운영하여 공원묘지와 양로원까지 건설할 계획이다. 이 모두는 회사원들이 평생 동안 안정된 삶을 누릴 수 있도록 체계적인 계획을 추진하려는 것에서 나온 것이다.

2. 선택적 복리후생제도

구성원의 건강 및 자기계발을 지원하기 위해 선택적 복리후생 제도를 운영한다. 선택적 복리후생제도는 선택의 폭, 법적 적격성 여부, 근로자의 기여 포함 여부, 그리고 복리후생 항목설계의 유형에 따라 달라진다. 일반적으로 복리후생 항목설계의 유형에 의한 분류가 널리 알려져 있으며, 이는 다시 모듈선택형, 혼합선택형, 선택항목추가형, 유연 소비계정형 등 4가지로 분류된다.

1) 모듈선택형

근로자가 다양한 복리후생제도의 조합으로 구성된 여러 개의 모듈, 패키지 중 하나를 선택할 수 있는 것을 말한다.

2) 혼합선택형

기업에서 제공하는 복리후생제도 내에서 자유롭게 프로그램 수준을 결정하여 자신의 니즈에 맞게 재구성할 수 있도록 한다.

3) 선택항목 추가형

모든 근로자에게 최소한의 복리후생 항목을 제공하고 개인에게 부여된 복리후생 예산 내에서 핵심항목 외 별도의 항목을 자유롭게 선택할 수 있는 제도이다.

4) 유연소비계정형

기업이 근로자들에게 제공한 복리지원금액과 개별근로자가 갹출한 금액을 개인의 복리계좌에 예치하고, 근로자들은 이 계좌의 금액 범위 내에서 회사가 제시한 복지항목의 다양한 상품이나 서비스를 자유롭게 선택하여 이용할 수 있는 제도이다.

대부분의 기업들은 이 가운데 선택항목 추가형에 기반을 두고 선택형 복리후생제도를 운영하고 있다.

선택적 복리후생제도는 크게 기본항목, 의무공제항목, 선택항목 등으로 나누어진다.

(a) 기본항목: 기본항목은 직원들의 의사와는 상관없이 모든 직원에게 공통적으로 적용되는 프로그램으로 경조금, 건강진단, 단체생명보험, 의료비보장보험 등이 있다.

(b) 의무공제항목: 의무공제항목에는 주택자금지원, 학자금지원, 의료비보장보험 부모가입 선택권 등이 있다.

(c) 선택항목: 선택 항목은 직원에게 부여된 개인별 복지예산에서 의무공제항목의 프로그램을 선택했을 경우 그에 해당되는 포인트를 공제하고 남은 개인별 복지예산을 가지고 자기계발 항목, 문화생활 항목, 건강유지항목, 기타항목(여행비용, 자동차보험 등) 등으로 구분하여 사용할 수 있다.

3. 카페테리아식 복리후생제도

이 제도는 카페테리아에서 원하는 것을 직접 고르듯 필요한 복리후생제도를 직접 고르는 것을 말한다. 즉 회사가 제공하는 다양한 복리후생 항목 중 일정 한도 내에서 개인의 희망에 따라 자기에게 가장 적합한 것을 선택할 수 있는 일종의 맞춤식, 신축적 복리후생제도이다. 이것은 일률적인 프로그램에 비하여 구성원의 후생욕구를 잘 충족시킬 수 있다는 장점이 있다.

LG유통의 경우 전 임직원에게 기본 포인트를 부여하고 근속연수, 직급, 업적고과 등에 따라 차별적으로 복지 포인트를 추가로 부여해 보유 포인트 범위 안에서 복리후생항목을 개인이 자율적으로 선택하도록 하고 있다. 1포인트는 1,000원에 해당한다. 모든 임직원들은 연간 320~670포인트를 부여받을 수 있으며 매월 개인별 급여명세서에 잔여 포인트가 고지된다.

옵션보기

사고사	무이자대출
보험	법률상담
생일휴가	장기불능혜택
멤버십(클럽, 비즈니스, 각종 전문 집단)	연금
현금이윤참가	파킹장 제공
커미션	개인사무실제공
회사의료보조	정신상담
자동차제공	리조트시설이용
주택제공	자녀장학금
여행 기회 제공	유동작업시간 및 일수
탁아소	안식년
이연보상	주식보너스플랜
회사제품할인	주식구매플랜
교육비제공	유가족부양
단체자동차보험	훈련프로그램

4. 각종 복리후생제도 옵션들

1) 미니골프장, 영화감상실, 호텔 수준의 화장실

부산의 리노공업은 정문 곁 잔디밭 위에 미니 골프장을 만들어 점심시간이나 업무 후에 직원들이 퍼팅 연습을 하도록 배려하고 있다. 이 회사 정문에 들어서면 넓은 잔디밭과 빽빽하게 들어선 소나무 때문에 제조업체 공장인지 눈을 의심할 만큼 환경이 좋다.

이 회사는 이외에도 영화감상실도 갖춰 놓았고, 화장실은 호텔처럼 고급스럽게 꾸몄다. 직원들이 편하게 일할 수 있도록 공장 환경을 바꾼 이후 생산성이 높아지고 이직자도 거의 없다. 리노공업은 중소기업청으로부터 인적자원관리 우수기업으로 선정되기도 했다.

2) 자녀어학연수지원

근속연수가 많은 직원들에게 자녀들의 해외 어학연수 지원비를 제공한다.

3) 병원비부담

일부 기업들은 임직원들을 위해 병원비가 일정액을 초과하면 전액을 회사에서 부담하는 것을 비롯하여 여러 복지제도를 늘려 나가고 있다. 제일제당은 10년 이상 근속한 임직원에게 병원치료비가 10만 원을 넘으면 전액을 회사가 부담하겠다고 발표했다.

4) 개인연금 회사부담

제일제당은 또 직원들이 각 금융기관에 개인연금을 가입할 경우 전체 불입금의 50%를 정년퇴직 시까지 회사가 부담하는 개인연금제도를 도입키로 했다.

5) 사원아파트건립

LG정보통신은 사원들의 복지향상을 위해 안산시에 총 32세대 규모로 원룸형 아파트를 건립했다. LG는 한 세대당 5백만 원의 보증금만 내면 입주가 가능하도록 하고 있는데 직원들의 호응이 높아 아파트 건립을 계속 추진하고 있다.

6) 회사의 특정장소 결혼식장 대여

현대중공업은 사원과 사원자녀들에게 회사 내 영빈관 앞 잔디밭을 야외결혼식장으로 개방하여 직원들의 호응을 얻고 있다. 현대가 직원들의 애사심과 소속감을 불어넣기 위한 일환으로 개방한 야외결혼식장을 직원들이 호평하는 것은 회사에서 예식에 필요한 모든 설비 제공은 물론 하객 편의를 위해 회사버스까지 지원함으로써 비용절감효과를 볼 수 있기 때문이다. 또한 일반 결혼식장에 비해 훨씬 넓고 경관이 좋은 장소를 시간에 구애받지 않고 편하게 이용할 수 있다는 장점도 있다.

7) 자기계발 수당지급

대우는 직원들에게 자기계발수당을 지급해 업계에 자극을 주고 있다. 대우는 대리 이하 사원에게는 20만 원, 과장 21만 원, 차장 22만 원, 부장 23만 원 등 직급에 따라 1만 원씩 차이를 두고 자기계발수당을 지급했다. 대우의 이 같은 조치는 직원들의 사기진작과 임금격차를 해소하는 데 도움을 주고 있다.

8) 특별상여금

용인에서 오토바이용 헬멧을 생산하는 홍진크라운은 2001년 기본 상여금 400% 외에 특별상여금 550%를 추가 지급했다. 100억 원 정도의 순이익을 거둬 일부를 직원들에게 지급한 것이다.

9) 김장김치 제공

LCD 모니터를 만드는 이레전자산업은 96년부터 해마다 270명의 직원들에게 1인당 50㎏의 김장 김치를 제공하여 주부사원들에게 인기가 높다.

일부 기업들이 사원복지정책을 잇따라 도입하는 것은 직원의 만족은 결국 회사 발전이라는 인식이 높아졌기 때문이며 이에 여러 복지정책들이 다른 기업으로 계속 확산될 전망이다.

제15장 휴가관리

보상에는 월급만 있는 것이 아니다. 추가연수 기회의 제공, 회사 지분, 포상여행, 사보 내 특집화보 게재, 유급휴가, 레스토랑 식사권, 중역으로부터의 감사편지나 방문, 개선 팀에의 참여, 트로피, 사무집기나 가구제공 등 유무형의 여러 가지가 포함되어 있다. 이를 미루어 볼 때 휴가도 중요한 보상관리에 속한다.

1. 주 5일 근무제와 여가

여가문화의 혁명, 재택근무와 근로시간 변동제, 기술혁명은 21세기 레저문화의 대변혁을 예고하고 있다. 미국 내 주 5일제 근무 주당 40시간 근로체제는 1938년 의회가 법률로 정한 이후의 일이다. 주일 주말문화는 60년 역사에 불과하지만 생활 깊숙이 뿌리내려 왔다. 그러나 21세기에는 주말을 위해 일한다는 말도 옛말이 될 것으로 전망되고 있다.

인터넷과 통신의 발달, 24시간 경제체제 정착으로 레저시간의 종언을 논하는 이도 있다. 휴식의 벽이 허물어지고 일이 여가시간을 침투하면서 행복이 레저에 기초한다고 한 아리스토텔레스의 말이 설 땅을 잃어 가고 있다. 그러나 재택근무는 휴일을 임의로 정할 수 있도록 한다. 개개인의 계획은 철저한 자기통제 아래 이루어지고 휴가를 재생산의 의미로 투자한다.

디지털 기술의 발달로 여행자들은 안내원 없는 첫 방문지라도 충분히 즐길 수 있다. 휴대형 전자안내기가 현장에서 풍부한 상식과 정보를 제공하기 때문이다. 이미 세계 곳곳에 퍼진 인터넷 카페가 여행과 일을 동시에 진행할 수 있도록 하고 있다. 굳이 전시회를 찾아가 사람 구경할 필요 없이 깨끗한 화상정보로 세계유명 박물관 소장품을 감상할 수 있다. 현장감을 양보한다면 경기장을 찾지 않아도 경기상황과 선수나 팀의 기록을 즉석에서 관람하고 분석할 수 있다. 가상현실 기술발달은 경험을 하지 못한 대리만족을 선사한다. 케네디 전 미국 대통령과 악수하는 행운은 영화 '포리스트 검프' 만의 것이 아니다.

학생들의 특성과 취미에 맞는 수업도 기술적으로 가능하다. 이쯤 되면 사전 속 주말이란 단어 옆에는 고어 표시가 붙게 된다. 러시아워, 성수기나 비수기 의미도 달라진다. 원하는 시간에 원하는 프로그램을 볼 수 있는 TV망이 갖춰지면 최고시청시간은 더 이상 저녁시간대를 뜻하지 않는다. 여행전문가들은 동굴탐사, 남극탐험, 래프팅, 하이킹, 카누 등 보다 모험적인 여향을 즐기는 이들이 많아질 것으로 예측하고 있다, 자연으로의 회귀본능, 기술적 뒷받침이 그 근거이다.

캘리포니아 로렌스 리버모어 연구소는 앞으로 음속의 10배인 시속 10,000㎞로 나는 급비상 여객기가 지구상 어느 곳도 2시간 내로 연결할 수 있다고 말한다. 우주여행도 멀리 있지 않다. 해발 100㎞ 상공에서 2분 30초간 무중력 상태를 체험할 우주 유람선을 시애틀의 '제그람 스페이스 보이지' 등이 개발 중이다.

2. 다양한 휴가제도와 창의성

판에 박힌 휴가방법이 허물어지면서 기업체들이 임직원의 사기를 높일 수 있는 새로운 휴가 제도를 앞다퉈 도입하고 있다. 이로써 기업의 풍속도가 크게 변하고 있다. 이것은 또한 일상적인 것을 벗어나 보다 창의적 사고를 하도록 하는 배려가 크다는 점에서 주목을 받고 있다. 여러 휴가 제도를 살펴보면 다음과 같다.

1) 리프레시 휴가제도

리프레시(refresh) 휴가제도란 정기휴가 외에 근속연수가 비교적 오래된 사원에게 일정기간 휴가를 주어 심신의 재충전과 휴양을 꾀하는 제도이다. 직장생활을 10~20년 계속하다 보면 아무래도 신선한 발상이나 유연한 사고방식이 결여되고 매너리즘에 빠지게 된다. 이 제도는 업무를 계속 담당하면서 기분을 일시 전환하도록 하는 것이 아니라 일정기간 회사를 쉬면서 업무 자체를 완전히 잊도록 한다. 이 제도는 중·고령층 또는 근속이 일정 연수 이상인 사원에 대해 10일 정도의 특별 유급휴가를 주어 심신을 재충전하도록 하는 방법이다. 이 제도는 자칫 나태에 빠지기 쉬운 기존사원들에게 신선한 활력을 불어넣는 데 좋은 방법이다.

기분전환 내지 재충전을 위한 리프레시 휴가제도가 확산되고 있다. 이 휴가제도는 개인차원에서뿐 아니라 집단적으로 다양하게 전개되고 있다. 건전한 휴가 및 레저 활동을 통한 사원들의 재충전이 기업경쟁력으로 이어진다는 판단 아래 사내동호회를 지원하고 회사차원에서 대형이벤트를 개최하기도 한다. 격주 토요휴무일에 잇달아 리프레시 휴가를 사용할 수 있도록 함으로써 사원들의 재충전 기회를 넓혀 주기도 하고, 전국 유명관광지의 콘도를 하계휴양소로 제공하기도 한다. 사내동아리를 만들어 등록할 경우 창설 비용의 상당부분을 회사 측이 부담하고 각종 활동비도 지원한다.

2) 사가휴가제

사가(思暇制度)휴가제란 장기 근속한 임직원을 대상으로 2~3개월 동안 사가를 주는 제도를 말한다. 이 제도는 오랜 직장생활의 일상적인 궤도에서 벗어나 직장의 의미와 자기 자신을 다시금 관조해 보고 깊은 자기 성찰을 통해 자기개발 의욕 및 변신욕구를 심화시켜 본인의 활력을 재충전하도록 하는 것이다. 이 제도는 아울러 부하에게는 업무상 성숙할 수 있는 기회를 제공하게 됨으로써 실질적인 업무습득의 계기가 되어 조직 활성화에 많은 도움을 준다.

사가휴가제는 일정기간 회사 일을 완전히 잊고 휴식을 취하는 것을 말한다. 이때 회사에 전화를 해서도 안 된다. 이 제도를 도입한 것은 앞으로 창의적이고 진취적인 사고를 할 수 있는 사람만이 성장을 이끌어 낼 수 있다는 인식에 기반을 두고 있다. 일 년 내내 틀에 박힌 업무에 파묻혀서야 창의성을 발휘할 수 없기 때문이다.

일정기간 회사를 떠나 새로운 사고방식을 익히는 사가제도를 우리나라에서 처음 도입한 곳은 코오롱그룹이다. 이 기업은 1986년부터 이사 이상 임원을 상대로 사가를 실시했으며 기간은 3개월이었다. 이 기간 해당간부는 회사에 출근하거나 전화연락을 해서는 안 되며 사후 보고서 제출 의무도 없었다. 정상 급여는 물론 특별 활동비마저 지급되었다. 쌍방울그룹의 경우 부차장 이상 임원에게 적용되며 일 년에 일주일 동안은 무조건 회사를 떠나야 하고, 회사에 아무리 급한 일이 있어도 전화연락을 하지 않도록 되어 있다. 휴가 기간 동안 자연을 통해 관조하고 생각을 바꾸며 다른 사람을 이해하는 폭을 넓힌다. 휴가는 자연과 다른 사람의 생각 속으로 여행기회를 제공한다. 이로써 자기만의 생각, 일상적인 틀에서 벗어나도록 한다.

3) 안식휴가

유연근로시간제도의 하나인 안식휴가는 추가근무로 발생한 여분의 근로시간, 휴가 또는 임금의 일부를 적립하여 일정기간 장기적인 휴가로 전환하는 제도이다. 안식휴가제도는 근로자의 입장에서는 재충전을 위한 여가의 의미를 가질 뿐 아니라 자신의 업무와 경력향상을 위한 재교육의 의미가 되며, 기업은 생산력 강화를 위한 동기부여의 방안으로 이 제도를 활용할 수 있다.

근로자가 안식휴가 제도를 이용하는 경우 적립된 여분의 근로시간을 사용하게 되며 자신이 받고 있는 임금의 일부분이 삭감된다. 기업은 근로자가 일을 하지 않음에도 불구하고 임금과 사회보장 관련 비용을 지불해야 하는 부담을 안게 된다.

안식년 휴가제는 6일 동안 힘써 일하고 7일째 안식하라는 성경의 가치관에 맞춰 6년 동안 근속하고 7년차 되는 사원에게 1개월간 유급휴가를 주는 제도이다. 그러나 안식휴가제는 단순히 휴가로 생각해서는 안 된다. 기업이 6년간 줄곧 성장하다가 7년째는 성장보다는 재평가와 다음 6년을 계획하는 해로 삼듯이 직원들도 그런 기간이 필요하다는 것이다. 이 기간 중에는 회사에서 별도의 지침이나 연구 과제를 부여하지 않는다. 안식년이란 중간관리자나 고급관리자를 대상으로 신체적, 업무적으로 탈진상태에 있는 사람을 대상으로 계획되는 것이 보통이다. 신체적, 정신적 파괴현상을 경험하는 4 0~50대 관리자들에게 필요하다.

미국에서는 기술변화와 속도가 빠른 컴퓨터업계에서 많이 이용하고 있다. 인텔의 경우 종업원들에게 5~6년에 한 번씩 8주의 안식년을 주어 재충전 기회를 제공하자 이직률도 줄었다. 탠덤의 경우 안식일 제도 실시를 종업원 복지프로그램으로 광고하여 우수종업원을 스카우트하는 데 도움을 얻었다.

독일의 경우 엑센튜어(Accenture)사는 '플렉스 리브'(flex‒leave)라는 안식휴가 제도를 운영하고 있다. 회사의 경영상황이 나빠질 경우 근로자는 부분임금을 받고 4~12개월까지 안식휴가를 지낼 수 있다. BMW는 근로자에게 최대 6개월까지 안식휴가를 제공하고 있다. 지멘스사는 '타임아웃'(time‒out)이라는 독특한 제도를 도입하였다. 근로자가 부분임금을 받으면서 상대적으로 장기적인 휴가기간을 갖는 제도이다. 3개월 휴가인 경우 지금까지 받던 임금의 50%, 6개월인 경우 40%, 9개월은 30%, 1년인 경우 통상임금의 20%를 받는다.

우리나라의 경우 대우가 88년부터 안식년제를 도입했고, 기독교 기업문화를 갖고 있는 이랜드그룹은 1993년도부터 안식년 휴가제를 실시하고 있으며, 한국투자신탁도 94년부터 부장급을 대상으로 이를 운용한 바 있다. 그러나 안식년에 대한 기업의 인식이 부족한 데다 종업원들도 이를 '회사를 그만두라'는 신호로 받아들이려는 심리적 및 신분상의 불안감, 장기공백에 따른 후유증을 두려워하는 등 부정적인 면이 있어 이와 대조적인 현상을 보이고 있다.

반도체 부품을 생산하는 그린텍시스템은 직원들에게 정기휴가와는 별도로 2박 3일의 안식휴가를 주고 있다. 휴가비용은 영수증을 가져오면 회사가 전액 부담한다. 안식휴가를 실시한 결과 이직률이 크게 감소했다. 또한 부모님들을 대상으로 중국에 효도관광을 보내드리는 프로그램을 마련해 좋은 반응을 얻었다.

경기가 침체하면서 이 제도는 불황을 극복하는 한 가지 방법으로 사용되기도 한다. 과거에는 유휴인력을 해고하였으나 이제는 고용의 유연성과 연계된 안식휴가 제도를 통해 노동력을 탄력적으로 조절하여 경기변동과 계절변동에 대처하고 있다.

4) 독서휴가제

눈코 뜰 새 없이 써먹기만 해 온 간부사원들은 지적으로 마르고 정서적으로 메말라 있기 마련이다. 독서휴가제는 지적으로나 정서적으로 문제가 있는 사원들을 일정기간 휴양지에 보내 쉬게 하면서 의무적으로 책을 읽게 함으로써 지력을 재충전하고 정서를 걸우는 것을 말한다.

영국 빅토리아 여왕 때 셰익스피어 버케이션(shakespeare vacation)이란 독서휴가제가 있었다. 정책을 결정하는 고관들을 3년에 한 번꼴로 한 달 남짓 유급휴가를 보낸다. 그동안 주로 셰익스피어 작품 5편을 택해 읽게 하고 독후감을 써내도록 되어 있다. 많은 문학작품 가운데 법이나 규범으로 다스려

지지 않은 인간상황이 가장 절실하게 묘사된 것이 셰익스피어 작품이요 위정자로 하여금 인간을 이해하고 존중하는 데 좋기 때문이다.

세종대왕은 집현전을 두어 학자들을 모아 학문에 전념케 했다. 그중에서 젊고 총명한 유망자를 다시 뽑아 일정기간 한양 인근 절간에 보내 독서를 시켰다. 이를 상사독서(上寺讀書) 또는 사가독서(賜暇讀書)라 했다. 성종은 한강변에 독서당을 두어 시한부로 독서휴가를 갖도록 했으며, 궁중에도 독서방을 두어 유망한 젊은이를 기숙시켜 책을 읽히기도 했다.

5) 휴직 학습제

휴직 학습제란 휴가기간을 늘려 6개월에서 1년간 휴직해 공부할 수 있는 방법을 말한다. 특정분야 지식을 얻고자 할 때 해당분야 전문 업체에 가서 근무하면서 실무지식을 익히는 방법도 이에 속한다. 임금은 학습하는 곳이 아니라 소속 직장에서 댄다.

날로 치열해지는 국제경쟁에서 이기려면 특정분야 전문지식을 취득해야 함은 물론 특히 앞으로 시장규모가 커질 소프트웨어 산업분야의 경우 유연한 사고방식이 절대적으로 필요하기 때문이다.

6) 국제화휴가제

국제화휴가제는 해외출장기간을 전후해서 현지에서 개인휴가를 사용하는 제도이다. 보기를 들어 미국 출장길에 일정을 마친 뒤 일주일쯤 현지에서 개인휴가를 내는 것이다. 이 제도는 LG－EDS시스템에서 도입한 것으로 임직원들이 해외휴가에 필요한 항공료를 절약할 수 있다는 점에서 인기를 모으고 있다.

7) 테마휴가제

포스테이타는 매년 직원들에게 3인 1조, 8박 9일간의 해외배낭여행을 시키는데 직원들은 보통 이 기간에 자신의 휴가 3∼4일을 더해 12∼13일간 다녀 온다. 직원들이 해외로 휴가를 갈 경우 소요될 항공료를 고스란히 줄일 수 있 는 이 휴가제도는 이 회사에서 테마휴가제라는 이름으로 각광을 받고 있다.

8) 세미나휴가제

한국마이크로소프트는 서귀포에서 전 직원이 며칠간 참가한 세미나를 한 뒤 5분의 1가량의 직원이 4∼5일간 추가로 현지에서 휴가를 즐겼다. 이는 회사가 매년 한 차례 휴양지에서 전 직원 대상 세미나를 한 뒤 원하는 사 람은 현지에서 휴가를 보낼 수 있게 하는 세미나휴가제에 따른 것이다.

9) 반일 휴가제 또는 토요일 한나절 휴가제

삼성데이타시스템 등 시스템 통합업체에서는 반일휴가제를 실시하고 있 다. 개인적으로 병원에 가거나 집안일을 볼 때 등 하루를 다 쓰기는 아깝고 잠깐 나가서 일 보기에는 눈치 보일 때 반일휴가제가 요긴하게 활용된다. 반일휴가제는 사무직과 정보통신 등 서비스업종을 중심으로 확산되고 있다. 현대전자는 토요일 월차휴가는 하루가 아닌 4시간 휴가로 간주하고, 한 번 의 월차신청으로 두 번의 토요일을 쉴 수 있는 토요일 한나절 휴가제를 도 입하고 있다.

10) 프리 바캉스제도

프리 바캉스제도는 연말연시나 여름휴가철에 2주 이상 연속휴가를 주는 기업이나 각자 희망하는 시기에 연속휴가를 사용하는 것을 말한다. 업무자 동화를 비롯한 미래 직장생활의 패턴변화는 직장인의 여가생활도 크게 바 꿔 놓을 것으로 전망되고 있다. 남는 시간이 많아져 휴가를 마음대로 조정 할 수 있는 여지가 커지는 데다 일하는 기계보다 인간다운 생활에 대한 욕 구가 커지기 때문이다. 여가시간 확대는 한두 번으로는 완결되지 않는 장기적인 여가활동이나 계속하지 않으면 의미가 없는 여가활동을 창출해 낸다. 이에 따라 프리 바캉스제도가 생겨나 여가활동 내용이나 목적에 맞추어 근무시간 자체를 조정할 수 있게 된다.

지금까지 여가활동은 간신히 얻어 낸 한정된 시간을 최대한 즐겁게 보내기 위한 소극적 여가활용이었다면 앞으로는 바람직한 자기모습을 실현하기 위해 일과 여가를 나름대로 선택하는 자아실현형 여가 쪽으로 발전해 간다. 일과 여가활동을 대등하게 놓고서 경우에 따라서는 둘을 구별하지 않은 채 생활시간을 조정하기도 한다.

11) 휴가이용 여행상품개발제도

대한항공은 여직원 휴가 때 해외여행비용을 지원하고, 여행 후 해당지역에 대한 평가와 관광 상품 아이디어를 제공받는 휴가이용 여행상품개발제도를 실시하고 있다. 이 제도는 여직원들로부터 여행목적지 선정이유, 기존 신혼여행상품 등에 대한 의견이 포함된 여행계획서를 접수, 매월 3~4명씩 연간 40여 명을 선발해 해외여행을 보낸다.

회사지원은 전 여정의 90% 할인항공권과 호텔숙박비 전액 또는 현지관광비용의 50%로 되어 있다. 회사지원으로 여행을 마친 여직원이 할 일은 현지호텔현황, 주요관광지 및 소요시간, 식당현황, 특산품 및 쇼핑관련정보, 출입국절차와 필요서류, 세관심사 관련사항, 대중교통수단 등 여행에 필요한 다양한 정보와 함께 가장 효과적이라고 생각되는 신혼여행 상품아이디어를 제출하는 것이다.

여행지는 여직원이 스스로 결정할 수 있으나, 가급적 신혼 또는 가족여행지로 적당하고 비교적 덜 알려진 지역을 권장하고 있다. 이는 신혼여행지와 상품선택에서 신부의견이 절대적이라는 점에 착안한 것으로, 신혼여행상품 개발에 결혼적령기 여직원의 아이디어를 적극 반영하기 위한 것이다. 대한항공은 좋은 상품개발의견을 제출한 여직원은 신규상품개발팀에 참여시키도록 하고 있다.

12) 노트북 컴퓨터 휴가제

노트북 컴퓨터 휴가제는 경영진이 휴가 때 반드시 노트북 컴퓨터를 갖고 다니도록 하는 것을 말한다. 두산그룹은 계열사 중역을 대상으로 리프레쉬 휴가를 실시하면서 휴가 중 반드시 노트북 컴퓨터를 지참하도록 했다. 이에 따라 그룹임원들은 1주일간 여름휴가 외에 4월부터 연말까지 원하는 시기에 8일간 보너스 휴가를 갈 수 있지만, 반드시 노트북 컴퓨터를 가지고 가야 한다.

노트북 컴퓨터 휴가조건은 두 가지이다. 하나는 휴가기간 중 절대로 회사에 발을 들여 놓지 않아야 한다. 휴가지에서 전화로 부하들을 채근하거나 회사 일을 물어서도 안 된다. 또 하나는 노트북 컴퓨터를 항상 휴대하면서 그룹정보통신망인 두산네트워크와 접속, 회사경영속보를 항상 숙지해야 한다는 것이다. 만약 회사에서 중역을 급히 찾을 일이 있으면 두산네트워크의 사서함 '쪽지통'에 연락사항을 입력해 놓고 중역이 이를 컴퓨터로 열람하도록 해 놓았다.

이 제도의 아이디어는 박용성 두산그룹 부회장의 출장경험에서 나온 것이다. 그는 출장을 다닐 때마다 노트북 컴퓨터를 휴대, 회사가 돌아가는 상황을 수시로 점검하고, 각종 업무지시도 컴퓨터를 통해 해 왔다.

13) 명령휴가제

명령휴가제는 사고발생 가능성이 높은 분야의 업무담당직원에 대해 의무적으로 휴가를 보내는 것을 말한다. 미국, 영국 등에서는 다른 직원이 대신 업무를 처리하는 과정에서 사고적발이 가능하다는 이점이 있어 대부분 은행이 2주 정도 명령휴가제를 실시하고 있다. 내부통제를 강화하는 데 도움이 되기 때문이다. 우리나라의 경우 금융사고의 조기발견과 적기대응을 위해 은행감독원이 영업직원은 물론 부지점장, 외국환 딜러, 유가증권 투자업무 담당자에게까지 확대하도록 했으나 은행들이 업무과중 등의 이유를 들어 잘 지켜지지 않고 있다.

14) 가족친화휴가제도

육아휴가, 가족간호휴가, 집중휴가 등 가족을 위해 휴가를 다양하게 사용할 수 있는 제도들이 마련되고 있다. 육아휴가는 자녀출산이 저조함에 따라 출산인구의 장려와 육아보호를 위한 제도이다. 그중에 하나가 여성가족부가 제시한 파파쿼터제(Papa's quota)다. 이것은 남편에게도 일정기간 육아휴가를 주는 것으로, 현재 1년인 육아휴직을 연장하여 늘어난 기간을 아버지가 의무적으로 사용하게 하는 것을 말한다. 노르웨이에서는 아기 아버지에게 4주 휴가를 주는데, 애 낳은 여자의 남편 중 70% 이상이 파파쿼터를 사용한다. 프랑스는 애 낳아 키운다고 직장을 그만두는 여성에게는 3년 동안 매달 340유로(약 40만 원)씩 국가에서 보조를 해 준다. 가족간호휴가제는 가족이 아플 때 공식적으로 일정기간 휴직해 쓸 수 있는 간호휴가이다. 집중휴가제는 1주일 안팎의 기간으로 나눠 쓰는 휴가를 20~30일 한데 모아 안심하고 집안을 위해 쓸 수 있는 휴가제도이다.

15) 해외주재원 및 가족 국내연수휴가

국내기업들이 사원들의 사기진작을 위해 다각적인 휴가나 레저 활동 지원책을 펴고 있다. 사원들의 레저 활동도 기업경쟁력 중의 하나라는 판단에서다. 최근에는 해외주재원들의 국내 연수 및 휴가가 시작되었다. 현대종합상사는 전 세계 60여 개국에 나가 있는 주재원 및 주재원 가족들을 국내로 불러들여 장기간 해외주재로 인해 소홀하기 쉬운 국내 동향도 알게 하고 해외주재에서 오는 긴장으로부터 벗어나 심신을 재충전하기 위해 휴가를 국내에서 보내도록 했다.

휴가제도는 다양하다. 그러나 앞으로 휴가제도의 과감한 전환이 필요하다. 휴가가 단순한 늘어짐(relaxing)이 아니라 잃었던 인간성을 회복하고 창의력을 도출시킬 수 있는 재충전(refreshing) 장치로 발전되어야 하며, 나아가 일을 통해 휴식을 얻고, 일자리가 휴식공간이 되도록 직무가 창조적으로 설계될 필요가 있다. 이를 위해 직무에 대한 전환적 인식이 있어야 한다.

제 7 부
경력관리, 교육관리, 자기계발 관리

제16장 경력관리

1. 프로티언 경력시대의 도래

지식시대에는 평생직장 개념이 크게 변화한다. 세계는 우리가 생각하는 것보다 빠르게 변화하고 있다. 따라서 우리가 해야 할 일은 변화의 본질이 무엇인가를 확인하고 자신부터 변화시켜 가는 일이다. 과거 우리는 평생직장의 개념에 익숙해 왔다. 그래서 좋은 직장은 놓치지 마라, 마흔 이후에는 직장을 바꾸지 말라고 말해 왔다. 그러나 이제는 이러한 고정관념도 수정되고 있다. 우리가 살아가고 있는 세상은 평생에 직업조차 몇 차례 바꿔야 할 만큼 변화가 심할 것으로 예측되고 있다(구본형, 1998). 이른바 '프로티언 경력'(protean career), 곧 다방면 경력시대가 도래한 것이다. 프로티언이라는 말은 프로테우스(Proteus)의 성격에서 나온 것이다. 이것은 앞으로 한 개인의 경력이 다방면으로 변화무쌍하게 변화될 것을 예고한다. 직장이 몇 번이나 바뀌는 것은 더 말할 나위가 없다. 지식시대에는 직장의 들고 남이 더욱 자유로워진다. 배반과 수용의 일반화 현상은 이미 실리콘밸리의 특성으로 나타나기도 했다.

2. CDP, IDP, EDP

경력개발계획, 곧 CDP(career development program) 설계목적은 직군·직무별 인사관리 시스템의 차별화, 직무별 비전제시를 통한 차별화된 경력설계 지원, 전문가 양성 및 지원을 통한 조직경쟁력 강화이다. 이는 기존 직무순환을 바탕으로 한 일반직무 종사자 위주에서 전문 인재 양성이라는 인사·연수체계 전환의 의미를 가지고 있다.

특징은 사업본부·직군별 인력관리 기반구축, 전문직제 시행, 라이프사이클에 따른 CDP개발, 직원개인의 능력 및 선호도에 따른 직군 선택 등이다.

사업본부별 특징에 따라 여러 개의 직군으로 분리하고 각각 해당하는 대표직무와 전문직무로 구분하여 전문 직무에 맞는 업무능력개발 교육을 실시한다. 또한 경영그룹·관리그룹·실무그룹·수습그룹으로 구분하여 각 직급별 경영관리 교육을 제공한다. 특히 수습그룹은 입사 후 전 직군업무에 대하여 일정기간 업무지식 습득 후 선호직군을 선택하도록 함으로써 개인의 적성을 살릴 수 있는 기회를 제공하고 지속적인 직무만족도를 높일 수 있도록 한다.

CDP운영은 역량중심의 교육개발체계에 따라 한다. 이것은 직원 개개인이 경력단계별로 담당직무수행 역량들을 과학적·체계적으로 함양할 수 있게 하여 개개인의 경쟁력을 강화하고 조직의 성과를 극대화하기 위한 것이다.

경력개발 경로의 방향은 입사 후 책임자급까지는 자신의 업무 전문성 및 직무관련 역량을 육성하고 그 이후 부서장급에서는 전반적으로 조직을 관리할 수 있는 역량을 습득한다.

집합연수, 사이버연수, 통신연수 등을 통해 사원이라면 꼭 숙지해야 할 직무관련연수, 그리고 각 직무별 전문가를 육성하기 위한 교육뿐 아니라 사외 전문교육을 실시한다.

기업은 개인별 경력계획 실행을 위해 IDP(individual development program) 체계를 구축하여 운영하고 있다. 이것은 경력계획을 개인적 차원에서 실시하는 것으로, 기업이 이러한 체계를 구축하면 개인이 자발적으로 계획을 수립하여, 원하는 시기에 학습할 수 있도록 가상학습 시스템을 활용한다. 경영자가 개인의 적성을 고려하여 캐리어 패스(career path)를 정하는 상담에 응한다. EDP(employment development program)는 경력계획을 종업원 전체의 수준에서 실시하는 것을 말한다.

CDP가 합리적으로 정착되기 위해서는 직원들의 이해와 공감대 형성, 참여에 의한 문화적 요인이 중요한 과제로 작용한다는 사실을 잊어서는 안 된다. 우리나라 기업의 경우 직무순환에 의한 직무부여와 업무배치 방식이 전통적으로 내려왔기 때문에 CDP에 의한 인력 풀은 손쉽게 제공할 수 있으나 스스로 CDP를 설계하고 개발하겠다는 동기부여의 측면이 부족하다. 따라서 CDP는 개인과 조직이 함께 경력을 계획하고 관리하여 개인에게는 능력개발과 자아실현의 길을 마련해 주고, 조직은 이를 통해 경쟁력을 강화하고 성과를 높일 수 있는 전문 인력을 육성함으로써 개인과 조직 모두 윈 - 윈 할 수 있어야 한다.

3. 핵심인력 경력개발

시스코는 최장 24개월까지의 경력개발계획을 가지고 핵심인력(top talent)을 분류하고 평가한다. 핵심인력의 성과 잠재력에 따라 High, Medium, New in Position으로 분류하고, 다시 현재 이동이 가능한지, 12개월 내에 이동이 가능한지, 아니면 24개월 내에 가능한지에 대한 청사진을 그려 놓고 인력들을 9개 블록 중 한 곳에 포진하게 한다. 그런 다음 매번 리더십 회의를 통해 변동사항을 점검한다. 새롭게 핵심인력으로 선발되는 사람도 있고, 탈락하는 핵심인력도 발생한다. 비즈니스 환경에 발맞추어 꾸준히 성과관리를 하지 않으면 특별 관리에서 멀어진다.

핵심인력을 선발하고 양성하는 것도 중요하지만 양성한 이들을 위해 지속적으로 옮겨 갈 길(career path)을 닦아 주고 배운 것을 활용할 수 있는 풍토를 조성하는 것이 바람직하다.

4. 캐리어 인벤토리제도

캐리어 인벤토리(career inventory)란 인사부나 상사가 중·고령층 사원 한 사람 한 사람과 3~5년에 1회 정도 정기적으로 면접하여 업무처리 및 수행

능력, 능력의 실제적 활용정도, 가진 능력을 활용하기 위해 앞으로 거쳐야
할 경력, 자기개발 노력정도 및 자기개발 계획 등을 의논하는 것을 말한다.
능력에 대한 재고조사를 하기 때문에 캐리어 인벤토리제도라 한다. 이 제도
는 단지 능력의 현 상태를 점검하는 데 그치지 않고 능력수준을 향상시키
고 적응력을 높이기 위한 방안을 분명히 제시할 필요가 있다. 그리고 이 처
방전에 따라 그 후 어떻게 노력했는가를 평가하고 처우에 결부시킨다. 저하
된 능력을 보완함과 동시에 새로운 환경변화에 대한 적응력을 습득하기 위
해 노력하는 경우를 높이 평가하도록 한다. 중·고령화가 진전됨에 따라
이들 한 사람 한 사람의 캐리어 인벤토리에 얼마만큼 전향적으로 대처해
가는가는 기업성장에 매우 중요한 관건이 될 것이다.

5. 배회경영과 경력관리

배회경영(MBWA)도 종업원의 경력관리에 활용된다. 경영층이 종업원을 찾
아가 카운슬링을 유도하는 것이다. 사우스웨스트항공은 현재의 직무에 만족
하지 못하는 종업원들을 매니저가 찾아가 카운슬링을 해 주거나 전직을 유도
하고 있다. 또한 이 기회를 통해 종업원들은 자신을 평가할 기회를 가진다.
주로 한 직무에서 5~7년 된 종업원들은 문제를 느끼게 된다. 이때 종업원의
장단점을 파악하고 그의 성격과 현재 업무 특성이 맞으면 흥미 있게 근무하
도록 하지만 맞지 않으면 전직을 권고할 수 있다. 어느 경우든 종업원은 재
충전되므로 항공사의 입장에서는 좋은 방식이 된다(Lovelock, 1994).

6. 경력개발과 교육

기업은 개인의 경력개발을 위해 외부 전문교육기관을 통한 외부교육, 대
학원이나 온라인 수업 등을 통한 MBA 등의 교육을 받을 수 있도록 배려하

기도 한다. 교육은 필요한 내용을 알맞은 시기에 적절하게 학습할 수 있도록 항상 열어 놓는다.

기업은 회사의 전략과 목표달성에 필요한 핵심역량을 키우기 위해 전략적으로 교육개발 비용을 투자하고 있다. 개인의 경력개발 목표와 회사의 목표 사이에 균형을 유지하는 것은 개인과 관리자의 몫이며, 회사는 적절한 시스템과 교육도구를 통해 이를 지원하는 역할을 담당한다.

CF별 교육 프로그램이 요청된다. CF(Career Field)는 사업별로 필요한 유사한 역량의 집합으로 CDP의 기본단위이다. 기업은 CF별 전문성 향상을 위한 직무교육 프로그램 및 각종 역량향상 프로그램을 교육주관 부서와 각 사업부문에서 공동 개발하여 운영한다.

7. 전문성과 프리랜서 경력

정보사회학자들은 21세기에는 수많은 중소기업과 마이크로 업체들, 그리고 1인 점포와 프리랜서들이 경제를 이끌어 갈 것으로 예측하고 있다. 이것은 직무에 있어서 대변혁이 있을 것임을 예고하는 것이다.

현재 전 세계적으로 정규직보다 비정규직, 곧 임시직이 늘어 가고 있다. 기업으로 보아 비정규직의 고용은 비용절감의 효과가 크다. 미국의 경우 임시직에서 정규직으로의 이동도 늘어 가고 있다. 이것을 가리켜 템투펌(temp－to－perm)이라 한다. 약 2년 정도 최선을 다해 일하면 그 능력을 인정받는다. 임시직이 정규직을 물리치고 입사하는 경우가 1997년 164만 명에 이른다. 그러나 비정규직의 경우 단순 반복적 업무를 대신해 주는 비정규직의 비중도 늘어나지만 전문적 지식을 필요로 하는 전문 비정규직, 곧 프리랜서(freelancer) 계층이 확산되고 있다는 점에 관심을 두어야 한다. 그들은 자율적으로 임시직을 택하고 있다. 그들은 정규직이 오히려 자신의 성장을 막는다고 생각한다. 프리랜서들은 자신의 능력에 따라 활동영역을 얼마든지 넓힐 수 있기 때문이다.

일반인재들은 조직에 머물러 있으려 하는 반면 창조적 핵심인재들은 기업을 벗어나기 위해 노력한다. 이것은 앞으로 프리랜서 영역이 커질 것을 보여 준다. 이들은 앞으로 기업이 확보하기 위해 노력해야 하는 창조적 아이디어를 가진 핵심인재들이라는 점이라서 기업 쪽에서 볼 때 문제가 심각하다.

8. 구조조정과 제2의 경력

지속적인 구조조정으로 미래에 대한 불안심리가 확산되면서 고용을 유지하기 위한 자기계발에 지속적인 관심을 가지게 된다. 특히 퇴직연령이 낮아지면서 창업과 제2의 인생에 대한 관심이 커지고 있다. 제2의 경력(second career) 출현은 이러한 고용상황과 연결되기도 하지만 하나의 경력만으로 만족하지 못하는 현상과도 관련이 있다.

제17장 교육 및 훈련 관리

1. 총체적 학습 아키텍처 구축 전략

기업은 학습 아키텍처(LA, Learning Architecture)를 새롭게 정립하고, LOJ(Learning On the Job)의 체계적인 실행을 지원하기 위한 노력을 계속하고 있다. 기업교육에 있어서 무엇보다 필요한 것이 총체적 학습 아키텍처를 구축하는 일이다. 학습 아키텍처는 조직이 학습을 촉진하고 구조화하는 방법이다. 역량과 성과를 최고도로 개선할 목적으로 학습에 관련된 모든 전자·비전자 구성요소를 설계하고, 배치하고 통합하는 일이다. 교육훈련은 무엇을 훈련시킬 것인가에 초점이 맞춰져 있다면 학습 아키텍처 구축은 그러한 커리큘럼을 공식적 훈련프로그램뿐 아니라 일상적 업무현장에서도 적절히 담아 낼 수 있도록 조직의 학습구조와 문화를 창조하는 작업이다.

벨헤름에 따르면 조직의 학습 아키텍처는 투입구조, 학습기제, 학습체화라는 세 가지 구조를 가지고 조직의 학습 프로세스를 지원해야 한다.

투입구조는 기업 조직 내의 다양한 학습의 요구를 규명하는 단계다. 환경변화에 따른 조직의 전략 및 비전 변화, 성과관리 프로세스의 결과분석, 새로운 직무역할의 발생 등 학습요구의 발생요인도 다양하다. 이에 따른 학습대상자를 규명하고, 학습자의 학습요구와 관련된 학습을 적시에 제공할 수 있도록 한다.

학습기제는 학습요구를 충족시킴에 있어서 가장 효율적이고 효과적인 학습 프로그램 및 솔루션을 말한다. 집합교육, 업무 현장 속에서의 실천학습, 개발학습 등 다양하다.

학습체화 단계는 조직이 학습자들의 학습경험을 업무현장에서 적용하고 자신의 것으로 통합할 수 있도록 지원하는 것을 말한다. 배운 것이 현장에서 적용되어 결과적으로 성과를 가져오도록 하는 것이다.

인사담당자뿐 아니라 교육대상자는 교육훈련에 앞서 조직의 학습 아키텍처가 합리적으로 구축될 수 있도록 교육 및 학습마인드를 높일 필요가 있다.

1) 거시전략과 미시전략

거시전략:

- 비전공유(shared vision): 실천의지 강화
- 공감대 형성(mental model): 임직원의 공감대 형성
- 조직연계(networking): 조직연계를 통한 교육조직 구축

미시전략

- 개인학습(personal mastery): 개인학습을 통한 직무역량 강화
- 팀 학습(team learning): 핵심인력 강사활용, 매뉴얼화, 노하우 공유

- 제도적 지원(company support): 전사교육 및 직능교육 체계 구축

2) 비전스쿨

비전스쿨은 직원들의 비전부재, 신뢰부족, 활력부재의 현상을 해결함으로써 일하기 좋은 직장을 만들고 조직을 활성화하기 위한 교육과정이다. 대략 2박 3일간의 일정에서 개인의 비전을 찾아 소유하고, 조직의 비전을 확인하고 공유하여 신뢰와 에너지·열정 그리고 즐거움이 넘치는 일터를 만들기 위한 전략과 방향을 논의·연습·체득한다. 비전스쿨의 교육내용을 모듈(module)화하고, 경우에 따라 모듈을 신축적으로 운영하는 것이 바람직하다.

모듈별 교육

모듈	교육 내용
비전과 핵심가치	가치공유, 미래비전
	비전 찾아내기: 개인비전, 조직비전
	비전 실천하기
창의와 도전	삶의 성찰: 개인성찰, 환경성찰, 조직성찰과 변화
	비전생성: 새 시대 새 비전의 생성, 패러다임 창출
	창의와 도전: 벽 없는 팀조직
열정과 변화	경영성과 향상: 현장문제 해결
	종업원 가치와 회사 비전의 조화
신뢰	신뢰 성찰: 자기신뢰, 타인신뢰, 조직신뢰
	결단하기: 조직문제 공유와 조직신뢰 실천사항
즐겁게 일하기	즐겁게 일하기: 의미와 체험 사례 나누기
	전략수립: 행동전략 및 실천전략 세우기

3) 교육 프로세스

니즈조사: 워크숍 실시, 전사 교육 팀 및 사내강사위원회 참가

과목선정: 워크숍을 통한 전사교육 및 직능교육 과목선정 및 교육점수 배정

연간계획 수립: 전사교육 연간계획 수립, 부서별 직능교육은 부서별 수립 후 전사 교육 팀 조정

교육실시: 사내강사 배정 및 교육실시, 전사 교육 팀 교육장면 촬영, 교

육 후 강사평가

교육정리: 강의자료 정리, 교육과정 매뉴얼화, 최종심사.

정기결산: 부서별 교육실적 통보, 월간 회의 시 발표, 독려.

현재 기업의 교육과 인적자원개발 추세는 다음과 같다.

- 교육과 조직의 전략적 연계가 강화되고 있다.
- 학습조직을 적극적으로 도입하고 있다.
- 교육의 전달 방법에 새로운 테크놀로지 활용이 증가하고 있다.
- 교육평가와 업무성과를 연계한 평가로 전환되고 있다.
- 교육에 대한 책임이 학습자, 관리자, 교육담당자 등 다양한 집단에 부과되고 있다.
- 기업대학(corporate university)에 대한 관심이 증가하고 있다.
- 연수원이 이익센터 개념으로 전환하고 있다.

4) 교육훈련의 지향점

(a) 살아 있는 교육: 기업의 교육은 교육을 위한 교육보다는 살아 있는 교육, 실천력 있는 교육, 그리고 성과 있는 교육으로 강화되고 있다.

(b) 지속적인 교육: 학습이 이제는 간헐적 이벤트가 아닌 지속적인 과정으로 전환하고 있다.

(c) 자율적 교육: 타율적 교육이 아닌 자율적 교육으로의 전환이다.

(d) 개인역량과 조직역량이 직결되는 교육: 개인의 비전과 조직의 비전을 조화할 수 있는 능력을 키워 개인역량과 조직역량(사업성과)이 서로 연결될 수 있도록 교육한다.

(e) 능동적 경영: 인적자원개발 조직의 새로운 변화를 추구한다. 기업의 특성에 맞도록 자주적이고 유연하며 감성적인 조직으로 조직의 변화를 추구한다. 핵심인재를 집중 양성한다. 사내・외 교육기관을 통한 핵심인재 집중양성, 서비스 현장의 분야별 서비스리더 집중 양성.

(f) 창의적 경영: 조직원들의 아이디어 도출훈련 집중교육, 연구능력과 창의력에 도움이 되는 교육실시 등으로 창의력 위주의 교육을 강화한다. 전문가를 집중 양성한다. 부문별 전문가 육성 프로그램 중점 교육, 서비스요원의 교육 의무화.

(g) 효율적 경영: 현장중심 실무교육을 강화한다. 현장에 이바지하는 실무교육 강화, 이론교육을 실습형 교육 형태로 변화, 양보다 질 위주의 교육을 한다. 교육기획, 진행, 평가, 인사와의 원활한 연계, 보여 주기 위한 형식적인 일회성 교육지양.

2. 입사 전후 초기 교육 프로그램

취업 전 교육으로 맞춤교육과 인턴십 과정 등이 있다. 맞춤교육은 취업 전 기술교육훈련장에서 일정기간 기업에서 요구하는 기술교육을 받는 것을 말한다. 교육 후 취업이 보장되고, 현장에서 필요한 교육을 사전에 받는다는 점에서 유용하다. 인턴십 과정은 생산현장 체험, 배치부서 OJT(멘토제), 테마수행 멤버십 트레이닝, 글로벌리더십포럼, 조별과제발표 경진대회, 해외 자주연수 등과 연결시킬 수 있다.

입사하면 오리엔테이션, 사이버연수, 극기 훈련, 현장체험 및 사회봉사, 배낭연수 및 해외연수 등 다양한 프로그램을 활용한다. 오리엔테이션의 경우 회사현황과 기업문화 이해, 사업본부별 소개, 올바른 직업관 확립에 도움이 된다. 사이버연수의 경우 신입사원 업무수행에 필요한 기본적 소양교육, 마케팅, 회계, 재무, 인사조직 등 경영 전반 이해를 돕는 교육을 한다.

1) MAT, 한계돌파 행군, 극기 훈련

연수 땐 MAT, 한계돌파 행군, 극기 훈련도 한다. MAT(Marginal Ability Training)는 삼성이 도전정신과 팀워크가 부족한 신세대들에게 필수적인 입문교육 프로그램이다. MAT는 연수원 인근 20㎞의 산행 및 트레킹 코스를 주간 8시간에 걸쳐 입사동기들과 함께 코스를 완주하며 팀워크를 향상시킨 다. LG그룹에는 '한계돌파 행군'이 있다. 총 60㎞를 18시간 내에 행군하며 주어진 과제를 해결하는 프로그램을 통해 실제 업무부서에서도 한계상황을 극복하고 끝까지 해내는 승부근성을 높이도록 하고 있다. 극기 훈련으로는 조별로 뗏목을 직접 만들어 도강하는 훈련, 외줄을 사용해 늪지대 통과하 기, 밀폐된 터널 속을 빠르게 통과하기, 사격훈련, 뗏목 들고 산등성 넘기, 진흙탕 포복훈련, 장벽 넘기 등이 있다. 처음에는 불만이 있을 수 있지만 종료 후에는 스스로에 대한 자신감, 동료 간의 우애와 단합을 이룰 수 있는 계기가 된다.

LG신입사원 하루 60㎞행군, 근성 키워

LG그룹이 '1등 LG' 목표를 달성하기 위해 신입사원 교육체계를 대폭 개편했다. 목표에 적합한 강한 의지와 체력, 승부근성을 갖춘 인재를 육성하겠다는 의도이다. 인재육성을 위해 첫 단추인 신입사원교육을 실행과 도전 중심으로 전면 개편한 것이다(김기훈, 2002).

그중에 하나가 행군이다. LG그룹의 신입사원들은 하루 60㎞ 행군 훈련을 받고 있다. 오전 10시 경기도 이천의 LG인화원을 출발, 산악행군 5km, 구보 3km, 침묵행군 3km, 도로행군 30km 등을 거쳐 인화원으로 돌아오면 다음 날 새벽 6시.

또한 새로운 프로그램에 따라 신입사원들은 2주간의 LG인화원 합숙훈련 동안 회계와 마케팅 등 업무지식에 관한 강의보다는 비즈니스 프로젝트를 직접 수행하는 등 실습교육을 받게 된다. 계열사 제품을 판매하는 '비즈니스와 고객의 이해' 프로그램에서는 신입사원들 스스로 상권분석과 판촉전략 수립, 판매 등 실제 영업활동의 모든 과정을 계획하고 실행한다. 경영시뮬레이션 교육의 경우 핵심과정인 재무제표 작성이 미흡하면 일정 수준에 도달할 때까지 계속 유급을 당한다. 교육과정별로 개인별·팀별 평가결과가 공개된다.

2) 현장체험과 봉사활동

현장체험과 봉사활동을 겸하여 교육을 하기도 한다. 신입사원들에게 힘든 일을 시키는 현장체험교육은 물론 쓰레기 수거, 우편물배달, 교통정리, 건설 현장 막일 등 연수과정에 사회봉사활동을 도입한다. 신입사원들이 현장체험 과 봉사활동을 통해 사회에 대한 이해를 돕고, 의지를 길러 주기 위해 연수 과정에 특별프로그램을 마련한 것이다. 프로그램의 첫날은 전원이 고아원, 양로원, 재활원, 영아원 등으로 나뉘어 봉사활동을 한다. 이들은 청소에서부 터 빨래, 시중들기, 시설보수, 목욕시키기 등을 하게 된다. 이어 둘째 날과

셋째 날이 현장체험, 일일 환경미화원, 우편집배원, 교통경찰 등의 역할을 체험한다. 회사 측은 사전에 유관기관에 협조를 요청한다. 현장체험에서 신입사원들이 받는 일당은 불우이웃돕기 성금으로 기탁한다. 짧은 기간이나마 고생을 체험하도록 해 인간본연에 대한 이해를 돕도록 하려는 프로그램이다.

3) 배낭연수 및 해외연수

기업은 신입사원을 대상으로 배낭연수 및 해외연수를 한다. 이것은 신입사원들의 시야를 넓혀 줌으로써 사원들의 경쟁력을 키우는 데 목적이 있다. 신입사원 해외자주연수의 주요 프로그램에서 조별 배낭연수의 주제는 연수국가의 일등상품 벤치마킹과 이문화 체험으로 구성한다. 국가별 주제에 따라 조별로 과제수행을 해결하고 활동계획서를 작성한다.

국가별 테마주제

나라	과제수행주제
체코	세계 최고의 크리스털 산업 발달요인과 육성시스템
프랑스	프랑스 와인의 성공비결과 마케팅 전략탐구
스위스	스위스 시계산업의 글로벌화 요인과 일등상품 이미지 전략방안 연구
이탈리아	크루즈와 여객선 산업의 장기적인 발전모습 탐구
독일	선진자동차산업의 성장배경과 초일류화 전략 탐구
	HDW조선소 벤치마킹
그리스	그리스 해운업체의 성공비결 탐구
네덜란드	네덜란드형 노사모델 탐구
스페인	관광산업의 글로벌 경쟁력 방안 모색

조별 배낭연수 기간에는 회사 차원에서 최소한의 활동경비와 유스호스텔 수준의 숙박비, 버스 수준의 교통비만 지급하여 절약정신을 함양하고 배낭연수의 어려움과 힘든 점을 느끼게 함으로써 팀워크와 동기애, 공동체의식을 높일 수 있도록 한다.

이랜드는 공채 사원연수를 중국에서 실시했다. 신입사원들은 베이징대와 상하이 푸단대에서 2주간 중국에 대한 지식과 직장인들이 갖춰야 할 소양에 대해 집중적으로 배운다. 이 과정이 끝난 뒤 신입사원들은 몇 개조로 나눠 자유탐험 배낭여행을 통해 중국 각지를 샅샅이 돌아다닌다. 중국 마케팅 전략과 경쟁사 분석 등 회사가 부여한 과제도 동시에 수행한다. 화장품 업체인 태평양도 신입사원 입문교육 후 중국현지 생산시설과 국내 공장 등의 견학을 실시한다. 한진해운은 전 세계를 무대로 영업하고 있는 해운업체의 특성을 감안해 신입사원을 일정기간 외국에 보내 국제화 체험을 하도록 하고 있다.

단체로 해외연수를 하기도 한다. 이 경우 해외지사 등을 방문해 영업 전략과 전망을 조망해 보는 시간을 갖는다. 아울러 해외 고객사를 방문해 회사에 대한 자부심을 느끼게 한다. 그곳 대학의 학자나 주요인물로부터 특강을 듣는다.

4) 가치공유 프로그램

삼성그룹은 신입사원 입문교육을 한 달여 동안 진행한다. 이때 삼성의 가치를 공유하는 프로그램을 진행한다. 특히 '드라마 삼성'은 삼성의 역사와 경영철학을 학습하는 부분으로 강의보다 드라마기법을 택했다. LG는 그룹의 성장사와 브랜드 콘셉트, 경영이념 교육을 하고 있다. 이러한 집합교육은 가치공유를 통해 자긍심과 공동체 의식을 함양시킬 뿐 아니라 조직적응력 향상, 인간관계와 커뮤니케이션, 도전정신을 고취시킴으로써 자기리더십도 배양할 수 있다.

3. 입사 후 교육 프로그램

1) OJT와 멘토링제도

직군에 따라 OJT교육을 실시한다. 입사 후 1년 시점으로 보수교육을 실시하고, 동기의식 형성 및 자긍심을 고취시키며, 현장문제 해결능력을 키운다. HP의 경우 입사한 사람이 성과를 내지 못하면 당사자가 스스로 능력을 갖추도록 개발교육프로그램을 짜 준다.

신입사원의 현장적응도를 높이기 위해 OJT와는 별도로 멘토링제도를 실시한다. 멘토와 멘티는 월 1회 각각 멘토링 보고서를 제출하며 반기별 1회 과제를 부여한다. 이를 지원하기 위해 시상제도를 함께 운영한다. 현장에서 불이익을 받지 않도록 평가제도도 별도로 운영한다.

2) 직무전문 과정

이론 및 실무를 바탕으로 직무전문가를 양성하고자 하는 교육과정으로, 1~2개월 집중적으로 교육한다. 마케팅, 네트워크, 경영지원 분야별로 직무전문 과정을 개설하여 각 직군의 기본개념과 스킬 및 문제해결 역량을 향상시킨다. 예를 들어 네트워크 전문과정의 경우 네트워크 전 사원 중에 추천을 받아 CDMA기초기술과 서비스, 신기술 트렌드에 대해 이론 및 실무 학습을 하고, 현업의 문제해결 역량을 높이는 액션 러닝(Action Learning) 방식의 프로그램도 운영한다.

3) 현장체험 학습과 액션러닝 프로그램

현장 체험학습은 기존 제품의 개선연구나 신제품 개발연구를 위해 고객가치를 창출하는 제품이 어떤 과정과 경로를 통해 기획·설계·개발·구매·생산·영업·마케팅 되는지에 대한 경영 프로세스 전반을 통합적으로 이해할 수 있도록 액션러닝으로 진행되는 팀 학습이다. 이것은 학습결과뿐만 아니라 학습과정상에서 보여 주는 열의와 성실 등 조직인의 기본자세와 태도 등을 종합적으로 평가하고 있다. 리더십 도전 과정, 비즈니스 변화 과정, 어학 과정 등 여러 교육 프로그램들로 구성되어 있다.

직무관련 과정은 현장부서에서 요청할 경우 적극적으로 지원한다. 현장중심의 교육과정을 개발하고 실행한다. 경영성과 향상을 도모하는 현장중심 학습체계를 도입하고, 학습문화에 초점을 맞추어 자발적인 학습문화를 구축한다. 맞춤형 자기주도 학습지원체계를 구축하고, 현장중심 교육과정도 개발한다. 진취적인 사원양성을 위해 강의식 교육을 지양하고 협동심을 키울 수 있도록 현장체험 교육에 팀워크 프로젝트를 마련한다. 이러한 액션러닝 프로그램에 국한되지 않고 다양한 부문에서의 근무경험을 통해 경영자로 육성될 수 있도록 계획적 근무로테이션 제도도 확대시키고 있다.

4) 영어 및 외국어 교육 프로그램의 강화

국제화 추세에 따라 영어를 기업의 공용어로 사용하는 경향이 늘어 가고 있다. 회의는 물론 모든 대화에서 영어를 사용한다. 중국 진출 기업의 경우 중국어 사용도 늘고 있다.

인터넷 시대를 맞아 일본의 대형 전기전자업체인 후지쓰(富士通)는 사장을 비롯한 임원과 사원에 대한 영어교육을 강화하기 위해 영어시험을 전사적으로 실시하고 있다. 후지쓰는 지금까지 희망자와 해외주재 내정자를 대상으로 영어시험과 연수를 실시해 왔으나 인터넷의 급속한 보급으로 영어실력이 필수적인 요인이 되자 영어교육을 대폭 확대하고 토익시험을 치르게 하고 있다. 후지쓰는 이 밖에 영어실력을 각종 평가의 기준으로 활용하고 있다.

국제적 비즈니스가 많은 기업의 경우 아예 연수를 영어로 진행하기도 한다. 포스코는 신입사원 교육을 영어로 진행했다. 이와 함께 포스코차이나를 설립하는 등 본격적인 중국 공략에 나서 중국시장에 대한 이해를 높이기 위한 교육기간 중 중국어 강좌도 병행했다.

GM대우는 외국계 기업으로 업무환경이 바뀌면서 영어에 대한 교육이 강화되었다. 영어가 개인의 성장을 위한 학습대상임과 동시에 문제해결을 위한 회사차원의 교육대상으로 바뀌면서 어학교육 프로그램이 중시되었다. 어학교육은 주도적 코디네이터를 위한 영어, 변혁적 팀 리더를 위한 영어, 어학아카데미, 웹 어학아카데미 등 4가지로 구성되어 있다. 코디네이터와 팀리더는 특별 인원을 타깃으로 한 것이다. 어학 아카데미와 웹 어학아카데미는 전 직원을 대상으로 개인적 차원의 학습 니즈를 충족시키기 위해 시행하고 있다.

어학아카데미는 말하기, 듣기, 쓰기 등에 여러 차원의 코스를 효과적으로 학습할 수 있도록 하고 있다. 웹 어학아카데미는 시공간의 제약이 없는 자발적인 어학학습의 기회를 제공하여 직원들로 하여금 지속적으로 영어능력을 배양하도록 하고 있다. 다양한 코스와 콘텐츠를 제공함은 물론 원하는 시기에 항상 학습할 수 있도록 했다.

이 같은 어학교육을 통해 획득된 언어능력이 업무현장에서 직접 사용됨으로써 사무생산성이 높아지고 정확한 커뮤니케이션으로 업무품질도 향상된다. 나아가 직원들은 자기성장의 욕구를 충족시킬 수 있고, 기업은 우수인력을 지속적으로 확보하고 유지할 수 있게 된다.

5) 창의성 및 문제의식개발 교육

창의성이 교육의 초점이 되고 있다. 현대를 창조사회, 역발상 사회라 한다. 얼마 전만 해도 상식이 통하는 사회가 되어야 한다고 했는데 지금은 상식보다 비상식을 선호하는 움직임이 강하다. 그렇다고 상식을 버리자는 것은 아니다. 상식을 벗어난 행동을 해도 그것을 오히려 곱게 봐 주는 노력들이 있게 된 것이다. 왜냐하면 상식적인 사고, 상식적인 행동을 가지고서는 창의성이 발휘될 수 없다고 생각하기 때문이다. 그래서 과거에는 상식적으로 생각할 수 없었던 사고나 행동들이 기업에서 인정을 받고 있는 것이다.

남다르게 한다는 것은 창조적인 것이며 차별화되는 것이다. 새로운 발상으로 새 상품을 개발하거나 새로운 개념으로 새 전략을 구사해 고객을 만족시키고, 경쟁에 차별화를 꾀하는 기업이 점차 늘어갈 때 국제경쟁력에서 살아남을 수 있다. 종전의 사고방식과 관행으로는 안 된다는 것이 비상식 사회로 이끄는 힘이 되고 있다. 경쟁력이 없으면 망할 수밖에 없기 때문이다.

창의성 교육은 문제의식 개발교육으로 이어진다. 답보다 문제의식을 가르친다. 지금 당장 부하 직원에게 질문을 던져 본다. 여기에 답할 수 있는 직원은 미래형 지도자이다.

- "우리 회사의 가장 큰 문제점 세 가지만 들어 보라."
- "원인은 무엇이고, 문제를 풀려면 당신이 지금 하는 업무를 어떻게 바꾸어야 하는가?"
- "당신이 사장이라면 가장 먼저 무엇을 할 것인가?"

삼성의 크레피아드(Crepiad)는 창의성(Creativity)과 올림피아드(Olympiad)를 합한 것으로, 신세대의 다양하고 창의적인 아이디어 발상 능력이 발휘되도록 미래의 첨단 디지털 기술과 콘셉트를 예측하여 교육기간 3일간에 걸쳐 신제품 기획 단계부터 홍보, 마케팅, IR 등 제품개발 및 판매 프로세스를 마스터하는 프로그램이다. 이를 통해 토털 마케팅 능력을 배양하고 종합적·입체적 사고능력을 키운다.

6) 기업가 정신 교육프로그램

종업원들이 모두 기업가가 될 수 있도록 기회를 공개적으로 제공할 뿐 아니라 필요한 교육기회를 제공한다. 교육은 기본적으로 기업의 현장에서 실시되며 필요한 경우 외부의 전문가나 기관의 도움을 받는다.

신입사원의 경우 직속상사가 2년간 집중 지도하고 평가함으로써 그가 대성을 통해 기업가로 성장할 수 있도록 교육한다. 따라서 상사는 평가를 잘 할 수 있을 뿐 아니라 부하를 키울 수 있는 인물이어야 한다.

교육프로그램에 포함되어야 할 내용들은 다음과 같다.

가) 인성교육: 대성의 기업정신을 정신적으로나 윤리적으로 바르게 구가할 수 있는 인성함양교육을 폭넓게 제공한다.

나) 전문기술교육: 기업인이 각자 각 영역에서 수준 높은 전문기술인이 될 수 있도록 지원한다.

다) 세계화교육: 세계 속의 대성인으로 양성하기 위해 세계문화를 이해하고 체험할 수 있는 교육을 함은 물론 국제사회 속에서 경쟁력을 높

일 수 있는 교육을 아울러 실시한다. 경쟁력을 높이기 위해 영어, 컴퓨터, 정보통신의 이용법을 충분히 숙지하도록 교육한다.

7) 직무역량 강화 교육

직원들의 역량강화를 위해 집합교육, e-Learning 학습, 독서통신교육, 외부위탁교육 등으로 다양하게 전개한다. 여기에 학습여건을 조성하기 위한 제도적 장치로 학점 제도를 운영하면 학습에 대한 동기를 유발할 수 있다.

학점제도는 팀별 매니저의 성과평가에 반영하고, 관리자가 팀원들의 학습활동을 보다 장려하도록 구조화한다. 그러나 장기적인 관점에서 학점제도 강화보다는 조직원들의 자발적인 학습문화 정착이 바람직하다.

참여형 학습도 도움이 된다. 이것은 현장부서, CSO(Customer Satisfaction Officer), 신세대의 니즈를 다각적으로 반영하여 사원 스스로 학습하고 주도하는 참여형 학습이다. 단위활동 조직을 통해 교육기간 동안 각 단위별로 활동을 공유하고 프로그램을 기획하며 스스로 피드백 하도록 한다.

8) 현장능력 강화교육

영업부서의 경우 판매력 강화 실습을 한다. 판매력 강화 실습은 실제로 고객접점에서 제품판매 활동을 하며 마케팅을 이해하고 고객만족 마인드를 갖게 하는 프로그램이다. 여기에 제공되는 제품은 한물간 것이거나 인기가 없는 제품들이다. 어려운 조건을 부여함으로써 극복해 내는 힘을 기르라는 취지다.

9) 비전을 실현할 관리자 육성교육

부장을 위한 경영전략과정, 부장의 자질향상과정, 신임부장과정, 과장의 질적 향상과정 등을 두어 조직의 비전을 실현시킬 관리자를 지도하고 육성한다. 예를 들어 부장의 경영전략과정은 예비경영자를 대상으로 경영전략

수립능력을 향상시키기 위한 과정으로 경영전략의 새로운 도출방법(SEP: strategy excellence position)을 숙지하고, 바람직한 기업문화의 틀을 만들고 그 기업문화를 전파할 역할을 인식하며, 개인별 행동계획(action plan)을 세우는 교육을 실시한다. 부장향상과정에서는 부서별로 혁신을 실천할 수 있는 방법을 연구한다. 그밖에 각 과정은 그 과정에 적합한 방법을 연구한다.

10) 조직개발 특별교육

전사적인 조직 활성화와 조직 내 구성원 사이의 문제해결을 위한 변화담당자의 역할을 수행하도록 조직개발 특별교육을 실시한다. 교육내용으로서는 환경변화에 대한 관리능력의 배양, 환경변화와 관리자의 역할, 동기의 변화, 커뮤니케이션과 리더십, 참여적 경영관리, 문제의 의식화와 공유화, 문제의 명확화와 목표설정, 해결책 수립 및 실시, 새로운 수준의 정착, 새로운 관리자로서의 출발 등이 포함되어 있다. 교육과정은 다양하다. BMTP(basic management training)은 신임 대리과정에 적합하고, CTC(creative thinking course)는 대리향상과정에, MTP(management training program)는 신임 과장과정에, PSP(problem solving program)는 브레인스토밍이나 QC 등에, 그리고 SAP(strategic accounting program)는 전략회계과정에 적합하다. SAP에는 업무향상을 위한 예산관리, 재무력 향상을 위한 경영분석, 이익을 창출하는 비용관리, 경영의 활력을 창출하는 자금관리, 경영의사결정을 위한 채산분석, 경영전략을 위한 회계정보 등이 포함되어 있다. 이러한 교육을 위해 가끔 사외 전문 강사를 초빙할 수 있지만 가급적 사내 전문 강사를 양성하여 교육하는 것이 바람직하다.

11) 경영시뮬레이션 교육

경영시뮬레이션 교육은 핵심과정인 재무제표 작성이 완벽해질 때까지 계속적으로 평사를 실시하여 교육효과를 높인다.

12) 교양과 감성을 위한 교육

최근에는 다양한 주제의 교육이 진행되고 있다. 신세대의 감성역량을 강화하기 위해 스포츠댄스 및 재즈 댄스 강좌, 향기가 있는 음악여행, 재미있는 공연관람법, 직장 내 에티켓 교육 등 다양한 장르의 감성교과목을 운영하고 있다.

13) 3P 향상교육

3P란 관리능력, 조직집단능력, 인재능력 등 특히 세 영역에 있어서 능력(power)을 향상시키기 위한 교육프로그램이다.

14) 의식개혁교육

경직화된 조직을 변화시키는 변화주역(change masters)으로서의 역할을 수행하도록 하는 교육이다. 이 교육은 과장층을 대상으로 하는 것이 바람직하다. 의식개혁을 통해 전 조직이 활력을 갖고 벡터(vector)를 한곳으로 일치하도록 한다.

15) 트랜지션 훈련

트랜지션 훈련(transition training)은 신임·경력 매니저, 신임임원과 직무전환자를 대상으로 실시한다. 신임매니저를 대상으로 리더십 모델, 성과관리개발 시스템 스킬에 대한 이해를 주된 내용으로 리더 되기 위한 훈련이다.

4. e - Learning

이제 학습은 전통적인 교육방법 외에 온라인 교육, 오프라인과 온라인을 혼합하는 방법 등 다양하게 전개되고 있다. 전문화·복잡화·통합화되어

가는 경영환경에서 다양한 학습모듈을 집합교육(c − Learning)과 e − Learning
으로 구성하고, 조직원 개인의 수준과 필요 및 학습 환경에 맞추어 개인
화·맞춤화하여 신속하고 융통성 있게 제공하는 일이 중시되고 있다. e −
Learning은 업무역량을 높이기 위한 주요 교육 도구로 사용되고 있다. e −
Learning은 다음과 같은 특징이 있다.

- 업무수행과 병행할 수 있는 시공간을 탈피한 자유로운 교육이 가능하고 조직의 모든 계층이 필요에 따라 선택하여 자기주도형으로 학습할 수 있다.
- 문제해결을 위한 지식과 기술을 신속하게 습득할 수 있다.
- 지속적인 커뮤니티 활동을 통해 교육의 시너지 효과를 거둘 수 있다.
- 조직원을 위한 교육뿐 아니라 협력업체, 파트너, 고객, 정부, 학생 등에게까지 학습 환경을 제공할 수 있다.
- 글로벌 차원의 액션러닝으로 확산할 수 있다.

e − Learning은 구성원에게 동기부여 될 만한 비전을 제시하여 에너지와
열정을 쏟게 만들어야 한다. 이러한 비전에 따라 구성원들이 자발적으로 학
습하고 자신에 대해 책임을 질 줄 아는 인물이 되어야 성공할 수 있다.

e − Learning은 지식경영시스템과 통합하여 운영할 때 보다 효과적이다. e
− Learning 과정에서 관련 지식, 수행사례 등을 지식 라이브러리에서 추가
적으로 학습하고 개인이 학습한 결과물과 학습 후 업무 수행을 통한 개인
의 지식을 다시 지식 라이브러리에 축적하여 지식의 공유를 구축한다. 지식
과 경험의 공유 및 활용이 가능한 환경으로 강화하는 것은 기업의 경쟁력
을 높이는 데 아주 중요한 일이 되고 있다.

기업은 업무역량에 기초한 교육훈련 체계를 마련하고 이를 e − Learning을
통해 보다 효과적으로 제공될 수 있도록 한다. 이를 위해 다음과 같은 적용
이 필요하다.

경영목표 및 전략에 부합하는 전사적 계층별 직무별 핵심역량을 도
출하고 역량모델링에 기초한 교육체계를 수립한다.

단기 핵심교육과정과 중장기 인재양성교육과정 및 계획을 수립한다.

e-Learning으로 전환 가능한 교육과정을 선정하고 단계별 추진전략을 수립한다.

전사적 중장기적으로 활용도가 높은 과정을 중심으로 e-Learning 콘텐츠를 기획하고 개발한다. 이때 온라인과 오프라인 교육의 접합 가능성을 탐색한다. e-Learning 콘텐츠를 모듈화할 때 교육의 사전 사후교육 모듈 및 중심교육 모듈로 구성하고 콘텐츠 내용과 특성에 따라 텍스트, 시뮬레이션, 쌍방향 등의 학습모델로 설계한 후 콘텐츠의 시나리오 구성, 학습도구 지원, 웹 라이브러리 등을 설계한다.

e-Learning이 성공하기 위해서는 다음과 같은 점에 주목할 필요가 있다.

- 전통적인 학습의 대체
- 소프트한 주제에 대한 종업원의 민감한 대처
- 학습과 근무생활의 통합
- 독립적이고 자기책임적인 학습을 위해 장기적으로 동기부여
- 미디어기반 학습의 한계점 극복
- 학습자들 간의 사회적 요소 중시
- 학습자들에 대한 직접 지원 강화
- 다양한 학습내용을 효과적으로 전달

직무역량을 위해 e-Learning을 확대하고 더욱 다양한 콘텐츠를 제공하여 직원들의 학습 니즈를 충족시킨다. 특히 부문별 전문 직무역량에 관련된 학습콘텐츠를 별도의 특화된 과정으로 개발하여 직원들이 자신의 해당 직무역량 수준에 따라 단계적으로 학습할 수 있도록 한다. e-Learning을 통한 자기주도 학습을 지원하기 위해 온라인 튜터 제도를 도입하면 학습효과를 극대화할 수 있다.

1) 혼합학습

e-Learning은 시간과 비용절감, 지식관리의 가능성, 시간적·공간적 독립성, 전달되는 정보의 시사성과 지속성 등의 이점을 가지고 있지만 부족한 경험교환, 부족한 개인적 접촉, 동기부여 부족 등 사회적 요소들의 결여라는 문제점을 안고 있다.

이러한 문제점을 극복할 수 있는 새로운 대안으로 혼합학습(BL: Blended Learning)이 있다. 혼합학습은 교실에서 집합적으로 실시되는 전통적인 오프라인 학습(c-Learning: collective Learning)과 가상적인 e-Learning 요소들을 혼합한 학습을 의미하며, 전통적 학습의 사회적 관점과 e-Learning의 효과성과 유연성을 통합했다는 점에 특색이 있다.

e-Learning의 대표적인 예로 e-Action Learning이 있다. e-Action Learning은 온라인을 바탕으로 한 혼합 액션 학습(Blended Action Learning)이다. e-Action Learning은 온라인학습 이전에 사전워크숍(pre-workshop)을 하고, 온라인학습 중간 중간에 중도워크숍(interim workshop)을 하며, 온라인학습 후에는 사후워크숍(post-workshop)을 한다.

사전워크숍은 온라인 전반에 대한 안내와 학습방법 안내 및 과정에 대한 토론으로 구성된다. 온라인 학습 중에는 오프라인상에서 이루어지는 액션학습의 프로세스를 그대로 온라인으로 구현하기 위해 현업의 과제를 직접 분석하고 이를 팀원들과 공동으로 해결할 수 있도록 과정을 구성한다. 중도워크숍에서는 온라인상에서 수행했던 과제에 대한 피드백 및 다음 온라인 단계에 대한 오리엔테이션, 과제수행과 관련된 토론, 게임 등의 학습으로 구성된다. 그리고 사후워크숍에서는 과제수행 결과에 대한 피드백 및 결과공유를 주요 내용으로 한다.

e-Action Learning을 개발하기 위해서는 크게 사전분석단계, 과정개발단계, 그리고 사후관리단계 등 3단계 프로세스를 거친다. 사전분석단계에서는 조직 환경 분석, 학습대상자 특성분석, 주제영역 분석, 학습방법론 설정 등 액션 학습 환경을 분석하기 위한 활동을 수행한다. 과정개발 단계에서는 사

전분석 단계의 결과를 바탕으로 실제 프로세스를 설계한다. 그리고 사후관리단계에서는 학습한 결과를 조직에 전파하기 위해 KMS, HR시스템, 학습관리 시스템 등 학습 인프라와 연계를 구축한다.

e - Action Learning은 학습자 혼자 과제를 수행하기 때문에 오프라인 프로그램을 설계할 때보다 복잡하고 치밀한 계획이 필요하다. 그러나 일단 개발해 놓으면 학습 결과를 온라인상에 축적하여 다시 활용할 수 있고, 학습 프로그램의 지속과 학습조직 구현에 도움을 준다.

2) 온라인 캠퍼스

기업들은 통합망 구축을 통해 구성원들의 자기주도 학습문화를 촉진시키고자 온라인 캠퍼스를 확대 또는 개편하여 실시하고 있다.

온라인 캠퍼스는 온라인상에서 역량을 진단할 수 있는 시스템으로 자신의 현재 직무와 레벨(직무등급)에서 요구되는 역량뿐 아니라 미래 자신이 비전으로 설정하고 있는 직무와 레벨의 진단도 가능하다. 진단 후에는 자신의 진단결과에 적합한 교육과정, 내·외부 전문가, 도서 등 다양한 학습 솔루션을 제공받게 된다.

또한 온라인·오프라인을 통합하여 최적의 학습효과를 지향하는 혼합학습을 추구하는 학습 커뮤니티를 운영한다. 학습 커뮤니티는 학습이 일회성으로 끝나는 것이 아니라 지속적으로 이루어지고 현장적용을 통해 최종 완성된 모습을 지닌다는 것을 보여 준다. 또한 학습과 업무를 연계하고 교육과정 전·후의 학습활동을 이어 주는 매개체 역할을 한다. 과정 시작 전·중간·종료 후까지 지속적으로 혼합학습이 이루어지도록 학습 커뮤니티 활용에 대한 주지가 필요하다.

3) 디지털 교육훈련

디지털 훈련에서 사이버교육은 필수이다. 가장 간단한 교육방법은 인터넷 이메일 교육 강좌이다. 따라서 이메일뉴스, 이메일강좌 등 인터넷 이메일을 이용한 콘텐트 제공 서비스가 날로 다양해지고 있다. 이메일을 통한 교육서비스는 창업정보, 컴퓨터교육, 외국어교육, 다양한 강좌 등 각종 콘텐트를 인터넷 이메일로 이용자에게 배달해 주는 택배형 서비스로 강사의 강의를 컴퓨터 화면 앞으로 직접 배달해 준다. 이메일을 통해 강의 자료가 도착한 뒤 프로그램을 실행시키면 곧바로 강의가 진행된다. 강의실행은 오프라인 방식이기 때문에 이메일 수신이 끝나면 인터넷에 연결할 필요가 없다. 강의가 시작되면 강사의 인사말과 함께 컴퓨터 화면에 강의교재가 나타난다. 이어 강의진행에 따라 교재화면이 자동적으로 바뀌며 강사의 판서 글씨도 컴퓨터 화면에 그대로 보인다. 마치 강의실 칠판을 컴퓨터 화면에 그대로 옮겨 놓은 듯하다.

중소기업진흥공단은 사이버렉(cyberlec) 시스템을 운용하고 있다. 진흥공단이 서울전자유통과 함께 중소기업 사이버연수 시스템 운영에 관한 업무협조체제를 구축하고 인터넷을 통한 사이버연수를 하는 것이다. 이 시스템은 인터넷을 통해 중소기업 임직원들에게 산업체 전문분야의 연수교육을 하는 것으로 그래픽과 오디오, 동영상 등 멀티미디어를 이용해 연수 프로그램을 운영하고 있다.

기업에서 사이버공간을 통해 시뮬레이션 훈련을 하고 있다. 군인들이 디지털센서를 이용하여 전황을 파악하듯 기업도 이 훈련을 통해 실전, 곧 미래의 다양한 변화에 대비한다.

5. 기업의 다양한 교육 프로그램

1) 의무교육시간 이수제

삼성SDS는 조직문화 혁신활동을 통해 가치경영에 바탕을 둔 전문주의를 추구하는 신조직문화 SDS Proway를 실시하고 있다. SDS Proway는 전 사원을 전문화하여 사원들의 개인비전달성과 동시에 회사는 생산성을 향상시켜 고객가치, 사원가치, 주주가치를 창출할 수 있도록 한다. 이를 위해 의무교육시간 이수제를 도입하여 매년 전 사원에게 일정시간 이상을 개인별 맞춤교육에 사용할 수 있는 인력양성 프로그램을 마련했다.

2) HP의 자율 교육프로그램

HP는 회사의 비전과 사업 목표 및 전략을 지원하기에 충분한 전문 인력 양성을 위해 다양한 자율 교육프로그램을 개발하고 있다. 교육은 핵심역량을 위한 company core, 기술교육을 위한 business core, 특정업무를 위한 function core, e-Learning, e-Coach, Follow-up program, 그리고 비즈니스 시뮬레이션 등 다양하다. core 과목의 교육은 사내·외 전문가에 의해 실시하며, 온라인 교육은 웹을 통해 이뤄진다. 부족한 부분은 언제든지 개인학습이 용이하며, 전 세계 HP 네트워크를 통해 지식공유가 가능하다. 교육은 지식과 기법을 다양한 활동과 토론을 통해 교육생 스스로 습득하고 서로 가르쳐 주며, 강사는 조언자로서 학습을 잘할 수 있도록 도와주는 촉매자(facilitator)역할을 한다.

교육프로그램은 개인의 경력목표에 따라 구분되며, 직원들은 회사의 사업 목표와 전략적으로 연결되어 있는 학습과정 중에 자신의 업무에 해당되는 교육프로그램을 선택하여 각자 연간 교육개발 계획(development road map)을 만든다. 이 계획을 바탕으로 관리자의 지원을 받아 자율적으로 학습을 한다. 개인의 교육기록 관리는 학습관리체계(LMS: Learning Management System)에 의해 이뤄진다.

3) CJ의 커리큘럼 큐빅

CJ는 자기 주도적 학습지원을 위해 커리큘럼 큐빅(curriculum cubic)을 운영하고 있다. 커리큘럼 큐빅은 "내게 요구되는 역량은 무엇인가? 그 역량의 현재 나의 수준은 어느 정도인가? 그렇다면 나는 무엇을 어떻게 학습해야 하는가?"에 대한 해답을 제공하는 시스템이다.

큐빅 속에는 3가지 차원에 의해 자원들이 분류되어 있다.

첫째, CJ 컴피턴시 프레임워크의 1개 역량과 34개의 개별역량 적용, 이외 전문직무역량 및 직무별 지식과 기술을 포함하는 컴피턴시 차원

둘째, 직무기능 분류를 적용하는 기능차원

셋째, 역량을 이해·보유하는 수준의 레벨 차원

4) 포스코의 리프레시 연수회

포스코 인재개발원은 40세 직원들을 대상으로 리프레시 연수회를 실시한다. 중년기를 맞이한 직원들의 힘찬 재도약과 심신 재충전을 위해 마련된 이 제도는 40세 대리급 이하 직원들을 대상으로 2박 3일의 일정으로 운영된다. 리프레시 교육이라는 취지에 어울리게 교육장소를 쾌적한 사외시설로 선정했다. 이 연수회의 특징은 40세 이후의 직업관과 인생관을 재정립할 수 있도록 체험식 위주의 교과와 개인, 가정, 직장 설계에 도움이 되는 내용으로 편성되었다. 야간시간에는 스스로 생각하는 자율적인 사색시간을 갖도록 공식교육일정을 두지 않았다.

5) 삼성생명의 사원논문제

삼성생명은 1986년 이래 전 사원을 대상으로 사원논문제를 실시하고 있다. 삼성생명은 입사 후 6~7년 되는 중견사원들에 대해서는 과장이 되기 전 그동안 익힌 지식과 경험을 논문으로 옮겨 제출하도록 의무화하고 있다. 기업 내에 연구 분위기 조성은 물론 숨은 인재를 발굴하는 데 도움을 주고 있다.

주제는 제한이 없다. 1990년 이전에는 보험시장 개방에 따른 대책과 효율적인 계약자배당 방안이 주류를 이루었으나 그 이후는 고객만족 경영방안과 방대한 보험사 자산을 어떻게 운용할 것인가 하는 주제가 많았다. 논문제출 시즌이 다가오면 사원들은 도서관을 찾아 관심분야 서적을 빌려 보기도 하고 자기 주제와 관련된 업무부서에 열심히 자문까지 한다.

기업체 논문제출제도는 기업마다 형태는 다르지만 활발하게 운용되고 있다. 금호그룹에서는 회장의 지휘로 부장급 직원들이 격주에 한 명씩 논문을 발표하도록 하고 이를 승진에 반영하고 있다. 한화그룹은 전 직원을 대상으로 10여 권의 책을 읽고 분량에 상관없이 독후감을 제출하도록 하는 방법으로 직원들의 경영감각을 넓히고 있다.

6) 두산씨그램의 사내독서제

'술만 팔지 말고 책도 읽자.' 위스키 전문업체 두산씨그램은 임직원들이 급변하는 경영환경에 대응할 수 있는 능력을 키우도록 일정량의 독서를 의무화한 사내독서제를 실시하고 있다. 임직원들은 회사가 권장하는 책을 매년 상하반기에 각각 2권씩 읽은 뒤 보고서를 내야 한다. 의무도서는 교양서적과 자신의 직무와 관련된 책 1권씩이며 책은 회사에서 구입해 지원한다.

이들의 보고서는 외부 컨설팅기관에서 평가하며 일정 점수에 미달하면 인사고과와 연봉책정에서 불이익을 당하게 된다. 반면 상위 10%는 포상을 받는다. 직원들의 선호도를 토대로 1차 선정한 교양서적은 『명심보감』, 『논어』, 『수평적 사고방식』, 『신사고이론』 등이며, 직능관련 서적은 『X세대를 위한 마케팅』, 『어음수표 1백% 활용법』이다.

7) 사내 MBA프로그램

회사근무를 하면서 고급 경영 관리자 교육을 받는 사내 맞춤형 MBA과정이 봇물을 이루고 있다. 기업으로서는 해외 MBA보다 저렴하게 현업에 써 먹기 쉬운 실무형 교육을 하고, 사원 입장에서는 회사 비용으로 사내 핵심 중추인력으로 도약하는 기회라는 점에서 서로 좋은 셈이다.

한진해운에서는 30대 중·후반의 차·과장급 사원을 대상으로 한진 MBA코스를 개설했다. 총 160시간의 강좌를 수강해야 하는데, 마케팅·기업재무 같은 기본과목 외에 해운업의 특수성을 반영해 영업협상전략·로지스틱스·전략적 제휴 같은 맞춤형 과목을 이수해야 한다.

금호그룹은 서울대·연세대·고려대·서강대 등 4개대 경영대학원과 제휴해 420시간을 수강하는 MBA과정을 운영하고 있다. 입사 3년 이상 사원을 모두 대상으로 하며 현업 근무 시와 동일한 급여와 보너스, 출장비, 교제비 일체를 지급한다.

국민은행·주택은행·LG전자 등은 산업정책연구원·핀란드 헬싱키경제경영대학과 공동으로 1년짜리 맞춤형 MBA과정을 마련했다. 수료자는 헬싱키경제경영대학의 MBA학위를 받는다.

LG그룹은 해외 MBA과정과 별도로 LG경제연구원과 공동으로 계열사 부장과 차장 등을 대상으로 매년 40여 명을 뽑아 1년 동안 경영이론과 실무를 가르치는 사내 MBA코스를 운영하고 있다. 해외 MBA는 해외 선진 경영기법을 익히는 데 중점을 두고 있으며, 사내 MBA는 현장 실용성이 강해 국내 중견 간부들이 많이 신청하고 있다.

8) 국제합동프로그램

대학과 한국 기업과의 공동프로그램이 확산되고 있다. 기업이 성공하려면 사람에게 투자를 해야 하는 것처럼 국제화에서 성공하려면 역시 사람에게 투자를 해야 하기 때문이다. 현재 미국에서는 경영대학원과 기업 간에 공동으로 경영커리큘럼을 진행시키는 새로운 학습방법이 보편화되고 있다.

국내에서뿐 아니라 국제간의 공동노력도 대단하다. MIT 슬로안 스쿨은 국제프로그램을 개발하여 중국과 대만, 싱가포르에서 실시하고 있다. 대만의 경우, 일종의 재단법인이 만들어져 대만 유수 기업의 젊은 관리자들이 MIT에 연수를 와서 새로운 경영기법을 배우고, MIT 교수들도 대만으로 찾아가 각종 예측모형을 만들어 토의를 한다. 싱가포르는 국가예산으로 MIT 대학교수를 초청하여 기업경영진과 합동으로 새로운 경영기법을 실험한다. 국제화시대에 경영학의 수준을 높이려면 국제적인 기업과 합동교육이 필요하기 때문이다. 이 대학은 각종 기업합동프로그램을 가지고 있는데 삼성이나 대우, 현대 같은 기업도 이 대학에 과장급 사원을 파견하여 새로운 경영

능력을 개발하고 있다.

MIT가 말하는 새로운 경영기법이란 경험을 공유하는 것이다. 각기 다른 정보와 환경, 급변하는 테크놀로지, 자본의 엄청나게 빠른 이동 속에서 기업이 살아남을 수 있는 빠른 정책판단을 했던 경험을 공유하는 것이다. 보기를 들어 왜 IBM이 몰락했는지, 마이크로소프트의 성장비결이 무엇인지 실제 모형을 놓고 과학적인 분석과 데이터를 뽑아내고, 이를 다시 시뮬레이션 하는 것이다.

9) 포스코의 유학예고제

포스코가 직원을 대상으로 유학예고제를 도입하고 해외유학대상자를 선발 예고하였다. 유학예고제란 해외지역은 2년, 국내는 1년 전에 미리 대상자를 선발, 예고하는 것으로 유학대상자들이 사전에 보다 면밀한 유학준비를 통해 유수대학에 입학할 수 있도록 하고, 업무와 관련된 적절한 연구 과제를 선정해 유학결과를 회사 업무에 적극 활용할 수 있도록 하기 위한 것이다.

유학대상자로 선발, 예고된 직원은 예고기간 중 상사의 지도 및 주관부서의 지원 아래 연구과제 선정, 입학허가 취득, 어학능력 향상 등을 추진하며 주관부서는 유학준비 기간 중 업무열의가 저하되지 않도록 예고기간 중의 근무실적, 유학준비상황 등을 종합적으로 심사해 유학 3개월 전까지 유학추진 여부를 확정하게 된다.

유학예고 대상자 선발은 해외유학의 경우 예고기간이 길고 유학확정 시 부서장의 의견수렴이 가능한 점을 감안해, 소속본부 추천 없이 유학주관부서에서 기본자질, 어학능력, 근무실적 등을 다각도로 심사해 선발한다. 국내유학은 일정기준에 의거 소속 본부장이 책임 선발하도록 한다.

전문지식과 연구능력을 갖춘 고급인력을 양성하기 위해 1978년부터 유학제도를 운영하고 있는 포스코는 1994년부터 석사엔지니어 30% 확보를 목표로 유학규모를 연 100명 규모로 확대했으며, 고도의 학업수행능력이 요구되는 일반석사는 저근속자 중심으로, 풍부한 현장경험이 요구되는 해외연구과정 및 포스텍 철강대학원 과정은 대리급 사원을 대상으로 선발하고 있다. 포스코는 유학 완료 후 업무활용도를 높이기 위해 유학결과 정리기간 운영, 유학성과 종합평가 실시, 사내 어학검정 의무실시 등 사후관리도 철저히 하고 있다.

제18장 자기계발과 역량관리

1. 자기계발과 자기계발원조제도

1) 자기계발

직원의 자기계발(self-improvement) 기회의 확대는 사용자의 의무이다. 근로자는 평생 임용능력을 키울 뿐 아니라 직무와 관련된 부문이든 다른 부문이든 자기의 역량을 최대한 발휘할 수 있도록 자기계발에 힘써야 하며, 사용자는 자기계발의 필요성을 인정하고 적극적으로 그리고 조직적으로 배려해야 한다. 그 배려의 효과가 빠르게 나타나지 않는다 하더라도 결국 업무에 영향을 주기 마련이다. 자기계발기회의 확대는 일종의 투자이다. 설혹 직원이 구조조정의 대상이라 할지라도 그를 내보내는 것으로 모든 것을 해결하려 들지 말고 인간적으로 배려하고 적극적으로 계발기회를 주는 것이 경영자로서 바람직한 태도일 것이다.

2) 자기계발 원조제도

자기계발 원조(自己啓發援助)제도는 업무에 관련된 지식이나 기능을 통달하고 싶다는 사람의 행동을 조직이 측면에서 지원하는 제도를 가리킨다. 구체적으로는 비즈니스에 관련된 통신교육의 수강료의 일부 또는 전부를 원조하는 일, 중소기업 진단사·노무사 등 공인자격을 취득하는 데 필요한 비용의 전부 또는 일부를 원조하는 일, 그룹의 독서회·영어회화 등의 비용을 원조하거나 강사를 알선하는 일, 업무에 관련된 외부의 강습회나 세미나에 참석하는 경우 시간적인 편의를 제공하는 일, 외국 업계의 사정을 조사하는 데 드는 여비를 지급하는 일, 도서구입비의 일부를 보조하는 일 등이 있다. 한국 3M은 1년에 2회 정도 정기적으로 열리는 세계 3M사 간의 국제회의에 모든 직원을 고루 참가시킴으로써 직원들의 자기계발에 도움을 주고 있다.

2. 역량개발관리

기업에서는 역량강화를 위해 여러 제도를 두고 있다. 그러나 이것이 역량개발 과정 참여에 동기부여가 되기는 하지만 자발적 참여 욕구를 감소시킬 수 있다. 따라서 역량관리가 체계적으로 도입·운영되어 자발적 역량강화가 이뤄지면 역량개발 학습지원제도, 학점 이수제, 자격취득지원제도 등 획일적인 제도를 축소시켜 나가도 무방하다. 그러나 현재로서는 역량개발을 촉진시키기 위해 역량개발을 위한 역량개발학습지원제도와 전문자격취득지원제도 등을 설계하고, 자기주도적인 학습체계 구축을 위해 DRG(Development Resource Guide)를 전산화하여 실시하는 것이 바람직하다.

역량개발제도의 문제점은 자발적인 참여가 이루어지지 않음으로써 역량개발의 효과성이 의심받고 있다는 점이다. 그 원인은 역량관리가 체계적으로 이루어지지 않고 있기 때문이다.

체계적인 역량관리를 위해서는 먼저 개개인이 맡은 직무가 명확하게 정의되어야 한다. 이를 기반으로 개인의 역량정보가 수집·축적되고, 해당 정보가 선발에 적극 활용되어 역량관리가 체계적으로 이루어질 때 개인 스스로가 역량개발을 위한 시간과 노력을 아끼지 않게 된다.

일반사원뿐 아니라 임원을 대상으로 한 역량개발 프로그램이 필요하다.

경영자 역량개발을 위한 체계적인 자원을 구축하고, 임원들의 비즈니스 스킬을 향상시키기 위한 MBA프로그램도 바람직하다.

현재의 역량개발 프로그램의 유용성에 대해 지속적으로 검토하고 의견을 적극적으로 수렴하여 질적으로 높은 수준의 프로그램을 만들어 나가야 한다. 이를 위해서는 역량개발 과정에 대해 모니터링 하는 작업을 강화하고, 역량개발 비용의 효과성과 효율성을 높이는 방안도 찾아야 한다.

3. 학점 이수제

대학에서 학점을 따지 못하면 진급하지 못하는 것처럼 기업에서도 학점을 이수해야만 승진자격을 주는 학점이수제가 도입되고 있다. 이른바 대학식 기업들이다. 학점 이수제란 회사가 사내·외에서 실시하는 각종 교육에서 일정한 기준 이상 학점을 따야만 진급과 승진을 허용하는 것을 말한다. 전공필수와 교양 선택으로 나뉜 것도 대학과 비슷하다.

현대전자의 경우 과장급 이상 간부사원을 대상으로 교육이수점수제를 도입하였다. 과장, 차장, 부장 대우, 부장 등 4단계 직급마다 실시되며 연간 모두 10학점을 취득해야 승진, 승급 자격이 주어진다. 보기를 들어 외국어교육은 3학점으로, 교육을 이수한 뒤 구두시험에 합격해야 학점을 받는다. 과장의 경우 5학점짜리 과장의식혁신교육, 신임과장과정, 과장향상과정은 전공필수과목이다. 교육을 맡고 있는 현대인력개발원은 출석, 수강태도, 리포트제출과 간단한 구두시험을 거쳐 학점을 주고 있다. 학점에 A~F식 단계는 없으며 학점을 주느냐 주지 않느냐만 결정한다. 학점이수 여부는 인사고과에 10%를 반영하며, 승진 및 승급 평가에 활용한다.

LG산전도 학점 이수제를 도입해 계급별로 반드시 받아야 하는 의무과정과 필요학점 이수과정으로 나눠 운영하고 있다. 계급별 의무과정은 신임 부과장이나 신입사원들이 새 직무에 빨리 적응하기 위해 의무적으로 이수해야 하는 전공필수과정이다. 필요학점 이수과정은 승진 대상자들이 사무자동화, 직무관련 전문지식, 외국어 등의 교육을 받는 교양 및 선택 과정이며 여기에서 일정 학점에 미달할 경우 승진상 불이익을 당하게 된다. 인켈도 사내·외 교육을 필수과정과 선택과정으로 구분, 사원 개개인의 해당직급에서 6학점 이상 학점을 의무적으로 취득하도록 하고 있다.

4. 독립지원제도와 사내벤처제도

1) 독립지원제도

직장인들은 대부분 언젠가 독립하여 자기 사업을 하고 싶다는 꿈을 가지고 있다. 독립지원제도는 일정 연수 이상 근속한 사원이 자사제품을 판매하는 점포를 연다든지 체인점을 여는 것을 경제적 또는 비경제적 측면에서 지원을 해 주는 제도이다. 이 제도를 분점개설제도라 하기도 한다. 대상자는 근속연수가 일정 연수 이상이어야 하고 퇴직 후에 독립하여 자영하기를 원하며 퇴직사유가 원만해야 한다. 원조의 내용은 특별할증 퇴직금을 지급하는 일, 점포개설에 필요한 비용을 저리로 융자해 주는 일, 본사에 내는 프랜차이즈 가맹료를 면제해 주는 일, 점포의 입지나 내장에 대한 상담을 해 주거나 퇴직 전에 특별휴가를 주어 준비토록 하는 일 등이 포함되어 있다.

2) 분사제도

분사(分社)제도는 취급할 상품과 활동분야에 따라 회사를 몇 개의 독립적인 조직으로 분할하고 그 조직에 권한을 대폭 부여하여 책임자에게 독립채산을 목표로 운영하도록 하는 제도를 가리킨다. 회사의 전체적인 경영방침에 위배된다든지 막대한 적자를 낸다든지 하지 않는 한 작은 잘못에 대해서는 문제를 삼지 않는다. 원재료의 구입, 상품판매, 소비자 전략, 멤버들의 업무분담 등의 문제는 모두 조직의 책임자에게 일임한다. 업적에 따라서 책임자와 멤버를 처우한다. 이 제도는 조직의 활성화와 근무의욕을 높이는 데 도움을 준다.

3) 사내벤처제도

사내벤처제도는 신사업 전개에 관한 아이디어를 가지고 있는 사원에 대해 신사업 전개의 리더가 될 기회를 부여하는 제도로서 실행 가능한 신사업에 관한 아이디어를 널리 공모하고 아울러 사원에게 도전정신을 자극한다는 점에서 매우 유효한 제도이다. 이 제도에 따르면 먼저 사원으로부터 신사업 전개의 아이디어를 모집한 다음 아이디어의 사업화 가능성을 심사하여 선택하도록 되어 있다.

5. 기업가 육성을 위한 한도제도

기업가는 자기가 수행해야 할 비즈니스의 성격과 방향을 잘 알아야 하며 어느 때 시작하는 것이 좋은가를 판단하여 제시할 수 있어야 한다. 일자리의 수행지는 국내는 물론 국외도 포함된다. 세계 어느 곳이든 일과 일자리를 만들 수 있다고 생각되는 곳이 바로 그가 수행할 업무장소가 된다. 일과 일자리의 창출은 기업가 스스로 한다. 자기의 판단 아래, 자기의 생각과 경험을 살려 일과 팀을 운영해 나간다. 필요한 인원도 스스로 정하고 팀의 구성과 운영방법도 자율에 맡긴다. 그 일에 필요한 자금은 기업에 요청한다. 요원선발도 자기 책임 아래 한다. 이 문제에 있어서 기업가의 요청이 있을 경우 기업이 협조한다.

기업가에 의한 이러한 조직들이 한편으로는 기업의 파트너가 됨(partnership)은 물론 다른 한편으로는 기업의 핵심조직(core organization)이 된다. 이 핵심조직은 기업과 외부를 잇는 가교역할을 수행한다. 따라서 이 조직을 이끌어 가는 기업가에게 높은 기업가윤리가 요청된다. 이를 기업핵심윤리(core business ethics)라 한다.

기업은 기업가정신을 가지고 활동하는 인물을 중시하며 이러한 인물이 자기의 능력을 개발하고 그 능력을 마음껏 펼 수 있도록 기회를 제공하고 육성한다. 능력을 발휘할 수 있는 현장은 기업이며 현장이 곧 교육장소가 된다. 종업원 모두가 능력을 마음껏 펴며 일할 수 있도록 한다.

1) 한도제도

기업가가 될 수 있는 기회의 제공은 한도제도로 한다. 한도란 능력을 발휘할 수 있는 프로젝트별 사업규모, 곧 창출할 일과 일자리 정도를 말하며 성과에 따라 이를 단계적으로 높여 나가는 식으로 이를 제도화한다. 사람마다 일할 수 있는 기회를 공평하게 주되 그 결과를 평가함으로써 능력을 객관적으로 입증하고 입증된 결과에 따라 더 능력을 발휘할 수 있도록 하는 것이다. 그러므로 입증의 정도에 따라서 개인에게 지원하는 한도가 다를 수 있다. 즉 1단계의 프로젝트를 성공적으로 이끈 기업가는 2단계에 도전할 수 있다. 단계별 성과 및 능력의 입증 없이 단계를 뛰어넘을 수는 없다.

예를 들어 프로젝트자본금으로 볼 때 1단계는 1~3천만 원으로 시작하고, 2단계는 3~5천만 원, 3단계는 1억 원 이내, 4단계는 2억 원 이내, 그리고 5단계는 5억 원 이내로 하며 단계에 따라 지원액수를 점차 높여 나가는 방식이 그것이다. 프로젝트별 단위기업가는 발전계획을 승인받는 대로 의사를 자발적으로 결정하며 집행한다. 대외적인 활동을 보다 활성화하기 위해 대외적인 직위부여에는 나름대로 유연성을 둔다. 그러나 대내적으로는 단계별 프로젝트의 성과에 따라 그에 합당한 공식적인 직위를 부여한다. 따라서 기업가의 경우 대외에 표명되는 명칭과 대내적인 공식명칭이 다를 수 있다.

기업은 단계별 프로젝트에 따라 합당한 스태프 수를 정하여 단위기업가를 지원한다. 스태프가 스태프를 지원하는 체제도 고려한다. 스태프는 각 기업가를 전문적인 면에서 돕고 조언한다. 자료를 조사하고, 교육하는 기능도 수행한다. 각 단계마다 소요되는 프로그램 일정은 다르다. 4개월, 2년, 또는 5년 이상이 될 수도 있다. 소요기간은 신축성을 둔다. 따라서 프로그램 성격에 따라 계속사업이 될 수도 있다. 아울러 각 단계마다의 프로그램

성과에 따라 그 결과를 점수화하며 누적된 점수에 따라 보상 및 승진의 정도를 달리한다. 이 점수제는 일의 크기와 성과에 따라 달라진다.

기업은 각 단계마다 합의된 프로그램을 기업가가 독자적으로 수행할 수 있도록 그 단위조직에 임파우어링(empowering) 한다. 이를 통해 기업가는 업무를 박력 있게 추진해 나갈 수 있다. 업무수행에 필요한 인력과 자금은 기업으로부터 지원을 받는다. 기업가는 프로젝트결과에 대한 책임이 있으므로 일을 계획할 때나 수행할 때 효율성과 효과성을 함께 고려할 필요가 있다.

이러한 한도제도는 기업 안에 여러 개의 기업을 갖는 결과를 가져오며 이를 지속적으로 시행함으로써 기업가 자신의 성장은 물론 살아 움직이는 기업, 계속 성장하는 기업이 될 수 있는 초석이 된다.

한도제도 보기

단 계	지원금액한도	지원스태프 수	소요기간	점 수
1	1~3천만 원	1~3	4개월	
2	3~5천만 원	3~5	1년 이내	
3	1(2?)억 원 이내	5~10	1년 이상	
4	2(5?)억 원 이내	10~20	2년 이상	
5	5(10?)억 원 이내	20~30	5년 이상	

앞으로는 자기책임 아래 기업을 일으키고 새로운 영역에 과감히 도전하는 기업가형이 요구되고 있다. 미국의 IBM이나 3M, 일본의 교토세라믹 등은 거대한 회사조직을 2~50명 단위로 세분, 각 단위마다 책임을 갖고 독자적인 사업영역을 개척해 나갈 수 있도록 운영하고 있다. 관료화, 경직화되기 쉬운 거대조직에 핵분열을 통해 생명력을 불어넣고 사내기업가들에게 실질적인 권한을 부여, 숨겨진 능력을 발휘하도록 하는 것이다. 국내에서도 이미 이와 같은 맥락의 사내벤처, 곧 사내기업가제도가 도입되어 확산되어 가는 추세다.

이 제도는 창의적인 아이디어와 사업추진능력을 갖춘 임직원들이 독자적인 사업을 원할 때 회사 창업에 필요한 자금, 인력 등 모든 지원을 회사에서 해 주는 것을 말한다. 삼성물산이 1989년에 도입, 지금까지 여러 명의 사내기업가를 탄생시켰으며 이 밖에 대우, LG산전, 대우중공업, SK, CJ 등에서 시행하고 있거나 도입을 추진 중이다. 서통산업의 경우 1991년 인큐베이터 경영방식을 도입, 신규 사업의 기획에서 시장조사, 경영에 이르는 모든 과정을 과·차장급이 본부장을 맡아 추진하도록 하고 있다. 이러한 제도를 도입한 기업들은 임직원들에게 자아실현의 기회를 제공하고 조직의 활성화에 기여했다는 평가를 내리고 있다.

CJ그룹은 사원이 참신한 사업아이디어를 낼 경우 사업화에 필요한 자금과 인력을 지원하고 실적에 따라 이익의 20%까지 급여 이외의 인센티브를 추가로 제공하는 사내기업가제도를 도입했다. 사내기업가는 정상적인 급여를 받고 벤처비즈니스의 팀장이 되어 사업조직을 구성하고 필요한 자금을 지원받아 사업에 착수하게 된다. 회사 측은 연 1회 사업평가를 하며 사업이 궤도에 오를 수 있도록 3년간 지원하고 이익이 발생하면 인센티브를 주되 실패해도 현업으로 복귀시킬 뿐 인사상 불이익을 주지 않는다.

CJ는 기간을 정해 주 소비층이 10~20대인 신세대사업, 멀티미디어 등 미래형 첨단아이디어사업을 중심으로 사내기업가를 공모하기도 하고, 수시로 아이디어를 접수하기도 한다. 사내기업가의 자본금과 운영자금은 회사차원에서 벤처기금을 조성해 지원하며 점차 이 기금을 확충해 나갔다.

CJ의 사내기업가제도와 유사한 형태로 주식회사 유공이 사원의 아이디어로 팡이제로 제품의 사업부를 구성하여 히트 상품화했으며 미국 3M, 스위스의 스워치 시계 등에서 운영 중이다. CJ는 경쟁이 치열한 기존 아이템보다 전혀 새로운 사업영역, 새로운 감각을 요구하는 상품을 발굴해 사업화하는 데 중점을 두고 있다.

2) 평가제도

각 프로젝트에 관련된 기업가의 성과를 객관적으로 그리고 공정하게 평가한다. 평가는 자기평가와 함께 평가전문가에 의한 평가를 아울러 실시한다. 평가의 객관성과 공정성을 기하기 위해 점수제를 택한다. 평가로 인한 누적점수의 차이에 따라 보상과 승진에 차등을 둔다. 평가된 각 프로그램은 벤치마킹의 좋은 자료가 된다.

평가점수와 승진

평가누적점수	승진
300	대리대우
300~500	계장대우
500~1000	과장대우
1000~2000	부장대우
2000 이상	이사대우

한도제도에 의해 제시되고 수행되는 프로그램은 일정기간마다 그 프로그램이 합당한 프로그램(right program)이며 성과가 있는 프로그램인지 평가한다. 평가기간은 프로그램마다 다를 수 있으나 최소한 3년마다 한 번은 모든 프로그램이 평가를 받도록 한다. 이 평가는 자기개발에 대한 평가이자 기여에 대한 평가이기도 하다. 이 평가에 따라 기업가의 차기경력(career)이 달라질 수 있다.

일차적으로 기업 내 평가전문가에 의해 단계별 기업가의 성과를 평가한다. 고도의 전문성을 요구하는 프로젝트일 경우 외부전문가의 도움을 받아 평가한다. 평가결과가 좋을 경우 다음 단계의 프로젝트를 수행할 수 있는 자격이 부여된다. 그러나 프로젝트가 실패했을 경우 상위 프로젝트를 위한 자격을 부여하지 않는다. 다만 하위 프로젝트에서 다시 도전할 수 있는 기회는 제공한다. 그러나 계속 실패할 경우 도전의 기회는 제한될 수밖에 없다. 그 기회의 제공여부는 전문가의 평가결과와 최고경영층의 의사결정에 따른다.

프로젝트 제안평가

평가요소	평가항목	점수
환경평가(environment)	경쟁성, 경험성, 현실성, 지속성, 협조성	
기업가성(intrapreneurship)	창의성, 도전성, 미래성, 발전성	
기술적 사항(skill)	교육수준, 경험, 솔선력, 훈련, 지식, 기민성, 판단력, 정신적 기술	
노력(effort)	육체적 노력, 정신적 노력	
책임(responsibility)	일반책임, 기기 또는 공정, 자제 또는 제품, 타인의 안전, 타인의 직무수행	
직무조건(job condition)	작업조건, 위험성	
일 및 일자리 창출성	업무 창출성, 일자리 창출성	
업무 생산성	생산성효과, 기대효과	
총 점		

업무결과평가

평가요소	점수
환경관련평가	
기업가성평가	
기술성평가	
노력평가	
책임평가	
직무조건평가	
일 및 일자리 창출평가	
생산성 및 성과평가	
다음단계진입여부평가	
총 점	

이러한 공식적인 평가방법 이외에도 중간점검을 할 수 있는 제도적 장치를 도입한다. 일을 추진하는 일차적인 책임자나 이차적인 책임자가 점검책임을 맡는다. 기업 안에 프로그램조정위원회를 두어 각 프로그램이 일정한 범위(range) 안에서 자유로이 협조하며 움직일 수 있도록 한다.

아울러 스태프 평가제도도 도입한다. 스태프는 프로젝트에 전문적으로 자문을 하는 인물이기 때문에 각 프로젝트를 전문적으로 도울 수 있는지 그 자격을 먼저 검증받아야 한다. 그리고 업적에 따른 결과평가를 받는다. 즉 기업가의 프로젝트가 성공할 수 있도록 효율적으로 그리고 효과적으로 조언하고 스태프로서 임무를 적극적으로 수행했는지 평가한다. 스태프의 경우도 한 단계에서 성공적으로 업무를 수행했다는 평가를 받은 경우 상위 단계의 스태프로 진출할 수 있으며 실패의 경우 하위단계에서 스태프 업무를 수행한다. 각 단계의 스태프 역할을 충실히 수행하고 참여한 프로젝트 모두가 성공한 경우 원로스태프의 영예를 얻고 원로로서 여러 프로젝트에 조언할 수 있는 자격을 부여받는다.

제 8 부
해고 및 퇴직관리

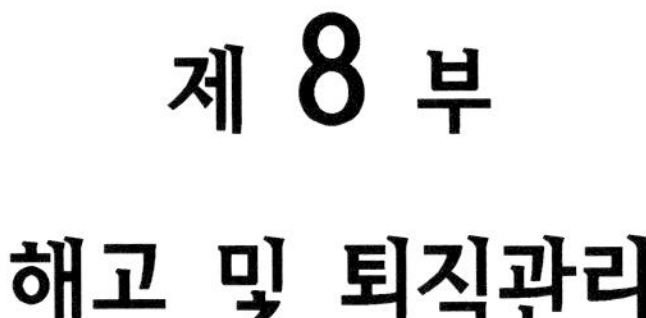

제19장 해고관리

1. 해고관리

보스턴에 있는 베스 이스라엘 디코니스 병원의 머리 리틀먼 박사는 89년부터 94년까지 전국 45개 병원에서 심장마비를 치료받은 791명을 대상으로 조사 분석한 결과 회사간부가 사원의 해고결정을 내린 뒤 1주일 안에 심장마비를 일으킬 위험이 평소보다 두 배로 높아졌다고 발표했다. 해고당한 사원에 비해 해고시킨 간부가 심장마비를 일으킬 위험이 더 높다는 것이다.

1) GE의 교체방법

강제적 구조조정이 조직에 활력을 불러일으키기보다 구성원들의 목표의식과 근로의욕을 떨어뜨리자 토론을 통한 문제해결 방식인 워크아웃을 전사적으로 실시하고, 엄격한 평가에 의해 구성원을 지속적으로 교체해 나가는 시스템을 마련했다.

GE의 평가시스템은 '9 매트릭스'(9 Matrix)에 있다. 9 매트릭스에서 모든 구성원들은 GE의 가치 실천도와 수행업적에 따라 상위 20%, 중위 70%, 하위 10% 세 등급으로 나뉜다. 이때 상위 20%에게는 높은 연봉과 승진의 기회를 부여하고, 하위 10%는 연봉동결과 함께 '개선계획'(Improvement Plan)을 스스로 작성하도록 한다. 개선계획에도 불구하고 성과가 나지 않을 경우 퇴출시킨다. 저성과자에 대해 개선의 기회를 부여한다는 점에서 다른 기업과는 다르다.

2) LG의 HCCR

LG전자는 하위 10%로 분류된 퇴출인재 가운데 지속적으로 성과가 부진한 사람에 대해서는 자발적으로 퇴출(outflow)을 유도하는 HCCR(Human Capital Competency Reinforcement) 제도를 실시한다. 전년도 평가결과를 놓고 사전에 경고를 한다. 인사평가 결과에 따라 HCCR 대상자를 선정하여 연봉을 조정하거나 면담을 통해 퇴직처리를 한다. 이때 대상자를 위해 재취업과 창업을 지원하는 아웃플레이스먼트 서비스를 제공하거나 협력회사로의 전직을 유도하여 제2의 경력개발 경로를 제공한다. 반면 회사는 신규 우수인력 충원으로 인적경쟁력을 높인다.

해고와 사회적 선택

회사가 필요에 의해 직원을 해고해야 하는 경우 어떤 사람을 내보내야 하는가? 보통 나이가 많은 사람, 업무가 부진한 인물 등을 떠올리게 된다. 그러나 독일 노동법은 이런 사람을 우선적으로 보호하도록 하고 있다. 즉 이 법은 나이, 근속, 부양가족, 장애인 여부를 가지고 해당인력을 평가한 후 사회적 약자(고령, 장기근속, 부양가족 수, 장애인)를 우선적으로 보호하도록 하고 있다. 이것을 '사회적 선택'(social selection)이라 한다. 이런 경우 어려운 외부환경을 구조조정으로 극복하려는 기업에게 이 법은 장애물이 되고 있는 셈이다. 독일기업들은 이 문제를 해결하기 위해 핵심인력을 우선적으로 보호할 수 있는 조항을 추가하고 있다.

2. 해고회피노력

HP는 인사에 있어서 철저히 보수적이다. HP Way를 고집하기 때문이다. 이 회사는 어려울 때를 대비해 평소 직원 수를 적게 뽑되 일단 채용한 사람은 파산 직전까지 함께 가라는 것이 창립자의 방침이며, 이 방침을 고수한다. 그러나 HP라 할지라도 이러한 방침을 고수하기 어려운 상황이 되고 있다.

경영상 해고는 고용조정의 최후수단으로서 경제·산업 구조·기술적 성격에 기인한 기업합리화 계획에 따라 잉여인원을 감축하기 위해 행하는 행위이다. 우리나라 근로기준법에 따르면 경영상 해고는 긴박한 경영상의 필요성, 해고회피노력, 합리적이고 공정한 기준에 의한 해고 대상자의 선정,

근로자대표와의 성실한 협의, 근로자 대량 해고 시 노동부장관에 신고 등의
요건을 갖추어야 한다.

종신고용제도를 채택해 온 일본에도 구조조정에 의한 해고가 빈번하다.
그러나 해고는 최후의 선택이다. 사람을 중시하기 때문이다. 해고 전에 다
양한 해고회피노력을 한다.

첫째, 고용조정조성금을 조성하여 활용한다. 이것은 해고하지 않고 고용
을 유지하기 위한 조성금으로 1999년 현재 29만 명이 혜택을 보고 있다.
둘째, 출향(出向)이라 불리는 파견근무 제도를 활용한다. 이것은 관계회사나
협력업체에 파견하여 근무하도록 하는 제도이다. 해고되지 않고 봉급도 그
대로 받으므로 근로자에게 어떤 손해가 없다. 일본에서만 65만여 명이 파
견근무제도로 해고회피노력을 하고 있다. 신일본제철은 이 제도를 선호하고
있다. 셋째, 전직컨설팅을 한다. 기업의 인사담당자가 해고대상자 명단을 가
져오면 그들을 대상으로 전직을 위한 상담을 하거나 이미 해직된 사람에게
재취업의 기회를 찾도록 도와준다. 전직컨설팅 회사는 취업할 수 있도록 조
언하고 스스로 찾도록 만든다. 대부분 의뢰한 기업이 상담비용을 댄다. 끝
으로, 공공직업안정소를 활용한다. 일본 전역에 48개가 있다.

해고회피노력은 나라마다 다르다. 해고의 발생 원인이 다르기 때문에 그
해결방법도 다를 수밖에 없다. 중요한 것은 선진국에서는 정부, 기업, 개인
모두 이 문제를 함께 풀어 가고 있다는 점이다. 일반적으로 해고가 늘어날
전망이 커지면 조업을 단축하거나 휴무일에 사내교육을 실시하거나 임시휴
가를 주기도 한다. 다음은 그밖의 프로그램들이다.

1) 재배치전략과 배치전환 프로그램

경영자들도 통찰력을 살려야 한다. 획일적으로 몇십%씩 인원을 감축하는
것은 별 의미가 없다. 비용절감을 위한 인원감축보다 경영체질을 강화하기
위해 적재적소로 인적자원을 재배치하는 전략이 더욱 중요하다. 감원이 수
단이 아니라 목적이 되는 회사는 결코 경영혁신을 성공시킬 수 없다. 감원

은 어디까지나 최후의 수단이다.

미국의 경우 기업은 해고 전에 대부분 해고회피노력을 한다. 하지만 인텔은 해고보다 배치전환 프로그램(redevelopment program)을 활용한다. 전자산업의 급속한 변화로 인해 새로운 기술이 탄생되면 기존 라인은 폐쇄된다. 하지만 능력이 있는 인물들은 새로운 기술, 새로운 업무분야로 자리를 옮긴다. 배치전환 프로그램에 의해 자리를 옮기는 사원만도 한 해에 3천 명에 이른다. 배치전환 프로그램에 들 수 없는 사원은 사내교육기관인 인텔 대학(Intel University)에서 기술교육을 받는다. 이 대학은 3,200여 교육프로그램을 가지고 있으며 5만 2천여 명이 새로운 교육을 받는다. 이러한 과정을 통해 새로운 인력을 채용함으로써 드는 훈련비뿐 아니라 해고시키는 심리적 부담을 줄인다. 사원교육을 할 때 대부분의 기업에서는 자신의 적성과 능력에 맞는 맞춤교육(promatch)을 실시한다.

직원사내교육에 주 정부가 비용을 지원한다. 해고를 당한 경우 주 정부가 부담해야 하는 비용을 감안하면 교육을 통해 실업가능성을 줄이는 것이 더 현명하기 때문이다. 부의 노력도 크다. 정부는 NOVA와 같은 일괄경력센터(One Stop Career Center)를 운영한다. 이곳에서는 신문, 웹 사이트, 기업구인광고 등을 통해 필요인력을 확인하고 각종 고용정보를 제공하며 인터뷰 방법 등을 일러 줌으로써 실직상태에서 있는 사람들로 하여금 고용기회를 찾고 문제에 대처하는 방법을 가르쳐 준다.

기술이 필요하다고 생각되는 경우 직업학교를 통해 기업교육을 실시한다. 직업학교는 새로운 변화에 맞게 과정을 마련함으로써 전진기회를 제공한다. 나아가 직업을 가진 개인들도 스스로의 가치와 능력을 높이기 위해 교육기관을 찾아 고급기술교육을 받음으로써 자신을 업그레이드 시킨다.

2) 일자리공유제

일본 노사정은 근무시간을 단축하는 방법으로 해고를 최소화하고 일자리를 늘려 가는 일자리공유(work - sharing) 제도에 합의했다. 기업의 인건비

부담을 줄여서 경쟁력을 높이는 방법에는, 인원 자체를 줄이는 구조조정과 인원은 줄이지 않는 대신 근로시간을 단축하는 두 가지 방법이 있는데 워크셰어링은 후자의 방법이다.

비교적 형편이 나은 기업에는 다양취업형, 형편이 어려운 기업에는 긴급대응형 워크셰어링 제도를 택한다. 다양취업형 워크셰어링은 근무시간이 보통보다 짧은 단시간 정사원과 격일근무를 하는 제도이다. 물론 임금도 그만큼 제대로 받지는 못하지만 어떻게 하든 많은 사람이 직장에 취직할 수 있도록 하기 위한 제도이다. 긴급대응형 워크셰어링은 1일 평균 노동시간을 줄이는 대신 그만큼 급료를 덜 주는 제도이다. 다만 이때도 시간당 임금은 깎지 못하도록 했다.

3) 희망퇴직 또는 명예퇴직 프로그램

희망퇴직은 전 직급에 걸쳐서 자발적인 퇴직자를 모집하는 것이고, 명예퇴직은 퇴직 시기를 앞당겨 퇴사하는 조기퇴직을 의미한다. 고용조정의 효과 측면에서 볼 경우 직원의 반발 및 사기저하를 가져오는 경영상 해고보다는 퇴직 희망자를 모집하여 본인에게 선택의 여지를 열어 주는 것이 현실적으로 최선의 방안이다. 자발적인 퇴직에는 추가적인 위로금 지급이 따르고 전직지원 프로그램에 참여할 수 있게 하는 것이 보통이다. 희망퇴직 프로그램은 강제성이 배제된 순수한 희망에 의한 퇴직으로 운영되어야 한다.

4) 내부자원활용 프로그램

내부자원활용 프로그램은 퇴출시키는 대신 직영점 또는 대리점 개설을 희망하는 사원을 대상으로 내부자원이라 할 수 있는 사원을 대리점에 이관하는 프로그램이다. 신청자격을 한정하고, 운영계획서를 첨부해 경영능력을 평가한다. 고객에 대한 서비스 마인드가 높고 회사에 대한 로열티가 높은 사원을 우선적으로 선정하다. 이 프로그램을 신청한 사람이 희망퇴직프로그램에도 지원할 수 있지만 두 가지 혜택을 동시에 받지는 못하도록 한다.

5) 전직지원 프로그램

전직지원 프로그램은 회사발전을 위해 헌신한 직원들이 퇴직할 때 원활하게 제2의 인생을 설계할 수 있는 기회를 제공해 기업과의 관계를 우호적으로 지속하기 위한 프로그램이다. 대상자는 희망퇴직자, 자발적 퇴직 예정자, 내부자원활용 프로그램 대상자 등이다.

우선 전직지원 서비스 전문 업체를 선정하고 선정된 업체 내에 전직지원센터(CTC: Career Transition Center)를 운영하면서 담당 컨설턴트가 재취업 및 창업에 대한 다양한 프로그램을 제공한다. 서비스 기간은 최대 6개월 정도로 하며 본인의 희망에 따라 서비스 제공일정을 조정한다.

전직지원 프로그램은 다음 진로의 모색을 위해 전문적 지원을 받을 수 있고, 개인의 상황에 맞는 효율적 진로개척이 가능하며, 새로운 직업 및 환경에 적응할 시간을 최소화하고, 성취동기를 갖게 한다는 점에서 유익하다. 또한 기업으로서도 직원을 중시하는 기업이미지를 갖게 하고, 회사에 대한 불신보다 우호적 감정을 유지하게 하며, 퇴직으로 인한 심리적 불안과 충격을 완화시킬 수 있다는 점에서 좋다.

3. 구조조정과 해고

1) 오니뮈스의 걱정, 노동의 종말

니스 대학의 오니뮈스는 대량실업사태를 주목하면서 3순세기는 노동의 종말을 고하는 시대가 오고 있다고 했다. 그는 노동의 종말을 절망적으로만 바라보고 있지는 않다. 그것은 오히려 신세기의 시작이자 문명의 지각변동을 알리는 호재로 작용할 것이라고 했다. 실업문제를 문명사적 시각에서 긍정적으로 조명한 그는 실업의 시대는 피할 수 없는 역사의 법칙이며, 이에 우리는 새로운 문명의 패러다임으로 떠날 차비를 갖추어야 한다고 주장한다.

그에 따르면 노동을 가리키는 labor 속에는 실패와 추락의 의미가 담겨 있다. 그것은 원래 신이 인간에게 내린 저주였다. "네 이마에 땀으로 밭을 갈고 손의 노고로 먹으리라."는 말은 아담에게 내려진 벌이었다. 그 노동이 은총으로 변모한 것은 2백 년 전의 일이다. 아담 스미스의 『국부론』(1776)이 계기가 되었다. 그 후 프랑스 계몽사상, 프로테스탄트 윤리관, 근대시민 사회를 거치면서 시대의 필요에 따라 노동은 악에서 미덕으로, 의무에서 권리로 가치관을 바꿔 왔다. 현재 노동은 사회구성원으로서의 능력과 자질을 가늠하는 존재의 이유로 자리하고 있다. 인간은 경제적 인간(Homo Economicus)으로 탈바꿈했고, 그 결과 문화예술이나 사회봉사와 같은 다른 종류의 활동은 크게 위축되었다.

그에 따르면 실업은 경제로 해결될 문제가 아니다. 정보사회는 산업사회보다 더 빨리 더 많이 인간을 노동으로부터 밀어낸다. 지구자원이 고갈되지 않고서는 실업을 따라잡을 정도의 일자리를 새로 만들 수 없으므로 고용창출과 같은 방법으로 실업을 치유한다는 것은 애당초 불가능하다. 그러면 우리는 무엇을 해야 할 것인가? 그는 소유보다 존재적 삶이, 생산보다 문화와 예술이 중시되던 고대 그리스 사회를 꼽으며 그런 사회와 같은 가치체계가 새로운 문명의 패러다임이 되어야 한다고 말한다. 그러므로 그의 노동의 종말은 절망이 아니라 새로운 유토피아에 이르게 한다. 그는 인류의 미래가 소수의 귀족만이 일하고 다수의 노예가 실업에 시달리는 우울한 시대가 될 것인지, 아니면 문화와 예술이 도약하는 문명사의 새로운 황금기가 될지는 전적으로 우리의 선택에 달렸다고 말한다. 자꾸만 재발되는 구조조정은 노동의 종말을 알리는 서곡일까. 어떤 선택을 하도록 하는 것일까.

2) 인력구조조정과 해고

IBM은 1980년대까지만 해도 조직구성원들에게 평생직장을 보장하고 무해고 정책(no layoff policy)을 고수해 높은 수준의 로열티를 유지해 왔다. 그러나 PC산업의 급부상에 대해 안이하게 대처하면서 적자가 누적되자 1993년 그동안 유지해 오던 평생직장 전략을 포기하고 대대적인 구조조정에 착수했다. GE의 잭 웰치는 관료주의를 타파해 조직에 생기와 민첩성을 키울 목적으로 경쟁력을 잃은 기업을 정리하고 구조조정을 단행했다. 우리 기업에서도 인력구조조정이 상시화되고 있다. 과거 IMF 외환위기를 맞아 구조조정의 태풍이 지나가는 것으로 생각했지만 계속 소비심리가 위축되고 불황을 맞게 되면 쉽게 구조조정이라는 말이 나오고 있다.

통상 기업들은 비즈니스 포트폴리오 전략을 세우고 여기에 맞춰 향후 육성사업과 유지사업, 퇴출사업 등을 가리고, 인력 및 자원투입계획을 조정한다. 이로 인해 인력투입에 변화가 생기고 사업구조가 달라진다. 따라서 이런 인력구조조정을 비즈니스 포트폴리오에 따른 인력구조조정 또는 사업구조재편에 따른 인력구조조정이라 한다. 또한 글로벌 기업들은 효율적인 글로벌 비즈니스 체제를 구축하기 위해 전 세계를 하나의 비즈니스 시스템으로 묶는 글로벌 전략을 세우고 이 전략에 따라 생산거점, 물류거점, 판매거점 등의 위치변화를 위해 인력구조조정을 실시한다. 이것은 글로벌 비즈니스전략에 따른 인력구조조정에 속한다.

인력구조조정은 조직의 핵심가치를 보존하는 범위 내에서 비용의 최적화를 추구하는 방식으로 이뤄질 필요가 있다. 이를 위해 기업은 장·단기적으로 시장에서 제공해야 하는 기업의 핵심가치가 무엇인가를 찾아내고, 그 가치를 창출하기 위해 구성원들이 갖추고 있어야 할 역량을 확인하는 작업이 요구된다. 기업의 핵심기능이라고 생각되는 경우 필요한 인력을 오히려 보강하고 그 역량을 강화할 필요가 있다. 그러나 필요한 업무이지만 단순하거나 반복적이고 질적으로 중요하지 않은 경우 아웃소싱의 방법을 택하고, 불필요한 직무에 속하거나 대체가능한 직무인 경우 아웃플레이스먼트 방안을 수립해 비용을 절감하도록 한다.

불황의 고통 속에서 직장인들이 생각하는 최상의 기업판단 기준은 무엇일까? 포천지가 미국의 279개 주요 기업체의 종업원 4만 5천여 명을 대상으로 한 설문조사 결과 종업원들이 뽑은 '회사를 위해 일하고 싶은 100대 기업' 가운데 80개가 불황에서도 해고를 하지 않은 기업으로 나타났다. 이 가운데 47개 기업은 해고금지를 공식화하기도 했다.

해고가 불가피하다면 비자발적 해고를 최소화하는 것이 중요하다. 닛산은 무리한 사업 확장에다 시장점유율마저 낮아져 위기를 맞았다. 위기극복을 위해 르노와 전략적 제휴를 맺고 카를로스 곤을 새로운 CEO로 맞았다. 그는 닛산재건계획(Nissan revival plan)을 내세우며 대폭적인 감원조치를 취했다. 그러나 종신고용의 뿌리가 깊은 일본에서 이 조치는 큰 갈등을 불러일으켰다. 곤 사장은 자연감원, 희망퇴직, 파트타임 및 유연고용의 확대, 분사, 전직, 고용재배치 등을 통해 비자발적 해고의 여지를 최소화하는 조치를 통해 경영 상태를 호전시켰다. 이러한 조치는 구조조정이라 할지라도 그 나라의 전통과 조직문화에 부합할 필요가 있음을 보여 준다.

3) 아웃플레이스먼트

아웃플레이스먼트(outplacement)는 해고준비 및 다른 직장 알선 제도로 해고 때 재취업을 연계시켜 주거나 창업 등 퇴직준비 컨설팅 서비스를 해 주는 제도이다. 미국 등 선진국에서 많이 활용되고 있다. 해고대상자에게 1~2개월 전 사전 통보를 하고 이들을 대상으로 전문적인 아웃플레이스먼트를 컨설팅해 주는 회사와 계약을 맺어 재취업을 추진한다.

대표적인 아웃플레이스먼트 회사로 CG&C, DBM, Transition Team, LHH 등이 있다. 이런 회사는 일반적인 리크루팅 또는 헤드헌터와는 달리 서비스의 질이 다르다. HP의 경우 대량해고에 앞서 LHH에 컨설팅을 맡겨 이들의 아웃플레이스먼트를 도와주었다.

기업이 이런 노력을 하는 것은 해고되는 사람도 결국 미래의 고객이므로 소홀히 할 수 없다. 해고를 하더라도 당사자가 준비할 수 있는 시간을 줄 필요가 있다. 회사는 퇴직 예정 근로자들을 대상으로 전직훈련, 창업지원훈련 등 아웃플레이스먼트 기회를 마련하여 재취업을 알선하는 노력을 기울이는 것이 바람직하다.

4) 구조조정의 장점과 문제점

인력구조조정은 조직에 긴장감을 주어 생산성과 몰입도를 높여 준다. 이노베이션을 가속화하고 조직에 활력을 불어넣는다. 구조조정은 무엇보다 재무성과를 개선하는 데 도움을 준다. 특히 수익성을 개선하는 효과가 있다. 전체 인건비를 줄임으로써 단기적으로 수익성을 개선할 수 있기 때문이다. 또한 사업구조재편에 따른 인력구조조정의 경우 구조조정이 사업구조 재편을 돕는 역할을 한다. 글로벌 전략에 따른 경우 지역 포트폴리오 변화를 지원한다.

구조조정 과정에서 근로자의 기업에 대한 충성심이 크게 약화되고 있다. 이에 대해 기업이 해야 할 일은 크게 두 가지이다. 하나는 구조조정을 최대한 빨리 마무리 짓는 일이요, 다른 하나는 사람들을 가능한 한 잘 대해 주는 것이다.

구조조정을 경험한 IBM은 이제 회사에 대한 충성과 몰입 대신 업무와 작업 팀에 대한 로열티를 요구하고 있다. 상시 구조조정 체제에 걸맞게 과거와 같은 로열티를 포기하는 대신 팀장의 리더십, 일에 대한 재미, 팀 성과에 대한 보상 등을 강조함으로써 기업이 지속적으로 성장해 나갈 수 있도록 운영패러다임을 바꾼 것이다.

구조조정 이후 부작용도 만만치 않다. 무엇보다 구조조정이 반복될수록 그 효과는 사라지고 생산성 향상에도 기여하지 못한다는 주장이 제기되고 있다. 인력구조조정이 야기하는 가장 큰 문제는 구성원들의 직무 몰입도와 애사심을 저하시키고 내부 경쟁으로 조직문화를 훼손시킨다는 점이다. 구조조정이 반복될수록 고용안정성에 대한 불안감으로 직무 몰입도가 떨어지며, 불안감이 커지고 안정성이 낮아지면서 복지부동이라는 보수적이고 침체된 조직문화를 낳게 된다.

성과에 따른 평가가 퇴직대상자의 선정기준으로 작용해 직장동료가 협력자가 아닌 경쟁자로 인식된다. 결국 조직의 이직률을 높이는 효과를 낳고, 때로는 역선택(adverse selection) 효과가 나타난다. 퇴출은 회사가 필요로 하지 않는 사람이 나가도록 하는 것인데 오히려 회사가 필요로 하는 핵심인력을 조기퇴직 패키지에 유인하게 되고 회사는 불필요한 인력만 보유하게 되는 결과를 초래하는 것이 바로 역선택 효과이다. 또한 구조조정으로 조직운영이 타이트해져 인력운용에 여유가 없어지면서 조직은 변화에 둔감하게 된다. 따라서 단순히 인건비를 줄이기 위해 구조조정을 하는 경우 기업의 미래 성장에 장애요인이 될 수 있다. 이런 문제점으로 인해 기업들은 조직에 미치는 충격과 후유증을 최소화하는 감원방법을 찾고 있다.

인력구조조정 후 조직 안정화를 위해 새로운 비전을 제시하는 것이 중요하다. 구조조정이라는 아픔을 통해 새롭게 변해야 하는 모습을 제시하고, 그러한 모습으로 탈바꿈하지 않으면 앞으로 인력구조조정이 아니라 기업 자체의 존립이 어려울 수 있음을 인식시킨다. 그리고 현재의 업무를 변화시켜 나간다. 현재의 무용업무, 중복업무, 과잉업무, 수비업무를 필요업무, 고부가가치업무, 공격적 업무로 바꾼다. 나아가 현재의 업무를 더욱 강화시키고, 새로운 업무로 나갈 수 있도록 만든다.

4. 후계자 양성계획

기업들은 해고를 통해 경쟁력을 확보하면서, 다른 한편으로는 조직의 활동성을 높이기 위해 후계자 양성계획(succession planning)을 운영하고 있다. 해고뿐 아니라 종업원들도 좀 더 좋은 조건이 제시되는 곳으로 언제든지 회사를 떠날 수 있다. 해고나 갑작스런 퇴사로 인해 빈자리에 대한 충원이 요구되고, 더구나 그 자리가 중요한 위치일 때 당장 대상자 물색이 어렵게 된다. 회사가 발전하여 규모가 커지는 경우도 많은 인재가 필요하다. 기업은 이런 상황에 대비해 항상 후계자 대비를 염두에 두고 잠재적 리더(potential leader)를 선발하고 양성한다.

후계자 양성계획은 단지 빈자리를 충원하는 대체계획(replacement planning)과는 성격이 다르다. 일정시기가 되어 후보자를 물색하면 이미 늦기 때문에 항상 준비가 되어 있어야 한다. 인사부서는 정기적인 평가도구뿐 아니라 각종 경로를 통해 숨겨진 영웅을 찾고, 이를 통해 미래의 지도자 풀을 만들어야 한다. 풀을 만들 때는 단순히 어떤 직위에 있기 때문에 선발하는 것이 아니라 미래의 잠재력을 최우선으로 고려해야 한다. 이 제도는 조직에 긴장감을 주지만 구성원 각자에게 자기도 미래의 잠재력 있는 리더가 될 수 있다는 희망도 함께 주기 때문에 조직을 역동적으로 만드는 데 기여한다.

5. 복지제도와 노동복지

구조조정과 대량 해고는 사회적 문제를 야기한다. 이에 대해 사회적 안전망을 확보하기 위해 복지에 대한 새로운 제도가 국가적 차원에서 확립될 필요가 있다. 복지제도(welfare)는 빈곤층에 대한 소득보전 차원의 복지를 말한다. 지금까지의 실업대책에서 얻은 교훈은 고용창출보다 빈곤문제, 곧 사회안전망 구축을 지나치게 강조하는 경우 아무리 많은 재원을 투자해도 실업증대, 소득감소, 소비지출의 위축, 실업증대의 악순환을 벗어나기 어렵다.

따라서 단기간의 어려움을 감수하고라도 지속적인 실업증가 추세를 반전시켜 실업 감소, 소득증대, 소비지출의 활성화, 실업 감소라는 선순환을 창출해야 한다. 이에 대한 구상의 하나가 바로 노동복지(workfare)이다.[2] 이것은 실직자에게 일자리를 제공하는 근로복지이다. 근로복지는 실업과 빈곤의 문제를 동시에 해결할 수 있다는 점에서 실업대책으로서 고용창출이 중시된다.

선순환을 유지하기 위해 정부는 정책구상의 일관성을 유지하고, 투명성 및 현실성을 제고시켜 미래에 대한 불확실성을 감소시켜야 한다. 아울러 설비투자와 민간소비지출의 활성화, 고용창출의 극대화를 유도하는 노력이 필요하다.

---

2) '생산복지' 또는 '생산적 복지'라 하기도 한다.

제20장 퇴직관리

은퇴(retirement)는 20세기 후반 들어 나타난 독특한 현상이다. 미국의 경우 1935년 사회보장법이 통과되고, 65년 의료보험제도가 확립되기 전까지는 일부 부유층을 제외한 대부분의 사람들이 더 이상 일을 못하고 쓰러질 때까지 일터에 나갔다. 1950년 당시 60세 이상 노인인구 가운데 72%가 현역직장인이었다. 문제는 사회보장 제도와 함께 인간의 평균수명도 죽죽 늘어나 은퇴 후에도 20년 가까이 살아가게 되었다는 점이다. 따라서 각자가 은퇴문제를 생각하는 것처럼 기업도 점차 퇴직관리에 관심을 갖게 되었다.

1. 정년제 문제

이스라엘은 남자는 65세에서 67세로, 여자는 60세에서 62세로 정년을 연장하였다. 또 일본은 98년 정년을 60세로 늦춘 데 이어 오는 2013년까지 65세 정년제를 도입할 방침이다.

반대로 정년제가 고령자의 일할 권리를 제한하는 작용을 한다며 이를 폐지해야 한다는 주장도 있다. 미국이 86년에 정년 제도를 없앴고, 유럽연합도 정년제 폐지를 추진하고 있다.

영국 정부는 인구 고령화로 인해 65세 정년제 폐지를 추진키로 했다. 국민들이 65세를 넘기고도 연금에 대한 권리를 상실하지 않은 채 계속 일할 수 있는 기회를 줘야 하며 특정 연령에 은퇴하라고 못 박기보다는 국민들이 원할 때 은퇴할 수 있는 기회를 주는 것이 중요하다고 생각하기 때문이다. 금요일까지 가치 있는 노동력의 일원이었다가, 그 다음 월요일이면 정년퇴직자로 몰리는 식으로, 정년을 벼랑 끝이라고 여기는 관념에서 벗어나야 한다.

영국 정부는 현재 노동자의 50%인 1,300만 명이 은퇴 이후 생활을 대비

하기에 충분할 만큼 저축을 하지 못한다는 실정을 심각하게 인식하고, 노년
층의 품위 있는 생활수준을 위한 제도 개혁을 추진 중이다. 예를 들면 노동
자가 한 직장에서 은퇴해 연금을 받으면서도 같은 직장에서 파트타임 형식
으로 계속 일할 수 있게 하는 것이다(박해연, 2002).

지금 우리 사회는 퇴직이든 명예퇴직이든 예상보다 빠른 퇴직바람이 불
고 있어 오륙도에 이어 사오정, 급기야 386이라는 단어까지 나오고 있는
실정이다. 30대마저 언제 해고될지 모르는 이러한 상황은 직장이 과거처럼
더 이상 안정을 보장하지 않는다는 것을 체감하게 만든다. 젊은 나이에 직
장을 그만 두어야 하는 사람도 그렇고, 그러한 인재들의 재능이 충분히 활
용되지 못하고 있다는 점에서 안타깝기는 마찬가지다. 이러한 현실이 언제
까지 갈 것인가 걱정이 되기도 한다,

그런데 드러커의 생각은 다르다. 그러한 현실이 그리 오래가지 않으리라
는 것이다. 그는 앞으로 25년 정도 지나면 건강이 허용하는 한 75세까지
일하는 시대가 온다고 주장하였다. 원인은 젊은 인구의 감소에 있다. 노년
인구는 급속하게 증가하고 있는 데 비해 젊은 인구는 급속하게 감소하고
있다. 게다가 출산율의 감소는 이러한 현상을 가속화시키고 있다. 모든 선
진국은 가임 여성 1인당 인구유지 출산율인 2.2명을 훨씬 못 미치고 있다.
독일은 1.3명까지 떨어져 있고, 이런 면에서 한국도 예외가 아니다. 출산의
감소로 독일은 아예 없어질지 모른다는 우려마저 나온다.

젊은 인구의 감소는 몇 세기에 걸쳐 쇠망했던 로마 제국 이후로는 전례
가 없던 일로 심각한 사회변동 유발 요인이 되고 있다. 제2차 세계대전 이
후 대부분의 국가는 젊은 인구가 시장을 주도해 왔다. 지금은 그 주도권이
중년층에 있는지 아니면 젊은 층에 있는지 논란이 되고 있지만 앞으로는
그 주도권을 노년층에 넘겨 줄 수밖에 없다는 것이 드러커의 생각이다. 이
것은 인사관리 담당자들이 주목해야 할 부분이다. 노령인구가 많아지면 그
사회도 노령화될 수밖에 없어 바람직한 일이 아니지만 젊은이가 없어 노인
들이 나서지 않으면 안 될 상황으로 치닫고 있어 어찌할 수 없는 노릇이다.

젊은 인구의 감소를 메우기 위해 각국 정부는 이민 정책에 손질을 가하

게 될 것이고, 부유한 나라일수록 이민에 거는 기대도 높아진다. 지금 우리나라는 해외에서 들어오려는 젊은 인구 때문에 골머리를 앓고 있지만 이것도 오래가지 않을 것으로 보인다. 오히려 더 좋은 유인책이 필요한 시점이 올 것이다.

드러커는 더 많은 노인들이 9시에서 5시까지 일하는 형태보다 임시직, 파트타이머, 컨설턴트, 특수 작업요원 등 새롭고도 다양한 형태로 노동시장에 참여할 것으로 예견하고 있다. 그런 사회에서 교육을 받은 노년층을 유인하고 보유할 수 있는 새로운 고용방법을 창출하는 기업이 앞선다. 인사관리 담당자는 미래의 사회변화를 예측하고 대비할 수 있어야 한다.

내면적 자기퇴직

IMF 사태와 같은 경제위기로 직장에서 '내면적 자기퇴직' 현상이 급증했다. 지시에 따라 시키는 일은 하지만 더 이상의 특별한 노력을 기울이지 않는다. 인생은 퇴근시간 후부터 의미를 갖기 시작한다. 몸은 회사에 있지만 마음은 살길을 찾아 인터넷 속의 증권가를 헤매고, 전직과 창업과 자격증의 언저리를 방황한다. 라인하르트 휀은 이를 내면적 자기퇴직이라 불렀다. 본의 경제사회연구소가 2천 명의 사원을 대상으로 연구한 결과에 따르면 응답자의 54%가 이런 내적인 자기퇴직을 경험하고 있다.

2. 그린플랜제

기업들이 정년이 임박한 사원들에게 제2의 인생을 설계할 수 있도록 여러 지원을 해 주는 그린플랜제(green plan system)를 도입하고 있다. 당사자에게는 퇴직 후에 준비하는 여유를 주고, 후배들에게는 그들의 풍부한 경험과 지식을 전해 받을 기회가 된다.

D그룹은 정년을 앞둔 직원들의 퇴직 후 인생설계를 지원하고, 후임자를 양성하기 위한 관리직 정년 도래자 관리 제도를 도입하였다. 대상은 정년을 6개월 앞둔 그룹의 관리직 과장급 이상, 그리고 과장급 이하 중에도 일정한 조건에서 선발했다. 이들에게는 현직 재임 당시와 똑같은 급여와 복리후생을 제공한다.

그러나 재산관리에서부터 노후직장안내 등 퇴직 후 인생설계 교육을 받는 것은 물론이고 후임자 바로 곁에 앉아서 업무지도를 해 줘야 한다. 회사 생활을 하면서 아쉬웠던 점, 후배사원에게 당부할 점, 업무 노하우, 기억에 남는 일, 건의사항들은 소감문 형식으로 자유롭게 작성해 제출한다. 새 업무를 맡은 사원들에게는 OJT 전담요원이 돼 강사역할도 한다. 다만 이들은 업무에 대한 전결권은 없고 중요사항은 차상급자와 협의해야 한다. 유공은 퇴직을 앞둔 55세 이상 직원을 대상으로 그린플랜 교육을 실시하고 있다. 건강관리는 물론 저축 등에 이르기까지 세밀한 지도가 따른다.

KT그린플랜지원센터 보기

99년 4월 문을 연 KT그린플랜지원센터는 경영컨설팅 회사 CBS에 의해 위탁 경영되는 한국통신의 퇴직준비 컨설팅 센터이다. 지원센터의 슬로건은 'KT패밀리'. 한국통신 퇴직자들에게 창업과 재취업을 위한 교육 상담 절차안내 등을 정해진 프로그램에 따라 실시한다. 이곳을 통해 창업한 한국통신 퇴직자 수가 늘어 가고 있다. 이들의 특징은 50대에 가까운 나이 때문에 취직이 안 된다는 점이다. 20~30대 기술직 출신 퇴직자들이 쉽게 직장을 얻는 반면 이들은 창업밖에는 길이 없다.

S씨는 이 센터의 도움을 받아 자동차 정비회사 '한네트-IMS'를 창업했다. 이 회사의 사장이자 영업사원인 그의 주된 업무는 고객의 차를 가져가서 고친 뒤 고객에게 다시 돌려주는 일이다. 자동차 브레이크 등 교환 같은 간단한 수리는 직접 한다. 그는 29년간의 직장생활에서 명예퇴직한 후 'KT그리플랜지원센터'에서 창업 컨설팅을 받고 창업했다. 지원센터에서 3개월 동안 매일 4시간씩 엔지니어 교육을 받았고, 같은 처지의 한국통신 퇴직자 1명과 공동 창업했다.

한국에서 퇴직 준비 컨설팅을 실시하는 기업은 한국통신 이외에도 대우자동차, 제일제당 등이 있다. 이 제도를 실시하는 회사들은 '실직해도 회사가 세상에 그냥 내버리지는 않는다.'는 의미에서 상당한 지지를 받고 있다.

---

3. 아웃플로 프로그램

P&G가 실시하는 아웃플로 프로그램(outflow program)은 회사를 떠난 사람들로 하여금 다양한 차원에서 다시 회사에 기여하도록 하는 제도를 말한다. 그 대표적인 예가 P&G가 자랑하는 아이보리(ivory) 비누이다. 이 비누를 처음 창안한 사람은 과거 이 회사에 종사했던 인물이다. 그는 비록 인력 구조조정으로 인해 회사를 떠났지만 그의 창의적인 아이디어가 경영진에게 받아들여져 이 비누를 내놓게 되었다. 이것은 P&G가 얼마나 유연한가를 보여 준다. 효과적인 아웃플로 관리는 회사를 떠난 사람은 물론 남아 있는 구성원에게도 긍정적이고 우호적인 메시지를 전달한다.

4. 퇴직과 영업비밀 준수

퇴직할 때 대부분 기업에서는 회사의 핵심영업 비밀을 준수하기로 약정한다. 이 같은 약정을 한 경우 그 약속을 지켜야 하는 것은 물론이고 타 회사에서 그 영업비밀과 관련된 업무에 종사할 수 없다는 법원의 결정이 나왔다.

서울지법 민사 50부는 산업용 기초 화학물질인 아크릴로니트릴 모너머 제조업체인 동서석유화학이 이 회사 전 기술부장 신 모 씨와 신 씨를 스카우트한 태광산업을 상대로 낸 전업금지 및 영업비밀 침해행위금지가처분 신청사건에서 본안 판결이 확정될 때까지 신 씨는 태광산업에서 이 제품의 제조, 판매 및 보조업무를 할 수 없다고 결정했다. 이 결정은 첨단기술을 둘러싸고 업체 간에 무분별하게 벌어지고 있는 기술인력 스카우트에 제동을 거는 것이어서 주목을 받고 있다. 재판부는 동서석유화학이 영업비밀 준수에 관한 서약서와 각서를 받는 등 영업비밀 보호에 노력을 기울여 왔고 신 씨는 퇴직 후에도 비밀을 누설하지 않겠다는 약정을 한 사실이 인정된다며 영업비밀 보호를 위해 특정업무 종사를 금지시키는 것은 헌법상 직업선택의 자유를 침해하는 것이라고 볼 수 없다고 밝혔다. 동서석유화학은 1970대 초부터 국내에서 유일하게 이 특정제품 제조 사업을 해 오던 중 신 씨가 최근 사표를 내고 같은 제품의 제조업을 시작한 태광산업의 이사로 자리를 옮기자 가처분신청을 냈었다.

5. 퇴직연금제도

현재 미국의 사회보장기금은 이미 늘어나는 노인인구를 감당하지 못해 휘청거리는 상태이다. 앞으로 획기적인 조치가 없는 한 2032년 완전히 바닥이 날 전망이다. 소득고하를 막론하고 수입을 저축하고 연금펀드 등에 투자해 둔 사람들은 다소 여유 있게 살아갈 수 있다. 그러나 저축이나 투자가 없는 사람은 연금에 의지해야 하는데 베이비붐 세대들은 직장을 자주 옮겼기 때문에 퇴직금 연금액수가 적다.

최근 노동부는 퇴직금 제도를 퇴직연금제도로 전환하는 작업을 추진하고 있다. 여러 측면에서 지적되고 있는 퇴직금 제도를 연금제도로 전환하여 근로자의 노후소득보장체계로 편입시키고자 하는 뜻을 담고 있다.

퇴직연금제도는 퇴직일시금을 연금으로 전환하는 것이다. 현재 근로기준법 제34조의 규정에 의해 퇴직 시 일시금으로 받는 퇴직금 대신에 사업주로 하여금 매월 또는 매년 일정금액을 사외의 금융기관에 적립·운용토록 한 후 퇴직하고 나면 매월 또는 매년 연금으로 받을 수 있도록 하는 것이다. 퇴직금연금제도는 강제로 적용되지 않으며, 현행 퇴직금제도 또한 폐지되지 않기 때문에 근로자가 원하는 경우 일시금 수령도 가능하다.

퇴직연금제도는 외국의 기업연금(occupational pension, corporate pension)과 거의 같다. 하지만 외국의 경우 대부분 사업주가 우수인재 확보 및 장기 근속 장려를 위해 자발적으로 실시하거나 공적 연금을 대체하는 제도로 시행된다는 점에서 우리와는 차이가 있다.

퇴직연금제도는 크게 확정급여형(DB: Defined Benefit)과 확정기여형(DC: Defined Contribution) 두 가지가 있다. DB는 노사가 사전에 급여의 수준과 내용을 약정하고, 근로자가 일정한 연령에 달한 때에 약정에 따라 급여를 지급한다. DC는 노사가 사전에 부담할 기여금을 확정하고, 적립금을 근로자가 자기책임으로 운용하며, 근로자가 일정한 연령에 달한 때에 그 운용결과에 기초하여 급여를 지급한다.

두 유형 모두 적립금을 운용한다. DB의 경우 법이 허용하는 범위 안에서 자율적으로 운영한다. 적립금 운용은 기본적으로 시장의 원리에 맡겨져 있다. 금융기관의 수익률이 낮을 경우 사업주는 금융기관을 변경할 수 있다. DC의 경우 금융기관이 제시하는 운용방법 중에서 근로자가 선택한다. 근로자의 선택을 돕기 위해 금융기관은 해당 금융상품의 이익 및 손실가능성 등을 제시해야 한다. 그러나 노후소득은 안정적으로 운영되어야 하므로 위험수준이 아주 낮은 것으로 제한한다.

퇴직연금제도가 도입될 경우 근로자에게는 기업이 도산해도 (금융기관에 적립된 부분에 한해) 수급권이 보장될 뿐 아니라 연금과세 체계의 적용에 따른 과세이연으로 실질소득이 증가하는 효과가 있다. 사업주의 경우도 부담금을 매월 또는 매년 적립하므로 퇴직금 부담을 평준화할 수 있는 효과가 있다.

6. AARP

미국은퇴자협회(AARP: American Association of Retired Person)는 미국의 은퇴자들과 힘을 합하여 고령자를 차별하는 기업과 싸워 왔고, 결국 미국 기업들의 정년제를 폐지시켰다. 은퇴 이후 노인들의 일자리 창출이 중요해지자 노인들을 재교육하고 도와주는 시스템을 만드는 역할도 수행하고 있다. 50세 이상 회원에게 알맞은 회사를 추천해 주고 직장보험이나 연금혜택같이 고령자들이 어렵게 생각하는 문제에 대한 법률서비스도 제공한다. 소자본창업센터를 통해 자기사업을 준비하는 노인들에게 사업아이템 선정부터 창업절차까지 원스톱 서비스로 해결해 준다.

7. 스코어제도와 퇴직자클럽

경험과 지식을 가진 사람들이 정년을 맞아 사회 일선에서 은퇴함으로써 그들의 경험과 지식이 사장된다는 것은 사회적으로 보면 큰 낭비가 아닐 수 없다. 더욱이 아직도 일할 수 있음에도 불구하고 감량경영이다 다운사이징이다 하여 일찍 일자리에서 물러난 사람들에게 있어서 일자리 문제는 너무나 심각하다. 나이든 사람들마저 ‘진정 효도를 하고 싶으면 일자리를 달라.’는 호소성 기사가 지면을 메우기도 한다. 그렇다고 기업이 퇴직한 사람을 모두 불러들일 수 있는 형편도 아니다. 고령화 사회가 되면서 이 문제는 날로 심각해지고 있다.

기업들이 이 문제의 심각성을 점점 깨닫고 대안을 찾아 나서고 있다. 그 경향은 다양하게 나타나고 있다. 특히 세계화 경향이 높아지면서 은퇴경영인들의 경험과 지혜를 활용하려는 경향이 점차 늘어나고 있다. 국제무역경험을 가진 은퇴경영인을 자원카운슬러로 영입하고 있는 것이다. 이 경우 은퇴 후 그냥 버릴 수밖에 없는 자신의 경험을 다시 살릴 수 있다는 점에서 스스로 보람을 느낄 수 있어서 좋고, 기업의 경우에도 그들의 경험국가, 경험제품, 수입국 현지 언어 구사능력 등을 활용할 수 있어서 좋다.

기업 자체의 여러 다른 목적에서 은퇴경영인들의 모임을 활성화하기도 한다. 최근 대기업에서 퇴직자클럽을 결성하고 그들의 활동을 도우려는 움직임이 활발하게 일고 있다. 과거 퇴직자모임은 옛 동료들끼리의 친목이 주된 목적이었다. 하지만 최근에는 회사 측이 그들의 노련한 경험과 지식을 경영실전에 활용하려는 의도가 아주 강하다. 때로 기업총수가 직접 그들의 모임에 참석해 후견인 역할을 당부하기도 한다. 이유야 어떻든 퇴직임직원들은 대부분 높은 애사심을 가지고 있어 몸담았던 기업을 돕거나 선전하는 데 주저하지 않고 기업에 악영향을 미치는 사태가 벌어지는 경우 이를 적극적으로 막아 주고자 한다.

삼성그룹은 계열사들의 퇴직임직원 5백여 명의 친목모임인 '성우회' 사무실을 열었다. LG그룹은 퇴직자 모임으로 'LG클럽'을 만들었다. 대우그룹 퇴직자모임인 '우인회'는 이사급 이상 퇴직임원을 비롯하여 모두 8백여 회원을 거느리고 있었고, 유공은 퇴직임원을 회원으로 '유경회'를 만들어 회사관련 용품은 물론 자녀학자금까지 지원해 주었다. 이 밖에 대한항공 퇴직여승무원회나 인천제철의 제철동우회 등도 이름난 퇴직자클럽에 속한다. 회사 측은 이들 클럽에 대해 사무실을 마련해 줌은 물론 재정지원을 하기도 한다. 회원들은 현직경영자들을 수시로 만나 그들과 유대를 강화하기도 하고 그룹 사원들에게 각종 조언을 해 주기도 한다. 그들은 이른바 TOPS (talented older peoples society), 곧 재능을 가진 노령기관의 일원이 되는 것이다.

자원봉사정신이 강하게 일고 있는 요즈음 은퇴경영인들은 무엇보다 질적으로 높은 봉사를 제공할 수 있는 보고와 같다. 미국의 경우 은퇴경영인의 경험을 제공함으로써 은퇴자는 물론 기업 모두에 서로 유익을 가져다주는 방법으로 1964년부터 스코어(SCORE: The Service Corps of Retired Executives Association) 제도라는 것을 두어 전국적으로 실시하고 있다. 이 제도는 미국 정부에서 은퇴한 전문경영자들을 중심으로 이루어진 자원단체로 현재 1만 3천여 명의 자원봉사자들을 두고 있다.

우리의 경우 대우 퇴직자 모임의 회장이었던 이경식 씨가 부총리로 등용되어 화제가 되기도 했지만 세계적인 전문경영인인 아이아코카도 크라이슬러 자동차회사를 그만둔 뒤 곧바로 스코어에 가입했다는 사실은 이 제도가 미국사회에 얼마만큼 유익을 주고 있는가를 단적으로 보여 준다.

미국의 제도가 모두 우리에게 적합한 것은 아닐지라도 우리나라도 스코어와 같은 자원단체를 구성해 은퇴경영인 자신은 물론 사회에 유익이 되도록 조직화할 필요가 있다. 상당수 경영전문가는 은퇴한 전문경영인의 경험을 영세한 중소기업에 다시 투입할 수 있는 길을 제도화함으로써 중소기업의 어려움을 극복해 나갈 수 있다면 더할 나위 없이 사회적 생산력을 높이는 일이 될 것이라 주장하고 있다.

일반적으로 중소기업은 자금난보다 기업경영능력, 특히 해외마케팅 능력과 해외시장정보의 부족 때문에 고충을 겪고 있다고 한다. 이런 기업의 경우 은퇴경영인의 경험을 제공하는 것이 보다 실질적일 수 있다. 정부나 기관이 은퇴경영인들의 화이트리스트를 만들어 중소기업에 제공한다면 기업을 경영하거나 수출시장을 개척할 때 크게 도움을 주게 될 것이다.

은퇴한 후 어떤 조직에 재취업해서 월 10만 원을 받고 일하고 있는 한 사람은 이렇게 말하고 있다. "돈보다는 일할 수 있다는 것이 기쁘다. 일할 수 있다는 것만으로도 삶에 의미가 있다." 비록 제한된 수만이 그 기회를 얻을 수 있다 해도 이제 기업도 은퇴경영인뿐 아니라 은퇴종업원에 대해 삶의 질을 높일 수 있는 방안을 적극적으로 마련할 필요가 있다.

제 9 부
인간관계와 노사관계

제21장 인간관계와 사기관리

1. 전사적 ER프로그램

조직 내에 안고 있는 문제의 근본적인 해결과 커뮤니케이션 활성화를 위해 전사적 ER(Employee Relations)프로그램을 실시한다. ER은 회사와 사원과의 관계로서 조직 내 모든 인적자원 활동의 기초가 된다. 이는 쌍방향 의사소통 확립을 통해 사원의 적극적 참여와 회사와 사원 간의 신뢰회복에 장애가 되는 것을 제거하고 조직과 사원 간의 상호존중, 신뢰, 협조를 높이기 위한 활동이다.

전사적 ER프로그램은 크게 ER활동계획수립, ER네트워크 구축, 체계적·유기적 ER활동 강화, 그리고 ER평가시스템 확립 등으로 나눈다. 이 프로그램이 성공적으로 운영되기 위해서는 계획적이고 빈틈없는 준비, 직원의 공감대 형성, 적극적인 참여가 필요하다. 전사계획을 수립하고 각 사업장은 전사계획에 따라 사업장별 실행계획을 설계한다.

- 수평적·수직적 커뮤니케이션 채널 확대: 각종 미팅, 계층별 간담회, 협의회 운영
- 다양한 행사 및 이벤트를 통한 아이덴티티 강화: 체육대회, 사원 한마음 축제, 사원가족 프로그램
- 적시·적소 정보공유시스템 구축: 사보 및 소식지 발행, 사원 니즈 및 사기 정기적 조사, 사내방송, 홍보게시판 활용, 고충처리, 갈등해소 제도 시행
- 사원들의 자발적 참여의 장 마련: 각종 비공식적 서클 및 스터디 그룹 조직화 및 지원

사원들의 적극적인 참여를 위해 전 사원에게 매월 ER일정표를 작성하여 배포하며 일정표를 통해 어떤 활동이 있는지 알게 된다. 활동결과 및 소감은 사내 인트라넷과 일일정보를 통해 공유한다.

전사적 ER프로그램은 어느 한 부서의 노력으로 이루어지는 것이 아니다. 전 사원의 적극적인 동참만이 계획했던 커뮤니케이션의 체계적이고 유기적인 활성화를 통해 높은 성과의 신뢰조직을 구축할 수 있다. 따라서 경영자는 사원사기 및 니즈에 대한 정기적인 조사를 통해 ER프로그램이 정착될 수 있도록 해야 한다.

2. 펀 경영

인사담당자가 조직에서 해야 할 일로 구성원들이 즐겁게 일할 수 있도록 조직 분위기를 활성화하는 일을 꼽을 수 있다. 포춘이 선정한 '일하기 좋은 100대 기업'들의 공통된 특징 가운데 하나가 펀 경영(fun management)이다. 구성원들이 신나게 일할 수 있는 분위기가 작업성과에 크게 영향을 미치기 때문이다.

펀 경영은 칭찬과 인정과 같은 비금전적 보상을 통한 동기부여 활동이다. 작은 일이라 할지라도 성공했을 때 조직이나 동료들이 칭찬을 하거나 포상을 해 주는 것은 임금인상보다 더 효과적일 수 있다. 페덱스는 칭찬을 잘하는 것도 리더의 중요한 자질로 간주한다. 이 회사는 100달러 이상의 상금 지급, 스포츠 관람티켓 제공 등 다양한 포상 제도를 마련해 놓고 작은 성과에 대해 칭찬을 한다. 시스코는 야외파티를 통해 직원들과 격의 없이 대화를 나눔으로써 재미있게 일하는 분위기를 만든다. 이런 자리를 통해 자유로운 커뮤니케이션이 일어나고 직무 스트레스도 풀 수 있다.

3. 심리경영기술

사원들의 감정 및 심리상태를 파악하여 적절히 대응하는 경영기술, 곧 심리경영기술이 관심을 모으고 있다. 학자들은 치열한 경쟁사회에서 더 이상 예전과 같이 회사와 일체감을 느낄 수 없다고 말한다. 회사는 불안과 근심, 분노와 질시 등 개개인의 감정이 들끓고 있는 가마솥과 같다. 이러한 감정들이 제대로 소화되지 않으면 회사에 대한 불만, 나아가 생산저하로 이어진다. 회사가 급격한 변화를 겪을 때는 공포와 좌절, 배신감 등 심리적인 시련은 더욱 높아질 것으로 간주되고 있다. 따라서 경영자는 이 문제에 대한 심각성을 인식하고 사전에 대책을 마련하지 않으면 안 된다.

하버드 의과대학 교수를 역임한 치료심리학자 보이 레빈슨 박사는 퇴직을 한 후 레빈슨연구소를 세우고 사원들의 심리상태에 관한 대응책을 전문적으로 연구하였다. 이 연구소는 조사한 결과를 기업체에 제공하고, 교육을 통해 기업의 임원들에게 가르쳐 주어 인기가 높다. 레빈슨은 상사와 부하직원, 동료 간의 정서적 유대감이 그 기업의 구조적인 문제 못지않게 큰 영향력을 지니고 있다고 말한다. 임원진이 부하직원들의 감정을 예민하게 읽고 대처해 사원들이 의욕적으로 일할 수 있는 분위기를 만드는 것이 중요하다는 것이다.

레빈슨연구소의 교육은 강연과 실습으로 짜여 있다. 강력한 리더십만이 능력의 상징이라고 생각하던 경영층에게 사원들의 좌절감을 이해하지 못하면 회사를 제대로 이끌어 갈 수 없다고 강조한다. 아울러 아랫사람의 심리를 긍정적으로 변화시키는 기술을 가르친다. 이제 경영자라면 사원의 기분까지 알고 관리할 줄 알아야 하는 것이다. 특히 불안한 감정을 의욕적으로 바꿔 주어야 유능한 관리자가 될 수 있다.

사원들의 감정 관리를 위한 경영기법들이 날로 늘어 가고 있다. 커피타임, 캔미팅, 커뮤니케이션런치, 컴퓨터통신 등 각종 사내대화는 그 보기에 속한다.

삼성화재는 퇴근 후 임직원들이 구내식당에서 깡통맥주를 마시며 대화를 나누는 캔미팅(can meeting)을 갖고 있다. 캔미팅을 통해 우의를 다진다. 우의를 다진다는 것은 감정의 응어리를 푼다는 뜻이 담겨 있다. 이 회사는 이 밖에도 사내화합을 다지기 위해 동료사원들로부터 존경받는 사원을 분기마다 2명씩 투표로 선발해 포상휴가와 함께 승진혜택도 주는 우정상 제도, 퇴근 후 회사에서 명화를 감상하는 영화감상의 날도 운영한다.

삼성HP의 경우 사장을 비롯한 수백 명의 직원들이 한자리에 모여 맥주, 떡이나 김밥을 들며 담소한다. 1년에 네 번 열리는 이 행사는 맥주잔치(Beer Bust)라 불린다. 임원과 평사원, 또는 서로 다른 부서의 직원끼리 격의 없이 말문을 열 수 있는 기회가 된다. 이 밖에 매일 아침 10시부터 15분간 회의실에서 커피를 마시며 하루 일과를 시작하도록 하는 커뮤브레이크(commubreak), 또 이사급 이상 간부와 일반사원이 점심을 같이하며 기탄 없는 대화를 나누도록 하는 커뮤니케이션런치(communication lunch)도 마련했다. 이 런치시간에는 평소 하기 힘들었던 각종 요구사항들이 쏟아져 직원들의 불만을 수렴하는 데 큰 도움이 된다.

외환은행은 오후 6시부터 두 시간 동안 식당에 간이주점(Keb Pub)을 설치해 사내 대화 장소로 직원들의 호평을 받고 있다. 캔 맥주 자판기와 오징어, 감자 칩 등 간단한 안주거리를 시중보다 싼 가격으로 제공한다. 사원들은 일과 후 들러 가볍게 만나 이야기도 나누고 생일잔치도 벌인다. 한 보험회사는 매달 특별히 한 시간 동안 간부들이 모여 자유롭게 대화하는 시간을 갖는다. 사내정보시장이라 이름 붙인 이 대화의 시간에는 업무에 관계없이 취미, 경험담 등을 나눈다. 간단한 음식이 준비되어 있고, 한쪽에서는 음악비디오를 보여 주는 등 부드러운 분위기를 조성한다. 이 외에도 컴퓨터 통신을 이용하여 이름을 밝히지 않고 사장에게 직접 건의문을 띄워 경영진과 직원 간의 의사소통을 원활히 하기도 한다.

감정 및 심리관리를 위한 경영기법은 여기에서 끝나지 않는다. 신입사원 적응교육을 위해, 업무효율을 높이기 위해 사원 간에 서로 관계를 맺어 주는 사원 짝짓기 바람마저 분다. 동부산업의 경우 10여 명의 신입사원에 언니격인 선배여사원이 짝이 되어 각종 업무처리방법 및 예절에 대해 다정하게 지도하는 엘더 시스터(elder sister) 제도를 실시하고 있다. 인사방법에서부터 직장생활에서 겪는 각종 사소한 고민이 이 관계를 통해 해결된다. 코오롱그룹은 업무숙련도를 높이고 화합을 다지기 위해 군대에서 아이디어를 얻어 브라더 시스템(사수 – 조수)이란 짝짓기를 82년부터 해 오고 있다. 신입사원이 들어오면 같은 과내 최소 3년 이상 된 선배가 육성계획표를 만들어 6개월 동안 책임지고 후배를 지도한다. 일단 맺어진 사수 – 조수관계는 부서가 바뀌더라도 친분이 계속되어 회사 분위기를 한층 부드럽게 해 준다. 사수 – 조수를 함께 해외연수에 파견해 조수는 닫힌 마음을 열고, 사수는 조수로부터 참신한 아이디어를 얻는 기회로 삼기도 한다. 대우 무역부문은 남녀 직원끼리 짝을 지워 업무를 효율적으로 수행하게 하는 짝지제도를 시행하였다. 남자사원은 밖에서 바이어를 만나고, 여자사원은 안에서 관계서류를 일관성 있게 처리한다. 회사 내의 전화안내에는 짝지의 이름이 나란히 오른다. 오랫동안 함께 일하다 보니 호흡이 잘 맞아 결혼에 골인한 경우마저 발생한다.

　이러한 모든 심리기법들은 한 식구라는 의식을 심어 줌으로써 사원들로 하여금 직장에서 심리적인 안정감을 갖게 함은 물론 업무의 효율을 높일 수 있는 기회를 제공한다. 정보화시대를 맞아 모든 것이 컴퓨터화, 기계화되어 가는 직장 속에서 바람직한 인간관계를 유지하기가 점점 어려워지고 있다. 사원들의 감정 및 심리문제는 이제 사소한 문제가 아니라 매우 중요한 문제로 등장하고 있다. 앞으로 유능한 경영자냐 아니냐 하는 것은 경영자가 얼마만큼 사원들의 마음을 잘 읽고, 그들을 이해하고 공감하며, 그들을 위해 보다 나은 감정처리 방법을 어떻게 제공하는가에 달려 있다고 해도 과언이 아니다.

4. 고개입 프로그램

고개입 프로그램(high involvement program)은 조직 성원들이 조직에 대해 일체감을 느낄 수 있도록 하는 여러 경영참가 프로그램을 포괄하는 개념이다. 여기에는 종업원 설문조사 피드백(employee survey feedback), 직무충실화, QWL 프로그램, 성과배분 등의 여러 프로그램이 포함되어 있다. 참가적 경영기법은 조직 내 일체감을 조성하는 데 아주 유용하다.

5. 사내이벤트제

사내이벤트제도는 업무 또는 업무에 관련된 직장활동에 노는 기분·즐거움·유머를 도입하는 것을 말한다. 제안 콩쿠르 및 창작 콩쿠르의 시행, QC서클 발표회 때 단지 활동사례만 발표하는 것이 아니라 노래와 율동을 섞는 일, 실적이 높은 영업사원에게 화환을 걸어 주거나 호화스런 상품을 주거나 내조의 공이 큰 부인을 시상식에 초대하는 등 영업사원에 대한 시상식을 축제형식으로 실시하는 것, 부문별로 목표달성 속도를 경쟁하도록 하는 것, 관리자의 취임식을 시행하는 것, 신입사원이나 전입사원에 대해 환영식을 여는 것, 제복에 특색을 갖게 하는 것, 잔업 없는 날을 정해 일제히 귀가시키는 것 등은 보기에 속한다. 이러한 이벤트를 기획하여 모든 사원으로 하여금 이에 참가하도록 함으로써 사기를 높여 나간다.

6. 사기진작을 위한 소프트웨어의 개발

기업은 튼튼한 재무구조와 안정된 조직구조를 가지고 싶어 한다. 그러나 대부분의 기업은 이 구조를 잘 활용하여 성원의 사기를 높이고 조직을 보다 진취적이게 할 수 있는 구조가 약하다는 평가를 하고 있다. 즉 하드웨어

(자금, 조직)는 잘 갖춰져 있지만 소프트웨어에 있어서 상당한 개선이 필요하다는 것이다.

이러한 개선작업이 활발하게 이뤄지고, 조직이 획기적으로 달라지면 기업에 대한 구성원의 자부심과 긍지가 높아져 이직률도 크게 줄일 수 있을 것으로 보인다. 무엇보다 중요한 것은 직원의 사기를 올릴 수 있는 방법이 무엇인가 하는 것이다. 이를 위해 사기조사를 할 필요가 있다. EOS(employment opinion survey)는 직원의 의견을 조사하는 것으로 이것을 바탕으로 부서별 사기지수(morale index)를 파악하고 행동계획(action planning)을 수립할 수 있다.

직원의 사기를 올릴 수 있는 방법으로는 점진적인 방법과 급진적인 방법이 있다. 점진적인 방법은 앞으로 시간을 두고 차근차근 전개해 나가는 방법이며 급진적인 방법은 급진적 단기처방을 통해 획기적으로 고치는 방법이다. 이 두 방법 모두 상당량의 자금 투여가 요청된다. 급진적 방법을 택할 경우 단시간에 많은 자금의 투여가 요청되지만 점진적 방법을 택할 경우 시간을 두고 투여하기 때문에 자금 사정을 고려할 경우 점진적 방법이 바람직하다.

그러나 모든 것을 자금으로 해결하려 한다면 그것은 잘못이다. 중요한 것은 적은 자금을 들이더라도 목적한 바의 성과를 올릴 수 있다는 점이다. 그것은 회사와 구성원의 관계를 거래적 관계가 아닌 변혁적 관계로 변화시키는 방법이다. 거래적 관계는 돈을 요구하지만 변혁적 관계는 정신을 요구한다. 대성이 변혁적 관계로 설계되기 위해서는 대성의 비전이 구성원의 의식을 깨우치고 직장의 삶에 대해 적극적인 의미부여를 할 수 있어야 할 만큼 달라져야 한다. 이처럼 직장생활의 질(Quality of Working Life)이 달라지면 조직구성원은 보다 주인의식을 갖고 대성의 비전을 함께 창출해 가는 데 최선을 다하게 될 것이다. 그렇게 되면 대성은 더 이상 떠나고 싶지 않는 생애직장이 될 것이다.

제22장 노사관계

1. 노사관계의 역사

노동자는 더 가지려 하고 경영자는 덜 주려 한다. 임금은 가진 자와 가지지 못한 자의 치열한 싸움이다. 노동자 해방을 위해 자본론을 집필한 마르크스의 집에는 평생 임금 한 번 못 받고 노동력을 착취당한 가정부가 있었다는 사실은 우리를 놀라게 한다.

노사관계는 어떻게 시작되었을까. 그것을 알기 위해서는 대학과 학문조합으로 들어갈 필요가 있다. 12세기 들어 도시들이 발흥하면서 철학자, 성직자, 교사들로 지칭되던 막연한 집단이 지식인이란 이름으로 등장했다. 이들은 권력과 드잡이할 만큼 조직된 집단이 아니었기 때문에 자유로운 학문추구가 가능했으나 13세기 들어 동업조합을 결성하면서 교회와 부딪친다. 13세기는 대학의 세기였다. 볼로냐, 파리, 옥스퍼드에 학생들이 몰려들었고, 스콜라학문은 토마스 아퀴나스에서 절정에 달했다.

중세 후기에 사회 내부에 조합(guild)이 생성되면서 학교 안에서도 교수와 학생들 사이에 학문적인 협동체의 구성을 요구하는 움직임이 강해졌다. 그들은 스스로 학문조합(scholastic guild 또는 Union)을 만들어 자치권을 행사하게 되었다. 이 조직을 대학(Universitas)이라 불렀다.

당시 대학은 두 가지로 나타났다. 하나는 1158년 이탈리아에서 설립된 법학 위주의 볼로냐(Bolgna) 대학으로 이 대학은 학생이 자치의 헤게모니를 잡고 있던 대표적인 대학이다. 다른 하나는 신학을 중심으로 시작된 1117년의 파리 대학으로 이 대학은 주로 교수들이 헤게모니를 쥐고 있었다. 이 두 대학의 형태는 실제 본당학교, 공립학교, 수도원학교에서 생겨난 대학이었지만 날이 갈수록 대학의 독특한 위치가 강화되었다.

인문과학을 중심한 영국의 옥스퍼드와 캠브리지 대학이 1168년과 1209년에 각각 설립되었고, 잇달아 유럽 각지에 대학들이 세워져 유럽문화의 새로운 기틀이 형성되기 시작했다.

힘을 얻은 대학들은 도시 권력으로부터 독립하기 위해 교황권을 이용하려다 패배하고 오히려 관료로 정치권력에 동참한다. 중세 말기 경제적, 사회적 위기에 처하자 손노동을 싫어하는 이들 지적 노동자들은 살아남기 위해 지배계급이 된다. 교수직을 세습하고 각국의 정치적 입장을 대변하는 집단이 된다. 에라스무스 같은 인문주의자들이 등장했으나 주류가 되기에는 역부족했다(르 고프, 1999).

기업으로 돌아가도 영국의 노사관계를 빼놓을 수 없다. 특히 노동운동의 역사는 국가경영과 긴밀하게 연결되어 있다.

영국 노동당이 1979년 이래 18년 동안 집권하지 못한 이유가 IMF 구제금융을 받도록 만든 정권이었기 때문이라는 주장이 제기되었다. 그러나 그것은 사실이 아니다. 노동당이 외면당한 진정한 이유는 전투적 노동운동이 야기한 무정부 상태가 영국 경제를 초토화하는 사태를 제대로 진정시키지 못했기 때문이었다.

각 시대에는 시대정신이라는 것이 있다. 제2차 세계대전 직후 영국의 시대정신은 온 국민이 하나 되어 승리를 이루어 냈다는 일치감과 이에서 비롯한 미래에 대한 희망이었다. 복지국가와 사회민주주의를 이상으로 하는 전후 영국의 정책은 이 토대 위에서 추진되었다.

그러나 1970년대 들어 계속된 경제 침체와 노동계의 소요는 급기야 영국병이라는 이름으로 비난받은 파국을 초래하고 만다. 영국병의 원인에는 물론 여러 요소들이 있었지만 영국인들은 노조의 과다한 요구와 그들에게 휘둘린 노동당 정부를 주요인으로 지적했다. 당연히 영국 국민은 1979년 총선에서 노동운동의 성향을 변화시키겠다고 약속한 보수당의 손을 들어 주었다.

대처 총리는 나태한 경영자, 그리고 그런 경영자의 목을 조이며 비능률적 생산의 극치에 이른 권위주의적 노조 지도부가 문제의 핵이라고 진단하고, 경영자를 치열한 경쟁에 노출시키는 한편 노조의 구태를 혁파하는 것에서 해답을 찾았다. 대처는 나아가 문제의 진정한 뿌리는 계급과 계급갈등의 구조로 사회와 구성원을 조망하는 인식의 틀이라고 확신했다. 전투적 노동운동 담론은 사람들을 생산자의 덩어리로, 그것도 서로 적대하는 덩어리로 파악했다. 그러나 그런 시각은 노동을 제공하는 주체만이 아니라 소비자로서도 기능하는 현실적 노동자의 존재를 그려 낼 수 없었다. 게다가 개인이 자신의 노력과 성취에 따라 보상받는 대신 집단적 투쟁에 무임승차해 이득을 얻는 부조리도 치유될 수 없었다.

우리에게도 시대 분위기라는 것이 있다. 개발 독재와 군사 정권 시대에 있었던 YH나 동일방직 근로자들에 대한 끔찍한 억압은 아직도 그 시대를 기억하는 사람들의 피를 끓게 한다. 그러나 그 시대는 이제 지나가 버렸다. 오히려 지금은 노조의 지나친 요구가 사면초가에 몰린 국가경제의 발목을 잡을 것을 우려하는 분위기가 우세한 형편이다(박지향, 2002).

2. 경제모델과 노사관계

10년 전만 해도 미 경제전문가들은 '일본을 배워야 한다.'고 했다. 몇 년 전만 해도 동아시아 경제모델이 세계의 주목을 받았다. 그러나 일본 모델은 치명적인 약점을 노출하고 있으며 동아시아는 경제위기 와중에 있다. 영국의 이코노미시트는 경제상황에 따라 이상적인 경제모델은 바뀐다고 말한다. 다음은 이코노미스트지가 말하는 대표적인 경제모델이다. 이것을 노사관계와 연결시켜 보면 다음과 같다.

미국식 모델은 유연한 노동시장, 가벼운 세금부담, 치열한 경쟁, 주주자본주의가 장점이다. 낮은 복지혜택, 교육 등 열악한 공공서비스의 질, 낮은 투자율과 저축률이 단점이다.

일본식 모델은 평생고용, 높은 공공서비스 수준, 은행과 기업의 긴밀한 관계, 장기적인 안목의 투자가 가능한 기업시스템이 장점이다. 그러나 이러한 장점들이 단점으로 둔갑되었다.

동아시아 모델은 동아시아의 급성장을 시장경제의 강점 때문이라고 보는 주장과 한국의 성공이 보여 주듯 정부간섭도 필요하다는 견해가 충돌하고 있다.

독일 모델은 우수한 교육과 직업훈련제도, 많은 복지혜택과 좁은 임금격차가 만들어 내는 사회화합, 기업과 은행의 긴밀한 관계가 장점이다. 단점은 막강한 노동조합, 무거운 세금부담, 관대한 실업급여, 규제 투성이 노동상품시장이다.

뉴질랜드 모델은 1980년대 개혁으로 규제 많고 폐쇄적이던 경제를 세금부담 경감, 무역장벽 제거, 민영화 등 자유시장경제로 전환시켰다. 단점은 빈부 간 격차가 심화된 점이다.

네덜란드 모델(Dutch model)은 임금인상 억제를 통한 고용창출과 사회보장제도 개혁에 성공했다. 복지혜택 감소와 임금격차 심화 없이 실업률을 줄일 수 있는 방안을 제시했다.

미국, 독일, 네덜란드 경제모델 비교

미 국	독 일	네덜란드
자유경제시장	사회시장경제	독일과 미국 혼합
유연성(flexibility)	연대(solidarity)	합의(consensus)
개인주의	장기적인 관계중시	연대 및 유연성 중시
단기성과중시	완벽한 사회보장제도	유럽식 사회보장제도 유지
노동, 상품, 금융자본의 신속한 재배치	공동의사결정	더불어 살기
첨단기술 중시	제품품질 중시	노동시장 상대적 유연성(파트타임,
인센티브 중시	숙련노동력	임시직 고용 활성화)

1) 네덜란드 모델

유럽경제의 모범생으로 떠오르고 있는 네덜란드에 대해 '제3의 길, 막강한 이웃, 네덜란드식 치유법' 등 찬사가 높다.

네덜란드는 영미식 자유시장경제와 유럽식 사회시장경제 사이에서 단점은 버리고 장점은 살린 새로운 경제모델로 각국의 경제정책담당자와 경제학자들의 관심을 끌고 있다. 또 성공한 경제로 인식되어 경제전문가들은 네덜란드 모델이 세계 자본주의의 새로운 대안이 될 수 있다고 전망했다.

네덜란드는 한때 방만한 사회보장지출과 재정적자, 노사갈등으로 동맹경화증에 걸린 유럽식 사회시장경제의 표본으로 지적받았다. 1980년대 초 최악의 경기침체를 맞은 네덜란드는 81~82년 연속 마이너스 성장을 기록했다. 실업률이 12%에 달했으며 연평균 6.2%의 물가고에 시달렸다.

이처럼 유럽의 미운 오리새끼로 전락한 네덜란드를 구출해 낸 것은 1982년의 바세나(Wssenaar) 협약이었다. 노사대표가 헤이그 교외 바세나에 모여 임금억제를 통한 고용창출에 극적으로 합의한 것이다. 이것이 네덜란드 경제개혁의 시발점이 되었다.

이후 루버스 내각은 사회보장과 실업보험, 신체장애보험 등의 제도를 과감히 수술했다. 회사설립 규정을 완화하고 점포영업시간을 자유화하는 등 경제규제를 대폭 완화했다. 이어 국영 통신회사와 공무원 연금공단 등 공기업을 대부분 민영화했다. 이 같은 개혁조치는 1990년대 초 전후 최대의 노동자 시위에 부딪치기도 했지만 노사정 모두 경제개혁만이 복지국가를 유지하는 유일한 길이라는 공감대가 네덜란드를 위기에서 구출했다. 그 결과 실업률이 낮아지고 고용이 증가했으며, 경제성장률도 높아졌다. 네덜란드 경제성공요인으로 국가재정의 개선, 사회보장제도의 가지치기, 유연한 노동시장, 화폐의 안정을 꼽고 있다(승인배, 1999).

2) 스페인식 노사모델

IMF는 한국의 노동시장 문제와 관련해 기업이 퇴직금을 대폭 줄이는 대신 비정규직 근로자를 정규직으로 고용할 경우 정부가 세제 지원 등 혜택을 주는 스페인식 노사 모델을 도입하는 것이 바람직하다는 의견을 제시했다. 한국의 노동시장이 취약한 것은 과도하게 보호받는 정규직과 그렇지 못한 비정규직으로 극도로 양분되었기 때문이다. 따라서 1997년 스페인이 도입해 성공을 거둔 노사타협 모델을 참고로 할 수 있다.

스페인 모델은 정규직의 퇴직금을 3분의 2 수준으로 낮추는 대신 비정규직 노동자를 정규직으로 고용한 기업의 세 부담을 완화해 주는 것으로, 스페인은 이를 통해 1997년부터 2000년까지 생긴 150만 개의 일자리 중 76%를 정규직으로 창출했다.

3) 아일랜드의 사회 파트너십

10년 전만해도 유럽연합국가 중 가장 못사는 나라 중 하나였던 아일랜드는 요즘 유럽에서 가장 잘나가는 나라로 손꼽히고 있다. 경제성장률이 7년째 8~10% 선을 오르내리고 해외투자자본이 물밀듯이 들어오고 있다. 1인당 국민소득은 이미 영국을 추월했다.

아일랜드의 경제 기적에는 사회 파트너십(Social Partnership) 협약과 적극적인 외자유치 전략이 결정적인 기여를 했다. 아일랜드 정부와 기업, 노조는 지난 87년부터 2년마다 사회파트너십 협약을 체결하고 있다. 이것은 아일랜드 노사정 협약으로 사회통합 노력과 고용촉진, 경쟁력 향상을 주요내용으로 담고 있다. 이것은 아일랜드 경제와 사회를 이끌어 나갈 국가협약으로 정부와 노사가 함께 임금인상률과 고용개선 조건을 협의하여 결정하고 있고, 결정사항은 기업과 노조 모두가 지킨다.

천연자원이 없는 아일랜드가 살아 나가려면 대외개방 전략과 함께 해외자본을 적극 유치할 수밖에 없다는 합의가 있었고, 이를 위해 임금인상을 억제하고 법인세를 유럽에서 가장 낮은 10%를 유지하고 있다.

아일랜드의 이 같은 해외자본 유치 전략은 성공을 거두어 현재 1,200여 개의 외국기업이 진출해 있다. IBM, 델, HP, 마이크로소프트, 모토로라, 애플 등과 같은 전자 정보통신 관련 기술기업들이 대부분이다. 아일랜드는 2000년 미국을 제치고 세계 1위의 컴퓨터 소프트웨어 수출국으로 등장했다.

경제가 잘 풀리는 나라들을 보면 한결같이 노사관계가 안정된 국가이다. 특히 노동시장의 유연성이 강한 국가일수록 실업률이 낮고 고도성장을 구가하고 있다. 노동시장의 유연성이 높다는 것은 근로자의 해고와 직장이동이 자유롭다는 것을 의미한다. 이것은 구조조정을 성공시킬 수 있고, 경쟁력이 강화되면서 결국 실업문제 해결에도 도움을 준다.

90년대 들어 미국과 영국은 신경제 효과와 생산성 향상, 유연한 노동시장에 힘입어 경기활황을 누리고 있다. 영국도 실업률이 25년 만에 최저치로 떨어질 정도로 경제상황이 좋다. 영국이 유럽에서 가장 많은 해외투자를 유치하고 있는 것은 노동시장이 유연하기 때문이다.

독일 노동시장에도 적지 않은 변화가 일고 있다. 지멘스, 폴크스바겐, 다임러 등 독일 대기업들은 기업구조조정을 단행하면서 대량해고와 사업매각을 강력히 추진했다. 통독 후 계속 어려웠던 독일경제가 상승국면에 들어선 것도 이 같은 구조조정에 힘입은 바 크다. 독일 노사관계의 안정에는 투명한 경영이 밑바탕이 되고 있다. 근로자 복지와 고용에 영향을 주는 문제는 항상 회사가 솔직하게 설명을 한다. 따라서 노사 신뢰가 끈끈해져 구조조정과 관련한 파업이 벌어지지 않는다.

노동시장의 유연성 확보와 임금안정이 경제부흥에 중요하다는 사례는 중국에서도 찾아볼 수 있다. 중국의 노사법령은 노사관계를 강제적으로 규정하기보다 국가는 근로시간, 최저임금 등 기본사항을 규정하고, 근로계약 등 나머지 노사관계는 기업자율에 맡기고 있다. 이것은 근로자의 채용과 해고가 상당히 자유롭다는 것을 보여 준다.

노사정 체제의 성공사례로 널리 알려진 네덜란드의 경우 코포라티즘이 성공할 수 있었던 것은 유럽연합 안에 있었기 때문이다. 유럽연합은 충분히 유연화되어 있어 유럽자본이 자연스럽게 네덜란드에 들어올 수 있었다. 유럽연합 내 모든 국가들이 동시에 네덜란드처럼 했다면 성공하지 못했을 것이다. 네덜란드가 재빠르게 신자유주의 정책을 추진했을 뿐이다. 실업률이 낮다고 하지만 실제로는 문제가 많다. 고용이 불안정해 6개월 단위로 직장을 옮기는 노동자들이 늘고 있다. 임금격차도 심해지고 사회복지는 빠르게 후퇴하고 있다. 네덜란드에서 노사정위체제의 효과는 끝나 가고 있다.

3. 신노사문화의 창출

　세계적으로 노조의 조직률이 급격히 떨어지고 있는 가운데 전통적 노동의 위상이 크게 위축되고 있다. 노사관계는 기업은 물론 국가경쟁력을 결정하는 중요한 요소이다. 노사관계가 신뢰와 협력을 바탕으로 안정된 나라는 번영을 누리고 대립과 갈등으로 지새는 나라는 제대로 되지 않는다. 경쟁력 평가로 유명한 스위스 경영개발원(IMD)의 세계경쟁력 보고서에 따르면 우리의 노사관계 경쟁력은 국가경쟁력보다 뒤져 있다. 이것은 우리의 노사관계에 문제가 있음을 보여 준다.

　우리의 노사관계 후진성은 통계로도 입증된다. 분규로 인한 근로손실일수가 90년 근로자 1,000명당 409.8일에서 96년에는 68.5일로 줄어들기는 했지만 일본 0.8일, 독일 3.1일에 비하면 비교가 되지 않는다. 이렇게 근로손실이 많다 보니 생산차질로 인한 경제적 손실은 클 수밖에 없다. 해마다 산업현장이 노사분규로 시달리고 엄청난 경제적 손실을 입는 것은 노사가 대립과 갈등, 불신과 반목의 굴레에서 벗어나지 못했기 때문이다. 임금을 둘러싸고 사생결단식으로 대립하고 집단이기주의의 추구를 당연시할 때 충돌과 파괴는 피할 수 없다.

　새로운 노사관계의 정립은 필수다. 갈등과 대립의 노사관계는 산업사회 유형에 속한다. 이러한 노사관계는 정보화시대에 적합지 않다. 지식기반사회에서는 인력의 질적 수준이 국가발전의 열쇠이다. 지식능력과 지적자산을 창출하고 활용하지 못하는 기업이나 국가는 경쟁에서 뒤지고 낙오될 수밖에 없다.

　지식자산의 창출을 위해서는 노사관계도 달라져야 한다. 노동의 판매자와 구입자로서 대립과 갈등을 본질로 하는 과거의 노사관계로는 지식자산의 창출이 불가능하다. 장래 경쟁력과 부의 원천이 되는 지식기반을 확충하기 위해서는 물적 자산과는 달리 참여와 협력에 의한 미래지향적 노사관계가 전제되어야 한다. 지식자신 창출을 최우선으로 하는 지식공동체 구축이 새로운 노사문화이다.

노사가 지식공동체를 구축하기 위해서는 노사 간에 상호인식의 전환을 비롯해 제도와 관행에 변화가 있어야 한다. 경영자는 근로자들을 단순한 비용요소가 아닌 가치창출의 원천인 지식생산자로 인식하고, 근로자는 자아실현과 기업발전을 위한 가치창출의 주체라는 자긍심을 가져야 한다. 개인의 지식능력이 일자리와 임금을 결정하는 요소라는 것을 깨달아야 한다(박시룡, 1999).

도요타가 종신고용을 유지할 수 있는 주요 요인 중 하나는 노조를 포함한 구성원들과 폭넓은 신뢰관계를 구축하고 있다는 점이다. 74년 오일쇼크로 세계가 불황에 처했을 때 도요타 노사는 고용안정을 보장하는 대신 노조의 협조를 재확인하는 협정을 체결함으로써 신뢰를 유지했다.

화장품과 생활용품 메이커 가네보는 사람을 자르지 않고 노조는 애사심을 통해 불황을 극복하려 함으로써 일본식에 대한 신념을 버리지 않고 있다. 그러나 철저하게 실적주의를 택한다. 실적주의는 미국식이기 때문에 따르는 것이 아니라 그것이 당연한 경영원리이고 가네보에게 적절하기 때문으로 간주한다.

4. 폴크스바겐의 5000 - 5000프로그램

독일 노사관계에서 작은 혁명이 일어났다. 자동차회사 폴크스바겐과 강성으로 유명한 금속노조 IG메탈이 노동시장 유연성의 새 모델을 제시하는 협약에 합의한 것이다. 노사양측은 5,000마르크의 기본월급을 받고 주당 평균 35시간을 일하되 추가 근무를 하더라도 수당은 받지 않는 조건으로 5,000명을 신규 채용한다는 것이다. 2년 동안의 진통 끝에 타결된 이 협약은 5,000명의 실업자를 월급 5,000마르크의 근로자로 변신시킨다고 해서 '5000 - 5000 프로그램'이라 불린다.

실업자 380만 명의 시대를 맞은 독일 정부는 폴크스바겐의 공생적인 협상이 다른 사업장에도 영향을 미쳐, 노동시장의 경직성을 완화할 뿐 아니라 새 일자리도 만드는 모델이 될 것으로 보았다.

5,000명의 새 노동자들은 4,000마르크의 월급과 500마르크의 보너스만 받는다. 하지만 이 협약은 사 측의 책임으로 초과 근무를 할 경우에는 수당을 받을 수 있다고 명시했다.

사 측은 그동안 강성노조가 주도해 온 임금 협약에 따라 초과수당 지급 등으로 큰 비용 부담을 안아 왔지만 사 측의 잘못만 없다면 생산목표 달성을 위해 무임금으로 초과 근무를 하는 인력을 확보하게 되었다. 사 측은 20%의 비용 절감 효과를 얻고, 생산력도 높아질 것으로 예측하고 있다. 폴크스바겐의 신노사협약은 경기둔화와 실업률 증가의 난국을 돌파하기 위해 노·사·정이 머리를 맞대고 짜낸 지혜의 산물이다.

5. 독일의 경영협의회

독일도 1830년대에 재벌의 문어발식 확장욕에 따른 경제력 집중이 문제가 되었었다. 그러나 독일은 종업원에게도 기업발전에 협력할 기회를 주는 공동결정법 또는 경영협의회라는 제도로 이 문제를 해결했다.

1950년대부터 70년대에 걸쳐 전 산업으로 확대된 이 제도는 모든 대기업에 주주와 종업원 대표가 동수로 구성하는 경영협의회를 두도록 했다. 이 협의회에는 기업경영진 임명과 이사회의 주요 결정사항을 승인하는 권한을 주었다. 경영에 대한 견제기능을 준 것이다. 이런 견제기능이 있는 한 문어발식 확장이나 무리한 차입경영은 있을 수 없었다.

6. 경영위원회제도

경영위원회제도란 종업원의 대표가 생산판매계획의 책정, 기술개발이나 신상품의 개발계획, 기계설비의 개폐와 인사배치, 이익의 처분방법 등 경영전방에 관한 의사결정을 내리는 위원회에 참가하는 것을 인정하는 제도를 말한다. 이것은 종업원의 의견을 존중하면서 경영을 하고자 하는 것이므로 지금까지의 노사협의 제도를 한 걸음 발전시킨 제도이다. 위원회의 임기는 2년 정도로 하며 재임이 가능하다. 원칙적으로 월 1회 정도 정기적으로 개최한다. 이 제도는 경영의 민주화를 보장하는 것이기도 한다. 종업원의 참가가 이루어져 정보의 공개가 추진되면 경영에 대한 불신감은 축소된다.

7. 노사관계의 선진화와 국제화

앞으로 기업과 정부는 노사관계 안정화 추진방향을 확립하고, 예방과 조정을 통해 노사분규를 최소화하며, 신뢰를 바탕으로 한 노사 파트너십을 구축하고, 노사가 스스로 노사갈등 해결 및 노사 파트너십을 구축할 수 있도록 해야 한다. 나아가 국제기준에 부합하는 노사관계 제도와 관행을 확립할 필요가 있다. 국제기준과 우리 현실에 맞는 법과 제도를 정비하고 그 바탕에서 노사가 서로 신뢰하고 타협하는 합리적인 의식과 관행을 쌓아 나가 선진 노사문화를 앞당겨야 하겠다.

제 10 부
글로벌 시대와 인적자원전략

제23장 인적자원관리와 조직전략

1. 조직이념의 변화

조직이념은 고정된 것이 아니라 변화한다. 현재 우리가 유념해야 할 주요 이념 변화를 살펴보면 다음과 같다.

주요 이념의 변화

관	에서	로
철 학	존재론	과정론
생물관	기계	유기체
생산관	구조조립	과정처리
자원관	에너지중시	정보중시
교육관	지식의 향유	정보의 보유
시공관	공간중시	시간중시
체계관	닫힌 체계	열린 체계
가치관	성장, 능률, 극대화	공정성, 혁신, 만족화
생활관	의식주 위주	삶의 질
경영관	집권화, 타율성	분권화, 자율성
	표준화	차별화, 개성화

이러한 변화를 미루어 보아 앞으로 중시되는 이념으로서는 과정, 유기체, 정보, 시간, 창의성, 혁신, 공정성, 분배의 형평성, 자율성, 다원성, 인간성, 삶의 질, 전문화 등이 있음을 알 수 있다.

현상을 그대로 유지하려는 조직은 정체되고 발전가능성이 없다. 조직은 보다 미래지향적이어야 하며 혁신적이어야 한다. 바람직한 조직의 이념체계를 살펴보면 다음과 같다.

(1) 미래 창조(creating future): 기업조직은 환경의 영향을 받을 뿐 아니라

환경에 영향을 주고 주도해 나갈 적극성이 요구되고 있다. 미래를 창조하는 기업상은 이러한 조직이념을 바탕으로 한 것이다. 미래기업 개념은 드러커에서 잘 나타나 있다. 그는 조직을 둘러싸고 있는 환경의 변화를 통해 이 개념을 정립하였다. 국제세력의 붕괴, 국제적 경제통합 등 상호주의(reciprocity)의 등장, 외부조직과의 연대를 위한 기업들의 제휴(alliance), 과감한 조직개편 등은 미래 기업이 당면하고 있는 문제점들이다.

(2) 혁신(innovation): 경영자를 비롯해서 조직성원 모두는 혁신적 사고와 행동을 가져야 한다. 창조와 혁신이 없는 조직은 죽은 물로 가득한 호수와 같다. 조직은 혁신운동(innovation movement)을 강력하게 추진해야 한다. 혁신운동은 경영자의 혁신운동(manager innovation movement)과 함께 종업원의 혁신운동(employment innovation movement) 모두를 포함한다.

(3) 생동력(vitality): 활력이 없는 조직은 죽은 조직이다. 활력의 회복은 커뮤니케이션에서부터 조직 자체의 근원적 힘을 배가하는 일에 이르기까지 다양하게 전개되어야 한다. 조직이 보다 활력적(energetic)일 때 그 조직은 살아 있음을 보여 줄 뿐 아니라 그러한 조직에 거는 기대 또한 커진다.

(4) 전문성(professionalism): 미래사회를 전문가 사회라 한다. 조직은 조직성원이 자기분야에서 최고가 되도록 독려해야 하며 성원은 각자의 전문분야에서 인정을 받는 존재로 성숙되어야 한다. 조직도 자기분야에서 제일가는 조직이 되도록 노력해야 한다.

(5) 인간존중(respect for others): 미래의 조직은 인간을 인간으로서 존중하는 바탕에서 출발해야 한다. 경영자는 종업원을 중요하고 의미 있는 존재로 인정하고 가꾸어야 하며 종업원 또한 경영자를 적극적으로 인식하고 후원해야 한다. 신뢰와 인화는 조직운영에 있어서 윤활유 같은 역할을 한다. 조직은 고객과의 관계에 있어서도 서로 존중하는 자세를 잊어서는 안 된다.

(6) 전략적 마인드(strategic mind): 전략은 창의성, 미래에 대한 도전성, 가치적 유용성, 장기적 발전성 등 여러 주요한 요소들을 포함하고 있다. 경영자는 중요한 의사결정자로서 어느 누구보다 전략적 마인드를 가지고 있어야 하며 이러한 정신을 모든 성원이 공유하도록 체질개선을 하지 않으면

안 된다.

(7) 국제화(globalization): 기업은 국제화 시대에 처해 있다. 거래는 국제를 빼놓을 수 없고 고객은 세계인으로 바뀌고 있다. 국제적 전산망의 공동사용에서 국제적 생산시대 및 국제적 소비에 이르기까지 지구가 하나의 단위로 인식되고 있다. 기업도 하나의 로칼 기업(local firm)이 아니라 코스모폴리탄 기업(cosmopolitan firm)이 되고 있는 것이다.

(8) 환경보호(environmental protection): 환경보호는 전 세계인의 관심주제가 되고 있다. 환경을 오염시키고 환경을 파괴하는 기업은 생존하기 어렵다. 미래의 기업이미지는 그 기업이 지구의 환경을 깨끗이 하는 데 얼마나 도움을 주고 있는가에 달려 있다. 전 세계적으로 벌이고 있는 녹색주의운동(greenism)은 이 흐름을 말해 주고 있다. 앞으로 기업의 장래는 녹색기업 여부에 달려 있다 해도 과언이 아니다.

조직은 구성원들의 의식구조와 행동변화를 위하여 경영이념이 기업의 모든 활동에서 실천되고 구성원 개개인의 행동기준이 될 수 있도록 행동지침을 제시해야 한다. 행동지침의 보기를 들면 다음과 같다. 행동지침에는 '우리 조직인은 이렇게 한다.'는 내용으로 되어 있다.

변화를 주도하는 조직인:	항상 미래를 대비한다.
	변화를 파악하는 능력을 기른다.
	작은 변화에도 민감하게 반응한다.
	변화를 가까이 하고 받아들인다.
	변화에 자신 있게 대처한다.
	실패를 두려워하지 않고 도전한다.
혁신을 추구하는 조직인:	현상을 새로운 시각에서 본다.
	현실에 만족하지 않고 목표를 높게 설정한다.
	항상 문제를 찾고 새로운 발상으로 해결한다.
	많은 그리고 질 좋은 아이디어를 제안한다.
	계속해서 시험하고 시도한다.
	맡은 일에 전문가가 된다.
정도를 걷는 조직인:	정직하고 성실하게 생활한다.
	공정하게 경쟁한다.
	공평하게 대우한다.
	조직을 대표한다는 마음으로 바르게 처신한다.
	정당한 방법을 택한다.
	공과 사를 엄격히 구분한다.
인간을 존중하는 조직인:	사람을 인격체로 대우한다.
	타인을 믿고 자율성을 부여한다.
	타인의 말을 경청하고 의견을 존중한다.
	자기개발을 통해 창의를 발휘한다.
	인정하고 격려한다.
	일터에서 즐거움과 보람을 얻도록 한다.
고객을 사랑하는 조직인:	고객을 자주 만난다.
	고객의 작은 소리도 크게 듣는다.
	고객에게 친절히 한다.
	고객과의 약속을 지킨다.
	고객을 위해 정성을 다한다.
	고객의 불만은 즉각 해결한다.
활동을 중시하는 조직인:	솔선수범한다.
	대화를 즐겨한다.
	서로 도움을 준다.
	소집단활동에 적극 참여한다.
	적극적으로 생각하고 행동한다.

2. 조직구조의 변화

새로운 시대는 새로운 조직 구조를 요구한다. 하이테크 정보혁명은 기업 경영, 기업문화, 그리고 기존의 기업판도에 변화를 몰고 오고 있다. 정보혁명은 작은 조직이 거대조직에 맞설 수 있는 힘을 부여하였고 거대조직은 변신의 요구에 직면하게 되었다. 비대한 조직의 느린 행보로는 환경변화에 보조를 맞출 수 없고 현장이 생각하고 현장이 판단하여 현장이 실행하는 체계가 요구되고 있다. 이러한 체계를 유지하기 위해서는 전문적인 소집단으로의 분할과 대폭적인 권한위임이 필요하다. 보다 바람직한 조직 구조의 변화를 모색해 보면 다음과 같다.

팀 구조로의 전환은 이미 세계적 현상이다. 팀 조직은 아날로그 조직에서 디지털 조직으로 패러다임을 바꾸는 혁명적인 것이다. 사실 갑작스런 혁명적 조치가 싫고, 그 조치를 조금 미루기 위해 점진적인 적용을 시도해 왔지만 이제 우리 기업도 팀 체질로 많이 바뀌어졌다. 팀은 역동성에 바탕을 두고 있기 때문에 기업가나 구성원 모두 마치 100미터 달리기 선상에 있는 선수처럼 늘 깨어 있지 않으면 안 된다. 그래서 팀은 긴장의 연속이다.

1) 기계적 관료제에서 전문적 관료제로의 변화

민츠버그는 관료제 조직구조를 기계적 관료제(machine bureaucracy)와 전문적 관료제(professional bureaucracy)로 구분했는데(Mintzberg, 1983), 우리나라 조직은 대부분 기계적 관료제를 유지하고 있다. 이러한 조직구조로서는 환경변화에 능동적으로 대처할 수 없다.

기계적 관료제란 베버가 논한 전통적 유형에 속한 관료제로서 단순하고 안정된 환경 아래서 고도로 일상적인 기술을 사용하고 있는 대규모 조직에서 많이 사용하고 있다. 이러한 조직은 고도로 일상적인 과업구조, 매우 공식화된 규칙이나 규정, 기능별부서로 분할된 과업, 집권화된 권한, 공식적 명령연쇄에 따른 의사결정, 라인과 스태프의 활동이 명확히 구분된 정교한 관리구조를 가지고 있다.

전문적 관료제란 여전히 관료제적 특성을 가지고 있기는 하지만 고도로 숙련된 전문직 종사자들에게 효과적인 조직유형이다. 이 유형은 광범한 분권화에 바탕을 두고 있다. 과업활동이 표준화되고 예측 가능하지만 역시 복잡하다. 과업의 복잡성 때문에 고도로 발달된 기술이나 지식을 가진 전문가들에 의해서 과업이 수행되어야 할 필요가 생기고 조직은 이러한 전문직 종사자로 충당된다. 이들이 수행하는 작업은 쉽게 통제할 수 없는 것이어서 조직구조는 기계적 관료제보다 덜 공식화되어 있고 분권화된 의사결정이 이루어진다.

기계적 관료제는 비교적 오래되고 큰 조직, 규제적이고 비자동화된 기술체계를 가진 조직, 단순하고 안정적인 환경조건, 외적 통제가 쉽고 유행을 안 타는 조직에서 자주 사용되고 있다. 이에 반해 전문적 관료제는 복잡한 환경, 비규제적 기술체계를 가진 조직, 그리고 변화에 민감한 조직들이 자주 사용한다. 민츠버그는 그밖에 경쟁이나 변화가 심할 경우 사업부제나 전문성이 가미된 애드호크라시를 제시하기도 한다. 우리나라 조직은 환경이 변화해도 기존의 단순조직이나 기계적 관료제를 그대로 유지하고 있어 변화에 능동적이지 못하다는 비판을 받고 있다. 우리나라는 전문가 시대에 즈음하여 적어도 전문적 관료제 및 전문적 애드호크라시의 도입이 시급한 실정에 있다.

2) 명령형 조직에서 혁신형 조직으로의 변화

조직은 크게 명령형 조직, 관리형 조직, 혁신형 조직으로 나누어진다. 명령형 조직은 통제 위주의 경영을 하는 조직으로 통제의 목적은 조직이 추구하는 목표에 대한 성과를 높이는 데 있다. 성과에 따라 통제가 확실하게 이루어진다. 관리형 조직은 그때그때 목적추구에 알맞도록 자원의 조달방식, 구성원의 잠재력, 기구, 제도 등(이것을 통틀어 기술이라 부른다)을 유동적이고 혁신적으로 구성하는 조직을 가리킨다. 그리고 혁신형 조직은 기업의 환경변화에 즉시 적응하여 목적을 다시 세우거나 효과 조정을 탄력 있게 해 나가는 조직이다. 혁신형 조직은 다음 그림과 같이 관리형이나 명령형의 장점을 살려 나가면서 변화에 대처하는 입장에 서 있다. 따라서 앞으로 조직은 보다 혁신적인 조직으로 변화될 가능성이 높아지고 있다.

3) 정보집약형 조직으로의 변화

앞으로의 조직은 정보를 어떻게 다루느냐에 따라 성패가 달라질 만큼 정보는 조직에 있어서 중요한 자원으로 등장하고 있다. 정보의 신속한 확보, 정보에 대한 철저한 관리, 그리고 정보의 원활한 활용은 조직의 생명적 움직임과 같다. 정보에 대한 국제적 활용도가 날로 높아지고 있으며 고객도 조직이 정보 서비스를 얼마나 잘하느냐에 높은 관심을 가지고 있다. 조직은 정보를 기계적으로 담고 사용하는 차원에서 벗어나 정보를 발굴하고 개발하며 적극적으로 응용하는 차원으로 성숙되어야 한다.

4) 지식집약형 조직으로의 변화

다니엘 벨에 따르면 후기 산업사회는 정보와 함께 지식이 주류를 이룬다. 조직은 조직 성원이 가지고 있는 지식을 자원화할 수 있어야 하며 이 지식이 조직을 살릴 수 있는 무기가 되어야 한다. 조직이 인간 중심의 경영을 하는 것도 구성원이 가지고 있는 지적 능력과 잠재력을 신뢰하기 때문이다. 조직이 지식을 자원화하지 못할 때 구성원의 능력은 사장되고 만다.

5) 네트워킹 조직으로의 변화

조직은 여러 단위로 나누어져 있다. 각 단위가 자기 단위의 이익을 앞세울 때 단위 사이에 갈등이 발생함은 물론 조직정치가 난무하게 된다. 이러한 조직 분위기는 조직 전체의 유효성을 떨어뜨릴 뿐 아니라 긴장을 유발시킨다. 조직은 마땅히 유기적으로 연결되어야 하고 문제에 신속하게 대응할 수 있도록 구조되어야 한다. 네트워킹 조직은 바로 조직이 유기적으로 연결되어야 함을 강조하고 있다.

3. 경영혁신전략

경영혁신전략을 다각도로 실시한다. 일반적으로 혁신전략이 담고 있는 내용을 보면 다음과 같다.

- 창조형 기술을 보유하는 기업
- 성장의 핵 이용(보기: 전자)
- 전략적으로 사업변신을 하는 기업
- 정보시스템을 활용하는 하이테크, 하이터치형 기업
- 기업이미지가 확립된 기업
- 조직인사에 유연성이 있는 기업
- 국제적 사업전개 시스템을 보유하는 기업
- 서비스화 사회에 적응하는 기업
- 차별화, 개성화를 촉구하는 기업
- 안정된 톱쉐어를 유지하는 기업
- 분권형 네트워크 경영
- 지식집약형 경영자원을 중시하는 기업
- 인간 중심의 경영을 하는 기업

전략중점 방향으로서 질, 독특성, 지성, 편리함, 친절, 탁월성, 신뢰성을 나타내는 성격의 전략에 치중하되 생산성의 배가와 함께 조직의 일체감을 높일 수 있어야 한다. 이를 위해 발 빠른 환경적응, 발 빠른 내실 성장, 그리고 발 빠른 서비스 제공을 할 필요가 있다.

전략경영모형은 전략목표의 설정에서부터 전략의 개발, 선택, 시행, 평가에 이르는 모든 과정을 포함하는 일체의 체계를 가리키는 말이다. 이것은 전략의 전반적인 과정을 이해함에 있어서 유익한 도구가 된다. 이 모형을 정립함에 있어서 여러 분석방법을 사용하게 되는데 그 가운데 SWOT 분석과 초점분석(issue analysis)을 주로 사용하고 있다. SWOT 분석은 환경에서 나타나는 기회와 위협을 파악하고 기업의 강점과 약점을 인식하여 전략적 도전방법을 찾아냄으로써 여러 형태의 전략적 반응을 유도하는 데 도움을 준다.

SWOT

조직 개혁

질(quality)
독특성(uniqueness)
지각화(intelligence)
편리(convenience)
친절(kindness)
탁월(excellence)
신뢰성(reliabiity)

조직 일체감
생산성 배가
성장발전

행동지침:　발 빠른 환경 적응
　　　　　　발 빠른 내실 성장
　　　　　　발 빠른 서비스 제공

SWOT란 기회(opportunities), 위협(threats), 강점(strengths), 약점(weakness)을 합성시킨 단어이다. 이 분석은 산업 환경 분석결과와 내부자원 분석결과를 체계적으로 비교함으로써 사업전략평가의 기준을 유도한다. 초점분석은 기회와 위협이 불연속적으로 오는 환경에서 충격과 놀라움의 원인과 반응을 전략적으로 분석해서 미리 대비할 뿐 아니라 위협을 극복하고 기회를 포착하는 분석방법이다.

지금까지 언급한 조직의 경영이념, 기업사명, 전략중점방향을 중심으로 하는 전략경영 모형을 그림으로 나타내면 다음과 같다.

조직의 전략경영 모형

이 모형에서 경영관리체계도 직무지향에서 인간지향으로 변형되어야 한
다는 것을 아울러 나타내고 있다.

4. SBU 사업전략과 조직학습

조직은 앞으로 SBU의 변화에 따라 조직학습(organizational learning)의 기
회를 확대하고 조직의 경험을 축적·발전시키기 위한 전략을 확립할 필요
가 있다. 조직이 단일 사업구조 체계에서 다양하고 전문화될수록 조직학습
에 대한 요구가 커지게 된다.

조직학습이란 사이어트(R. Cyert)와 마치(J. March), 그리고 센게(P. Senge)
등의 이론에 바탕을 둔 것으로 조직이 경험에 따라 학습하고 적응행동을
하는 것을 말한다. 조직은 경험에 비추어 목표를 변경시키고 환경의 어떤

부분에 주목할 것인가를 결정하며 탐색절차를 수정할 필요가 있다. 조직은 의사결정 과정에서 이러한 학습을 통해 경험을 축적하고 축적된 경험을 통해 실패를 최소화할 수 있다. 조직학습은 갈등을 해결하고 불확실성을 회피하며 문제해결지향의 탐색을 하는 여러 과정에 직접 또는 간접으로 영향을 준다.

조직이 SBU의 변화에 따라 취해야 할 점들을 조직학습 측면에서 살펴보면 다음과 같다.

(1) 조직인사계획: 비전략적 계획에서 전략적 학습계획 및 전략적 사고가 중시되는 계획으로 방향을 점차 수정해 나가야 한다.

(2) 사내·외 연수 및 교육: 획일적이고 지시적인 교육에서 다양하고 창의적이며 전문적인 교육, 국제적 감각을 키우는 교육, 전사적으로 균형감각을 키우는 교육체계로 발전해 나가야 한다.

(3) 선발·배치·승진·보상관리: 연공형 중심에서 연공과 능력이 조화를 이루는 방향으로, 마침내는 능력 중심의 체제로 전환되어야 한다.

(4) 기업문화: 계속해서 창의력과 능력이 발휘될 수 있도록 기업문화를 이루어 나간다. 지시적 문화에서 인간을 존중하는 문화, 조직과 인간뿐 아니라 인간과 인간이 함께 살 수 있는 공동체 문화를 이루어 조직을 신명나게 일할 수 있는 보람의 일터로 변화시켜 나가야 한다. 각 조직만이 가질 수 있는 조직적 특성이 신바람으로 이어져야 한다.

5. 통합적 인적자원관리

현대 인적자원관리는 통합적이고 전략적인 관리가 크게 요청되고 있다. 통합적 자원관리(total or integrated human resources management)란 인적자원의 확보·개발·보상·유지 등 인적자원관리의 전 과정이 서로 독립되어 있는 것이 아니라 서로 유기적으로 연관되고 보완된다는 통합시스템 사고 (total system thinking)에 바탕을 둔 것이다. 그러므로 통합적 인적자원관리는 부분은 전체에 연관되어 있음과 단절이 아닌 연결을 강조하고 있다.

이것은 또한 조직의 대내적·대외적 여건과 조직의 여러 활동을 유기적으로 연관시켜 하나의 시스템으로 발전시키는 개념이기도 하다. 이 개념에 따르면 부분 속에서도 전체의 성격을 알 수 있는 홀로그래피(holographic) 성격이 나타난다. 이것은 부분이 전체의 속성을 그대로 반영할 수 있을 만큼 전체와 유기적으로 연결되어 있음을 입증하고 있다. 통합적 인적자원관리가 가능하게 된 것은 그동안 인적자원관리를 체계화하는 데 놀라운 발전이 있었고, 관리기술이 보다 정교화되면서부터 각 인사기능들이 조직 전체의 입장에서 통합될 수 있었기 때문이었다. 더욱이 조직이 보다 개방적 시스템을 지향하면서 이러한 성향은 높아졌다. 특히 인적자원관리는 계속적인 변화에 주목하면서 여러 기능들을 유기적으로 결합시켜야 한다는 요구가 커지고 있어 통합적 인적자원관리는 중요한 과제로 등장하게 되었다.

조직이 보다 통합적인 인적자원관리를 하기 위해서는 투입·변환·산출 그리고 환경과의 작용을 중시해야 하며 인적자원관리에 관련된 여러 하위시스템들 사이의 관계를 보다 유기적이고 신축성 있게 유지할 필요가 있다. 환경에서 조직으로 투입되는 요소들로서는 자원·정보·에너지 등이 있으며 조직은 이것을 통합적 인적자원관리라고 하는 변형과정을 거쳐 산출, 곧 조직의 성과가 나타나도록 해야 한다. 투입과정에서부터 인적자원관리의 목표가 반영되는데 우리의 경우 이것은 생산성목표와 유지목표 사이의 균형·연공과 능력의 조화·QWL의 향상 등으로 나타난다. 이 목표가 구체화되어야 통합적 인적자원관리가 보다 힘 있게 추진될 수 있다.

통합적 인적자원관리에는 주로 세 가지 하위시스템이 있다. 첫째는 기능적 하위시스템(functional subsystem)으로 이는 좋은 인력을 확보하고 개발하며 보상하고 유지하는 인적자원관리의 여러 관리기능들을 가리킨다. 둘째는 사회적 하위시스템(social subsystem)으로 이는 좋은 인간관계 및 노사관계를 유지하고자 하는 인간의 사회적 과정을 가리킨다. 그리고 셋째는 직무분석·교육훈련·인사고과와 같은 도구적 하위시스템(instrumental subsystem)으로 이것들은 앞의 두 하위시스템이 원활하게 유지되도록 하는 역할을 수행한다. 이 하위체계들이 얼마나 상호의존적으로 그리고 원활하게 관계가 유지되느냐에 따라 변환과정의 성패를 좌우한다.

지금까지 기업이 인사조직 측면에서 최소한 어떤 변화가 있어야 하는가를 고찰하고 구상해 보았다. 그 방향은 조직을 보다 활성화하여 열린 문화를 이룩해 나가는 데 있다. 그러나 문제는 이러한 구상보다 실천의지에 있다. 특히 최고경영자는 변화를 인지하고 이를 앞서 선도할 책임이 있으며 아울러 조직 성원 모두는 이 일이 경영자에게만 주어진 책임이 아니라 우리 모두의 책임과 의무라는 생각을 가지지 않으면 안 된다. 보다 다양하고 보다 예측이 불가능한 조직 환경 속에서 우리가 무엇보다 가져야 할 것은 미래를 긍정적으로 내다 보고 문제를 적극적으로 해결해 나가고자 하는 의지를 갖는 일이다.

조직은 환경과 불가분의 관계를 가지고 있다. 그 환경이 조직에 미칠 영향은 더욱 커질 것으로 예견되고 있다. 우리는 환경에 대해 수동적인 입장을 취할 것이 아니라 보다 능동적일 필요가 있다. 왜냐하면 인간이 환경을 만들어 나간다고 생각할 경우 그 결과는 크게 달라질 수 있기 때문이다.

제24장 변화관리와 기업문화

1. 단절의 시대와 변화관리

새로운 시대의 새로운 환경을 가리켜 드러커는 단절의 시대라 하였다. 단절의 시대란 옛 것으로는 전혀 가늠할 수 없는 불연속 속성이 담겨 있으며 그 변화를 예측하기 어렵다는 뜻을 담고 있다. 이를 위해 조직은 기존의 형태로부터 탈바꿈하여 새로운 시대에 적응해 나갈 수 있는 조직변화를 시도하지 않으면 안 되는 현실에 처해 있다. 아울러 인적자원관리도 보다 유연성을 띠지 않으면 안 된다.

조직은 현재 혁신이라는 큰 물결을 타고 있다. 토플러나 네이스비트는 이것을 파도(wave) 또는 큰 흐름(mega trends)으로 표현하고 있다. 진화론적 입장에 선 조직이론가들은 이 흐름에 적응하느냐 적응하지 못하느냐에 따라 기업존속의 성패가 달라진다고 주장한다. 이른바 적자생존의 경쟁논리가 존재하고 있는 것이다. 현재보다 좀 더 나아지고 좀 더 발전하지 못하면 조직은 생명력을 잃고 만다. 조직은 기계가 아니라 유기체라는 생각이 만연하고 이 유기체가 생명력을 가지기 위해서는 보다 활성화되고 적응력을 키우지 않으면 안 된다는 주장이 강세를 보이고 있다.

최근 산업의 융·복합화와 사회·문화의 패러다임 변화는 새로운 성장의 기회이면서 비즈니스 모델의 수익기반을 위협할 수도 있다. 따라서 전사적인 변화관리를 통해 강력한 경쟁력을 갖춘 비즈니스 모델을 창출할 필요가 있다.

우리는 단순한 불경기가 아니라 대변혁기에 살고 있다. 대변혁의 목적을 직시하고 앞서 나가야 한다. 변화를 읽고 변화를 따라가면 살지만 변화에 뒤처지면 낙오한다. 더 중요한 태도는 변화를 이끌어 나가야 한다. 이런 의미에서 변화관리가 필요하다.

현상타파적 사고를 위한 문제의 근원

인간의 지각과 감정
직관, 기분, 가치관과 윤리
현실과 바라는 환경 사이의 갭을 느끼는 것
불평등의 감각
욕구에 대한 감수성
불만족
호기심, 기대
시스템 속에서 자신의 역할에 대한 의문
변화가 일어나는 영역을 찾고 싶다는 욕구
위기적인 사건이나 예기치 않은 우연
현재의 전제에 대한 탐구
지도자가 되고 싶다는 동기부여
시류에 타고 싶다는 욕구
이익(돈, 시간 등)에 대한 욕구

인간의 지각과 감정
긴장, 수치 및 굴욕, 내적 압력
당혹감, 불쾌감, 좌절감
악순환을 느끼는 것

신호와 자극
소비자나 사용자의 욕구나 불평
커다란 예산의 차이
최대의 예산할당이 있는 활동이나 부문
한계가 미리 정해져 있는 것
비효율적인 운영
필요성의 사정
근심스러운 상황
해결되지 않은 충돌
장벽과 의향
스카우트와 정찰
위기
낮은 지표치(생산성, 품질, 시장점유율, 납품 수)
달성할 수 없는 가치, 목적, 또는 목표
도전
경쟁자의 낮은 가격 또는 높은 품질
연간계획의 입안주기
제품라이프 사이클의 또 하나의 국면
시끄러운 시스템(곤란, 낮은 성능)
조용한 시스템(좋은 결과지만 개량의 가능성 있음)
존재하지 않는 시스템이나 채워지지 않은 필요성
비공식적인 집단논의
기존의 정보원에 부딪치는 것
조직이 지닌 연속성(성장, 매입, 매각, 경영순위, 제품, 서비스, 재무구조)
기술적인 현상타파 또는 불연속성

출처: Nadler & Hibino, 1990.

기업도 변화하지 않으면 죽는다는 각오 아래 깊은 변화를 추구해야 한다. 변화를 위해 독특한 차이를 추구하는 노력이 요구된다. 유사성보다는 차이를 착안하고 생각한다. 이를 위한 구체적 방법은 다음과 같다(Nadler & Hinino, 1990).

첫째, 처음으로 문제에 접근할 때 다른 문제와의 유사성보다는 그 문제의 특징이나 유니크 차이를 인식하도록 노력한다. 검토할 때 같은 종류의 문제에 대한 효과적 해결책의 사례가 나타나는 경우 항상 그것들에 도전한다.

둘째, 처음으로 문제의 상황을 거론해서 검토할 때 자기 자신에게도, 동료에게도 문제가 무엇인가에 대해서 억지로 결론을 내지 않도록 힘쓴다. 가능한 해결책이나 다른 경우와의 비교 등에 대해서 언급하지 않는다. 개개의 독특한 측면이 가져다줄 가능성 있는 결과에 대해 상상한다. 열려진 태도를 유지하고 문제의 고정적 파악방법에 들어앉지 않도록 노력한다. 하나하나의 문제를 제로에서부터 해결할 노력을 한다.

셋째, 문제에 접근하는 목적을 자신에게 물어본다. 그 문제가 마음에 걸리는 이유에 대해 생각하는 것은 대안을 찾는 데 도움이 된다. 가능성 있는 개량법에 대해 생각한다. 독특한 조직이 갖는 보다 큰 목적을 검토함으로써 현상타파를 위한 해결의 실마리를 찾을 수 있다.

넷째, 그 문제의 타개에 즈음해서 어떤 상태가 이상적인가를 자신에게 물어본다. 안이하게 손쉬운 해결책에 달려들지 않도록 유의한다.

다섯째, 문제를 제시하는 사람들이 지니고 있는 가정에 대해 언급된 것에도, 합의된 것에도 도전한다.

변화를 위한 아이디어를 얻기 위해 제안제도를 활용할 수 있다. 제안제도는 전 직원이 창의적이고 회사발전에 유익한 개선방안을 창출하여 현상을 개선하거나 개선방법을 제시함으로써 업무의 질을 높이며 회사의 발전을 도모하는 것이다. 이 제도는 생산성뿐 아니라 종업원 개개인이 회사의 파트너가 되게 하는 한편 직원 존중의 풍토를 조성하고 팀워크를 증진하여 커뮤니케이션 활성화를 이끌어 내는 원동력이 된다.

과거 제안제도는 단지 회사에 도움이 되는 제안을 제출하여 그에 상응하는 보상을 받는다는 개념에 국한되었지만 새로운 제안제도는 활발한 제안활동을 통해 직원존중, 팀워크, 지속적인 품질개선으로 고객만족을 추구하도록 해야 한다. 제안제도는 직원들의 경영참여 수단으로써 제안에 대한 공감대 형성 및 직원들의 참여를 이끌어 낼 수 있는 기반이 된다. 제안제도의 활성화를 위해 다음 사항에 주목할 필요가 있다.

- 경영진의 관심이 높아야 한다.
- 직원의 자발적 참여와 제안의 질을 높이기 위해 과거처럼 제안의무건
  수제도나 제출건수 인사고과 연계제도를 폐지한다.
- 지속적인 개선활동이 각자의 목표가 되도록 한다. 지속적인 개선이 회
  사의 발전(성과)에 기여함은 물론 자신이 하는 모든 일에 대해 개선개
  념을 적용함으로써 변화를 하나의 기회로 수용하도록 한다.
- 보상을 다양화한다. 제안 우수자를 선발하여 표창 및 해외연수의 기회
  를 부여한다.
- 제안제도를 발전시키고 지원할 수 있는 조직을 만든다.

기업만의 변화로는 한계가 있다. 구성원 스스로의 변화노력이 동반되어야 한다. 자기계발과 변신은 중요한 과제가 된다. 직장인들은 시키는 일만 열심히 하면 내 할 일 다 했다고 생각하는 사람들이 적지 않다. 그만큼 자발성과 창의성이 부족한 것이다. 이제는 특별히 잘하는 것도 없고 특별히 못하는 것도 없는 평범한 직장인들은 곧바로 자리를 잃게 된다. 자기계발과 변신을 위해 노력해야 한다. 직장 내에서 성공하기 어려운 사람들은 과감하게 전직을 하거나 창업을 하는 것도 좋은 방법이다. 이런 의미에서 노동시장의 유연성 문제는 기업의 생존뿐 아니라 근로자들에게도 새로운 돌파구가 된다. 재취업이 가능한 상황이라야만 적재적소로의 이동이 가능하기 때문이다. 변신을 위해 인텔은 상급자와 동료에 대한 도전도 허용한다.

2. 현대 기업문화의 중심 가치

기업문화는 거시적, 중시적, 그리고 미시적 기업문화로 나뉜다. 거시적 기업문화란 사회 전체에 의해 영향을 받는 문화를 말하고, 중시적 기업문화는 산업별·지역별로 형성된 문화이며 미시적 기업문화란 개별기업차원의 독특한 문화를 가리킨다. 미시적이라 할지라도 문화의 품질이 좋으면 그 영향

력이 더 넓게, 거시영역으로 파급될 수 있다. 다음은 기업이 현재 시대에 맞는 변화를 위해 중시하는 문화의 가치들이다.

1) 유연문화: 유연성

유연문화를 만들어 간다. 이를 위해 획일적인 지시문화에 대한 반성이 필요하다. 현재 상명하복식 군대조직 문화는 디지털시대에 퇴출시켜야 할 대상 1호로 지목받고 있다. LG전자 소그룹(CU)이 700명 임직원을 대상으로 디지털시대에 사라져야 할 기업문화라는 주제로 설문을 했다. 조사결과 상명하복식 강압적 군대 명령문화와 낭비일색의 복잡한 결재문화가 각각 1, 2위로 꼽혔다. 3위로는 늦은 퇴근이 미덕인 분위기가 차지했다. 남 일할 때는 빈둥대고, 남 퇴근할 때 일하는 수법으로 상사한테 높은 고과를 받는 기형적인 문화를 없애야 한다는 것이다. 또 관습에 의존하는 업무문화, 강제로 술 권하는 회식문화, 무사안일 적당주의, 인맥지상주의, 부서 간 정보이기주의, 눈치만 보는 YES문화 등도 시급히 없애야 할 기업문화로 지적되었다.

개방을 하면 위협을 받는 것이 문화가 아니다. 그것은 권력이다. 권력은 문화를 앞세워서 문호를 닫는다. 변화 없이 획일적인 것을 강요하는 것은 문화가 아니다. 문화에 대한 새로운 인식과 함께 문화적 차원에서 유연문화를 정착하는 활동이 강화되고 있다. CJ의 경우 그동안 많은 측면에서 정착되고 있는 '님' 호칭제도를 통해 계층 간 커뮤니케이션의 활성화를 지속적으로 추진하고, 복장 다양화, 자유 시간 근무제도, 모빌 오피스 제도의 확대 등 직원이 공감하는 활동을 강화하고 있다. 임직원의 자유로운 의견 개진과 다양하고 건설적인 토론문화를 통해 유연하고 창의적인 조직문화를 활성화한다.

펀이 넘치는 즐거운 일터를 만들기 위해 구성원이 즐겁게 일할 수 있는 제반 여건을 제공하는 일은 경영자의 몫이다. 유연문화의 확산으로 성과를 높일 수 있는 인사제도도 가능하고, 열정과 몰입을 통한 개인의 역량도 최대화할 수 있다. 즐겁게 일할 수 있는 환경 인프라를 구축하고 구성원으로 하여금 즐거움과 보람을 느낄 수 있도록 하는 일은 더 이상 남의 일이 아니다. 창의성도 여기에서 나온다.

2) 지식창출문화 : 지식창조

새로운 지식을 창출하는 일은 객관적인 조직 외적 정보뿐 아니라 비가시적이고 주관적인 조직 구성원의 통찰력과 직관적 사고력 등이 요구되는 통합적 활동이다. 지식은 전문연구집단의 체계적이고 집중적인 연구개발 노력의 결과이기도 하지만 모든 조직 구성원의 일상적 업무활동과 반성적 성찰활동의 결과이기도 하다.

조직 내외로 일어나는 학습활동은 일상적 업무활동과 유리된 별개의 독립적 활동이 아니다. 일상적 업무활동이 곧 학습활동이고 학습활동이 곧 일상적 업무활동이다. 조직이 이러한 상태가 될 때 생명력 있는 학습공동체가 탄생된다.

세계화, 개방화가 가속화되고 고객만족을 위한 경영혁신 활동에서 가장 중요한 요인으로 등장하고 있는 개념이 질이다. 선진국뿐 아니라 선진기업이 표방하는 경영이념에 공통적으로 등장하는 단어는 역시 고객과 품질이다. 그만큼 과거의 양적 사고에서 탈피하여 질 위주의 경영을 주장하는 총체적 품질경영(TQM)운동이 중요한 의미를 갖게 되었다. 총체적 품질경영은 조직 구성원 전체가 헌신적으로 참여하는 가운데 실수를 통한 학습, 그 결과를 실제에 반영하는 일련의 지속적인 활동이 없이는 성공할 수 없다.

효과적인 조직은 정보공유와 지식창출, 그리고 자원 활용의 통합적 운용을 위해 조직 내부적으로 팀워크를 형성하고 조직 외부적으로는 네트워킹을 구축한다. 조직 구성원들의 다양한 아이디어와 창의력을 결집시켜 문제해결과 기회발견을 위해 공동으로 대처하고, 개개인의 능력을 초월하는 시너지효과를 창출하며, 나아가 글로벌 기업과의 전략적 제휴, 비공식적 유대관계의 강화, 외부정보원과의 긴밀한 채널구축을 통해 지속적으로 정보입수 활동을 할 때 학습조직 구축은 더욱 활성화될 수 있다.

3) 감성문화: 감성

직원들의 감성을 자극해 기업문화에 활기를 불어넣고 새로운 아이디어를 창출해 내는 기업이 늘고 있다. 이런 기업들은 감성을 깨우는 프로그램들을 통해 직원들의 잠재능력을 개발하고 업무효율성을 향상시키는 시너지 효과를 얻고 있다(박영철, 2004).

CJ CGV는 한 달에 한 번 전 직원이 모여 뮤지컬 오페라 등 공연을 관람하는 감성 충전 프로그램을 운영해 직원들의 호응을 얻고 있다. '난타'를 관람한 것을 비롯하여 '록키로려쇼', '오페라의 유령', '델라구아다', '캣츠', '맘마미아'에 이르기까지 전 직원이 함께 본 공연도 20여 편이나 된다.

볼보자동차코리아는 직원들의 감성 충전을 위해 직원 가족들의 감성까지 챙기고 있다. '가족의 감성이 충족되어야 가장도 힘을 얻는다.'는 생각에서 가족감성여행을 지원하고 있다. 가족감성여행은 주말마다 직원의 가족 여행을 위해 차량과 여행비를 지원하는 프로그램이다. 매달 사연을 신청한 4가족을 뽑아 볼보 차와 여행비를 지원하는 이 프로그램은 부모님 생신을 맞아 고향을 찾거나, 모처럼 온 가족이 여행을 떠나고 싶어 하는 직원들에게 특히 인기가 높다.

PR대행사 예스 커뮤니케이션 직원들은 매주 금요일 사무실이 아닌 회사 근처 대형서점으로 출근한다. 금요일 아침마다 이들이 서점으로 모이는 이유는 전 직원이 서점에 모여 업무에 밀려 멀리하기 쉬운 책을 고르고, 회사 지원으로 책을 사서 출근하는 금요 북데이 프로그램 때문이다. 서점의 다양한 책을 통해 사회 흐름을 읽는 좋은 기회이다. 늘 새로운 아이디어를 필요로 하는 업무 특성상 즐거운 마음으로 아이디어를 발굴할 수 있다.

남양알로에는 프렌짱 프로그램을 실시하고 있다. 프렌짱은 프렌드와 짱의 복합어로, '좋은 친구'라는 의미다. 한 달에 한 번 직원들이 추천해 프렌짱에게 그 직원 얼굴을 본 딴 캐리커처와 전 직원의 애정이 담긴 사인, 공연 티켓 등 다양한 문화 공연기회를 제공한다.

4) 학습문화: 학습

경영자는 조직 내의 창의적 아이디어가 자유롭게 발현될 수 있도록 학습 분위기와 여건을 만들어 주고 학습결과를 직접 적용할 수 있는 기회를 부여함으로써 지속적인 학습활동이 업무활동과 함께 체질화될 수 있도록 격려하고 장려해 줘야 한다. 글로벌 조직 구축에는 다른 경영혁신기법이나 전략과 마찬가지로 최고경영자의 확고한 신념과 실천의지가 필요하다.

도요타는 학습을 통해 내부 긴장을 유지하고 있다. 도요타는 한두 명의 우수한 리더에 의존하는 대신 평균수준이 높은 집단을 육성하려고 힘쓰고 있으며 여기에서 가장 중요한 혁신도구가 바로 학습이다. 도요타의 직원들은 생산직이든 관리직이든 예외 없이 모두가 학습조직의 일원이 되어야 한다. 이는 현상에 만족하지 않고 언제나 개선에 매달릴 수 있는 독특한 조직풍토를 확립하는 데 기여했다. 도요타는 직원들이 문제해결 중독에 빠져 있다는 말을 들을 정도로 끊임없이 '왜'와 '어떻게'를 찾도록 요구하고 있다. 이것이 도요타의 경쟁력 원천이 되었고, 세계기업이 도요타를 벤치마킹하도록 만들었다.

5) 대처능력 배양문화: 환경변화에 대한 대처능력

주변 환경에 대한 대처능력(environmental scanning)은 조직 외적인 환경변화에 대해 조직이 미리부터 대처함으로써 조직 자체의 적응력을 배양시키는 활동을 말한다. 주위환경에 대한 대처능력은 궁극적으로 조직이 환경변화를 미리 예견하여 환경변화를 유도할 수 있는 능력을 습득하는 것이다.

특히 급변하는 경영환경은 기업으로 하여금 인식과 발상을 과감하게 변화시키도록 요구한다. 즉 전통적인 패러다임과는 근본적으로 다른 새로운 패러다임을 요청하고 있다. 따라서 수동적 의미의 단순한 대처능력이나 적응력을 넘어서는 새로운 유형의 조직문화를 요구한다.

글로벌 조직에서 리더십은 조직 구성원들이 급변하는 경영환경에 대처하고 시시각각으로 발생하는 새로운 문제를 효과적으로 해결할 수 있도록 조

직 전체가 나아갈 방향을 제시하고 새로운 기업문화 창출과 국제적 협력관
계를 유지할 수 있는 마인드 형성을 촉진시켜 준다.

6) 조직 활성 문화: 조직의 활성화

대한항공은 하나의 공동체라는 인식을 공유하기 위해 'Working Together'
라는 조직 활성화 교육프로그램을 실시하고 있다. 이 프로그램은 자율참여
와 펀 러닝(fun learning)에 의한 의식개혁에 초점이 맞춰져 있다. 각 프로그
램은 교육전문 컨설팅 기관의 자문을 받는다.

아웃도어 액티비티(Outdoor Activity) 프로그램은 참가자 사이의 서먹함을
없애기 위해 레크리에이션 형식으로 진행된다. 단순한 오락, 체육활동으로 보
일 수 있지만 직원들에게 신뢰형성, 응집력 강화, 희생과 양보, 조화와 협력
이라는 메시지를 자연스럽게 전달한다.

열린 조직을 지향하기 위해 CEO가 직접 직원들에게 회사 경영현황과 비
전에 대해 설명하고 직원들에 대한 당부사항과 경영이슈, 노사현안 등에 대
해 질문과 답변을 한다.

각 구성원은 각자의 개인사 및 담당업무를 소개하고 업무상 겪는 에피소
드, 타 부서 종사자에 대한 당부사항, 회사에 대한 생각 등을 얘기하며 자
율적으로 주제를 정하여 구성원 간의 다양한 의견을 들어 본다.

이때 브레인스토밍 방법을 도입한다. 브레인스토밍은 특정 문제나 주제에
관한 아이디어를 창출하기 위해 활용된다. 참가자는 자신의 아이디어를 발
표하며 다른 사람의 아이디어를 기록하기 위해 한 번에 한 사람씩 발표하
도록 한다. 브레인스토밍이 끝난 다음 참가자들은 모든 아이디어를 기록한
복사물을 받는다. 이것은 교육시간 이후에 더 탐구하고 생각을 결합하여 유
용한 아이디어의 최종 선택을 위해 사용될 수 있다.

역할극은 각자가 현업에서 겪는 애로사항과 에피소드를 타 직종에 근무
하는 직원들이 바꾸어 연기해 보는 과정이다. 과정 준비시간 동안 모두 작
가, 연출, 배우, 조명, 엑스트라 등 각자 최소 1개씩의 역할을 분배하여 함

게 연습한다. 일상에서 경험하는 갈등상황을 참가자들이 함께 즉흥적으로 연기해 봄으로써 문제를 좀 더 객관화시키고, 보다 분명하게 인식하게 함으로써 자신이 미처 발견하지 못했던 자신의 언어와 모습을 보면서 문제점을 해소해 나가도록 한다. 역할극은 자기중심적 사고에서 벗어나도록 해 주며, 다른 사람의 관점에서 생각하고 행동해 봄으로써 타인의 입장을 이해할 수 있게 해 준다. 각 배역들은 연기를 통해 다른 사람과 함께 역동적 과정을 경험하면서 자연스럽게 공동체 의식이 증진된다.

도자기 및 도판을 함께 만든다. 이 과정은 장인정신과 협동정신을 배우는 교육으로 도자기의 역사와 장인정신을 배우고 직접 실습해 보는 시간이다. 직급별로 도자기를 만들거나 도판 만들기를 통해 흙 밀기, 디자인하기, 판짜기, 도판 꾸미기 등 각자가 분담하여 맡은 역할을 수행하고 토의하면서 협동정신과 장인정신을 배우게 된다.

역할극, 도판 만들기, 화합의 시간 등은 부서 간 이해 증진을 통해 애사심과 팀워크를 높이는 데 도움이 된다. 경영층과의 대화나 타 부서 이해하기는 부서이기주의를 타파하여 열린 조직을 만드는 데 도움을 준다. 이 외에도 리더십·커뮤니케이션·문학과 인생·삶의 의미 등 직원의 리프레시와 삶의 성찰을 위한 교양특강, 교육을 받기 전후의 변화된 모습을 담아 자연히 깨닫게 되는 몰래카메라 상영 등 다양한 과목으로 조직 활성화 프로그램을 구성한다.

코오롱은 조직개발 프로그램으로 WiCan Meeting 제도를 구상하고 자체적으로 WiCan 진단 도구, 매뉴얼, 의사결정 도구를 만들었다. 이것은 해내겠다는 성공확신, 할 수 있다는 역량확신, 성공실현을 위한 전략 확신을 실현하자는 의미의 'Wi Can Do'에서 나온 것이다.

WiCan Meeting은 조직단위별 명확한 목표인식과 쌍방향 커뮤니케이션의 활성화, 역할 명확화를 통한 업무의 효율성 증대, 대등한 입장에서의 자유로운 토의문화 정착, 효과적인 문제해결을 통한 효율적인 회의진행에 목표를 둔다.

조직단위별로 안고 있는 현안과제나 WiCan 진단분석을 통해 도출된 팀

개발과제를 전원이 공유하고, Think & Talk 방식으로 자유롭고 벽이 없는 토론을 실시하여 KFS도출 및 액션플랜을 수립하고 실행함으로써 팀의 근본적인 문제를 해결하고 조직을 활성화할 수 있는 기반을 구축한다.

조직이 살아 움직이려면 구성원들 스스로의 동기부여, 곧 자발적인 자기동기부여(self-motivation)가 필요하다. 이러기 위해서는 비전공유가 위에서부터 아래까지 명확하게 전달될 수 있어야 한다. 고유문화 가운데 장점은 택하고 단점을 버리는 새로운 조직문화가 구축되어야 한다.

3. 기업문화운동

기업문화운동은 기계적으로 움직이기만 하는 것(動)이 아니라 부가가치가 있는 움직임(働)이다. 動은 돈이 생기지 않지만 働은 돈이 발생된다. 기업문화운동은 혁신운동이다. 혁신은 끝이 없다. 기업문화운동은 머슴의식보다 주인의식을 가지고 해야 한다. 머슴의 눈으로 보면 개선할 것이 없다. 그러나 주인의 눈으로 보면 자기 하는 일이 모두 문제투성이로 보인다.

한국경영자 대상을 받은 장홍순 터보테크 사장은 기업을 경영하면서 가장 어려운 점은 역시 사람이라며 우수한 인재를 확보하고 이 사람들이 회사 안에서 조직을 위해 적극적으로 일하게 만들 수 있는 기업문화를 만드는 것이 중요하고도 어려운 일이라고 말했다.

1) 삼원정공의 5S운동

기업은 가격인상이나 무조건 판매량을 증가시키기보다 일차적으로 원가절감에 힘써야 한다. 원가절감은 여러 차원에서 시행된다. 삼성에는 모래시계회의가 있다. 회의시간을 줄이기 위한 것이다.

스프링제조회사인 삼원(三原)정공은 5S운동을 비롯하여 여러 운동을 한다. 이 기업은 기업운동을 일회적으로 하지 않고 10년 이상 지속해 오고 있다. 이 운동은 대부분 양용식 상무의 주도로 전개되는데 이것은 문학무 사장은 양용식 상무에게 과감히 엠파워링을 했기 때문이다. 사장은 아들에게 자신의 양복을 물려줄 만큼 절약정신이 강하다.

5S운동은 정리, 정돈, 마음가짐, 원가절감 등 기본에 충실하는 운동이다. 공장을 언제나 깨끗하게 하고, 조직화함으로써 효율을 극대화한다. 이를 위해 청소하는 날을 두어 공장을 깨끗하게 한다. 그리고 기계 집중 주유일을 둔다. 이 기업은 기계를 결코 푸대접하지 않는다. 기계에도 생리가 있다고 생각한다. 청진기를 대고 상태를 점검하며 윤활유, 주유로 상태를 조절한다. 이 운동과 함께 초관리운동, 사력 0.01운동도 병행한다.

삼원정공은 낭비를 제거하고 원가를 절감하기 위해 초관리운동을 전개했다. 효율성을 높이기 위한 조직문화 운동이다. 초관리운동은 시간은 돈이라는 인식에서 출발한다. 담배 한 대 피우는 데 드는 비용은 900원, 커피 한 잔 마시는 데 드는 비용은 1800원으로 산정된다. 잠시 커피를 마시는 시간도 초로 계산하면 얼마의 원가를 유발한다는 식으로 동작 하나에까지 원가의식을 불러일으킴으로써 낭비요소를 철저히 막고 있다. 행정을 간소화하고, 이면지를 사용하며, 식당의 음식도 남기지 않고 먹어 낭비를 줄인다. 제안제도를 정규화하고 제안들을 존중하며 실제화한다. 상사부터 이 운동을 실천함으로써 운동이 구호에 지나는 일이 없도록 한다. 삼원정공의 관리자는 서로 지역적으로 떨어진 두 공장을 왕래할 때도 스스로 점심시간을 짧게 가지고 이 시간을 충분히 활용한다. 그들은 움직임을 나타내는 동이라 할지라도 동(動)은 단순히 움직이는 행위이지만 동(動)은 부가가치를 높이는 행위로 간주하고 動을 강조한다. 이 운동은 통제보다 자율적으로 한다.

사력 0.01운동은 1% 향상을 위해 죽을힘을 다하는 운동이다. 삼원정공은 이런 운동을 통해 원가를 절감하고 생산성을 향상시킨다. 그리고 절감된 것에 대해 충분히 보상하고 복지를 향상시키고 있다.

2) 마쓰시다전기의 MTM프로젝트

대기업병으로 고생하던 마쓰시다전기는 종래의 마케팅 전략을 개선하기 위해 1990년에 MTM(Matsushita Market-oriented Total Management)이라는 경영혁신 프로젝트를 시행했다. 이것은 상품, 정보, 사람, 물류, 자금이라는 다섯 가지 흐름을 축으로 생산현장과 판매현장을 연결함과 동시에 공급자에 대해서는 장기, 안정, 대량발주를 가능하게 하는 토털 마케팅 시스템이다. MTM은 제조현장에서부터 판매현장에 이르기까지 현장개념을 중시하는 방향으로 경영의 전환을 꾀했다.

이를 위해 지금까지 적용하던 판매시스템을 근본적으로 재검토했다. 즉 종래에는 판매회사에서 판매가 이루어진 시점에 매출을 계상하던 것을, 제품이 판매회사를 출발해 가맹점 등의 소매점에 도달한 시점에 계상토록 했다. 이처럼 유통과정을 포함한 종합적인 재고관리를 변경해 사업부가 매출을 실제보다 부풀려 계상하는 것을 방지했다. 그리고 소매점에서 실수요 데이터를 반영하는 정보시스템의 정비, 주 단위의 생산계획 및 생산체제의 재검토, 각 판매회사에서의 24시간 이내 배송이 가능한 물류시스템의 정비 등도 병행되었다(포스코경영연구소, 95).

3) 대우전자의 탱크주의

대우전자는 한때 탱크주의를 내세웠다. 탱크주의는 탱크처럼 튼튼한 제품, 탱크처럼 오래 쓰는 제품으로 생활의 편리함을 추구해 나가는 것을 말한다. 쉽게 말하여 튼튼하고 고장이 안 나는 제품을 만들자는 것이다. 고장이 나지 않으려면 기능이 너무 복잡하지 않아야 하고, 필요한 기능은 튼튼해야 한다. 미국이나 일본의 제품 생산업자들이 자사 제품에 대해 고장이 없고 튼튼한 것을 자랑하는 것도 이것과 같은 맥락에 있다.

4) 칭찬문화와 칭찬 쿠폰제

LG핍립스 LCD는 부하와 상사 간의 신뢰를 증진시키고 모두가 즐겁게 일할 수 있는 칭찬기업문화를 정착하기 위해 칭찬 쿠폰제를 실시하고 있다. 칭찬 쿠폰제는 부하 직원이 성과를 거두었을 때 즉석에서 칭찬쿠폰으로 포상을 실시하는 것으로서 경영진 및 팀장의 칭찬과 격려활동을 강화해 조직을 활성화하고, 조직구성원의 동기부여를 통해 업무 몰입도를 높이며, 경영진과 팀장에 대한 조직구성원의 신뢰를 높이는 데 목적이 있다.

회사에서 팀장과 임원을 대상으로 쿠폰 북(100장)을 배포하여 부하 직원에 대한 칭찬내용이 있을 경우 내용 및 포인트 점수를 기재하여 지급토록 한다. 예를 들어 보고서 작성이 우수했을 때 결재사인과 칭찬쿠폰을 동봉하여 부하 사원에게 준다. 지금까지의 칭찬은 공식적 모임에서 포상하는 방식이었지만 칭찬 쿠폰 제는 발생시점에서 즉시 포상한다는 데 특색이 있다. 그리고 쿠폰 발행의 이유를 발행자가 직접 적도록 되어 있어 부하 직원들이 칭찬의 이유를 알게 되어 실질적인 칭찬으로 받아들이게 된다.

포인트 부여 기준은 경영진의 경우 한 장당 최소 20포인트에서 최대 60포인트, 팀장의 경우 최소 10포인트에서 30포인트까지 가능하다. 타 부서의 팀장이나 임원으로부터 칭찬쿠폰의 포인트를 받았을 경우 받은 포인트의 2배로 인정한다. 이렇게 받은 쿠폰은 연말에 접수하여 누적 포인트가 2,000점이 넘는 경우 4박 5일의 유급휴가와 50만 원의 휴가비가 지급된다.

칭찬 쿠폰제는 조직 상하 간에 유대를 강화하고, 부서 간 커뮤니케이션을 활성화한다는 점에서 유용하다. 이 제도는 개인적으로는 회사생활의 스트레스를 줄이고 조직 상하 간에는 신뢰를 구축하는 데 도움이 된다.

5) 기업문화 창달을 위한 상의 제정

기업문화가 보다 활성화되기 위해서는 상의 제정이 필요하다. 수상 노력을 통해 문화의 품질을 높일 수 있기 때문이다. 다음은 기업문화 창달에 관련된 상들이다.

가치혁신상: 한국표준협회가 주관하고 공업진흥청이 후원하는 가치혁신상은 기능향상 및 원가절감을 통한 상품가치 향상실적이 우수한 기업에 수여하는 상이다.

경제정의기업상: 경제정의실천연합회가 제정한 이 상은 기업 활동의 건전성, 공정성, 사회기여도, 환경보호만족도, 고객만족도, 종업원만족도, 경제발전기여도 등 7개 항목을 기준으로 평가한다.

품질경영 100선: 공업진흥청 주관으로 품질제일주의와 고객만족을 목표로 하는 품질경영(QM)의 성과가 우수한 100개 기업에 수여하는 상이다.

경영혁신대상: 한국능률협회가 전국기업체를 대상으로 고객만족부문, 품질혁신부문, 조직 활성화 부문 등 경영성과 창출에 해당되는 모든 부문에 걸쳐 교수, 전문가 등으로 구성된 심사위원에 의해 최근 2년간의 실적을 2개월간 현장 심사 후 가장 우수한 실적과 성과를 거둔 기업 및 경영자에게 수상한다.

제25장 글로벌 인적자원관리

1. 글로벌 인사역량의 강화

국가 간 무역장벽의 완화, 시장개발 가속화, 소비자기호의 동질화, 개도국의 경제성장에 따른 신흥시장의 대두 등으로 국경 없는 글로벌 경쟁이 갈수록 심화되고 있다. 중국, 인도 등 새로운 수출시장이 각광을 받고 있다. 이러한 환경변화로 인해 글로벌 경쟁력 확보가 기업성공에서 중요한 요건으로 자리 잡고 있다. 성공적인 글로벌 경영을 위해서는 브랜드 이미지, 제품 개발력, 마케팅 역량 등 여러 요인도 중요하지만 글로벌 경쟁에 맞설 수 있는 인사역량을 확보하는 것도 무시할 수 없다.

무엇보다 글로벌 경쟁력을 갖춘 인재양성에 주력해야 한다. 해외진출 과정에서 가장 힘든 것이 바로 그 사업을 담당할 만한 인물을 찾는 일이기 때문이다. 글로벌 사업을 진취적으로 이끌어 갈 리더의 확보와 육성은 기업이 마땅히 해야 할 일이다.

해외파견제도의 활성화, 파견인력에 대한 평가 및 보상시스템의 마련, 글로벌 감각을 심어 주는 해외연수 프로그램의 확충과 같은 제도적 기반을 마련하는 것도 중요하다.

또한 진출 대상국에서의 현지인을 적극적으로 활용하는 것도 중요한 과제이다. 현지인들은 해당국가의 사회·문화적 특성에 대해 잘 알고 있고, 현지인들과 커뮤니케이션도 원활해 많은 도움을 줄 수 있기 때문이다.

본사와 해외 자회사와 긴밀한 관계를 유지하는 것도 중요하다. 본사의 경영철학과 가치를 현지에 충분히 전하여 사업과 조직운영을 일관성 있게 할 때 비로소 글로벌 기업으로 거듭날 수 있다.

글로벌 역량 강화를 위해 국제화 인력의 양성을 위한 각종 양성체계가 확립되어야 하다. 법인장 양성, 주재원 양성, 지역전문가 제도 등은 그 보기다. 해외 법인 인력의 역량강화를 위해 GEC(Global Executive Course), GMC(Global Management Course) 등을 통해 현지 임원대상의 전략세미나 실시와 해외 유수대학과 연계된 핵심인력 양성과정을 운영하는 것도 하나의 방법이다. 외국인의 적응을 위해서는 이문화 적응 프로그램 운영 또는 정기적인 모국방문을 실시하거나 외국인을 위한 콜 센터를 운영하여 정착을 돕는다.

역류(Back Flow) 현상에도 관심을 가지고 국제인재들이 국제역량을 지속적으로 발휘할 수 있게 한다. 역류현상은 외자기업에서 3~5년 경력을 지닌 우수인재가 승진 또는 중요한 보직권한을 받지 못해 다시 국영기업 또는 민영기업으로 이동하는 현상을 말한다. 이러한 인재이동은 주로 아시아계 외자기업에서 다발하고 있으며 이 중 일본 기업이 많다. 일본 기업에서 이 현상이 큰 이유는 일본 기업의 관리인원을 본사에서 전수·파견하여 3년 주기로 교체하기 때문에 현지인은 과정 이상 승진이 안 되는 것이다.

치열한 경쟁구도에서 살아남기 위해 기업들은 운영관리의 현지화(localization), 즉 핵심인력의 현지화에 대한 관심이 높아지고 있다. 이로 인해 각

기업마다 현지화라는 기치 아래 명문대 위주의 졸업생을 선발하고자 한다. 그러나 현지화 이전에 먼저 현지 인력시장의 특수성과 대학생의 의식이 어떻게 변하고 있는지 살펴봐야 한다.

소수핵심인력을 코어맨 풀(Coreman Pool)로 등록하여 잠재적인 현지인 경영자로 육성한다. 이를 위해 360도 다면평가, 인성평가, 인적자원관리 카운슬링 등을 통해 개인별 성격·능력·태도·피드백·자기계발 목표부여 및 실적 점검 등을 체계적으로 실시한다.

2. 한국 기업과 세계화

기업이 글로벌경영체제로 바뀌어 가고 있다. 한 신문에서 미래의 기업을 가상하는 글을 다음과 같이 적었다. "생산본부는 북경에, 마케팅본부는 뉴욕에, 부품조달본부는 쿠알라룸푸르에 가 버렸고, 서울에는 업무조정 팀만 남았다. 기업들은 밖으로 뛰어나가 세계에서 가장 싼 부품을 조달할 수 있고, 가장 낮은 인건비를 쓸 수 있는 지역에서 공장을 돌리게 된다. 외국의 유명유통업체가 서울에 진출한 지 이미 오래고 뉴질랜드산 쇠고기, 미국산 쌀, 일본산 승용차 등 세계최고경쟁력을 갖춘 상품들이 쏟아져 들어오고 있다. 모든 경제국경은 무너지고 초국적 기업 간 무한경쟁에 불이 붙었다." 이 모습은 앞으로 우리의 기업이 어떻게 변하게 될 것인가를 보여 준다.

경제전쟁의 최일선에서 실제 전투행위를 전담하는 당사자는 기업이다. 따라서 기업의 경쟁력강화는 세계화의 최우선 과제가 되어야 한다. 드러커에 따르면 엄밀히 말해서 국가경쟁력이란 말은 있을 수 없다. 지금은 국가가 경쟁하는 시대가 아니라 기업과 기업이 경쟁하는 시대이기 때문이다. 이는 경제전쟁의 승부가 기업의 경쟁력에 달려 있음을 의미한다. 경제전쟁시대의 병사들은 다름 아닌 기업들인 것이다. 세계화는 기업이 단지 해외와 교역을 한다든지 해외에 생산거점을 확보하는 것을 의미하는 것은 아니다. 세계경영은 총체적 경영활동의 현지화를 통한 국제경쟁력 확보와 새로운 비즈니스를 창출하는 경영전략의 세계화이자 범국가적 국부창출전략이다.

지금 세계는 경제적으로 무국경, 무국적의 시대를 맞고 있다. 기업, 제품, 기술의 국적개념이 사라지고 있다. 통신의 혁명으로 문화교류가 세계적으로 쉽게 그리고 빠르게 이루어지고 있다. 이에 따라 우리 사회도 양적인 것에서 질적인 것으로, 능률가치에서 인간존중의 가치로, 산업사회에서 정보지식사회로 의식과 제도의 틀이 온통 바뀌는 대변혁기를 맞고 있다. 이 변혁을 세계인과 함께 만들고 세계인과 함께하는 새로운 문화를 창조해 간다. 기업이 세계화를 말할 때 최소한 이러한 변화를 인식하지 않으면 안 된다.

GE의 웰치(Welch) 회장은 세계화는 바로 살아남는 전략이라고 정의하고 일류가 아니면 문을 닫는다는 각오로 임해야 하며 이런 기업혁신은 단계적으로 이루어지기보다는 일정 기간 내에 집중적으로 위에서부터 아래로 단행되어야 한다고 역설했다. 세계화는 기본적으로 일류인간, 일류기업, 일류사회를 만드는 데 목적을 두어야 한다. 여기서 일류란 일등이란 말이 아니라 우리 규모에 맞게, 각자가 처한 위치에서 최선을 다하여 최고의 수준에 이르게 하는 것을 말한다. 테일러가 일류인간을 말할 때의 그 정신이 바로 세계화의 정신이다. 기업도 종업원도 자기의 위치에서 최선을 다하는 삶을 사는 것이다. 일류사회도 마찬가지이다. 경제성장을 최우선으로 생각하던 시대에는 질보다는 양적인 성장이 척도가 되었지만 이제는 삶의 질을 고르게 높여 국민 모두가 물질적으로나 정신적으로 풍요로운 삶을 살 수 있는 사회가 바로 일류사회이다. 일등은 하나이지만 일류는 모두의 수준을 높이는 것과 연관되기 때문이다. 일등만 살아남는 사회가 아니라 수준을 질적으로 높여 모두가 함께 살아갈 수 있는 사회를 만드는 것이다. 기업이 공존공영의 축에서 최선을 다하고 경영자가 그러한 모습을 보일 때 그 기업은 이미 세계적인 기업, 일류기업에 속해 있다.

세계화는 우리의 수준을 세계시민의 수준으로 높이는 작업이다. 이를 위해 기본적으로 우리의 의식과 태도전환이 필요하다. 이제 한국인들도 외국생활을 많이 했음에도 불구하고 지금도 어글리 코리언에 대한 비판적 이야기는 끊이지 않고 있다. 문제는 우리의 의식과 태도가 세계적 수준으로 향상되어 있지 못한 데서 비롯된다. 해외에 나가 있는 상사나 기업의 행태도 비난의 대상이 되고 있다. 종업원들이 영어로 말하고 기업이 해외에 지사를 낸다고 세계화되는 것은 아니다. 종업원은 세계시민의식이 투철해야 하며, 기업은 그 의식을 세계에 내보여도 손색이 없을 만큼 준비돼 있어야 한다. 우리 종업원의 안목과 태도를 선진세계의 수준으로 향상시키지 않으면 안 된다. 세계화를 말할 때 우리의 의식과 에티켓의 선진화를 말하는 것도 이 때문이다.

우리나라에도 대기업이 많다. 세계적으로 이름난 기업도 한둘이 아니다. 몇몇 기업들은 세계경영을 표방하고 있다. 심지어 한국에도 세계적인 기업이 있는데 정작 우리가 알아주지 않는다고 푸념을 한다.

우리는 대체로 대기업을 세계적인 기업의 리스트에 올린다. 그러나 삼성, 대우, 현대, 포항제철만 세계적인 기업으로 생각하면 잘못된 생각이다. 중소기업으로서 세계 낚싯대 시장의 80%를 석권하고 있는 은성실버도 빼놓을 수 없는 세계적인 기업이다. 크고 비싼 제품을 만드는 기업만 세계적인 기업으로 생각하는 것도 잘못된 것이다. 리바이스 청바지, 닌텐도, 영화, 음반, 비디오 등은 유수 제조업 이상의 매출을 올렸다. 스웨덴 혼성그룹 '아바'는 세계적인 자동차 볼보의 순이익을 능가하는 소득을 올렸다. 이처럼 작은 기업, 작은 제품이면서도 큰 명성을 갖게 된 것은 이 모두가 각자의 영역에서 세계 일류로서 인정을 받았기 때문이다.

우리가 외국으로 나가야만 세계화되는 것은 아니다. 가만 앉아 있어도 다른 나라의 사람이나 기업이 우리 기업을 배우러 올 만큼 질적으로 뛰어나다면 우리가 그만큼 세계화되어 있음을 의미한다.

어느 회사 사장이 자기 기업을 알리는 전시회 준비를 하면서 혹시 손님이 적지 않을까 염려하였다. 시간이 다가오자 그룹산하의 종업원들을 동원하는 등 여러 가지 계획을 세웠다. 그러자 한 종업원이 이렇게 말했다. "그렇게 사람이 안 올 만큼 염려하는 것은 보일 것이 별로 없다는 것이지. 자랑할 만한 것이 있다면 오지 말라고 해도 오게 돼 있는 거야." 보통사람의 보통 말처럼 들리지만 여기에 진리가 있다. 문제는 우리가 얼마나 남과 질적으로 다른가 하는 점이다.

한국에서 서울대학교하면 자타가 제일의 대학으로 손꼽는다. 그 대학을 들어가기 위해 삼수, 사수까지 하는 사람도 있다. 그런데 알고 보니 그 대학이 세계대학순위에서 수백 등 안에도 들지 못한다는 것이다. 서울대학이 왜 그 정도밖에 되지 않느냐고 의아해 하지만 정작 서울대학의 현주소는 그런 정도라는 것이다. 그중에 제일 떨어지는 것이 세계화수준이다. 우물 안 개구리식의 사고였다고 자탄의 소리가 높다. 한국 제일의 대학이 그런 판이니 다른 대학은 말할 필요도 없다. 각 대학은 너나없이 세계적인 대학으로 진입하기 위한 전략을 세워 나가고 있다. 21세기를 선도하는 대학, 세계 100대 대학 안에 들어가겠다는 비전을 가지고 있다. 문제는 이것이 구호로 끝나서는 안 된다는 점이다.

그 대학이 얼마나 세계화되어 있는가 하는 것은 세계 각 곳으로부터 온 유학생들이 얼마나 그 대학에서 공부하고 있는가라는 것으로도 알 수 있다. 그것도 자비유학생이 얼마인가 하는 것이 중요하다. 다른 나라의 대학에서 보다 특색 있게 배울 것이 있다고 생각되면 세계의 학생들이 자기 돈을 들여서라도 하나라도 먼저 배우기 위해 몰려들게 되어 있기 때문이다.

기업도 마찬가지이다. 한국 기업들은 국제화, 개방, 세계화 구호를 내걸었다. 하지만 정작 세계에 보여 줄 것은 많지 않았다. 세계화의 구호를 외치기에 앞서 우리는 떳떳하게 내보여 줄 수 있는 그 무엇을 갖추고 있어야 한다. 그렇지 않다면 밖에 나가 그들로부터 겸손한 마음을 가지고 배워야 한다.

세계적 다국적 기업들의 세계화전략과 비교하면 우리 기업의 세계화는 공허한 슬로건에 지나지 않았다는 느낌을 받는다. 세계적인 다국적 기업인 듀폰은 보다 경쟁력을 갖추기 위해 전체 직원 중 21%에 해당하는 3만 명을 해고했고, 경영진은 10명 중 3명꼴로 일자리를 잃었다. 세계시장을 하나로 묶어 뛰어야 하는 다국적 기업의 경우 체중감량과 리스트럭처링으로 '몸은 가볍게 하고, 보폭은 넓게 해야' 하기 때문이다. 이런 노력을 보면서 우리는 멀었다는 생각이 든다. 세계를 향해 뛰기도 전에 세계를 정복한 것처럼 말하고 있기 때문이다. 이제 우리에게 필요한 것은 구호가 아니라 질적으로 선진화되는 것이다.

기업이 세계화되기 위해서는 최고경영자 이하 전 종업원이 달라져야 함은 물론 그 달라진 모습이 제품과 서비스에 담겨 있어야 한다. 요사이 건설 현장에는 '혼이 담긴 공법'이라는 표어가 이곳저곳에 붙어 있다. 건물을 세움에 있어서나 세워질 건물에 혼을 담아야 한다는 것을 의미한다. 기업이 산출하는 제품이나 서비스에도 기업의 혼과 정신이 담겨 있어야 한다.

그 혼은 제품과 서비스의 품격과 품위로 나타난다. 제품에도 인격이 있다는 말이 있다. 한 제품 한 제품에 정성이 깃들고, 소비자에 대한 사랑이 있고, 정직성이 담겨 있어야 한다. 세계화는 바로 제품과 서비스를 통해 기업이 가지고 있는 정성, 사랑, 관심, 정직, 성실을 세계인들에게 보여 주는 것이다. 정직은 사람에게만 나타나야 하는 것이 아니라 제품과 서비스에도 나타나야 한다.

이를 위해서는 일에 대한 태도가 달라져야 한다. 석공들에 대한 유명한 이야기가 있다. 중세 때의 일이다. 세 석공이 성당 짓는 일에 참여하고 있었는데 일에 임하는 태도가 모두 달랐다. 어떤 사람이 첫 번째 석공에게 물었다. "당신은 지금 무엇을 하고 있습니까?" 석공은 "돌을 깎고 있다."고 대답했다. 두 번째 석공에게도 똑같은 질문을 던졌다. 그 석공은 "조각품을 새기고 있다."고 했다. 세 번째 석공에게도 똑같은 질문을 던졌다. 그 석공은 자신의 하고 있는 일에 대한 긍지를 내보이며 이렇게 말했다. "나는 하나님의 집을 짓고 있습니다."

기업인은 항상 지금 세계인이 무엇을 필요로 하고 있는가에 주목해야 한다. 기업은 항상 고객의 니즈(needs)를 파악하고 그 니즈에 적합한 시즈(seeds)를 준비해야 한다. 그리기 위해서는 부단한 연구와 조사가 필요하다.

포드자동차, 시어즈 로벅, 타임지 등을 통해 그것을 알아보자. 헨리 포드는 자동차가 귀한 시대에 미국인의 발에 자동차라는 신발을 달아 주겠다는 신념을 갖게 되었다. 너른 땅을 빨리 오갈 수 있었으면 좋겠다는 미국인들의 소망을 간파하고 이것을 풀어 주고자 한 것이다. 그는 그것을 해결하는 지혜를 푸줏간에서 발견하였다. 잡힌 소가 벨트를 타고 오면서 부위에 따라 해체되는 모습을 보고 이것을 역순으로 하여 자동차를 만들면 대량생산이 가능하겠구나 생각한 것이다. 포드는 이것으로 결국 소품종대량생산시대를 열었다. 시어즈 로벅은 자동차가 흔하지 않은 시대에 사람들이 어떻게 하면 값싸게 빨리 구매할 수 있을까 하는 소비자들의 니즈를 간파하고 연구 끝에 카탈로그 판매가 안성맞춤이라고 생각하였다. 그 후 그는 시어즈 로벅 카탈로그판매회사를 설립했고, 그것의 성공으로 인해 지금의 미국 제일의 소매체인인 시어즈 로벅의 모체가 되었다. 타임지를 만든 루스(T. Luce)의 경우도 마찬가지이다. 제1차 세계대전이 발발하자 미국인들은 세계가 어떻게 돌아가는지 궁금해지기 시작했다. 지방판으로서는 이 문제를 해결할 길이 없었다. 세계 뉴스를 실어 성공한 기업이 바로 뉴욕타임스 신문사이다. 신문크기보다 작으면서 기사와 함께 해설을 요구하는 소비자의 욕구를 파악한 루스는 타임지를 세계에 내놓았다. 소비자의 욕구를 간파한 타임지는 나오자마자 즉시 성공을 거두었다.

중요한 것은 기업이나 경영자가 소비자의 니즈를 정확하게 간파하고 세계시장에 도전해야 한다는 것이다. 이를 위해 경영자는 세계 소비자가 지금 무엇을 필요로 하는지 구체적으로 조사연구하며 그 니즈를 발견하면 사내적으로 반드시 좋은 해결책을 발견할 수 있으리라는 분위기를 조성하며 문제에 접근해야 한다.

다국적기업의 행동지침은 한마디로 '전략은 글로벌하게, 행동은 로컬하게'(think globally, act locally)이다. 도요타는 86년 이래 자동차공장은 물론 기술센터, 디자인센터 같은 R&D 설비 등을 미국 내로 옮겨 와 주력차종의 디자인에서 출하까지를 모두 현지에서 해낸다. 도요타에게 있어서 국적은 이제 의미가 없다. '우리는 일본회사도 미국회사도 아니다. 소비자를 위한 회사일 뿐이다.'고 말한다.

세계경영을 표방한 대우는 영국 남부 서섹스에 있는 해변 휴양도시 워딩에 있는 워딩테크니컬센터를 인수하고 유럽시장을 공략할 수 있는 중형승용차 모델 'J-100'을 개발하고 있다. 대우는 GM과 결별한 이후 자동차엔지니어링분야에서 세계적 명성을 얻고 있는 IAD그룹 산하에 있는 이 센터의 170여 전문 인력과 12동 4천여 평의 연구시설을 통째로 인수하고 유럽 지역에 맞는 타입을 개발하기 위해 유럽 속에 들어와 있는 것이다.

기술공유를 통해 세계는 점차 좁아지고 있다. 세계화는 미래에 다가올 일이 아니라 바로 이 순간에도 세계 곳곳에서 기업들 사이에 일어나고 있다. 세계 어디서든 소비자들은 상품과 서비스에 대한 정보를 접할 수 있고 자신들의 가치창조 쪽으로 구매력을 행사하고 있다. 이런 상황에서 기업들은 세계화와 현지화라는 시장전략을 통해 현지전문가를 키우고 미래시장을 개척해 나가야 한다. 세계적인 다국적 기업들은 현지화는 물론 이미 새로운 경영기법을 도입하여 치열한 세계시장 경쟁에 대처하고 있다.

현지화는 '하나 더하기 하나는 둘이 아니라 셋'이 되는 원리를 이용한 것이다. 미국에 해외법인을 두었을 경우 현지화란 한국의 기업문화와 미국의 기업문화가 현지에서 잘 융합되어 새로운 기업문화를 만들어 낸다. 현지화된 기업은 현지시장에 대해 현지기업과 같은 공감대를 형성하면서 동시에 본국 모기업으로부터 각종 지원을 받을 수 있어 현지 토착기업이 가질 수 없는 각종 장점을 가지고 있다. 현지화를 이루려면 우선 그 나라의 각종 제도를 근본부터 착실히 파악해 성장의 디딤돌로 삼아야 한다.

한국 기업들의 글로벌리제이션에 장애가 되는 요인으로서는 비용이 수반되는 자금조달이 문제이다. 현지법인설립에 필요한 자금조달비용이 높기 때문이다. 그러므로 세계화를 추진하는 기업은 자금 확보 면에서 우세해야 한다. 그밖에 경영원리를 설정하고 업무영역을 다각화할 수 있는 방향으로 나갈 필요가 있다. 여러 조사에 따르면 세계화와 현지화가 늦어질수록 한국 기업은 불리하다. 해외진출을 하려면 수요가 많고 공급이 적은 곳을 볼 줄 아는 안목을 가지고 있어야 한다.

코카콜라 경영인들에게는 한결같은 희망을 가지고 있다. 그것은 '세계인의 피 속에 코카콜라가 흐르게 하자.'는 것이다. 이것은 그들이 얼마나 세계인을 향해 공격적인 경영을 하고 있는가를 보여 준다.

공격적인 경영으로 주목을 받고 있는 코오롱그룹 3세 경영인 이웅렬 부회장은 "내가 필요한 곳이라면 계열사 부장직이라도 맡겠다."고 했다. 선점주의와 1등주의를 강조하는 그는 코오롱을 맡자마자 'RACE'라는 경영혁신 운동을 선언했다. 그의 공격적 경영스타일은 코오롱이 남산외인아파트 발파해 체를 수주한 데서도 잘 나타나 있다. 당초 내부에서 말리는 사람이 많았지만 결국 미국 CDI사와 제휴해 과감히 폭파해체시장에 진출했다. 공격경영은 개 인이나 기업인으로 하여금 보다 적극적인 태도로 미래에 도전하도록 만든다.

세계화시대가 전개되면서 많은 경영, 경제이론들이 국내에 도입되고 있 다. 그러나 정작 이를 접목시키는 데는 많은 문제점이 드러나고 있다. 한국 의 특수한 환경이 고려되지 않았기 때문이다. 싱크로경영이란 인적자원과 조직 간의 공조노력을 적절한 시기에 일제히 발휘해 능력을 극대화할 수 있는 경영기법이다. 기업목표, 동기유발, 리더십, 시스템 등 네 가지 요소를 경영혁신의 근간으로 삼아 이를 싱크로적인 방법으로 하나하나 풀어 가는 과정에서 경쟁력을 회복할 수 있다는 것이다. 그는 기업의 목표부문에서 사 원들에게 뚜렷한 목표와 비전을 끊임없이 제시해야 한다고 말한다. 성취감 을 먹고사는 사원들의 동기를 목표와 일치시켜야 한다는 것이다. 그는 소니 사가 세계적으로 앞서 가는 기업이 된 것은 경영진이 사원에게 늘 분명한 목표를 제시했기 때문이라고 말한다. 사원의 지혜를 결집시키는 것이 경영 의 가장 중요한 요소 중의 하나이다.

세계경제가 무한경쟁에 돌입하는 글로벌리제이션 시대에 기업이 보다 확 실히 경쟁우위에 서기 위해서는 무엇보다 기업이념과 목표가 보다 진취적 일 필요가 있다. 보기를 들어 SK는 슈펙스(SUPEX) 전략을 추구하고 있다. 이 전략은 지금의 세계일류 기업들이 앞으로 도달할 수 있는 수준보다 더 높은 수준, 즉 인간의 능력으로 할 수 있는 최고의 수준(Super Excellent Level)을 추구하지 않으면 안 된다는 인식을 가지고 있다. 이 수준에 달하기 위해 기업이 어떤 노력을 해야 하는가는 물을 필요도 없다.

집안에서 늘 싸우는 부부라 해도 밖에 나가서는 그런 모습을 보이지 않 으려 한다. 만일 밖에서조차 그렇다면 정말 문제가 있는 집안일 수밖에 없 다. 대부분 노사관계는 애증이 교차되고 있는 복합적 관계를 유지하고 있 다. 집안에서 치고 박고 할 수 있지만 밖에서는 단합을 과시할 수 있는 여

유도 가지고 있어야 한다. 그럼에도 불구하고 우리의 노사관계는 부부싸움
보다 못한 경우의 연출을 자주하고 있다.

어떤 회사의 대표가 노조대표와 자리를 마주하게 되었다. 노조원들은 회
사대표들이 미워서 자리에 껌을 덕지덕지 붙여 놓았다. 함께 앉아 대화조차
하기 싫다는 나름대로의 의사표사인 것이다. 이런 회사의 노조대표가 밖에
나가 회사에 대해 무슨 말을 할지, 그 회사가 어떻게 발전할지는 명백한 일
이다. 그러나 대조적인 경우가 있다. 행남자기의 노조대표가 하루는 청와대
를 방문했다. 그는 그곳의 자기가 다른 회사의 제품인 것에 놀라 적어도 청
와대에는 자기회사의 것이 있어야 하지 않겠느냐고 따지고 자기 회사 제품
의 우수성을 설명하기 시작했다. 결국 청와대의 그릇 중 상당수가 행남 제
품으로 바꾸어지는 역사가 일어났다. 세계화에는 여야가 따로 없다. 노조대
표가 자기 회사의 제품에 대한 긍지를 가지고 선전할 수 있을 때 그 회사
는 비로소 달라질 수 있다.

우리에게 있어 세계화는 의식과 관습의 대전환을 요구하고 있을 뿐 아니
라 새로운 흐름에 대한 깊은 인식을 요구하고 있다. 기업이 세계화되기 위
해서는 무엇보다 변화에 민감하고 때로는 그 변화를 선도할 수 있어야 한
다. 변화에 대한 몇 가지 면모를 살펴보면 다음과 같다.

과거에는 토지, 노동, 원료 및 자본 등 이른바 기호화된 것들에 대한 중요
성이 컸다. 이른바 地價(land cost)시대였다. 그러나 앞으로는 그러한 것에
대한 중요성이 감소된다. 탈기호화되는 것이다. 그래서 知價(intellectual cost)
가 높아지는 시대에 돌입하고 있다고 말한다. 새로운 가속적 부의 창출체제
는 데이터, 정보 및 지식의 교환에 의존한다. 지식의 교환 없이는 새로운 부
가 창출되지 못한다.

금속화폐나 지폐 대신에 전자적 정보가 참다운 교환수단이 된다. 자본의
유동성이 극히 높아져 하룻밤 사이에 거액의 자본 풀(pool)을 만들었다가
분산시킬 수 있다. 오늘날의 엄청난 자본집중화에도 불구하고 자본공급원천
의 수는 늘어난다.

새 체제는 대량생산을 탈피하여 탄력적인 주문생산, 곧 탈대량화 생산으

로 나아간다. 이 체제는 새로운 정보기술 덕분에 고도로 다양한 제품, 심지어 주문 제품을 대량생산비용에 근접한 원가로 단기간에 생산해 낼 수 있다.

재화 및 서비스는 모듈화하여 표준의 증식과 끊임없는 수정이 요구되는 시스템을 구성한다. 이로 인해 표준의 기초가 되는 정보를 장악하기 위한 싸움이 치열하게 벌어지고 있다.

움직임이 완만한 관료체제는 탈대량화한 소규모의 작업 단위, 임시적 또는 애드호크라시적 팀, 더욱 더 복잡해지는 기업협력체와 컨소시엄에 의해 대체된다. 위계적 조직구조는 의사결정을 신속하고 전문화하기 위해 평면화되거나 폐지된다. 지식의 관료적 조직화는 흐름이 자유로운 정보체제로 대체된다.

조직단위의 수와 다양성이 늘어난다. 이러한 단위들이 늘어나고 그들 간의 업무처리가 많아질수록 더 많은 정보가 생성되고 전달되어야 한다.

산업혁명에 의해 분리되었던 생산자와 소비자가 새로운 흐름에 따라 재결합하여 고객은 단지 돈으로만 기여할 뿐 아니라 생산 공정에 필수적인 시장 및 설계상의 정보를 제공해 준다. 구매자와 공급자가 데이터, 정보 및 지식을 공유한다. 언젠가는 고객들이 단추를 눌러 먼 거리에 있는 생산 공정을 작동시킬 날이 오게 될 것이다. 소비자와 생산자가 생산소비자로 융합되는 것이다.

새로운 부의 창출체제는 지역적이기도 하고 세계적이기도 하다. 강력한 마이크로 테크놀로지는 종전에는 전국적 규모에서만 경제성이 있었던 일을 지역적으로도 할 수 있게 해 준다. 또한 여러 가지 기능이 국경선 밖으로 흘러넘쳐 여러 나라에서 이루어지는 활동을 하나의 생산적 노력으로 통합할 수 있게 해 준다. 정보통신의 세계화로 글로벌 네트워크가 이루어지고 경영도 글로벌화한다.

3. 요구되는 인적자원관리의 변화

　기업의 세계화에 있어서 우리 기업이 가장 뒤떨어진 분야 가운데 하나가 바로 인적자원관리 분야이다. 이것에 투자를 한다 해도 금방 눈에 보일 만큼 달라진 것이 없기 때문에 관심도 적다. 그래서 예로부터 인적투자는 시설투자나 기계투자에 우선순위가 밀려나 있었다. 이러한 생각은 결국 인적자원관리의 비중을 크게 낮추었고, 적당히 해도 된다는 생각을 갖게 했다. 문제는 이러한 인식에 대전환이 있지 않으면 안 된다. 오웬(R. Owen)의 말처럼 기계에 대한 투자는 15%의 이윤을 가져오지만 종업원에게 투자하면 50~100%의 이윤을 낳는다. 이제는 달라지고 있다. 기계와 설비보다는 인간의 지식과 창의성이 기업의 미래를 좌우하기 때문이다. '경영은 사람이다.'는 드러커의 표현이 앞으로의 경영이 어떻게 변화할 것인가를 잘 보여주고 있다.

　우리 기업은 지금까지 많은 지원자 가운데 가장 성적이 좋은 인물을 선정하겠다는 욕심을 유지해 왔다. 그래서 우선 지원자가 많아야 하고, 지원자는 성적이 좋아야 했다. 따라서 굳이 대학출신이 필요하지 않은 직무에도 대학출신을 채용함으로써 사회적으로 비능률을 초래하고, 채용된 사원으로 하여금 '내가 이것을 하려고 대학을 나왔는가.' 자조하게 만들었다. 이제 기업은 선발에 있어 보다 선진화될 필요가 있다.

　무엇보다 직무분석을 정확히 하고 그에 따라 적합한 자격자를 선발해야 한다. 지금까지 우리 기업의 직무분석에 대해 소극적이거나 한다 해도 매우 형식적이었다. 직무분석은 고용, 고과, 교육, 승진, 임금 등 여러 분야에 기본이 되는 것이다. 그러므로 이것 없이 경영을 해 왔다면 그것은 적어도 인적자원관리에 관한한 주먹구구식 경영을 해 왔다고 해도 과언이 아니다.

　우리 기업도 직무분석에 따라 요원을 선발하되 정예요원, 일반요원, 지체요원에 대한 선발기준을 달리할 필요가 있다. 정예요원은 기업이 추구하는 목표사업과 연관하여 전문성을 요구하는 인물들을 선발하고, 일반요원은 특별한 기능을 요하지 않아도 충원될 수 있도록 길을 열어 놓으며, 지체요원은 비록 신체적으로나 정신적으로 지체가 있다 해도 얼마간의 교육과 훈련을 통해 직무에 적응하도록 하는 것을 말한다. 지체요원에 대한 고용은 기업이 사회적 책임을 분담하고 기업이 사회적 교육장이 되도록 한다는 점에서 유익하다. 어느 요원이든지 기업이 앞으로 사회를 이끌어 나갈 지도자를 교육한다는 차원에서 이를 추진해야 한다.

선발방법도 다양하여 가급적이면 사람을 알고 선발하도록 해야 한다. 이를 위해 추천서제도의 도입, 종합평가 센터법의 도입 등이 요청된다. 정예요원에 대한 선발일 경우 이에 대한 필요성은 더욱 커진다.

배치는 적재를 적소에 배치하되 적성과 그 사람의 발전을 고려해야 한다. 이른바 경력계발 계획에 따른 배치가 이뤄져야 한다. 희망하지 않은 부서에 배치되고 그로 인해 입사초기부터 불만과 서운함을 안고 근무를 시작하지 않도록 신입사원을 대상으로 배치박람회를 실시하는 것도 한 방법이지만 경영자의 지속적인 관심과 참여가 필요하다.

고과에 관한한 한국 기업이 고쳐야 할 부분은 많다. 첫째, 다분히 상벌위주적인 고과를 개발과 지도위주로 바꾸지 않으면 안 된다. 과거보다 미래에 초점을 맞추어 무엇을 할 수 있느냐에 관심을 두고 추진해야 한다. 둘째, 편견을 가져오는 요소를 제거해야 한다. 고정관념, 현혹효과 등 심리적인 것은 매우 치명적이다.

앞으로는 복리후생이 차지하는 비중이 늘어 간다. 옵션이 다양한 카페테리아 복리프로그램도 한 방법이다. 회사에 대한 긍지를 높게 유지하도록 하는 것도 바람직하다. 긍지와 자부심은 심리적 임금이다.

4. 인재육성을 통한 기업발전

인재에 관한 사고의 변혁이 필요하다. 인재에 있어서도 사람을 人在로 보느냐, 人材로 보느냐, 아니면 人財로 보느냐에 따라 그 시대가 달라진다.

人在시대에는 믿을 사람이 없다고 생각하고 정실과 연고를 바탕으로 인물이 충원되었다. 이른바 네포티즘(nepotoism)과 로컬리즘(localism)이 주종을 이루었다. 人材시대에는 지원자가 많기 때문에 옥석을 가리기 위해 공개적인 시험을 거쳐 인물을 택하는 방법을 사용한다. 人財시대에는 타당하고 과학적인 방법으로 채용하지만 일단 채용되면 그 사람의 능력이 최고로 발휘될 수 있도록 조직 환경을 마련해 준다. 그 결과 그 인물이 조직에서 보물이 될 수 있도록 만든다. 경영자가 종업원을 보물로 생각할 때 그 기업은 비로소 변할 수 있다. 기업이 인재육성을 통한 장기 전략을 세우는 것은 종업원을 보물로 만들려는 일종의 action plan이다.

경영자는 인재를 기르는 것에 대해 즐거움을 가지고 있어야 한다. 맹자에 따르면 군자는 세 가지 즐거움을 가지고 산다. 이른바 삼락(三樂)이라는 것인데 첫째인 일락은 부모와 같이 살며 형제가 무고한 것이고, 이락은 하늘을 우러러 부끄럽지 않은 것이며, 삼락은 천하의 영재를 얻고 이를 교육하는 것을 가리킨다. 기업을 운영하는 사람에게 있어서 삼락도 이에 비견할 수 있다. 모든 임원과 종업원들이 한마음이 되어 하나의 공동체를 이루어 나가는 것, 하늘을 우러러 한 점 부끄럼 없이 돈을 벌고 또 그것을 사용하는 것, 그리고 천하의 영재를 얻어 그들을 기업과 사회가 원하는 인물로 육성하는 것이다. 인재육성을 통한 장기기업의 발전을 꾀하고자 하는 것을 삼락으로 삼는 기업일수록 발전할 수 있다.

과거에는 산업근로자가 소유하는 생산수단이 별로 없었다. 기계에 종속되어 왔기 때문이다. 하지만 지금뿐 아니라 앞으로는 근로자의 머리에 들어있는 기호(symbol)가 강력한 부의 증식도구가 되고 있다. 그러므로 지금 근로자들은 생산수단 중에서 아주 중요한 그리고 때로는 대체할 수 없는 부문을 소유하고 있다. 이제 미래를 이끌어 갈 새로운 주역은 블루칼라 근로자도, 자본가도, 관리자도 아니며 창의적 지식을 행동과 결합시키는 혁신자들이다.

크레티아 매니지먼트 컨설팅사의 성평건 사장은 창조적 경영론을 강조한다. 그에 따르면 21세기 창조적 경영의 요체는 종래의 기계적인 사고로부터 유연하고 무한한 가능성을 창출할 수 있는 새로운 가치관을 정립하는 것이다. 그는 인간의 창조성개발이야말로 다가오는 세기를 대비할 수 있는 기업의 생존전략이라고 말하고 창조성을 개발하기 위해서는 눈에 보이는 입자적이고 기계적인 가치체계를 보이지 않는 유연하고 파동적인 가치체계로 바꾸어야 한다고 주장한다.

근대 물리학의 위대한 업적 중의 하나는 빛이 입자이면서 파동인 이중성을 갖고 있다는 사실을 확인한 것이다. 모든 물질의 세계가 보이는 입자성과 보이지 않는 파동성으로 구성되어 있음을 의미한다. 이는 인간을 기계적인 입자로만 보던 종전의 가치체계로부터 새로운 파동성으로 이해해야 한다는 것을 보여 준다.

입자적인 사고는 기계와 마찬가지로 인간의 생산성이 제한적이고 고정적이다. 하지만 파동적인 사고는 인간을 유연하고 무한한 가능성을 창출할 수 있는 생명체로 인식케 한다. 이를 기업에 적용하면 사원은 기업의 이윤추구를 위한 기계적 수단이 아니고 회사와 1 대 1의 영향력을 가진 파동을 발산하는 생명체로 파악해야 함을 의미한다. 인간의 의식이야말로 가장 고차원적인 파동이며 인간능력의 무한한 가능성을 담고 있는 에너지로 파악해야 한다. 이러한 사고는 자연히 인간 중심의 경영을 하게 되는데 이것이 바로 창조적 경영의 핵심이다.

창조적 경영이란 실천적으로는 단순경영, 열린 경영으로 전개된다. 단순경영이란 기업의 조직·인사·정보시스템을 단순화하고 관리·감독기능을 축소시키며 자율책임을 바탕으로 운영한다는 것을 말한다. 열린 경영이란 인간과 인간, 인간과 사회, 인간과 환경이 파동으로 연결되고 결합되어 있음을 깨닫고 동조의식으로 공명하고 서로 호흡을 같이하자는 경영철학이다.

창조적 경영은 기업은 종업원들이 떠받치는 하나의 살아 있는 생명체라는 인식으로부터 시작된다. 풍부한 창조성을 발휘하는 조직일수록 구성원 개개인에 대한 믿음과 자율이 크다. 조직구성원을 선입관이나 편견 없이 무한한 가능성을 지닌 인간으로 본다. 그래서 자신감 있는 사원으로 육성하는 것이다.

세계는 엄청난 전환기를 맞고 있다. 20세기 초기만 해도 각국은 나라의 성쇠는 철도에 있다며 철도건설에 박차를 가했다. 철도의 발달로 대도시가 형성되었고 공업화사회가 발전했다. 그러나 20세기 후반에 들어서면서 미국에는 고속도로시대가 도래했고, 21세기는 정보화 사회가 되었다.

일본은 그동안 미국의 뒤만 쫓아가면 된다고 생각해 왔다. 일본은 미국을 따라 자동차와 가전으로 성공할 수 있었다. 그러나 1980년대에 들어서면서 우주산업과 바이오산업을 제외한 대부분의 분야에서 미국을 추월했다. 제5세대 대형 컴퓨터 개발에 들어갔다. 미국 경제가 어려워지자 일본은 미국으로부터 더 이상 배울 것이 없다고 생각하고 안주하기 시작했다. 그 바람에 일본은 미국의 변화를 알 수 없었다. 미국은 이 시기에 리엔지니어링과 리스트럭처링을 통해 엄청나게 변하기 시작했으며 PC로 정보네트워크를 구축하기에 이르렀다. 일본은 컴퓨터 본체로 대표되는 하드웨어 면에서는 미국에 뒤지지 않았으나 컴퓨터통신으로 대표되는 정보네트워크에서 미국은 현재 일본의 10배 수준에 올라 있다. 또 이 네트워크를 활용한 소프트웨어 분야에서 미국과 일본의 격차는 1백 배라고 말하는 사람도 있다.

지금까지 규격화된 공업화사회의 대량생산방식은 일률적이고 집단적인 것으로 개인의 어떤 창의성 없이도 지속될 수 있었다. 그러나 이제는 일률적이고 규격화된 것은 무용지물이 되어 가고 있다. 하드가 아닌 소프트를 생산하지 않으면 안 되는 시대가 온 것이다. 이런 일은 지금까지처럼 획일적이고 집단적인 교육에 의해 사육된 타입의 사람들에게는 맞지 않다.

이런 관점에서 볼 때 앞으로 필요한 것은 어느 나라를 막론하고 정보화 사회에 필요한 강한 개성의 인재를 키우는 일이다. 정보화와 글로벌화가 진행될 미래는 창조성 있는 강한 개성을 요구한다. 공업화사회에서도 지적 생산물의 가격상승률이 눈에 보이는 상품의 가격상승률을 상회해 왔으나 21세기는 이 경향이 더욱 심화될 것임에 틀림없다. 규격화되고 일률적인 인간을 대량생산해 내는 교육은 앞으로의 시대에 맞지 않을 뿐 아니라 오히려 해악적 요소를 갖고 있다. 세제개혁과 비연공서열, 능력제 등 정부와 기업의 모든 분야에서 우수한 두뇌가 자유롭게 창조성을 발휘할 수 있는 환경을 조성하지 않으면 안 된다. 이것과 관련해 한국의 문제는 인재의 공동화(空洞化) 현상이다. 산업은 재편이 가능하지만 인재의 공동화를 메우는 일은 몇십 년이 걸리는 일이기 때문이다. 따라서 교육의 혁신은 빠르면 빠를수록 좋다.

세계화를 수행할 수 있는 인재를 양성하는 일이 중요하다. 폴 케네디 교수에 따르면 세계화가 누구에게나 이로운 것이 아니라 전문화된 인력을 미리 잘 준비한 나라에게만 도움이 된다. 이것은 인력자원의 비교우위가 상대적으로 높아야 한다는 것을 보여 준다. 세계시장에서 우위를 확보하려면 이제는 아마추어가 아닌 진정한 협상전문가, 마케팅전문가, 해외현지기업 전문경영인이 많이 배출되어야 한다. 만일 우리의 협상능력이나 마케팅능력이 선진국의 그것만 못하고, 우리의 지식수준이 다른 나라보다 떨어진다면 국제경쟁에서 낙오하고 말 것이다. 이제는 상품경쟁시대라기보다 사람의 능력경쟁시대가 다가왔다.

기업은 자기 기업의 이념과 목적에 투철한 그 기업의 정신을 교육할 필요가 있다. 어떤 개인을 잡고 물어봐도 그 기업의 정신이 뚜렷하게 드러나는 사람들이 많아질수록 그 기업이 살 수 있다. 홀로그래피 조직(holographic organization)은 이 특성을 반영하고 있다.

세계화 시대의 기업은 세계경영이라는 새로운 경영 혼, 우리기술이라는 새로운 기술 혼, 경영선진화라는 새로운 기업 혼 내지 기업정신을 얼마만큼 살려 내느냐에 성패가 달려 있다. 이를 위해 기업들은 future leader 양성과정을 둔다든지 global manager 과정을 둔다든지 한다. 그 과정은 직무에 따라 다를 수밖에 없지만 초점은 세계화에 두고 창조와 도전의 기업정신을 심고 있다. 업무와 관련하여 해외방문 및 연수를 시켜 테마별로 연구케 한다든지, 국제회의에 참여케 한다든지, 이문화 적응훈련을 한다든지 한다. 이제 기업은 하나의 문제라도 지구적으로 생각하고 해결해 가는 방법을 취하지 않으면 안 된다. 인사관리도 국제적 변화를 심도 있게 파악하지 않으면 안 된다.

대우는 세계경영이념을 구현하기 위해 세계화수당을 지급한 바 있다. 포항제철은 미래관리자를 양성하기 위해 근무경력이 적은 대졸사원을 대상으로 챌린저 과정 대상자로 선정하여 해외에 파견하여 테마연구를 하도록 하고 있다. 삼양그룹은 사회인 입문을 위한 해외연수를 비롯하여 6개월간의 체계적인 교육을 통해 자기계발과 자신의 적성 재발견을 도모하고 있다. 또한 2년차 이상의 사원들은 3개월간 현업에서 완전히 떠나 본인이 계획한 교육과정에 참여함으로써 국제화시대를 앞서갈 미래경영자로서의 자질과 능력을 갖추어 나가고 있다.

현재 많은 기업들은 대학생들을 대상으로 이미지전략을 구축하고 있다. 산업협동의 차원에서 대학생 어학연수 및 기업연수를 실시하기도 하고 전국대학생 논문현상공모사업을 전개하기도 한다. LG에서는 대학생들을 대상으로 LG 21세기 선발대를 공개모집하였다. 대학생들로 하여금 자율적으로 탐방 팀을 구성하여 두 주 동안 각 분야에서 세계 최고 수준의 노하우 및 능력을 가지고 있는 각국의 정부기관, 지방자치단체, 연구소, 대학, 기업, 사회단체 등을 방문하여 연구하도록 하는 일을 기업이 돕는 것이다. 교육은 대학생들에게만 필요한 것이 아니다. 보다 여유가 있다면 중고등학생으로 확대할 필요가 있다. 세계화를 향한 교육기회를 기업이 지원하여 세계에 대한 눈을 미리 뜨게 함으로써 기업의 이미지를 높임은 물론 미래의 고객, 미래의 사원을 지금부터 확보해 두는 것이 바람직하다.

5. 시대에 앞서 가는 변화기업 되기

현재 파괴라는 단어가 유행하고 있다. 경영파괴, 조직파괴, 인사파괴, 임금파괴 등 파괴가 적용되지 않는 곳이 없다. 이것은 기존의 틀과 사고를 더 이상 허용하지 않는다는 것을 의미한다. 사고와 행동의 획기적인 변화를 요청하고 있는 것이다. 학문에서는 이를 포스트모더니즘으로 표현하고 있다. 경영에도 포스트모더니즘이 강하게 불고 있는 것이다.

2·6·2의 원칙에서 앞의 2는 새로운 사고에 적극 찬성하면서 남보다

앞서 의식을 개혁할 수 있는 사람들이 약 20% 정도임을 나타낸다. 6은 무관심, 그리고 뒤의 2는 반대파들이다. 이 비율은 개혁을 둘러싸고 나뉘는 사회 및 조직 구성원의 일반적인 비율이다. 이것은 기업이 변화를 주도함에 있어서 최소한 깨어난 소수가 있어야 한다는 것을 의미한다. 그 소수가 경영자일 때 변화의 추진력은 강해질 수밖에 없다.

일본 게이오(京王) 백화점의 가와무라 로쿠로 사장은 대표취임 후 혁신적인 경영방식을 도입하여 가격파괴 등의 여파로 침체된 일본 백화점 업계에 새바람을 몰고 온 인물이다. 그는 슈퍼체인인 게이오 스토어에서 갈고 닦은 소매업경영자로서의 경험을 모회사인 게이오 백화점에 이식하여 성공을 거두었다는 평을 들었다. '의식개혁에 성공한다면 경영목표의 반은 이룬 셈이다. 의식개혁에 동조하는 앞의 20%를 내 편으로 끌어들일 수만 있다면 회사는 변하게 마련이다. 개혁은 성공이라 생각해도 좋다 '고 말한다.

가와무라 사장은 현재의 백화점 경영이 상아탑과 같은 존재로 퇴보하고 있다는 진단을 내리고 있다. 다시 말해 백화점이라는 것이 대리석으로 뒤덮인 번지르르한 건물과 일류 브랜드 상품만 진열되어 있으면 장사가 되던 사고방식에서 벗어나지 못하고 있다는 것이다. 그러나 백화점의 경쟁자라 할 수 있는 슈퍼체인 등은 소비자 의식의 변화를 일찌감치 간파하여 가격파괴를 주도하면서 백화점 업체를 궁지로 몰아갔다. 소매업자 출신인 그의 눈에 지금의 백화점 경영은 경영이 아닌 것이다.

슈퍼체인으로 대표되는 소매업자는 우선 스스로 상품선정과 판매계획을 세우며 스스로 구매가격과 판매가격을 설정한다. 팔리지 않으면 가격인하 내지 처분까지 각오해야 한다. 이에 반해 백화점 종사원은 주로 메이커들의 위탁판매에만 의존하여 프로정신에서 소매업 종사자들을 따라가지 못한다. 그가 게이오 백화점 직원들의 의식을 슈퍼체인의 그것으로 바꾸지 않으면 안 된다고 생각한 것은 이 때문이다. 그러면 어떻게 이들을 상대로 의식개혁을 진행시킬 것인가? 그는 직원들과의 끊임없는 대화를 통해 개혁의 필요성을 인식시킬 필요가 있다고 말한다. 거기에다 직원들을 벤치마킹이 될 만한 곳에 직접 투입하여 눈으로 확인하게 하는 작업도 병행해야 한다고 강조하고 있다.

대부분의 한국 기업들은 세계화한다면서 외국인을 경영자로 영입하기를 주저하고 있다. 한국종합상사 선경이 1993년 첫 해외법인인 선경아메리카(SKA)의 사장으로 당시 46세의 제임스 디미트리우스를 사장으로 기용해 화제를 모은 바 있다. SKA사에 수석부사장으로 입사한 지 3년 만에 사장이 된 것이다. 그는 선경에 입사한 후 기업 인수 합병을 통해 인수한 에코반 대표이사 사장을 맡으며 최고경영자 수업을 받은 바 있었다. 국내기업이 해외진출을 한다 하지만 정작 현지화의 일환으로 외국인에게 사장직을 맡기는 경우는 아주 희귀하다. 이것은 우리 기업이 입으로는 세계화를 말하지만 심리적으로나 실제로 세계화되어 있지 못하다는 것을 보여 주는 것이다.

인터넷이 정착되면서 해외의 고급인력을 고용하는 추세가 강해지고 있다. 이제 우리 주변에도 싱가포르처럼 외국근로자들이 함께 일하는 사회로 변하게 될 것이다. 대학도 외국인교수 확보에 많은 투자를 하고 있다. 지금은 영어회화를 위해 이들을 확보하고 있는 수준이지만 앞으로는 전공별로 세계화를 위한 영입을 할 것으로 보인다. 기업도 해외의 전문 인력을 자사에 영입하는 추세가 늘어갈 것이다.

정부는 선진기술을 따라잡는다는 것은 불가능하므로 이른바 중간진입전략을 추진하지 않으면 안 된다고 말한다. 선진기술에 무임승차하겠다는 것이다. 이에 대한 비판도 없지 않지만 기술이 약한 우리로서는 어찌할 수 없는 선택이다. 이에 따라 일부 기업에서는 선진국에 연구소를 설치하여 선진기술과 정보 확보에 노력하고 있다. 이러한 노력은 우리의 기술뿐 아니라 경영방법을 재빨리 세계화하는 데 기여할 것으로 보인다. 해외인력을 우리나라로 끌어들이는 것도 중요하지만 기업의 두뇌들이 해외에 나가 그곳에서 지적으로 경쟁하고 정보를 교환하는 것도 중요하다. 이 모두는 우리가 앞서 변화하지 않으면 안 된다는 것을 보여 준다.

국제경쟁력을 높이려면 세계경제를 움직이는 다국적 기업을 보다 철저히 연구하지 않으면 안 된다. 경쟁력의 원천은 기업이고 세계시장을 좌지우지하는 것은 국경을 초월한 세계적 대기업이다. 더구나 우루과이라운드 이후관세 및 비관세장벽이 허물어지는 자유무역체제 아래서는 국가별, 상품별 분석보다는 그 배후에서 위력을 발휘하는 다국적기업을 모르고서는 경쟁에 뛰어들 수 없다. 실제로 첨단 중화학 시장의 절반 이상을 세계의 10~15대 다국적기업끼리 분할 독점하고 있으며 강력한 카르텔을 형성하고 있다. 이런 정보가 없으면 세계경제의 흐름을 파악할 수 없다.

GE의 웰치 회장이 서울에 왔었다. 그는 차 안에서 서울지사장의 보고를 받고, 동행한 임원과 함께 난상토론을 벌였다. 이는 기업과 경영인이 경쟁력을 높이려면 어떻게 변신해야 하는가를 보여 준 것이었다. 경영자가 움직일 때 기업이 살아 움직인다는 것을 기억하지 않으면 안 된다. 때로 종업원들에게 KITA법을 사용하여 자극을 줄 필요도 있다. 이 말은 '엉덩이를 차라'(kick in the ass)는 영어의 첫 글자에서 따온 것이다. 엉덩이를 찬다는 것은 자극을 주어 부하를 움직이게 하는 것을 가리킨다.

조직을 최대한 활성화하는 것이 필요하다. 1992년 11월 3백여 명의 소수정예로 출발한 평화은행은 50여 개 집단에서 모여든 수성인자를 갖고 있었다. 정부부처는 물론이고 단자사, 증권사, 보험회사, 일반기업체 등 온갖 사람들로 구성되었다. 그러다 보니 인사 때마다 불평불만이 끊이지 않았다. 행장은 불협화음을 줄이는 데 온 힘을 다했다. 바로 여기에서 다양한 문화적 배경을 지닌 직원들의 장점을 개발하여 신바람 나는 평생일터를 가꿔 가자는 '용광로문화'가 탄생했다.

그 실천방안은 소그룹활성화였다. 모래알 같은 직원들을 5명 단위의 소그룹으로 묶는 것이었다. 이 소그룹들에 '북한산', '눈과 귀 그리고 입' 등 이름이 붙여진다. 이러한 그룹만도 230개가 넘는다. 소그룹들은 초기 친목위주활동에서 개선안을 내는 수준으로까지 발전했다. 한 달에 150~160건씩 제안이 쏟아졌고 그 가운데 상당수는 은행경영에 반영하였다. 보증인 없이 서류 한 장만으로 신청당일 대출되는 '평화즉일대출'이나 봉급생활자를 위해 예금이자세금을 면제해 주는 '황금알저축통장'도 소그룹활성화의 결실이었다. 이 모임이 활성화될 경우 자발적으로 일을 찾아 하는 신바람단계까지 발전할 것으로 보고 있다.

평화은행은 행장실에 각종 제안과 제보를 받는 핫라인을 개설했다. 은행 안의 언로를 활성화하자는 취지였다. 행장만이 볼 수 있는 팩시밀리를 두고 말단행원도 은행장과 직접 통화할 수 있는 길을 터 주었다. 그러다 보니 각종 귀중한 제안과 정보가 행장에게 가감 없이 전달되었다. 평화은행이 후발은행 중 유일하게 조흥은행, 주택은행, 제일은행과 함께 고속도로 통행카드를 취급하는 4개 은행에 끼게 된 것도 핫라인 덕분이었다. 부산사상지점의 '오륙도' 소그룹에서 중요한 1급 정보가 올라왔다. 정부에서 곧 고속도로 통행권 취급은행을 선정할 계획이라는 것이었다. 행장은 곧바로 일을 추진하도록 지시해 다른 시중은행들을 보기 좋게 따돌릴 수 있었다.

후발은행이 살아남으려면 기존은행과는 다른 모습을 보여 주어야 한다. 공급자시장에서 수요자시장으로 바뀌어 가는 금융시장에서 경쟁력을 갖추려면 상품과 서비스, 점포운영, 의식, 마케팅 등 모든 점에서 달라야 한다. 1백년 관행으로 이어온 도장날인을 서명으로 대신한 것과 평화은행 각 점포가 각기 다른 형태와 색깔을 갖게 된 것도 이런 발상에서 비롯된 것이다. 평화은행의 이 같은 움직임은 조직의 활성화가 왜 필요한지를 가르쳐 준다. 이것은 세계화를 추진하고 있는 기업이 추구해야 할 공통의 과제이기도 하다.

기업성과에 크게 기여하는 성과지향의 기업문화는 기업환경에 적합하고 환경변화에 잘 적응해 나가는 기업문화로서 구성원들의 행동과 관리자들의 리더십, 그리고 최고경영층의 전략경영행동을 통하여 실제로 나타난다. 환경변화에 적응하지 못하는 기업체는 대체로 기업문화가 경직되어 있고 관료화되어 있으며, 구성원들의 행동에 있어서도 소극적이고 비모험적이며 의사소통과 정보유통이 마비되어 있는 것을 볼 수 있다. 그리고 획일적, 통제적, 집권적 체계 아래서 구성원들의 의욕, 열성, 창의성을 찾아볼 수 없는 것이 일반적인 특징이다.

이와는 달리 환경변화에 잘 적응해 나가는 기업문화의 특징은 구성원들이 적극적이고 모험적이며 의욕적이고 열성적이어서 전체적으로 조직체가 활성화되어 있다. 그리고 구성원들 간의 신뢰감과 협조정신이 강하고, 서로 개방적이고 의사소통도 잘되며 구성원들이 창의성을 강조하면서 무슨 문제라도 공동으로 해결해 나갈 수 있다는 자신감을 가지고 있다.

구성원들의 적극적인 행동은 고객과 구성원들 자신 그리고 회사를 강조하는 가치 중심 행동으로 나타나고 있다. 즉 성과가 높은 기업체에서는 성과가 낮은 기업체에 비하여 구성원들이 고객만족과 고객서비스를 더 중시하고 자신들의 자아실현에 더 많은 관심을 보이며 주주들을 위한 경제적 이익을 더 강조하는 경향이 있다.

고객을 강조하고 개인을 존중하며 주주의 경제적 이익을 중요시하는 구성원들의 가치 중심적 행동은 최고경영층에서 공유가치로 이념화되고 각 계층의 관리자 리더십 행동에도 직접적으로 반영되고 있는데, 여기에서도 역시 성과가 높은 기업체에서 공유가치의 이념화 정도와 관리자의 리더십 행동이 성과가 낮은 기업체보다 더 적극적으로 나타나 있다. 성과가 높은 기업체의 경영자는 성과지향적인 기업문화를 강화하고 이를 위해 나가는 데에도 적극적인 리더십 행동을 보이고 있다. 그들은 고객중심성과 개인존중 그리고 주주의 경제적 이익 중 어느 하나도 희생시키지 않고 세 가지를 모두 동시에 강조하면서 구성원들로 하여금 가치 중심 행동을 실제로 실천하도록 그들을 이끌어 나가고 있다. 그리하여 기업환경이 변하더라도 고객중심성과 개인존중 그리고 주주 이익에 대한 기본 가치는 변하지 않고 이를 계속 강조하면서 기업의 전략과 경영을 적절히 조정해 나간다. 이와 같이 환경변화에 적응하는 경영자의 역할도 성과가 낮은 기업보다 성과가 높은 기업에서 더 강하게 그리고 적극적으로 나타나고 있다. 따라서 성과가 높은 기업들이 강한 기업문화를 계속 유지해 나갈 수 있는 것이다.

지금은 가치창출시대다. 기업은 가치를 창출하는 사람끼리 모여 있는 곳이며 직장인이라면 가치창출을 위해 노력해 좋은 직장을 만들어야 할 책임을 가지고 있다. 윗사람에게 잘 보여 승진하고 사장한테 굽실거려 임원이 되는 시대는 지났다. 경영자는 소비자가 원하는 제품을 만들고 직장을 보람된 삶의 터전으로 가꾸며 이것의 계속된 재생산에 전력투구해야 한다. 기업도 새로운 기업의 창출을 통해 실업률을 줄이고 고용을 늘려 나가야 한다. 경영자는 이 작업을 수행함에 있어 보다 세계라는 안목을 가지고 일하고 인류의 복지를 위해 헌신하는 자세가 필요하다.

제26장 윤리경영과 업무윤리

1. 도덕성 발달과 도덕실천

숙종 때 군수 홍만회의 집에 희귀목인 종려나무가 있다는 말을 듣고 임금이 캐 오라 시켰다. 군수에게는 일생일대의 출세를 위한 호기가 주어진 셈이다. 한데 녹을 먹고 있는 외신으로서 초목을 바치는 것은 아부한다는 혐의를 못 면할 것이요 그렇다고 그것을 그대로 가질 수도 없다며 그 나무를 잘라 버렸다. 도리를 위해 임금의 분부마저 거절한 것이다. 이만한 도덕성은 어디서 오는 것일까.

"수천의 죄악의 잎들을 떨어뜨리기 위해서는 뿌리를 힘 있게 강타하라." 헨리 소로우(H. D. Thoreau)의 말이다. 고르바초프가 구소련을 개혁하기로 굳게 마음먹은 것은 한 운송기사의 태도 때문이었다. 기사 앞에 물건이 떨어져 있어 "왜 줍지 않느냐."고 물었다. 그러자 기사는 질문에 대해 기분 나쁘다는 태도로 아주 퉁명스럽게 이렇게 말하는 것이었다. "나는 운수책임만 맡았지 주울 책임은 맡지 않았습니다." 문제는 도덕성이다. 기업도 도덕과 윤리를 실천해야 하는 존재다. 만일 기업에 경영만 있고 도덕과 윤리가 없다면 그것은 모래 위에 집을 짓는 것과 같다.

1) 도덕성

도덕성(morality)이란 개인의 내재적 현상이라면 도덕(moral)은 다른 사람과의 관계에서 실현된 도덕성 또는 도덕성의 행동화라 할 수 있다. 도덕성을 갖추고 있는 사람은 도덕적 문제에 직면하여 도덕성을 실현함으로써 도덕적 인간이 된다.

프로이트학파에 따르면 오이디푸스 콤플렉스가 해체되면서 아이들이 아버지와 동일시하는 슈퍼에고의 형성과정에서 도덕성이 형성된다. 아이의 양심은 육체적 처벌보다는 부모들이 자기를 사랑하지 않게 될지 모른다는 불안을 통해서 더 강화된다.

행동주의학파에서는 강화와 모방의 복합작용을 통해 도덕심을 습득한다고 본다. 학습 이론가들은 방법론에서는 전통적 S - R이론의 입장을 지지하지만 이론적 차원에서는 프로이트 관점에 크게 영향을 받고 있다. 이 학파는 처벌과 보상, 모방과 내면화 개념을 통해 도덕성 발달을 이해하고자 한다. 동일시 개념을 이용할 경우 프로이트 이론에 크게 의존한다. 그들은 행동적 차원을 문제 삼고 도덕성의 특수 측면에 더 관심을 가지고 있으며 도덕성 발달에 환경적 요인을 주로 고려하고 있다.

인지학파는 도덕성의 인지적 차원을 관심대상으로 한다. 도덕성의 보편적 측면에 관심을 두면서 자연적 지능발달에 따른 도덕성 형성 문제를 다루고 있다. 피아제와 콜버그 등 도덕발달이론가들은 이 학파에 속한다. 피아제는 아이들의 도덕관 형성은 지능성장과정에서 자연히 발달하며 어른의 역할이 중요하지 않다고 본다. 콜버그는 상징적 상호교섭학파의 역할담당개념을 통해 도덕성의 개인차를 설명하기도 한다.

2) 피아제의 도덕발달단계

피아제(J. Piaget)는 어린이의 도덕성 형성과정 연구를 했다. 그는 도덕적 판단이 나이에 따라 변화한다고 주장했다. 즉 타율적인 데서 자율적으로, 절대적 인식에서 상대적 인식으로 바뀐다. 어린이는 처음에 도덕규범을 신성불가침한 것으로 보게 되지만 성숙하면서 차츰 융통성 있는 관점으로 변환된다. 처음에는 도덕규범이 권위자가 외부적으로 부과한 것으로 신성하고 변경할 수 없는 것으로 간주한다. 그러나 성장하면서 도덕규범도 다수 인간의 필요에 따라 융통성 있게 변경할 수 있는 것으로 간주한다. 융통성 없이 엄격한 관점에서만 도덕을 보던 데서 점차 융통성 있는 모습으로 변하는 것이다. 그는 이것을 타율적 도덕성과 자율적 도덕성으로 구분하고 있다.

타율적 도덕성(heteronomous moral judgment) 단계에는 대략 4～8세쯤의 어린이들에서 흔히 볼 수 있다. 4세 이전의 어린이들은 구슬놀이처럼 규칙이 있는 게임을 할 때 단순히 구슬을 잡고 만지는 쾌락을 추구할 뿐 게임의 승패나 또래와의 협동에 관심이 없다. 그러나 4세 이상이 되면 타율적 도덕성의 단계에 접어들어 규칙에 대한 관심과 존경심이 커진다. 그러나 그들은 규칙을 고정된 것, 신성불가침한 것, 어른 권위자가 만들어 준 것으로 생각하고 그것을 기계적으로 준수하려 한다.

이 단계의 어린이들은 타인의 규범에 의존하여 도덕적 판단을 한다. 특히 어른의 권위에 강제적 규제를 받으며 성인의 권위를 무조건적으로 존중하게 된다. 착한 행위는 어른의 명령에 무조건 복종하는 행위로 간주한다. 인지적으로 미성숙하여 외적으로 부과되는 규칙들을 절대적 법칙으로 간주한다. 이 어린이들은 융통성 없이 엄격한 관점에서 도덕규범을 보고 있다. 도덕규범은 권위자가 외부적으로 부과하는 것, 신성한 것, 변경할 수 없는 것으로 간주한다. 행동의 판단도 객관적 결과를 중시하며 주관적 의도를 무시한다. 정의구현도 피해자에게 보상을 해 주기보다 맹목적인 처벌을 통해서만 가능하다고 생각한다. 타율적 도덕성이 도덕적 사실주의에 입각해 있다는 것은 이 때문이다.

자율적 도덕성(autonomous moral judgment) 단계에는 대략 10세 이상의 어린이들이 속해 있다. 이 단계에서는 자기 자신의 규범에 준해서 옳고 그른 것을 판단하며 서로의 입장을 존중한다. 어린이들이 10세 이상이 되면 상당한 정도로 인지가 발달하여 어른의 감시와 제약도 축소된다. 이 단계에 접어든 어린이들은 또래들과의 상호작용도 많아지고 도덕적 추론의 질도 타율적 도덕성 단계에서 자율적 단계로 전환된다. 이 단계의 어린이들은 또래들과의 말다툼, 불화 등 사회적 경험의 과정에서 자기중심성이 줄어들게 되며, 사람들마다 어떤 행동이 옳고 그름을 알 수 있게 되고, 어떤 행동에 대한 시비를 판단함에 있어서도 객관적 결과가 아니라 주관을 가지고 판단하게 된다.

그들은 또한 또래들과의 상호작용을 하면서 갈등이 발생할 때 서로 유익한 방향으로 해결하는 방법을 학습하고, 협동적 사회관계의 조직 원리로서 상호성(reciprocity)의 의미를 깨닫게 된다. 상호성에는 '남이 나에게 무엇을 해 주기를 바라기 전에 먼저 남에게 해 주라.'는 황금률에 입각해 다른 사람의 복지를 먼저 생각하는 뜻이 담겨 있다. 그들은 규칙을 고정되고 변경할 수 없는 것으로 보지 않으며, 많은 사람의 뜻에 따라 사회적으로 조정될 수 있는 것으로 본다. 심리적이고 상대적이며 소속집단의 합의에 따라 변경이 가능한 도덕률을 갖고 있다. 어른의 권위에 대한 무조건적인 복종은 더 이상 도덕적 행동의 근거가 되지 못한다. 벌은 만인에게 평등하게 적용되어야 하며 공정하게 분배되어야 하는 것으로 여겨진다. 정의의 실현은 맹목적인 처벌보다는 손해에 대한 보상으로 더 잘될 수 있다고 생각한다.

3) 콜버그의 도덕발달단계

콜버그(L. Kohlberg)는 피아제의 도덕발달단계를 보다 정교하게 구체화시켰다. 그는 온갖 직업, 지적 수준 등을 가진 수천 명의 피험자들의 반응을 통해 인간에게는 넓게 세 가지의 도덕발달수준이 있으며 이들 각각은 두 개의 단계로 구성된다는 것을 알아냈다. 따라서 모두 여섯 단계가 있다. 그는 이 단계들이 보편적이며 어느 문화에서나 모두 적용된다고 주장했다. 도덕은 거의 예외 없이 여섯 단계를 거쳐 발달하지만 일생동안 가장 높은 수준의 도덕발달단계에 이르는 사람도 있고 그렇지 못한 사람도 있다.

그는 도덕적 딜레마가 있는 가상적 이야기를 10~16세 어린이들에게 들려주고 그에 대한 반응을 검토한 후 도덕발달단계를 구분했다.

가상적 이야기는 유럽의 한 마을에 사는 하인즈(Heinz)라는 사람이 암에 걸려 거의 죽어 가고 있는 아내를 보고 어쩔 줄 몰라 하는 것으로 시작된다. 의사가 그녀를 살릴 수 있는 특효약을 말해 주었다. 그것은 그 마을의 약제사가 최근 발명한 라듐계통의 약이었다. 약제사를 찾아갔으나 그는 약의 제조원가의 10배가 되는 2천 달러를 요구했다. 하인즈는 천신만고 끝에 천 달러를 빌려 약제사에게 가져갔다. 천 달러가 모자라므로 약값을 깎아 주거나 나중에 갚게 해 달라고 간청했다. 그러나 그는 거절당했다. 절망하던 그는 아내를 위해 약제사의 가게에 들어가 그 약을 훔치고 만다.

콜버그는 이 이야기를 들려 준 뒤 하인즈가 약을 훔친 행동을 옳다고 볼 수 있는가, 누군가를 죽게 하는 것과 훔치는 것 가운데 어느 쪽이 더 나쁜가, 만약 남편이 아내를 사랑하지 않는다고 하면 훔쳐야 하는가, 만약 하인즈가 잡혀 재판을 받게 된다면 판사는 어떻게 형을 선고해야 하는가 여러 질문을 던졌다. 그는 그 질문에 대한 반응을 분석하고 다음과 같이 도덕적 판단의 유형을 3수준 6단계로 구분하였다.

콜버그의 도덕발달 3수준 6단계

수준	단계	특징
Ⅰ수준: 인습 이전수준	단계 1: 처벌과 복종지향	복종 – 불복종
	단계 2: 욕구충족지향	쾌락적 자기관심
Ⅱ수준: 인습수준	단계 3: 대인관계에서의 조화지향	착한 아이 평판
	단계 4: 법과 질서지향	법, 의무, 권위존중
Ⅲ수준: 인습 이후수준	단계 5: 사회계약정신지향	사회적 계약
	단계 6: 보편적 도덕원리지향	개인적 양심

Ⅰ수준은 인습 이전수준(premoral/conventional level)으로 처벌과 복종지향단계와 욕구충족지향단계 등 1, 2 단계가 있다.

1단계는 처벌과 복종지향(obedience orientation)이다. 이 단계에서 어린이는 처벌을 피하기 위해 규범에 순종한다. "아이는 나쁜 짓을 하지 말아야 해. 그래야 문제가 없어. 아니면 처벌을 받게 돼."라는 말이 행동에 영향을 미친다. 행위의 결과가 가지는 보다 광범위한 의미와는 관계없이 행위의 구체적인 결과에 의해 좋은 일인지 올바른 일인지를 결정한다. 이 단계의 아동의 도덕적 기준은 외부적인 것이다.

하인즈 사건에 있어서 약의 생산자는 많지 않으므로 훔친 행위는 정당하다고 본다. 그러나 하인즈는 붙잡혀서 투옥될 것이므로 훔친 행위는 부당하다.

2단계는 단순한 수단적 헤도니즘에 입각한 욕구충족지향(hedonism orientation)
이다. 이 단계에서는 보상을 받기 위해 규범에 순종한다. 욕구를 만족시키
고 이익과 보상을 얻을 수 있는 일이 정당하다고 본다. 상호 호혜적인 면도
있으나 자기중심적이고 조작적이며 시장원리에 입각해 있다. '네가 내 등을
긁어 주니 나도 네 등을 긁어 준다.'는 식이다. 타인에게 베푼 좋은 일은
나에게 다시 되돌아온다고 본다. "내가 이 친구하고 내 장난감을 가지고 놀
면 나도 그 친구의 장난감을 가지고 놀 수 있을 거야."

하인즈 사건에 있어서 부인이 약을 필요로 할 뿐 아니라 하인즈가 그녀
의 동반자이기 때문에 정당하다. 그러나 하인즈가 감옥에서 나오기 전에 부
인이 죽을 것이므로 그의 행동은 부질없는 짓으로 간주된다.

Ⅱ수준은 인습수준(morality of conventional rule – conformity)으로 대인관
계에서의 조화지향단계와 법과 질서지향의 3, 4 단계가 있다. 이 단계에서
는 사회적 규범에 대한 아이들의 내면화 현상이 일어난다.

3단계는 대인관계에서의 조화지향(good boy, nice girl orientation)이다. 이
단계에서는 다른 사람으로부터 칭찬을 받기 위해 규범에 순응한다. "나는
엄마, 아빠한테 자랑스러운 사람이 되고 싶어.", "그 친구도 나를 좋아할 거
야." 좋은 행동은 다른 사람을 만족시키는 일이다. 이 단계에서는 다른 사
람의 인정을 받고 비난을 피하는 데 관심을 가진다. 행동은 의도에 의해 판
단된다. 도덕적으로 좋은 사람이란 덕을 갖춘 사람이라고 생각한다. 따라서
'good boy, nice girl'처럼 언제나 좋은 사람일 것을 강조한다.

하인즈의 행위는 부인을 돌보는 일이고 그것은 이기적이 아니므로 훔친
행위는 정당하다고 본다. 그러나 하인즈가 가족에게 불명예스러운 일을 했
음을 생각하며 불쾌할 것이고 가족도 그를 창피하게 생각할 것이다.

4단계는 법과 질서지향이다. 사회적, 정책적, 종교적 규율, 법, 의무, 권위
에 순종적이다. 합법적 권위로부터 제재받는 것을 피하고 죄의식을 갖지 않
기 위해 규범에 순응한다. "법을 어기면 혼란이 올 거야." 개인은 사회적
관습과 규칙을 맹목적으로 수용한다. 자신의 의무를 다하는 것을 강조한다.
사회적 질서를 유지하기 위해 권위에 존중할 것을 강조한다.

하인즈가 훔치지 않았으면 부인의 죽음에 대해 책임져야 하므로 훔친 행위는 정당하다. 그러나 하인즈는 법을 어겼으므로 훔친 행위는 부당하다.

Ⅲ수준은 인습 이후수준(postconventional morality of self-accepted moral principle)으로 사회계약정신지향과 보편적 도덕원리지향의 5, 6 단계가 있다.

5단계는 사회계약정신지향(legalistic orientation)이다. 동등과 상호의무를 지향한다. "우리는 가능한 한 규칙을 지켜야 해." 계약적, 민주적 도덕관을 가진다. 집단의 전체이익을 도모하고, 일반적 타자로부터 긍정적 평가를 받기 위해 행동한다. 법의 목적은 인간의 권리를 보장하기 위한 것이라 믿는다. 도덕적 행동이란 지역사회의 복지에 필요한 법을 준수함에 있어서 개인들이 합의하는 것에 근거한다. 사회복지 지향적이다. 그러나 법은 사회적 계약이므로 생명이나 자유와 같은 기본적 권리가 침해되지 않는 한 수정될 수 있다.

하인즈 사건에 있어서 법을 준수함으로써 개인이 생명을 빼앗기는 경우에 대한 법은 없으므로 훔친 행위는 정당하다. 그러나 다른 사람들도 절실하게 약을 필요로 했을 수 있으므로 그의 행위는 부당하다.

6단계는 보편적 도덕원리지향(universal, ethical orientation)이다. 개인적 양심에 입각한 도덕성이 강조된다. 자기양심에 부끄럽지 않기 위해 순응한다. 도덕성은 양심적 결정이며 내면화된 생각으로서 만약 어긴다면 자기비난과 죄악을 초래한다. 개인은 십계명과 같은 구체적 규칙이 아니라 인간권리의 평등, 황금률, 인간권위의 존중 등의 추상적 개념에 근거하여 스스로 선택한 도덕적 원리를 추종한다. 정당하지 않은 법은 광범위한 도덕적 원리에 위배되므로 지키지 않아도 괜찮다.

부인이 죽도록 내버려 두었다면 하인즈는 자신의 양심의 기준에 따라 사는 것이 아니므로 훔친 행위는 정당하다. 그러나 하인즈가 훔친 것은 자신의 양심의 기준에 따라 산 것이 아니므로 부당하다.

콜버그의 이론은 20여 년간에 걸친 방대한 종단 연구를 통해 얻어진 것으로 높은 평가를 받고 있다. 그는 이러한 도덕성 발달 단계에 있어서 개인별 차이가 있음을 인정했다. 그리고 미드(G. H. Mead)의 역할담당 개념을 도덕형성과정에 도입하기도 했다. 그러나 그의 이론은 다음과 같은 문제점을 가지고 있는 것으로 평가되고 있다.

첫째, 그의 연구는 10세 이상의 아동기, 청소년기, 성인기의 발달을 밝히는 데 중점을 두고 있다. 따라서 10세 이하 초등학교 어린이들의 도덕발달을 설명하기에는 적절치 못하다.

둘째, 콜버그가 사용한 하인즈 이야기는 성인이 되어 결혼한 남편과 아내의 관계를 배경으로 하고 있어 10대의 일상생활과 거리가 멀다. 따라서 그것을 가지고 어린이들의 도덕발달 단계를 측정한다는 것은 적합지 않다.

셋째, 하인즈 딜레마에서 도덕적 행동은 아내에게 약을 훔쳐 먹이는 행동이다. 도덕적 행동을 하려면 금지적 요소, 곧 법, 재판, 처벌 등의 문제에 일차적으로 부딪친다. 어린이의 도덕발달 단계는 금지적 요소가 강할수록 낮은 것으로 측정되며, 금지적 요소가 약할수록 높게 측정된다(Siegler, 1986).

4) 도덕성 발달과 도덕적 행동

도덕성은 개인의 내재적 현상일 뿐이다. 이것이 대인관계를 통해서 도덕적 행동으로 나타나지 않으면 아무런 의미가 없다. 따라서 도덕적 인지의 발달을 도덕적 행동의 발달로 전환시키지 않으면 안 된다.

도덕성을 도덕적 행동으로 전환시키기 위해서는 공감, 동정심, 죄책감, 수치심 등 정서들이 개입된다. 이러한 정서들이 작용되어 규범에 따라 행동하게 된다. 특히 공감과 죄책감은 도덕적 행동의 동기화에 도움을 준다.

공감(empathy)은 다른 사람의 감정 상태를 알아내고(인지적 요소) 그와 비슷한 정서적 반응을 하는 것(정서적 요소)을 말한다. 공감적 반응을 하는 사람은 다른 사람의 기쁨과 고통에 동참하여 함께 웃고 함께 운다. 다른 사람의 고통이나 불편함을 알고 자기도 같은 감정을 가질 때 다른 사람을 돕고 위로하는 이른바 도덕적 행동이 동기화된다. 공감능력(empathic capacities)을 가진 사람들은 그렇지 못한 사람보다 공격적 행동에 덜 가담하고, 남을 돕는 행동, 남과 나눠 갖는 행동 등 친사회적 행동(prosocial behavior) 성향이 강하다.

(1) 총체적 공감: 생후 약 1년 동안의 유아는 아직 자신의 감정과 다른 사람의 감정을 명확하게 구분하지 못하기 때문에 다른 사람의 고통을 보고 반응할 때 강렬하고 순진한 감정을 총체적으로 표현한다. 다른 어린이가 높은 곳에서 놀다 떨어져 몸을 다친 것을 보고 눈물을 흘리며 엄마의 무릎에 얼굴을 파묻는 것은 그 보기이다. 물론 유아 모두가 이런 행동을 하는 것은 아니다.

(2) 자기중심적 공감: 다른 사람들도 그들 나름의 독립된 존재이며 나름대로 불행을 느낄 수 있는 존재라는 사실을 깨닫게 된다. 나아가 다른 사람의 불행감정들이 나의 관심과 구원을 필요로 할지 모른다는 사실을 감지한다. 그러나 그런 생각을 효과적 행동으로 옮기지는 못한다. 울고 있는 친구에게 자기 엄마를 데리고 가서 위로해 주도록 하거나 불행에 처한 사람을 보고 담요나 인형을 주며 위로하려는 것이 그 보기에 속한다. 이러한 행동은 친절한 것이기는 하지만 해결책이 되지는 못한다. 전자의 경우는 자기 자신의 필요를 친구에게 투사한 것으로 인지적 자기중심성을 반영한 것이다.

(3) 타인감정에 대한 공감: 2세 말쯤의 어린이는 다른 사람의 감정과 자기감정을 확실하게 구분하여 파악한다. 그 후 나이를 한두 살씩 먹어 가면서 상황에 대한 반응이나 조망도 사람마다 다를 수 있음을 인식하게 된다. 이런 인식을 통해서 어린이는 다른 사람의 고통에 적절히 반응을 할 수 있게 된다. 어떤 사람이 불행에 처해 있지만 아무런 도움을 받지 못하는 것을 보고 그 사람을 위로해 주려다가 멈칫한다. 그 사람의 자존심이나 사생활을 건드리지 않고 도울 수 있는 방법을 찾기 위해서다. 다른 사람이 당하는 고통의 진짜 원인을 찾기 위해 자신의 입장과 다른 사람의 입장을 바꿔 생각하면서 타인의 필요를 객관적으로 평가할 수 있는 단계에 와 있다.

(4) 타인의 생활여건에 대한 공감: 사춘기에 접어들면 일반적으로 불우한 환경 속에서 살아가는 사람들을 향해 새로운 방향의 공감이 생겨난다. 관심 범위는 특정인들에 한정되지 않고 불우한 사람들이 살아야 하는 일반적인 상황들 속으로까지 관심을 확대한다. 이 단계에서는 빈곤한 사람들, 지체가

부자유한 사람들, 사회적으로 불우한 계층이 처한 곤경에 대해 공감하기 시작한다. 이 새로운 민감성은 이타적 방향으로 자신을 이끌게 된다.

공감은 정서적인 반응으로 자기 자신의 형편에 맞추어 반응하는 것이 아니라 다른 사람의 형편에 맞추어 반응하는 것이다, 그 결과 도덕적 행동을 동기화하는 요인이 된다.

정통 프로이트학파는 죄책감을 오이디푸스 상황의 산물로 보고 그것에서 근원을 찾는다. 정통 프로이트적 죄책감은 과거의 억압된 적대적 충동들과 관련되는 죄책감이다. 조직에서 강조하는 죄책감은 프로이트적 죄책감보다는 대인관계 죄책감이다. 도덕적 행동을 동기화하는 정서로서의 죄책감은 후기프로이트 학파에서 말하는 대인관계 죄책감이다.

죄책감은 공감처럼 대인관계 상황에서 경험되기 때문에 그 성질이 심리적이기도 하지만 그에 못지않게 사회적이기도 하다. 다시 말해서 죄책감이나 공감은 사람들이 일상의 문제들을 해석, 협상할 때 발생한다. 공감적 반응은 누군가가 다른 사람의 고통을 받아들일 때 발생하며, 죄책감 반응은 부당하게 다른 사람을 가해한 사람이 그에 대한 책임감을 받아들일 때 발생한다. 다른 사람의 감정에 대해 어떤 의심이 있을 경우 공감이 성립될 수 없다. 마찬가지로 죄책감도 다른 사람에게 해를 주고서 그에 대한 책임감을 받아들이지 않을 경우 성립되지 않는다.

대인관계 죄책감은 발달과정에서 공감과 밀접하게 연관되어 있다. 공감처럼 대인관계 죄책감도 다른 사람의 고통에 대한 불안의 감정이다. 자기 자신이 어떻게 해서 다른 사람에게 고통을 야기했는가를 감지하게 될 때 공감적 불안이 죄책감으로 변한다. 자기 자신이 다른 사람의 고통을 예방하지 못했다고 느끼거나 다른 사람이 고통당하는 데 자기 자신이 충분한 위안을 주지 못했다고 느낄 때 간접적이나마 죄책감이 발생하게 된다.

이것을 볼 때 공감은 대인관계 죄책감의 전제조건이며 두 가지 모두 다른 사람의 고통에 대한 지각에 근원한다는 것을 알 수 있다. 그러나 죄책감의 경우 그 속에 개인적 책임이 개재된다는 점에서 특색이 있다. 이 책임은 고통스런 일에 대한 인과적 자책의 형태를 취한다. 인과관계의 개념은 어려운 개념이기 때문에 죄책감이 더 발달하려면 인지적으로 성숙되어야 한다. 유아가 인과관계를 이해하기 어려운 것은 이 때문이다. 따라서 죄책감도 단계적으로 발달된다는 것을 알 수 있다.

지금까지 도덕적 행동을 내부적으로 동기화되는 도덕적 정서들을 살펴보았다. 도덕적 행동의 원동력으로서는 내적 동기와 같은 개인내부의 구속력이 필요하다. 그러나 다른 한편으로는 개인 외부에서 도덕적 행동을 요구하는 사회적 영향도 중요하다. 그런 사회적 영향으로서는 가정, 학교, 직장 등 여러 관련환경을 들 수 있다.

5) 도덕성과 성숙성

미국 상원의원 로버트 버드가 한국인 차량을 들이받은 뒤 의원의 면책특권을 행사하지 않고 재판을 받아서 화제가 되었다. 그는 워싱턴 근교 페어팩스 카운티에서 캐딜락을 직접 몰고 가다 한국인 크리스 리의 밴 뒷부분을 들이받았다. 이어 그는 딱지를 떼이고 인근 파출소로 연행되었으나 카운티 당국은 '의원들은 반역, 중죄, 치안방해를 제외하고는 회기 중 의사당을 오가며 발생한 모든 사건에서 체포되지 않는다'는 면책특권 헌법조항을 적용하여 그를 석방하였다.

그러나 헌법학자인 버드 의원은 생각을 바꿨다. 보좌관을 보내 딱지를 다시 받아 온 그는 교통법규 위반사범 재판소에 출두했다. 혼잡한 법정 의자에 조용히 앉아 있는 그는 차례가 돌아오자 혐의사실을 묻는 판사에게 "이의 없다."고 대답했다. 담당판사는 "이번과 같은 사고는 보통 벌금 50달러를 부과하지만 초범인데다 '유죄 또는 이의 없음'을 인정했기 때문에 관례상 벌금유예를 선고한다."고 밝혔다. 버드는 이 재판에서 30달러의 법정비용을 납부했고 처음으로 4점의 교통벌점을 받았다.

1958년 이후 줄곧 상원의원에 당선되어 온 버드 의원은 미 의회 역사상 임기 6년의 상원직에 7번 당선된 세 사람 중 한 사람이다. 원칙에 철저한 성격 때문에 미 상원에서 '어른'이자 '양심'으로 통한다. 도덕성은 바로 성숙한 양심을 만날 때 더욱 빛이 난다.

6) 간디의 망국론

간디는 나라를 망치게 하는 사회의 큰 죄악으로 7가지를 들었다. 1930년대의 인도의 현실을 두고 한 말이지만 언제나 우리가 깊이 새겨들어야 할 말이다.

(1) 원칙 없는 정치: 정계는 여간 어수선하지 않다. 어느 쪽에 붙어야 살아남겠느냐며 용하다는 점쟁이들을 찾아다니는 정치인들의 마음속에는 이념이나 신념 같은 것이 끼어들 여지가 없다.

(2) 도덕 없는 상업: 사람은 돈을 벌기 위해 장사를 한다. 그러나 염치없이 수단방법을 가리지 않고 돈만 벌면 되는 것이 아니다. 돈을 벌 때 지켜야 할 윤리가 있고 사회에 대한 책무가 있다. 돈이 소중한 것은 돈으로 사회에 유익한 일들을 할 수 있기 때문이다. 서울대학병원에 가난한 사람을 위해 써 달라며 10억을 기탁한 김선용 할머니는 "이제야 돈을 왜 벌어야 하는지 알게 되었다."고 했다.

(3) 노동 없는 부: 땀을 흘리며 모은 부라야 떳떳할 수 있고 가치가 있는 것이다. 또 모든 사람이 그렇게 땀을 흘리며 돈을 모을 때 사회가 밝아진다. 땅 투기, 이권매매, 탈세 등으로 재산을 불리는 사람이 늘어나면 나라 전체가 부패해진다.

(4) 인격 없는 교육: 참다운 교육은 차가운 두뇌만이 아니라 따뜻한 가슴을 기르는 것이다. 그것은 제도만 바꿔 나간다고 되는 것이 아니라 무엇을 어떻게 가르치고 어떤 인간을 만들어 내느냐에 투철한 이념이 앞서야 한다. 건전한 비판능력이 거세된 채 기술과 지식만이 머리에 들어간 이른바 신지식인들만으로는 우리들의 앞날을 태운 배가 올바르게 항해할 수 없다.

(5) 인간성 없는 과학: 과학은 인간이 행복한 생활을 누릴 수 있게 하기 위해 있다. 그런 과학이 개발을 앞세워 가며 생활환경을 오염시키고 오존층을 파괴하고 있다. 지금 과학은 인도보다 차도를 앞서 생각하고 있는 것이다.

(6) 양심 없는 쾌락: 모든 사람이 간디처럼 금욕주의를 지킬 필요는 없지만 절도를 벗어날 때 사회는 타락하게 된다.

(7) 희생 없는 신앙: 이것은 신앙인들이 겉으로만 희생의 미덕을 노래할 뿐 자기희생의 정신을 망각한 위선을 꾸짖은 말이다.

2. 윤리경영

윤리경영이 기업의 경쟁력으로 인식되고 있다. 왜 윤리경영인가? 그 이유는 여러 가지다. 첫째, 윤리경영이 기업의 생존에 필수적이기 때문이다. 회계부정, 납품비리 등 윤리경영을 하지 않는 기업과 근로자는 언제든지 위기를 맞을 수 있는 반면 윤리적 경영을 한 기업은 초우량기업 및 핵심인재로 거듭나고 있기 때문이다. 둘째, 기업 및 근로자의 경쟁력이 강화되기 때문이다. 윤리경영은 노사 간 높은 신뢰로 영속적 기업을 보장하고 이를 통해 근로자의 일자리를 창출한다는 것이 선진기업의 경험이다. 셋째, 윤리경영이 조직에 대한 자긍심과 직무만족도를 높인다. 이직률을 낮추는 등 근로자의 동기부여 수단으로도 효과적이다. 이런 점에서 볼 때 기업은 윤리경쟁력을 높여 기업윤리는 물론 사회윤리의 인프라를 구축하는 데 힘써야 한다.

많은 기업에서 윤리경영 선포와 함께 윤리경영 도입의 필요성과 추진의 공감대가 널리 확산되고 있다. 구미에서는 이미 1980년대부터 윤리경영이 강화되었다. 포춘 500대 기업 중에서 90% 이상이 윤리경영 시스템을 구축하고 있을 만큼 윤리경영은 새로운 글로벌 기준으로 자리하고 있다. 특히 미국 엔론사의 분식회계 사건 이후 기업의 도덕성이 크게 중시되고 있다. 국제표준기구(ISO)와 윤리임원협의회(EOA)는 기업윤리경영 표준안을 만들어 국제 표준화하는 작업을 추진하고 있다.

AT&T, 듀폰, 존슨 앤 존슨 등 신뢰를 받고 있는 기업들은 리더의 윤리경영을 개인윤리뿐 아니라 조직윤리에 연결시키고, 경영자 교육에서도 윤리적 이슈들을 부각시켜 교육해 왔다는 점에 있다. 리더가 윤리경영의 필요성과 실천과제를 인지하고 그것을 조직의 공유가치로 삼을 때 조직은 윤리적으로 발전할 수 있다.

GE의 크론톤빌 리더십 센터의 리더십 개발 프로그램 중 가장 핵심적인 경영자 리더십개발 프로그램으로 BMC(Business Manager Courses)가 있다. 이 코스에서는 4박 5일의 교육 중 15% 이상을 경영전략에서 윤리경영의 실천이 얼마나 의미 있고 중요한가를 가르치고, 그 실천정도를 매년 인사평가의 주요항목으로 활용하고 있다. GE혁신이 성공하게 된 이유 가운데 하나도 바로 핵심인력에 대한 윤리경영과 리더십 통합이 성공했기 때문이다.

우리나라의 경우 삼성, LG, 신세계 등 일부 기업들 중심으로 윤리실천 매뉴얼, 공개 및 전자입찰제 등 상세한 윤리기준을 만들어 운영하려는 노력을 하고 있다. 해태제과는 '명예로운 해태인으로 거듭나자.'는 제목의 윤리경영 선포식을 가졌다. 해태는 윤리경영 선포가 상징적 의미에 그치지 않도록 하겠다며 임직원과 거래처에 대해 일체의 불평등과 차별부터 없애겠다고 했다. 삼성SDI도 고객의 의견을 존중하고, 협력업체와 거래할 때 일체의 부정을 저지르지 않겠다는 윤리강령을 선포했다.

손해보험 업계에서는 업계의 고질적 리베이트 근절을 위해 나섰다. 동양화재의 경우 임직원 윤리교육을 직접 실시하고, 리베이트 근절을 촉구하는 서한을 전 직원에게 발송했다. 대한화재도 매주 3회 사내방송을 통해 임직원 의식교육을 실시하고 있으며, 제일화재도 모집 질서 위반자에 대해서는 엄격한 징계조치를 하도록 했다.

대한항공은 감사실 내부에 내부 비리 고발 창구를 신설했고, LG상사는 모든 임직원이 입사할 때 윤리규범을 준수하겠다는 서약서를 작성하고 있다. 롯데쇼핑도 총 6장 20개조의 윤리행동 준칙을 만들어 협력회사와 거래 때 금품을 요구하는 일이 생기면 대표이사 전용 이메일을 통해 신고하는 시스템을 구축했다. 코오롱상사는 접대는 1인당 2만 원에 총액 5만 원으로 한다는 등의 윤리지침을 시행하고 있다. 전경련도 미국에 윤리경영 시찰단을 파견한 데 이어 윤리경영을 강화하고 있다. 정부가 윤리경영에 앞장 선 기업에 대해서 민·형사상 각종 책임을 경감해 주고 조달 사업에서 혜택을 주면 더욱 확산될 수 있다. 그러나 그런 혜택이 없다 할지라도 스스로 윤리경영에 앞장선다면 그 기업의 가치와 이미지는 크게 높아질 것이다.

기업경영에 윤리 개념을 도입하는 윤리경영이 기업들 사이에 빠르게 확산되고 있다. 인터넷으로 기업정보가 전 세계에 신속하게 전파되면서 기업윤리가 새로운 경쟁력 요소가 되고 있다. 여러 기업윤리 실태조사에 따르면 기업윤리헌장을 보유하고 있는 기업이 매년 증가하고 있다. 삼성의 경우 핵심인재 선발에서 도덕성을 선발요건으로 추가하였다. 그러나 우리 기업은 분식회계, 불법정치자금 제공 등 불투명한 경영으로 인해 기업 신뢰도에 많은 문제점을 안고 있다.

윤리를 강조해 온 우리 사회가 이제야 윤리경영을 말하기 시작했다는 것은 문제가 아닐 수 없다. 우리에게 서구식의 윤리강령이나 시스템이 없었다기보다 세습적인 경영풍토나 성장 위주의 경영전략에만 너무 몰두한 나머지 윤리경영의 중요성을 간과해 온 것이 아닌가 생각된다.

한국 기업들이 어려운 경영환경을 극복하고 진정한 의미에서의 윤리경영을 실천하기 위해서는 윤리강령제정, 지속적인 세부지침 교육, 홍보, 내부고발제도, 사례연구, 정보공개, 상벌제도에 반영 등 많은 제도적 해결책이 제시될 수 있다. 그러나 제도적 해결책보다 더 중요한 것은 훌륭한 경영자와 리더들을 배출하고 이들로 하여금 윤리경영을 실천하는 경영풍토를 조직 내에 확산시키는 것이 중요하다. 그리고 윤리경영을 기업의 핵심전략으로 삼아야 한다.

포춘지 조사에 따르면 투명경영을 하는 기업일수록 일하기 좋은 기업으로 선정되고, 영업이익이 높게 나타난다. 노사 모두는 경영성과와 가치를 높이기 위해 윤리경영을 추구할 필요가 있다. 경영자는 원활한 의사소통, 경영설명회 개최, 부패방지 및 공정거래 등 현장에서 기업윤리를 직접 실천한다. 근로자는 평생학습, 정직, 성실 등 건전한 근로윤리를 확립해 나간다. 리 스콧 월마트 회장이 말하는 임직원에 대한 육성, 관리, 보상의 기본철학은 다음과 같다. "월마트에서 성공하려면 다른 임직원을 존중할 줄 알아야 한다. 또 고객을 자기 상관처럼 대해야 하고 자신의 임무를 향상시킬 수 있어야 한다. 월마트 임직원은 정직하고 금전적으로 깨끗해야 한다. 이런 조건을 갖춘 사람이라면 월마트에서 하고 싶은 일을 마음껏 이룰 수 있다."

3. 기업의 윤리 리더십

신세계의 윤리점수제

신세계의 할인점 이마트 대표는 사회복지관을 방문하고, 혼자 사는 노인들의 말벗으로 봉사했다. 신세계 푸드시스템 대표는 임직원들과 함께 장충단공원 산책로 주변을 말끔히 치웠다. 분초를 다투며 일하는 최고경영자들이 이처럼 사회봉사활동에 직접 나선 것은 신세계가 계열사 CEO평가 때 윤리점수를 10% 반영하기로 했기 때문이다.

신세계는 그동안 매출과 수익 등 영업성적을 CEO 평가의 중점 항목으로 삼아 왔다. 그러나 지금은 협력회사 만족도, CEO의 사회공헌실적, 임직원 부정 및 부실건수, 회사 이미지 관련 언론보도 등을 종합적으로 평가한 윤리경영 실천내용을 CEO 평가에 포함하기로 했다. 일례로 협력회사 만족도는 '당사 임직원에게 금품 또는 향응을 제공한 적이 있는가.', '신세계의 대금결제 처리 수준에 만족하는가.' 등 설문을 협력업체 임직원들에게 던져 그 결과를 평가해 점수를 매긴다. 특히 금전과 관련된 직원들의 비리는 해당 CEO 평가에 큰 마이너스 요인으로 작용한다. 계열사 경영 실적이 대부분 좋을 경우 영업실적만으로는 계열사 간 우열을 가리기 어려워 윤리경영 점수가 CEO 평가에 결정적 영향을 미치고 있다.

3M

종합 제조업체인 3M은 엄격한 윤리경영 실천으로 유명하다. 아프리카에서 현지 경찰이 교통위반을 했다면 외국인을 붙잡고 뒷돈을 요구하다가 그 사람이 3M 직원인 것을 알고 나면 '재수 없다'며 떠난다고 한다. 이것은 3M 직원들이 즐겨 얘기하는 일화다. 3M은 정교한 윤리경영 매뉴얼을 가지고 있다. 전 세계 3M 직원들은 회사의 윤리규정에 따르겠다는 서명을 했다. 규정의 몇 가지 보기는 다음과 같다. 3M 윤리규정은 웬만한 법률보다 더 엄격하며 이를 어기면 원칙대로 처리된다.

- 규정에는 정부 관료에 대한 접대, 선물은 지위고하, 횟수, 양에 관계없이 금지된다.
- 부당 취득의 3배에 해당하는 벌금을 회사에 낸다.
- 사업과 관련해 상대방에게 연간 50달러 이상의 금품이나 향응을 제공할 수 없다. 다만 커피와 도넛은 제외된다.

존슨앤드존슨

존슨앤드존슨은 1943년 미국 기업윤리 강령의 원조라는 '우리의 신조'(Our Credo)를 제정했다. 내용은 4가지다. 이것은 오랜 윤리경영 전통으로 유명하다.

- 소비자에 대한 태도
- 직원에 대한 기업의 책임
- 사회공동체에 대한 직원들의 책임
- 회사 주주들에 대한 책임

미국 뉴 부른스위크 본사는 물론 각국의 현지법인에도 '우리의 신조'를 요약하여 석판이나 목판에 새겨 놓았다. 1982년 어떤 정신병자가 존슨앤드존슨의 진통해열제 타이레놀 캡슐에 청산가리를 집어넣어 7명이 사망했다. 회사 측은 즉각 '우리의 신조'에 맞춰 대응책을 마련했다. 창고에 저장되어 있는 모든 재고물량을 처분하기로 결정했다. 뿐만 아니라 이미 방출된 타이레놀을 회수하는 데 1억 달러를 지급했다. 사건 직후 타이레놀의 시장점유율은 32%에서 6.5%로 떨어졌으나 6개월 만에 금방 회복되었고, 현재 미국에서 가장 많이 팔리는 해열진통제가 되었다.

이랜드의 윤리경영

이랜드의 박성수 회장은 기독교 신앙을 바탕으로 한 자신의 경영철학을 가지고 있다. 특히 정직한 기업이 되고자 한다. "IMF 때였다. 부도가 나기 직전에 다행히 외국인 투자자가 5억 달러를 들고 와 우리에게 10분의 1을 투자했다. 그런데 그 외국인 투자자가 1년 동안 나머지 돈을 투자하지 않고 있기에 '지금 헐값에 기업들을 살 수 있는데 왜 가만있는가?'라고 물었다. 그랬더니 그는 '나도 사고 싶다. 하지만 막상 사려고 하면 장부가 두 개다. 이랜드는 장부가 하나여서 투자했다.'고 대답했다. 그때 얻은 결론은 하나다. 정직하면 언제나 손해 본다. 그러나 결정적일 때는 정직해서 살아난다."

박 회장은 하나님 앞에서 모든 것을 생각하자는 의미로 사내에서 기밀비라는 항목을 아예 없앴으며, 여성차별이나 학력차별도 하지 않기로 하고 사내 여러 부문의 리더에 고졸사원들을 배치했다. 그는 이제부터는 돈을 모으거나 쌓아 두기 위해 버는 것이 아니라 잘 쓰기 위해 벌겠다고 결심했다. 그렇게 공개경영원칙을 지키다 보니 재벌총수들이 마구 불려 가는 와중에도 두 발을 뻗고 잠들 수 있었다(박성수 외, 2004).

이런 기업의 윤리 리더십은 식음료 독극물 투입사건, 라면 우지 파동, 낙동강 페놀 방류 사건에서 기업들이 보인 소극적인 대응과 질적인 차이가 난다.

코오롱상사의 윤리강령

코오롱상사는 협력업체에 대해 일체의 접대행위를 금하는 윤리강령을 발표했다. 99년 초 발효된 OECD의 뇌물방지협약과 정부의 부패방지법 제정 등 최근 사회 전반적으로 일고 있는 반부패 분위기에 참여하기 위한 목적이다. 다음은 윤리강령에 포함된 구체적 지침들이다.

- 접대가 불가피한 경우 1인당 2만 원, 총액 5만 원으로 제한한다.
- 현금과 상품권 등 어떤 금품도 주거나 받지 않는다.
- 일반적인 규모의 경조사비는 허용하지만 상급자에게 사후 보고한다.
- 회사업무와 무관한 협력업체와의 채무거래를 금지한다.
- 회사업무와 무관한 인터넷 – PC통신을 금지한다.
- 회사비품이나 자재를 사적인 용도로 쓰지 않는다.

4. 뇌물과 부패

세계는 지금 부패와 전쟁 중이다. OECD는 1999년 2월 해외뇌물방지협약을 발효시키고 해외에서 공무원에게 뇌물을 줄 경우 형사 처벌할 수 있는 국내법을 마련하도록 했다. 국제상거래에서 공정한 경쟁을 보장하기 위한 것이다. 이른바 '부패라운드'가 시작된 것이다.

OECD는 전 세계에서 거래되는 뇌물 규모가 연간 800억 달러에 이를 것으로 추산하고 있다. 감춰진 뇌물을 감안하면 이는 빙산의 일각에 불과하다. 미 국무부는 미국 기업들이 94~98년 해외사업 수주과정에서 뇌물로 240억 달러의 피해를 입었다고 주장했다.

유엔은 1996년 12월 국제상거래 부패방지에 관한 선언을 채택했으며 IMF와 세계은행은 각종 원조성 자금 제공의 요건으로 부패방지 제도개선을 요구하고 있다. 원조 또는 차관자금이 부패한 독재자의 주머니로 들어가는 것을 막기 위해 케냐, 나이지리아, 아이티 등에 대한 지원을 중단했다.

스위스은행 비밀계좌에는 아프리카 지도자들의 검은 돈 200억 달러가 입금되어 있다. 세계은행이 인도네시아에 제공한 자금 중 20~30%는 공무원들의 배를 채웠다.

구공산권 국가들의 부패정도는 상상을 초월한다. 알바니아 기업들은 매출의 8%를 뇌물로 상납한다. 이는 수익의 3분의 1에 해당한다. 이들 국가에서 자본주의는 곧 부패와 통한다. 민영화과정에서 수많은 공무원들이 사욕을 채우고 있다.

뇌물은 규정하기도 어렵지만 적발과 처벌은 더욱 어렵다. 미국은 해외뇌물방지법을 가동하고 있지만 실제 처벌건수는 연간 1건 정도에 불과하다. 빠져 나갈 구멍이 얼마든지 있기 때문이다. 세금피난처를 통해 세탁을 거친 검은 돈이나 커미션이라는 이름으로 제공되는 뇌물은 적발이 어렵다. 국제무기거래에서는 매출의 10%인 연간 25억 달러가 커미션으로 제공된다. 정치자금이나 보조금으로 위장한 뇌물도 있다.

뇌물은 수수 당사자가 모두 이익을 보는 속성이 있어 적발이 쉽지 않다. 이에 따라 국제기구나 비정부기구들은 각국에 뇌물수수를 신고한 사람에게 추징금의 일정비율을 주는 법률제정을 권고하고 있다.

부패가 몇 개의 국제협약이나 캠페인으로 근절되기는 어렵다. OECD는 부패방지를 위해 공정한 법질서, 자유 시장 경쟁, 언론자유, 공무원감축과 규제철폐 등이 필요하다고 주장한다. 부패한 국가일수록 GDP 중 투자비중이 낮고 성장률도 낮다.

TI가 실시한 99년도 뇌물공여지수(BPI: Bribery Payers Perceptions Index)에서 한국 기업들은 세계 주요 19개 수출국 가운데 중국에 이어 두 번째로 국제교역을 하면서 뇌물을 많이 준 것으로 평가되었다. 국제 교역을 가장 투명하게 한 기업은 스웨덴 기업으로 8.3점을 기록했다.

뇌물사건이 터지면 대기업의 경우 리스트가 있느냐에, 중소기업의 경우 상납일지가 있느냐에 관심이 쏠린다. 리스트는 주로 대기업들이 정치인이나 권력집단에 대가성을 바라고 알아서 준 명단과 액수를 뜻한다. 반면 상납일지에는 군소업체나 영세 상인들을 상대로 공무원이나 사이비 기자들이 뜯어 낸 액수가 적혀 있다. 리스트가 썩은 윗물이라면 상납일지는 썩은 아랫물이다.

실체가 없다 보니 누구의 리스트가 나왔다 하면 떠는 쪽은 고위층이다. 또한 수뢰혐의가 드러나도 대가성이 없다고 발뺌하면 그만인 것이 리스트다. 이에 비해 뇌물장부는 액수는 적어도 비리의 실체를 적나라하게 드러낸다. 주고 싶지 않은 데도 약점을 잡혀 억지로 뺏긴 흔적도 보인다. 약점을 덮기 위해 상납을 하는 업자들도 문제지만 너나없이 달라붙어 뜯어 가는 행태는 더 문제이다.

입만 열면 바쁘다는 관청 직원들이 영세업체에 뻔질나게 드나들며 봉투를 챙겨 간다. 환경업소의 문제를 단속하고 시정해야 할 이들이 뇌물에만 신경 쓰는 동안 수질오염 등 각종 폐해는 고스란히 국민에게 돌아온다. 이런 먹이사슬에 쓰이는 음성자금이 어마어마하다면 경제정의와 민주주의도 한낱 허구에 불과하다.

독일인들은 선물(gift)이라는 단어에 '독'이라는 의미를 부여한다. 선물을 받는 것은 언젠가 갚아야 하는 일이기 때문에 독을 마시는 것과 같다는 것이다. 중국에 사신으로 가는 일행의 과반은 상관의 부탁으로 상납용 비단을 사오는 것이 상례였다. 돌아올 때 의주에서 금수품 검사를 받는데 묵과하는 것이 관례였다. 언젠가 깐깐한 어사 김덕곤이 금수비단을 모조리 압수해 쌓아 놓고 불을 지르니 며칠 동안 연기가 끊이지 않았다고 한다. 그 후 김덕곤을 승진 품신한 임금은 "미친 병자를 누가 추천했느냐?"며 일갈했다고 한다. 이것은 뇌물이 얼마만큼 묵인되었는가를 일깨워 준다.

한미수교 후 보빙대사로 미국에 갔던 민영익 일행이 워싱턴 밤거리를 산책하다 한 모피점에 들렀다. 동양에서는 본 적이 없는 털이 풍만하고 무늬가 영롱한 모피옷이 걸려 있어 일행 중 누군가 값을 물었다. 다른 누군가가 "이 값진 옷을 사다 무엇 하려는가?" 물었다. 임금에게 진상하려 한다고 하자 임금의 총애를 노리는 폐습을 버리지 못했다고 개탄했다. 값을 물어본 사람은 그 자리에서 잘못을 빌고 사지 않았다.

그런데 귀국한 다음 전하를 뵈었을 때 임금은 바로 워싱턴에서 사고자 했던 모피를 입고 있었다. 알고 보니 진상하여 총애를 노린다고 핀잔을 주었던 그 사람이 바쳤다는 것이다. 진상이라는 미명 아래 고급 옷이 뇌물로 바쳐진 것이다.

가장 엄격하게 뇌물을 정의하고 있는 미국의 경우 민원인을 상대할 기회가 많은 의원은 일체의 선물을 받을 수 없도록 하고 있다. 상원의원의 경우 50달러 한도 내에서 선물을 받을 수 있게 규정하고 있다. 식사에 대해서는 더욱 엄격해 상원의원이든 하원의원이든 친구와 자선단체와의 식사를 제외하고는 개인적으로 식사대접을 받을 수 없게 규정하고 있다.

영국의 한 기업윤리연구소는 선물과 뇌물을 다음과 같이 구분했다.

첫째, 수면에 따른 구분이다. 돈이나 물건을 받고 잠을 잘 자면 선물이고, 그렇지 못하다면 뇌물이라는 것이다.

둘째, 언론보도의 결과이다. 언론에 보도된 뒤 탈이 나면 뇌물이고 그렇지 않으면 선물이라는 것이다.

셋째는 자리(현직)이다. 자리를 옮겨서도 받을 수 있는 것이라면 선물이
고 현재 그 자리에 있기 때문에 받을 수 있는 것이라면 뇌물이라는 것이다.

떡값하면 뇌물에서 독소를 약간 뺀 표현이다. 생각처럼 큰돈도 아니며 또
나만 주는 것이 아닌 관례적인 돈이라는 탈출구가 있는 뇌물이다. 뇌물에
관련된 반응 유형으로 다음이 있다.

- 오리발형: '웃기네'로 시치미를 뗀다.
- 어물쩍형: '껌값 좀 받았기로서니'로 넘어간다.
- 조마조마형: '제발 내 이름은', '걸린 것 같아' 하며 가슴 졸인다.
- 애꿎은 피해자형: '어 내가 아닌데, 으아악!' 따위를 연발한다.
- 안하무인형: '증거 있어? 평생 못 캘걸' 하며 배 째라 식이다.

울펀선 세계은행 총재는 세계은행 조직 자체를 반부패운동의 중심기구로
만들겠다고 했다. IMF도 한 연구보고서에서 부패가 만연한 나라일수록 군
비축소와 교육투자확대 등에 관심이 소홀하다 비판하고 부패에 대해 공격
적 자세를 취했다. 미주기구(OAS)는 부패추방결의까지 통과시켰다. OECD
도 부패문제를 강력히 제기했다. WTO도 뇌물금지를 못박을 기세다.

미국은 77년 해외부패방지법을 제정했다. 미국은 이 법을 통해 외국을
상대로 한 국제상거래에서 뇌물을 절대 주어서는 안 되도록 했다. 미국이
자주 부패추방 문제를 거론하고 있는 것은 미국 내 부패 정도가 심해서가
아니라 외국을 겨냥하고 있다. 뇌물, 매수 등 불공정한 방법을 동원하는 바
람에 해외 수주경쟁에서 미국 업체들이 번번이 나가떨어지고 있기 때문이
다. 미국은 국제적인 뇌물관행을 뿌리 뽑고자 세계여론을 몰아가고 있다.

우리나라는 그동안 천문학적 규모의 비자금 영역에 익숙해 있었다. 따라
서 국제적인 반부패 운동은 한국의 기업관행이 바뀌지 않으면 안 된다는
것을 보여 준다.

각국 정부도 노력하고 있다. 호주의 뉴사우스웨일스 주 정부는 주 장관이
구속되는 등 일련의 부정부패사건이 발생하자 1988년 반부패독립위원회
(ICAC)을 만들었다. 이 위원회는 부패혐의가 있는 공직자들을 조사하고 처

벌하는 기능을 수행한다. 설립 이후 지금까지 115건의 공식조사를 수행했다. 상설 암행어사와 같아 부패공직자들에게는 공포의 대상이다.

1977년에 미국은 록히드 사건을 계기로 뇌물을 주고받은 기업과 공무원을 상대로 최고 200만 달러의 벌금을 부과할 수 있는 부패방지법을 제정했다. 미국은 1979년 연방선거운동법을 제정하여 정치인들에게 3개월마다 정치자금 내용을 연방선거관리위원회에 보고토록 했다. 또 100달러 이상의 정치헌금에 대해서는 자금추적이 가능한 수표기부를 원칙으로 했다.

미국 의회는 윤리규정을 제정하고 이를 철저히 준수하도록 하고 있다. 다음은 그 보기이다.

- 선물: 한 번에 50달러 이상 선물수수 금지, 개인이나 기업으로부터 한 해 100달러 이상 선물수수 금지, 개인적 친분관계에 의한 선물은 250달러가 상한이며 초과분은 의회 윤리위원회의 승인 필요
- 여행: 초청 측이 여비 부담하는 자국 내 여행은 이동시간을 빼고 4일 이내로 제한, 해외여행은 7일 이내
- 외국정부로부터의 선물: 200달러로 제한
- 연설, 기고 등의 수입: 한 번에 2,000달러로 제한
- 외부수입: 한 해 의원세비의 15% 이내로 제한(99년의 경우 2만 505달러로 제한)

싱가포르는 1960년에 강력한 부정부패방지법을 제정하여 공직자가 재산형성 과정을 설명하지 못할 경우 재산을 몰수할 수 있도록 했다. 또 총리 산하 독립기관인 부패행위수사국은 부패혐의가 있는 공무원에 대해 구속수사할 수 있도록 했다. 대신 공직자에게는 충분한 연봉을 보장하고 있다.

영국에서는 부정부패 고발을 활성화하기 위해 내부 고발자(whistle blower)를 보호하는 내용이 담긴 공공이익 폭로법을 1999년 2월 발효시켰다. 캐나다 정부는 1999년 5월 말 부정부패의 원천을 차단하기 위해 돈세탁이 의심되는 금융거래와 국경을 넘나드는 대규모 자금이동에 대해 보고토록 한 돈세탁방지법을 의회에 제출했다. 스위스 정부는 96년 1월 모든 정부 간 계

약서에 돈이나 선물, 특혜를 주고받지 않는다는 반부패 구절을 집어넣도록 했다.

기업도 반부패 노력을 한다. 다국적 석유기업인 쉘은 반부패정책으로 유명하다. 쉘은 진출한 전 세계 140개국에 회사 내규로 정한 뇌물금지원칙을 엄격히 준수하고 있다. 쉘은 뇌물 수수를 일체 금지하며 적발 시 해고는 물론 때로는 고소한다. 조금이라도 의심스러우면 조사한다는 사업일반원칙(GBP)을 철저히 적용한다.

보기를 들어 1997년 23건의 뇌물수수 사례가 밝혀지자 액수를 불문하고 관계자 전원을 해고하기도 했다. 쉘은 사업예의상 선물을 주고받아야 할 경우는 내역을 모두 공개하도록 하는 한편 윤리적으로 직무를 수행했을 경우에 월급을 더 주는 임금제도를 계획하고 있다.

쉘의 부패와의 전쟁은 꽤 오랜 역사를 가지고 있다. 1976년 이탈리아에서 450만 달러의 정치헌금을 강요받자 지사장을 해고하고 곧바로 철수했다. 그 후 쉘은 14년간이나 이탈리아에서 사업을 벌이지 않았다. 함께 사업을 할 수 없는 나라로 판단했기 때문이다.

국제투명성기구(TI: Transparency International)가 국가를 대상으로 매기는 청렴도 지수(CPI)가 있다. TI는 전 세계를 대상으로 반부패운동을 벌이는 국제 NGO이다. 93년에 설립되어 세계 77개국에 지부가 있으며 세계은행, OECD 등과 협력관계를 유지하고 있다.

TI가 매년 집계하는 부패지수는 '부패가 전혀 없는 상태'가 10점, '부패가 만연한 상태'가 0점이다. 점수가 높을수록 투명하고 깨끗한 사회, 지수가 낮을수록 부패한 사회로 평가된다. 덴마크 공무원들은 99년 현재 3년 연속 1위를 차지했다. 우리나라의 경우 윤리경쟁력 또한 선진국에 비해 매우 낮다. 국제투명성기구에서 발표한 국가별 부패지수는 늘 중하위 수준에 머물러 있다.

TI의 청렴도 지수는 갤럽, 스위스 세계경제포럼(WEF) – 미국하버드대 국제개발연구소, 영국 이코노미스트지 정보센터(EIU), 스위스 국제경영개발연구소(IMD), 홍콩 정치 – 경제 위험 컨설탄시(PERC), 미국 정치적 위험연구소(PRS), 세계은행 후원 세계개발보고(WDR) 등 세계적으로 공신력 있는 6개 기관의 여론조사를 바탕으로 산출된 것이다. TI는 갤럽 등에 의뢰하여 각국 기업인, 경제 분석가, 언론인 등을 상대로 세계 각국 공무원과 정치인의 뇌물수수와 공금착복 등 부패정도를 조사해 부패지수를 산출한다. 부패지수는 각국의 부패 정도에 대한 상대적인 비교자료로 사용된다.

부패(청렴도) 지수로 볼 때 10위권 국가 중 6개국이 핀란드, 스웨덴 등 스칸디나비아반도 등 북유럽국가들이다. 아시아에서 가장 청렴한 나라는 싱가포르다. 한국은 짐바브웨 수준이며 홍콩, 일본, 말레이시아, 타이완보다 뒤떨어져 있고, 중국, 태국, 인도네시아보다 앞서 있다.

한국은 부패 정도가 계속 심해지고 있다. 정권이 바뀔 때마다 부패척결의 칼을 빼들지만 구호에만 그칠 뿐 도덕불감증에 걸린 공직자들의 부패는 더욱 기승을 부리고 있다. 전 세계가 벌이고 있는 부패와의 전쟁에서 뒤지고 있는 것이다.

규제 있는 곳에 비리가 있다는 말이 있다. 비리는 일과성 부패차원을 넘어 하나의 상거래문화로 뿌리 깊게 자리 잡고 있다. 공적이건 사적이건 뇌물 없는 공사는 없다고 할 정도로 뇌물문화가 우리 사회 깊숙이 만연되어 있다.

국민들의 뇌물문화에 대한 총체적인 도덕불감증은 더 큰 문제이다. 학교에서 촌지가 오가고, 군대는 물론 각종 건설공사장에서도 뇌물이 오간다. 만연된 상납비리는 부실공사의 원흉이 된 지 오래다. 건설 비리는 건설부문의 급성장과 함께 확산되었다. 시공능력에 따른 수주제한, 지역연고제 등 높은 진입장벽이 경쟁을 제한함으로써 공사수주는 초과이윤을 기대할 수 있게 했다. 공급이 제한되는 관급공사의 수주는 특혜로 인식되었고 자연히 사업권을 따내기 위한 비리가 생겨나게 되었다.

행정규제들은 명목적으로는 통제의 효율성을 기하는 것에 있지만 대부분 행정편의주의적인 것들이 많다. 그래서 규제를 위한 규제가 많다. 이로써 시장자율적인 경쟁을 제한한다. 비리는 사정이나 행정적인 조치, 윤리선언 같은 전시적인 대책만으로는 근본적인 해결이 어렵다. 오랫동안 하나의 관행으로 체화되었기 때문이다. 정부는 공정한 경쟁이 이루어지게 룰을 정하고 시장참여자들이 룰에 따르도록 감독하는 데 주안점을 두어야 한다.

정부와 기업은 모든 거래과정의 투명성이 보장되도록 해야 한다. 공사의 실질적인 경쟁 입찰을 확대하고 담합을 금지하도록 한다. 거래당사자들의 인식전환이 필요하다. 과거에는 각종 규제와 진입장벽으로 공사수주에서 연줄이 성패를 좌우했으나 이제는 기업 본연의 경쟁력을 확보하지 않으면 무한경쟁에서 도태될 수밖에 없음을 인식하고 연고지향 경쟁마인드를 경제논리와 시장원리로 바꾸어야 살아남을 수 있다. 깨끗한 사회는 뇌물문화의 온상인 상거래의 개혁 없이는 불가능하다.

5. 업무와 윤리

1) 공사의 구분

임원이든 일반사원이든 업무에서 지켜야 할 일은 공사의 엄격한 구분이다. 공직자는 어떤 자리에 있든 공과 사를 구분해야 한다. 법치제도가 제도로 기능하는 국가, 그중에서 미국의 경우 아무리 높은 직위에 있는 공직자로 국가소유 비행기를 개인목적으로 이용하는 것은 철저히 금지되어 있다. 부시대통령 시절 비서실장으로 있던 스누누가 대통령 전용기를 제멋대로 이용하다가 중도하차하는 수모를 겪었다.

1994년 백악관 보좌관들이 대통령 전용헬기를 이용해 메릴랜드까지 원정골프를 즐긴 사실이 보도되어 당시 백악관 행정담당 국장 데이비드 왓킨스가 해임되었다. 국장을 해임하면서 클린턴 대통령은 "너무나 큰 충격을 받았다. 골프장에서 어떤 일이 있었든, 그들의 비공식 모임에 들어간 돈은 단 1센트도 납세자와 무관하지 않다."고 했다. 국민의 세금을 하늘처럼 알아야 하는 것이 공직자윤리의 기본이다.

클린턴 대통령 부인 힐러리도 뉴욕 주 상원의원 선거에 출마하면서 선거

운동을 위해 백악관 군용기를 여러 차례 이용했다가 공화당으로부터 연방
정부 재산을 선거운동에 사용하는 것은 부당하며 호된 비난을 받고 발생비
용을 지불했다. 우리나라에서도 소방헬기를 자가용처럼 이용한 도지사, 고
향방문에 공군헬기를 이용한 국가정보원장이 있어 구설수에 올랐다.

2) 직무에서의 성차별

일본의 굿 뱅커는 근로자를 중시하고 여성과 소수집단을 차별하지 않는
기업에 투자할 계획을 세우고 있다. 매년 노동성이 선정하는 '가정을 소중히
여기는 30대 기업'을 참고하고, 노동조합과 협력해 펀드를 만들 생각이다.

경기도내 여성공무원 대부분이 성차별을 경험했으며 특히 인사에서 부당
한 대우를 받고 있다고 생각하는 것으로 나타났다. 경기도 여성발전위원회
에 따르면 여성공무원 직무환경실태 파악을 위해 도내 여성공무원 3백 명
을 대상으로 설문조사한 결과 응답자의 67.3%가 여성이라는 이유로 부당한
대우를 받은 적이 있다고 대답했다.

부당한 대우의 유형으로는 승진 및 인사평정의 불공평(43.4%), 업무 및
부서배치의 차별(23.1%), 문서복사, 커피준비, 청소 등과 같은 잔심부름
(16%), 무시하거나 비하하는 남자 직원의 언행(10.8%) 등을 꼽았다.

또 전체 응답자의 86.4%가 남성위주의 조직운영과 부서상급자의 여성공
무원 기피 때문에 보직배치에 불이익을 당하고 있다고 생각하는 반면 3%
만이 업무수행능력 부족과 보직순환 기피 등 스스로의 탓으로 돌렸다.

여성공무원의 승진장애 요인으로는 56.7%가 차별적 조직관행과 가부장적
사회문화 등을 꼽았으나 업무능력 부족과 리더십 부족 등을 이유로 든 응
답자도 43.3%로 적지 않았다. 이와 관련 도 관계자는 여성공무원들이 주로
민원부서와 읍면동사무소 등에 배치되어 스스로의 능력을 발전시키거나 경
험을 쌓을 기회를 차단당하고 있다며 이를 개선하기 위한 정책적인 노력이
꾸준히 경주되어야 할 것으로 보았다.

- 잘못에 대한 책임을 죄 없는 동료에게 전가하는 행동
- 비밀정보를 누설하는 행위
- 시간, 질, 수량에 대한 보고를 거짓으로 작성하는 행위
- 다른 사람이 수고한 것을 자신이 한 것처럼 말하는 행위
- 경비항목에 지출한 것 이상으로 써넣는 행위
- 회사의 재료나 물품을 갈취하는 행위
- 대가성 있는 뇌물이나 접대를 받는 행위
- 부하로 하여금 회사의 규칙 위반 행위를 허용하는 행동
- 하루 쉬기 위해 아프다고 거짓 보고하는 행위
- 자신의 잘못을 감추는 행위
- 직무에 소요되는 시간보다 더 길게 잡아먹는 행동
- 회사의 서비스를 개인적 용도에 이용하는 행동
- 근무시간에 개인적 용무를 보는 행동
- 점심시간을 허용된 시간보다 길게 갖는다든지 퇴근을 정한 시간보다 일찍 하는 등 공무시간을 개인적 시간으로 취하는 행동
- 회사의 정책과 규칙 위반자에 대해 보고하지 않는 행위

출처: Newstrom & Ruch, 29 - 37.

3) 화이트칼라 범죄

이제 대략 40세 이상으로 접어든 미국의 베이비 붐 세대(1946~1964년 출생)에서는 그 앞 세대에 비해 살인·강도와 같은 전통적 범죄가 크게 줄어든 반면 금융·의료보험 사기, 기업의 회계장부 조작, 기업 기밀 빼내기, 지적 소유권 침해 등과 같은 화이트칼라 범죄가 단연 두드러지게 증가했다.

미국에서는 파산한 엔론사 외에도 유통업체인 K마트, 통신회사인 글로벌 크로싱·퀘스트 커뮤니케이션, 제록스 등의 회계장부 조직 의혹으로 단 일주일도 조용히 지나가는 일이 없을 정도이다. 미국에서는 저축대부조합(S&L)들의 부실채권이 문제가 되었던 1980년대 말이나 경기 침체기에는 기업 범죄 뉴스가 증가했었다. 그러나 지금의 화이트칼라 범죄 증가는 기본적으로 인구·경제적 동인에 의한 것이라고 범죄 전문가들은 본다. 인터넷의 확산 등 기술의 발전은 금융 범죄의 급속한 증가를 초래했고, 인구의 고령화와 교육 수준의 향상도 화이트칼라의 범죄를 부추긴다. 이 탓에 미국 내 각종 민사소송은 준 대신 유독 증권 사기나 기타 금융범죄는 늘어 가고 있다. 또 기업회계·금융보고서에 대한 증권거래위원회(SEC)의 착수도 늘어 가고 있다.

범죄 전문가들에 따르면 범죄 유형은 범죄자의 나이와 밀접히 연결되어 있어 나이가 들수록 범죄 유형으로 사기를 선호하고, 베이비 붐 세대처럼 교육수준이 높은 세대에서는 성공 시 크게 한탕 할 수 있고 발각되어도 처벌 형량이 낮은 사기 범죄를 택한다.

4) 돈 세탁

러시아 마피아 조직의 검은 돈으로 추정되는 수십 억 달러가 미국 은행을 통해 세탁되어 각종 범죄에 동원되고 있는 것으로 알려졌다. 미국 수사당국은 뉴욕은행 계좌를 통해 러시아 범죄조직의 돈 수십 억 달러가 세탁된 혐의를 잡고 조사했다. 5개월 동안 한 계좌에서 무려 1만 회가 넘는 입출금이 이루어졌으며 이를 통해 42억 달러가 외부로 송금되었고 돈 세탁 전체규모는 100억 달러에 이를 것으로 추정하고 있다.

러시아 범죄조직을 수사해 온 영국 사법당국에 의해 드러난 문제의 뉴욕은행 계좌의 주인공은 무기거래와 인신매매 등의 조직범죄에 깊이 연루되어 있어 미국과 유럽의 정보기관으로부터 집중감시를 받아 온 인물이다. 그리고 뉴욕은행은 돈 세탁에 연루된 것으로 보이는 여성간부 2명에 대해 정직처분을 내렸다. 이들은 러시아출신이다. 영국 정보당국은 뉴욕은행 계좌에서 송금된 자금이 국제청부살인 조직이나 마약거래업자들에게 흘러들어가고 있는 것으로 추정했다. 이것은 러시아 범죄조직이 미국과 유럽의 금융시장과 금융기관에 침투했을 가능성을 높여 준다.

5) 업무 스트레스와 섹스 증후군

미 포천지가 기업문화를 더럽히는 섹스 증후군을 커버스토리로 다뤘다. 포천은 베이비 붐 세대 엘리트들이 과중한 업무 스트레스와 직장 내 지위 경쟁에 따른 스트레스 해소방편으로 과도한 섹스 증후군에 빠지고 있다며 이를 치료하는 전문 클리닉이 성업 중이라고 했다(Fortune, 1999).

애리조나 위켄버그의 메도우스 치료센터를 비롯해 12단계의 섹스 중독증

집중 치료 프로그램이 미 전체에 5개 이상 생겼고 '섹스중독증과 성충동에 관한 전국위원회'도 전자메일과 전화로 매주 100건 가까운 상담을 하고 있다. 섹스 중독증이 클린턴과 르윈스키의 전유물로 치부되어 왔으나 미 전체 인구의 6%가 유사 증후군을 보이고 있다며 사이버 섹스와 폰섹스가 기업과 전문직 종사자들에게 확산되고 있다. 특히 청소년기에 성혁명을 경험한 베이붐 세대들은 압력밥솥 같은 업무 스트레스를 섹스로 해소하는 경우가 많으며 그 피해자는 기업문화와 가정이라는 것이다.

메도우스 센터 임상치료 책임자는 포천지 선정 미 500대 기업 사장 중 4명이 치료를 받았으며 환자의 80%가 850달러의 하루 입원비를 부담할 수 있는 기업체 사장이나 전문직 종사라라고 했다. 월가는 최악의 사례이지만 이는 과중한 업무 부담과 돈의 유혹으로 섹스 증후군은 믿기지 않을 만큼 팽배해 있음을 보여 준다. 의사들은 불안, 강박관념, 충동 등에 따른 섹스 중독증이 정신질환은 아니지만 기업의 업무 생산성 저하와 사내 성희롱 증가, 가정 파괴 등을 가져온다고 지적했다.

6) 인재에 의한 사고

우리 주변에는 인재가 빈번하게 발생하고 있다. 졸속행정, 겉치레 행정, 늑장대책, 뒷북치기, 눈가림 공사 등을 하지 않았다면 피할 수 있는 사고들이 연이어 일어나고 있다.

1999년 2월 한 프랑스 법정에 전직 총리이자 당시 국민의회 하원의장인 로랑 파비우스와 전직 사회문제장관, 전직 보건장관 등이 기소되었다. 죄목은 직무태만으로 인한 과실치사죄였다. 사건은 1985년으로 돌아간다. 프랑스 국립수혈센터가 에이즈 균에 오염된 혈액으로 만든 약품으로 임산모 수술자들 1,000여 명이 사망하는 사건이 발생했다. 그것은 헌혈자의 선택이 엉성했으며 정부가 혈액테스트제도의 도입을 서두르지 않은 때문이었다는 것이 기소 이유였다. 기소장에는 피고들이 직무수행상의 주의 의무와 신중함과 안전을 기하는 의무를 게을리 했다고 적혀 있었다. 법원의 기소는 직무수행자들이 업무를 책임 있게 수행하고 신중함과 안전을 기하는 의무를 게을리 하지 않도록 하는 데 목적이 있었다.

일어날 가능성이 있는 일은 틀림없이 일어난다. 이에 대해 여러 법칙들이 제시되었다. 나쁜 결과가 일어날 수 있는 일은 틀림없이 일어난다(파나이글의 법칙). 잘못될 가능성이 있는 일은 언젠가 잘못되고야 만다(치숌의 법칙). 과거를 기억하지 못하는 사람은 숙명적으로 그것을 반복하게 되어 있다(산타야나의 법칙). 1949년 에드워드공군기지에서 있었던 충격완화장치 실험이 실패로 끝났다. 한 기술자의 사소한 배선실수가 원인이었다. 현장에 있던 머피 대위는 "뭔가 잘못될 수 있는 일이라면 틀림없이 누군가 그 잘못을 저지르게 마련이다."며 한숨을 쉬었다. 이것이 머피의 법칙이다. 산업재해연구가 하인리히에 따르면 한 건의 사고가 일어나기까지에는 29건의 작은 사건(incidents)이 발생하고, 또 그렇게 되기까지에는 300건의 이상상태(irregularity)가 발생한다. 하인리히 법칙이다. 매사에 조심하고 신중하게 행동하는 것이 최선의 예방책이다.

7) 사내폭력과 살인

뉴욕주립대의 조사에서는 대형범죄로 발전할 수 있으면서 보다 만연한 형태의 경미한 사내폭력인 무시, 욕설, 괴롭힘 등도 방치하면 업무효율성 저하 때문에 비싼 대가를 초래하는 것으로 나타났다. 노스캐롤라이나 대 경영대학원의 조사에서는 괴롭힘을 당하는 직원들 중 12%는 고의로 근무의 질을 떨어뜨리고, 고의적인 노력 저하(22%), 가해자를 피하는 데 근무시간 할애(28%), 가해자로 인한 고민으로 시간낭비(52%), 직장전환고려(46%) 등의 반응을 보였다.

1999년 8월 앨라배마 주 펠럼(Pelham) 시에서 한 백인 남성이 자신이 근무하던 직장 두 곳에 잇따라 총기를 발사 직원 3명을 현장에서 살해하고 도주하다 경찰에 붙잡혔다. 직장 내 살해사건은 조지아 주 애틀랜타 시에서 단기투자가 마크 바튼이 자신이 고객으로 다니던 두 곳의 단기투자회사 사무실에 총기를 난사 9명을 살해하고 13명에게 부상을 입힌 지 꼭 일주일 만의 재발이다. 노스캐롤라이나 주 샬롯 시에서는 언쟁 중이던 상사를 살해하고 자신도 자살하는 사건이 발생했다.

미국에서 97년 한 해 직장에서 일하다 살해당한 사건발생은 모두 856건이다. 미국 노동부 노동통계국에 따르면 이는 전년에 비해 7%가 준 것으로 경제호황과 함께 범죄가 주는 추세라고 한다. 업무 중 살해건수의 대부분은 식당, 편의점 등에서 발생하는 강도사건의 피해자인 경우이다. 하지만 81명(9.1%)이 해고와 업무 중 알력 등을 이유로 전·현직 동료에 의해 살해되었고, 44명(3%)은 직장으로 찾아온 배우자나 애인에 의해 살해되었다.

전문가들은 범죄의 동기가 사내에서 발생할 수 있는 증후군으로 다음을 꼽았다.

- 동료들을 평소에 기피하는 인물
- 책임소재가 불분명한 근무환경
- 고압적인 행동
- 분노를 표출하고 자신의 주장만을 강요하는 인물
- 말과 행동의 불일치
- 현실도피적인 알코올, 마약중독현상
- 타인을 놀라게 하려는 행동

노스캐롤라이나 주의 한 법원은 95년 해고직원의 총기난사로 살해된 동료 2명의 유가족들이 낸 소송에서 범인이 시한폭탄인 점을 경영진이 알고서도 직원보호조치를 취하지 않았다며 회사 측이 790만 달러를 지급토록 판결했다.

8) 예방

예방책 마련에 가장 모범적인 기업은 신용카드 회사인 아메리칸 익스프레스사이다. 이 회사는 인사 – 법무직원들로 구성된 위협 평가 팀을 운영하면서 가정 내 불화가 직장으로 번지거나 앙갚음이 두려워 상사가 부하직원을 해고하지 못하는 경우 등에 적극적으로 개입하고 있다. 가정폭력의 흔적이 있는 직원에게는 무선전화기를 지급하고, 주차장도 회사정문에서 가장 가까운 곳에 배정해 범죄발생 가능성을 낮추려 하고 있다. 모든 일에 예방이 최선이다.

참고문헌

동양문헌

게리 윌스(1999). 『시대를 움직인 16인의 리더』, 곽동훈 옮김, 작가정신.

구본형(1998). 『익숙한 것과의 결별』, 생각의나무.

기타오 요시다카(2001). 『기업성장을 위한 CEO의 경영철학』, 동방미디어.

김경동·임현지·서이종(1999). 『기업엘리트의 21세기 경제 사회 비전』, 문학과
　　　지성사.

김원환(2001). 『제노믹스』, 현암사.

김인호(1989). 『민영 KTA의 경영이념정립과 기회·위협분석 및 전략시나리오
　　　개발 연구』, 한국전자통신연구소.

김인호 외(1992). 『21세기를 지향하는 한국주택은행의 장기발전전략연구』, 한양
　　　대학교 산업경영연구소.

김재웅(2002). 『제갈공명의 도덕성 우선의 리더십』, 창작시대.

노동부(2001). 노사협력 실패사례 조사보고서, 노동부.

댄 캐리슨과 로드 월슈(1999). 『해병대경영』, 정기인 옮김, FKI미디어.

데일 도튼(2001). 『타고난 보스』, 송경모 옮김, 위즈덤하우스.

도널드 필립스(2001). 『마틴 루터 킹의 리더십』, 김광수 옮김, 시아출판.

로렌스 피터 외(2002). 『피터의 원리』, 나은영 옮김, 21세기북스

로버트 그린리프(2001). 『리더는 머슴이다』, 강주헌 옮김, 참솔.

마커스 버킹엄 외(2000). 『리더십@매니지먼트』, 시대의 창.

마크 쿨란스키(2003). 『소금』, 이창식 옮김, 세종서적.

박성수 외(2004). 『나는 정직한 자의 형통을 믿는다』, 규장문화사.

블레인 리(1999). 『The Power Principle. 지도력의 원칙』, 장성민 옮김, 김영사.

삼성인력관리위원회(1989). 『비상식의 경영』, 삼성.

신완선(2002). 『컬러 리더십』, 더난출판.

신유근 외(1991). 『주은문화의 정립 및 창달에 관한 연구』, 서울대학교경영대학
　　　경영연구소.

앨런 다운스(2001). 『리더여 두려움을 극복하라』, 서재경 옮김, 위즈덤하우스.

이규태(1987). 『한국인의 의식구조(I)』. 신원.

이진규(1991). '인적자원관리에 전략개념을 투입', 『현대경영』, 4월호, pp.18 – 22.

자크 르 고프(1999). 『중세의 지식인들』, 최애리 옮김, 동문선.

캐롤린 코빈(2001). 『위대한 리더는 미래를 먼저 본다』, 이창식 옮김, 위즈덤하우스.
포스코경영연구소(1998). 『지식경영』, 더난출판사.
폴 존슨(1999). 『위대한 지식인들에 관한 끔직한 보고서』, 김욱 옮김, 한·언.
피터 드러커(2002). 『Next Society』, 이재규 옮김, 한국경제신문
호리바 마사오(2001). 『일 잘하는 사람 일 못하는 사람』, 은미경 옮김, 오늘의 책.
鹿兒嶋治利(1992). 『銀行經營論』, 東京: 中央經濟社.
城繁幸(2004). 『內側から見た 富士通: 成果主義の崩壊』, 光文社.

서양문헌

Covey, S. R.(1997). *Principle − Centered Leadership*(NY: Franklin Covey Company). 『원칙중심의 리더십』, 김경섭·박창규 옮김, 김영사: 2001.

Davis, K., Frederick, W. C., and Blomstrom, R. L.(1980). "Arguments For and Against Social Involvement by Business", *Business and Society: Concepts and Policy Issues*(NY: McGraw − Hill).

Drucker, P. F.(2002). *Managing in the Next Society*(NY: St. Martin's Press).

_____________(2000). *The Essential Drucker, I.*(NY: Collins Buiness).

_____________(1999). *Management Challenge for the 21st Century*(NY: Harper Business).

Kohlberg, L., "Moral Development and Identification", H. W. Stevenson(엮음), *Child Psychology*(IL: University of Chicago Press, 1966), 277 − 332쪽.

Lovelock, C.(1994). "Sustaining the Human Side of the Enterprise", *Product Plus.* (NY: McGraw − Hill), 315 − 339.

Marquardt, M. and Reynolds, A.(1994). *The Global Learning Organization.* (NY: Irwin).

Mintzberg, H.(1983). *Structures in Fives: Designing Effective Organizations*(NJ: Prentice − Hall).

Nadler, G. and Hibino, S.(1990). *Breakthrough Thinking*(NY: St. Martin's).

Newstrom, J. W. and Ruch, W. A.(1975). "The Ethics of Management and the Management of Ethics", *MSU Business Topics* 23(Winter): 29 − 37.

Onimüs, J.(1997). *Quand le travail disparait.*

Parkinson, C.(1857). *Parkinson's Law and Other Studies in Administration*(MA: Houghton Mifflin).

Perkins, D. N. T. et al.(2000). *Leading at the Edge*(NY: AMACOM). 『섀클턴의 서바이벌 리더십』, 최종욱 옮김, 뜨인돌.

Peter, L. and Hull, R.(1969). *The Peter Principle*(NY: William Morrow and Co).

Peters, T. & R. Waterman.(2004). *In Search of Excellence*(NY: Collins Business).

Piaget, J.(1948). *The Moral Judgment of the Child*(NY: Free Press).

Robin, D. P. and Reidenbach, R. E.(1987). "Social Responsibility, Ethics, and Marketing Strategy: Closing the Gap between Concept and Application", *Journal of Marketing*, Vol. 51, No. 1(Jan.).

Schama, S.(1988). *The Embarrassment of Riches*(CA: University of California Press).

Siegler, R. S.(1986). *Children's Thinking*(NJ: Prentice - Hall).

Skinner S. J. and Ivancevich, J. M.(1992). *Business for the 21st Century*(IL: Irwin).

Smart, B. D.(1999). *Topgrading: How Leading Companies Win by Hiring, Coaching, and Keeping the Best People*(NJ: Prentice Hall Press).

Thurow, L. C.(1992). *Head to Head: the Coming Economic Battle Among Japan, Europe, and America*(NY: Warner Books).

Ulrich, D.(2003). *Human Resource Champions*(MA: Harvard Business School Press), 『21세기 인사전문가의 새로운 역할과 과제』, 김용구 외 옮김, 미래경영개발연구원.

Wanous, J. P.(1980). 'Tell It Like It Is at Realistic Job Previews.' *Current Issues in Personnel Management, Rowland*, K.M. et al.(ed.) (MA: Allyn and Bacon).

신문 및 잡지

강효상(1996). '재경원 파행인사', 《조선일보》, 1월 10일.

김기훈(2002). 'LG신입사원 하루 60km행군…… 근성을 키워라', 《조선일보》. 12월 20일.

김범열(2003). '성과주의 보상제도 설계 시 고려사항', 『인사관리』, 11월호. 36 - 40.

김재호(1994). '역발상, 탈상식, 기업들 거꾸로 혁명', 《조선일보》, 7월 25일.

김정석(1995). '경영혁신, 그 패러다임의 전환', 『교육월보』, 2월, 26 - 29쪽.

문명숙(1991). '합리적 사원채용제도로 자리 잡는 인턴제', 『현대경영』, 11월, 36 - 37쪽.

박규철(1991). '기업인턴사원제, 먼저 해결해야 할 과제 많다', 『리쿠르트』, 9월, 40 - 48쪽.

박승운(1994). '인턴사원제 취업전선 흔들어', 《시민의 신문》, 11월 26일.

박시룡(1999). '신노사문화', 《포철신문》, 9월 2일.

박영철(2003). '회사원 10명 중 9명 직장 불만족', 《조선일보》, 1월 9일.

박영철(2004). ‘직원 감성 키우면 회사도 큰다’, ≪조선일보≫, 2월 19일.

박정훈(2004). ‘조선족과 경쟁하는 날’, ≪조선일보≫, 2월 10일.

박지수(1993). ‘인턴사원제도: 문제점 개선하고 보완하면 좋은 제도로 키울 수 있다’, 『인사관리』, 46(6월), 34 – 35쪽.

박지향(2002). ‘2000년대 노사관계’, ≪조선일보≫, 12월 27일.

박창욱(1994). ‘인턴사원제로 정착률 크게 높아져’, 『인사관리』, 12월, 17쪽.

박해연(2002). ‘영, 65세 정년 없애겠다’, ≪조선일보≫, 12월 18일.

서영주(1991). ‘신입사원채용에 인턴제 본격도입’, 『기업경영』, 6월, 98 – 101쪽.

송양민(2004). ‘스톡옵션’, ≪조선일보≫, 1월 6일.

승인배(1999). ‘네덜란드 경제를 배워라’, ≪조선일보≫, 5월 27일.

이동근(1993). ‘인턴사원제도: 우수인재의 확보와 기업홍보에 도움’, 『인사관리』, 46(6월), 18 – 20쪽.

이세민(2002). ‘컴퓨터 면접 늘었다’, ≪조선일보≫, 11월 24일.

이종구(1993). 인턴사원제도: ‘우수인력 조기 확보의 수단으로 이용되고 있다’, 『인사관리』, 46(6월), 16 – 17쪽.

이진규(1991). ‘인적자원관리에 전략개념을 투입’, 『현대경영』, 4월호: 18 – 22.

정일재(2002). ‘정일재의 산업트렌드: 맞춤형 인사관리 계속 늘어난다’, ≪조선일보≫, 11월 25일.

최헌욱(1993). ‘CU조직으로 각 사업의 특성을 살리고 있다’, 『인사관리』, 48(8월): 44 – 46쪽.

최홍섭(2003). ‘업계, 多面평가 시행 중’, ≪조선일보≫, 1월 8일.

Fortune(1999). “Addicted to Sex.” Fortune. 10 May.

양창삼 ————————————————————————————————————

▌약 력

서울대학교 정치학사 및 석사
서울대학교 대학원 경영학석사
웨스턴일리노이 주립대학원 MBA
펜실베이니아 주립대학원
연세대학교 대학원 경영학 박사
총신대학교 대학원 목회학석사 및 신학석사
한국사회이론학회 회장
한국인문사회과학회 회장
연변과기대 상경대학 학장
한양대학교 경상대학 학장
한양대학교 산업경영대학원 원장
현, 한양대학교 경상대학 경영학부 명예교수

▌주요논문 및 저서

경영환경의 변화와 조직의 혁신전략(한국학술정보, 2009)
조직행동(법문사, 2008)
조직혁신과 경영혁신(경문사, 2007)
인간관계의 이해(창지사, 2005)
디지털 조직과 디지털 경영(형설출판사, 2003)
열린사회를 위한 성찰과 조직담론(한양대 출판부, 2003)
공맹사상에서 문명충돌까지(한양대 출판부, 2002)
리더십과 기업경영(경문사, 2002)
창의성과 기업경영(석정, 2002)
e조직이론(박영사, 2001)
인간관계론(경문사, 1999)
최신조직이론(법경사, 1999)
조직행동의 이해(법문사, 1994/1999)
비즈니스 커뮤니케이션(역서)(석정, 1998)
인간관계와 갈등관리(경문사, 1997)
조직혁신과 창조적 경영(민영사, 1997)
거시조직이론(박영사, 1995)
한국의 경영사상(양영각, 1993)
조직이론(박영사, 1990/1994/1997)
인적자원관리(법문사, 1991/1994)
조직행동론(민영사, 1988/1991)
현대조직철학(민영사, 1990)
그 외 다수

인적자원관리와
신인사제도

초판인쇄 | 2009년 7월 31일
초판발행 | 2009년 7월 31일

지은이 | 양창삼
펴낸이 | 채종준
펴낸곳 | 한국학술정보㈜
주 소 | 경기도 파주시 교하읍 문발리 파주출판문화정보산업단지 513-5
전 화 | 031) 908-3181(대표)
팩 스 | 031) 908-3189
홈페이지 | http://www.kstudy.com
E-mail | 출판사업부 publish@kstudy.com

등 록 | 제일산-115호(2000. 6. 19)
가 격 | 37,000원

ISBN   (Paper Book)
       978-89-268-0170-3 98320(e-Book)

내일을여는지식 은 시대와 시대의 지식을 이어 갑니다.